Zen: Caminando en Zen, Sentado en Zen

Dhamma Buddha

Published by Dhamma Buddha, 2024.

ZEN: CAMINANDO EN ZEN, SENTADO EN ZEN

First edition. July 4, 2024.

ISBN: 979-8227703224

Written by Dhamma Buddha.

Tabla de Contenido

El aliento del alma

L a primera pregunta:
MAESTRO,
¿POR QUÉ HAS LLAMADO A ESTA SERIE DE DISCURSOS: "CAMINANDO EN ZEN, SENTADO EN ZEN"?

YO NO TENGO LA CULPA. Toda la culpa es de este anciano Yoka. Yoka es uno de los iluminados más raros; sus dichos son tremendamente bellos. Existen muy pocos dichos, pero cada dicho es un diamante único en sí mismo.

Leyendo sus dichos, me encontré con esta afirmación:

UN HOMBRE ZEN CAMINA EN ZEN Y SE SIENTA EN ZEN. HABLE O ACTÚE, ESTÉ CALLADO O INACTIVO, SU CUERPO ESTÁ SIEMPRE EN PAZ. SONRÍE, MIRANDO FIJAMENTE A LA ESPADA QUE LE QUITA LA VIDA. MANTIENE EL EQUILIBRIO INCLUSO EN EL MOMENTO DE LA MUERTE.

Me encanta la afirmación de que "el hombre del zen camina en el zen y se sienta en el zen" por la sencilla razón de que la meditación no puede ser sólo una parte de tu vida. No puedes hacer meditativo un fragmento de tu vida; no es posible ser meditativo durante una hora y luego no serlo durante veintitrés horas. Es absolutamente imposible. Si haces eso, significa que tu meditación es falsa.

La meditación puede ser un asunto de veinticuatro horas o no puede serlo en absoluto. Es como respirar: no puedes respirar durante una hora y luego dejarlo de lado durante veintitrés horas, de lo contrario estarás muerto. Tienes que seguir respirando. Incluso cuando estás dormido tienes que seguir respirando. Incluso en un coma profundo tienes que seguir respirando.

La meditación es la respiración de tu alma. Al igual que la respiración es la vida del cuerpo, la meditación es la vida del alma.

Las personas que no son conscientes de la meditación están espiritualmente muertas.

George Gurdjieff solía decir que muy pocas personas tienen alma, y tiene razón. Uno no nace con un alma, sino sólo con una semilla que puede crecer hasta convertirse en un alma - que puede no crecer. Dependerá de ti.

Tendrás que crear el suelo adecuado, el clima adecuado para que crezca, para que florezca. Tendrás que provocar que la primavera venga a ti para que tu alma pueda florecer, de lo contrario no eres más que un cuerpo-mente. El alma es sólo una palabra vacía. La meditación la convierte en realidad. La meditación es el clima en el que se produce el alma.

Zen es otro nombre para la meditación. La palabra zen procede de la raíz sánscrita dhyan - ha viajado lejos. Dhyan significa un estado de silencio absoluto, de silencio sin pensamientos, pero lleno de conciencia.

Incluso el pensamiento de que "soy consciente" es suficiente para distraerte de tu meditación. Incluso saber que "estoy en meditación" es suficiente para destruirla.

El estado de meditación es un estado inocente y silencioso. Eres felizmente inconsciente de tu conciencia. Lo eres, pero estás totalmente relajado. No estás en un estado de sueño; estás completamente alerta, más alerta que nunca. Más bien, estás alerta.

Dhyan es la mayor contribución de Oriente a la evolución de la humanidad.

El propio Buda nunca utilizó el sánscrito; utilizó una lengua que usaban las masas de la época, utilizó el pali. En pali, dhyan se convierte en jhan. Cuando el mensaje de Buda llegó a China, jhan se convirtió en chan. Y cuando viajó de China a Japón, se convirtió en zen. Pero tiene su origen en dhyan. Dhyan significa meditación, pero la palabra inglesa "meditation" no tiene ese sabor, tiene una larga asociación con la contemplación. La palabra inglesa "meditation" significa meditación sobre algo; hay un objeto de meditación.

Y en el Zen no hay objeto en absoluto, sólo pura subjetividad. Eres consciente, pero no consciente de algo.

No hay nada de lo que ser consciente; todo ha desaparecido. Ni siquiera eres consciente de la nada, porque entonces la nada se convierte en tu objeto, entonces la nada se convierte en tu pensamiento. Tampoco eres consciente del vacío. Simplemente eres consciente; no hay objeto para tu consciencia. El espejo está vacío, no refleja nada, porque no hay nada que reflejar.

Hay que recordarlo, de lo contrario la "meditación" puede dar una impresión equivocada. Siempre que se utiliza la palabra "meditación", surge inmediatamente la pregunta: "¿Sobre qué?". Esa pregunta es irrelevante. Si preguntas: "¿En qué?", entonces estás preguntando en qué pensar, en qué contemplar, en qué concentrarte, y eso no es meditación.

La concentración no es meditación, la concentración es un esfuerzo de la mente por enfocarse a sí misma. Tiene ciertos propósitos propios. Es un método científico útil, pero no es meditación.

La contemplación es un poco vaga, más abstracta. En la concentración, el objeto es más visible; en la contemplación, el objeto es abstracto. Te concentras en una llama de luz; contemplas el amor. Y en el cristianismo, contemplación y meditación se han convertido en sinónimos.

Hay que dar a la meditación un nuevo significado, una nueva fragancia: la fragancia del Zen. La concentración es de la mente, la meditación no es de la mente en absoluto, y la contemplación está justo en medio, en un limbo. Es algo de la mente y algo de la no-mente, una mezcla; un estado en el que la mente y la no-mente se encuentran, el límite.

Hay que llegar al estado absoluto de conciencia: eso es el Zen. No puedes hacerlo todas las mañanas durante unos minutos o media hora y luego olvidarte de todo. Tiene que ser como el latido de tu corazón.

Tienes que sentarte en él, tienes que caminar en él. Sí, incluso tienes que dormir en él.

Ananda, uno de los principales discípulos de Gautam Buda, preguntó a Buda: "Hay una cosa que siempre me intriga y ya no puedo contener mi curiosidad, aunque mi pregunta es irrelevante. La cuestión es que cuando te vas a dormir permaneces toda la noche en la misma postura. Pongas donde pongas las manos, los pies, te acuestes del lado que te acuestes, permaneces exactamente igual, como una estatua. No te mueves, no cambias de lado, no mueves las manos, ni los pies, nada cambia. Por la mañana te levantas exactamente en la misma postura en la que te habías acostado. Una noche, sólo por curiosidad, te miré toda la noche: ni un solo movimiento. ¿Te controlas incluso mientras duermes?".

Buda dijo: "No hay cuestión de control. Estoy despierto, estoy en meditación. Duermo en meditación.

Igual que me levanto temprano por la mañana meditando, cada noche me voy a dormir meditando. Mi día es mi meditación, mi noche también. Permanezco absolutamente tranquilo y en silencio porque en el fondo soy perfectamente consciente. La llama de la meditación sigue ardiendo sin humo. Por eso no hay necesidad de moverse".

Dice Yoka:

UN HOMBRE ZEN CAMINA EN ZEN Y SE SIENTA EN ZEN.

Esto es muy importante para todos vosotros. La meditación tiene que convertirse en algo tan profundo en ti que, vayas donde vayas, permanezca contigo; hagas lo que hagas, siempre está ahí. Sólo entonces tu vida puede transformarse. Entonces no sólo serás meditativo en tu vida, también lo serás en tu muerte. Morirás en profunda meditación.

Así murió Buda. Así han muerto siempre todos los Budas: su muerte es algo exquisitamente bello. Su vida es bella, su muerte también. No hay espacio entre su vida y su muerte. Su muerte es un crescendo de su vida, la cima última, la expresión absoluta.

Cuando Buda murió tenía ochenta y dos años. Convocó a sus discípulos, como solía hacer cuando hablaba con ellos cada mañana. Se reunieron todos. Nadie pensaba en su muerte.

Y entonces Buda dijo: "Este es mi último sermón para vosotros. Todo lo que tenía que deciros, os lo he dicho.

Cuarenta y dos años he estado diciéndote, diciéndote... He derramado todo mi corazón. Ahora, si a alguien le queda alguna pregunta puede hacerla, porque este es el último día de mi vida. Hoy parto hacia la otra orilla. Mi barco ha llegado".

Estaban conmocionados. Habían venido sólo para escuchar el discurso diario. No pensaban que fuera a morir, ¡y sin hacer ningún alboroto por la muerte! Era un simple fenómeno, una simple declaración de que "ha llegado mi barco y tengo que partir. Si os queda alguna pregunta podéis hacérmela, porque si no me la hacéis hoy, nunca volveré a estar disponible.

Entonces la pregunta se quedará con ustedes. Así que, por favor, sed amables y no seáis tímidos", dijo a sus discípulos.

Empezaron a llorar. Y Buda dijo: "¡Basta de tonterías! ¡No es momento de perder el tiempo llorando y llorando! Preguntad si tenéis algo que preguntar; de lo contrario, dejadme marchar. Ha llegado el momento. No puedo demorarme más".

Dijeron: "No tenemos nada que pedir. Nos has dado más de lo que hubiéramos pedido. Has respondido a todas las preguntas que hemos hecho, que podríamos haber hecho. Has respondido a preguntas que durante siglos colmarán a todo tipo de indagadores".

Entonces Buda dijo: "Así puedo despedirme de ti. Adiós".

Y cerró los ojos, se sentó en postura de loto y empezó a moverse hacia la otra orilla.

Se dice: el primer paso fue que dejó su cuerpo, el segundo paso fue que dejó su mente, el tercer paso fue que dejó su corazón, el cuarto paso fue que dejó su alma. Desapareció en lo universal tan pacíficamente, tan silenciosamente, tan alegremente. Los pájaros gorjeaban; era temprano por la mañana, el sol aún estaba en el horizonte. Y diez mil sannyasins estaban sentados viendo morir a Buda con tanta gracia. Olvidaron por completo que se trataba de la muerte. No había nada de la muerte como siempre la habían concebido. Fue una experiencia extraordinaria.

Se liberó tanta energía meditativa que muchos se iluminaron ese mismo día, en ese mismo momento. Aquellos que se encontraban justo al borde fueron empujados hacia lo desconocido. Se dice que miles de personas se iluminaron gracias a la hermosa muerte de Buda.

No lo llamamos muerte, lo llamamos Mahaparinirvana, disolverse en el absoluto, igual que un cubito de hielo que se derrite, disolviéndose en el océano. Vivió en meditación, murió en meditación.

Es por Yoka que he elegido este título: "Caminando en el Zen, Sentado en el Zen". En esta sencilla frase se condensa toda la experiencia de todos los despiertos.

Yoka también dice:

EL PENSAMIENTO INTRÉPIDO DEL ZEN ES COMO EL PODEROSO RUGIDO DE UN LEÓN, QUE INFUNDE TERROR EN EL CORAZÓN DE TODOS LOS DEMÁS ANIMALES.

INCLUSO EL REY DE LOS ELEFANTES HUYE OLVIDANDO SU DIGNIDAD. LOS DISCÍPULOS DE BUEN CORAZÓN, ELLOS SOLOS, COMO EL VIEJO DRAGÓN OYEN ESE RUGIDO CON TRANQUILO DELEITE.

Sí, el Zen es como el rugido de un león. Todas las demás religiones hablan de una manera que no duele tanto.

Son comprometedores; comprometen tu sueño. El Zen no se compromete. No le importa tu sueño ni tus hermosos sueños. Te sacude, te destroza. Todo su esfuerzo es despertarte, cueste lo que cueste. Sí, es como el rugido de un león.

SÓLO DISCÍPULOS DE BUEN CORAZÓN, SÓLO ELLOS, COMO EL VIEJO DRAGÓN OYEN ESE RUGIDO CON TRANQUILO DELEITE.

Sólo puede ser escuchado con un profundo amor por la verdad. Sólo pueden escucharla quienes son verdaderos indagadores, no sólo curiosos, no sólo espectadores, no sólo filósofos, sino quienes están realmente dispuestos a pasar por una transformación radical, dispuestos a morir y renacer. Es sólo para esas pocas personas que tienen agallas y valor, porque no es una religión dominical como el cristianismo, que cada domingo vas a la iglesia y tienes el paraíso asegurado. No es como el mahometismo, que rezas cinco veces y repites como un loro las mismas palabras, que no son tuyas, que no te son espontáneas, que te han sido impuestas por otros... puede que ni siquiera sepas su significado.

¡Es un mundo tan estúpido! Los mahometanos rezan en árabe, que no entienden; los hindúes rezan en sánscrito, que no entienden; y ahora los budistas rezan en pali, que no entienden, por la sencilla razón de que los sacerdotes han insistido mucho en mantener la lengua muerta, porque esas oraciones son muy pobres si se traducen a la lengua que se entiende.

Estarás perdido: no serás capaz de ver lo que hay que rezar en ellos; perderán todo el misterio. El misterio se debe a que no las comprendes. De ahí el latín, el griego, el árabe, el sánscrito, el pali, el prakrit, lenguas muertas que ya nadie entiende. Los sacerdotes siguen insistiendo en que las oraciones se hagan en esas lenguas muertas.

Estás diciendo algo cuyo significado desconoces. ¿Qué tipo de oración es ésta? ¿A quién te diriges? No sabes nada de Dios. Y lo que estás diciendo no está surgiendo de tu corazón, sólo estás siendo un disco de gramófono - La Voz de Su Amo.

Al zen no le interesan esos compromisos. Quiere que despiertes de verdad. Y es un trabajo duro, un trabajo ingrato. Un Maestro Zen ha elegido algo por lo que nadie le va a dar las gracias.

Todo el mundo se sentirá saboteado por él y todo el mundo se sentirá herido por él. Todos sentirán que les perturba el sueño. Sólo muy pocas personas, que son verdaderos indagadores, que están dispuestos a arriesgarlo todo, serán capaces de entender, porque el Zen dice que toda tu vida tiene que ser transformada, no sólo una parte de tu vida.

Cuando estás en el templo, en la mezquita, en la sinagoga, te vuelves religioso, y cuando estás fuera de ellos eres irreligioso, sólo el viejo yo. Entonces estar en el templo es una pretensión.

Te divide, crea una humanidad esquizofrénica, crea personas que tienen mentes divididas. Si vas y los ves rezando en las mezquitas, en los templos, dirás: "¡Qué bonitos son!". Y la misma gente en el mercado se vuelve tan fea. Y la misma gente se matará entre sí con tal crueldad que no podrías haberlo concebido. Si los hubieras visto rezando en la mezquita, en la iglesia, no habrías creído que se masacrarían unos a otros tan cruelmente, tan mecánicamente.

Los cristianos han matado a miles de mahometanos, los mahometanos han matado a miles de cristianos, los hindúes han matado a mahometanos, los mahometanos han matado a hindúes, los hindúes han matado a budistas, y así sucesivamente. Todas estas religiones han sido enemigas entre sí. Hablan de amor, pero eso es sólo palabrería; la realidad es totalmente diferente. ¿Y por qué es así? Porque su oración es falsa.

El Zen quiere que seas religioso, no de manera formal, sino que seas realmente religioso en tu vida cotidiana. El Zen no divide tu vida en lo mundano y lo sagrado, dice que todo es sagrado.

Así que come, medita. Caminando, medita. Hagas lo que hagas... bañarte, medita. Estés donde estés, estás en el templo. ¡Toda esta existencia es el templo de Dios! Compórtate como te gustaría comportarte en un templo. Dios está presente en todas partes.

El Zen no habla de Dios en absoluto, sino sólo de la piedad: una cierta cualidad, una fragancia que está en todas partes. Sólo cuando tengas la capacidad de aprender podrás verla. Todo lo que se necesita por tu parte es la capacidad de estar en silencio, receptivo, acogedor, abierto.

La segunda pregunta:

MAESTRO,

SE AFIRMA QUE APRENDEMOS DEL CAOS.

¿CUÁNTO MÁS NECESITA EL HOMBRE PARA DESPERTAR?

Sol Lewis,

El caos no está ahí fuera -el exterior es un cosmos-, pero dentro hay un caos. Y es debido al caos interior que la gente no mira hacia dentro. Tienen miedo de mirar, mucho miedo de mirar dentro. Se mantienen ocupados de todas las formas posibles para que no les quede tiempo ni espacio para mirar dentro. Siguen escuchando a los Budas, que dicen: "Conócete a ti mismo". Entienden lo que significa "conócete a ti mismo", pero no hacen ningún esfuerzo por conocerse a sí mismos. Tienen miedo del caos.

Dentro hay caos. Fuera no hay caos. Las estrellas se mueven rítmicamente, toda la existencia es rítmica, está en absoluto acuerdo. Es sólo la mente del hombre la que está en caos. Y si ves algún caos fuera, es creado por el hombre.

El hombre sigue siendo un caos a menos que se convierta en una no-mente. La mente es un caos -la mente está destinada a ser un caos- y tú te has identificado con ella. ¿Qué es la mente? Pasado más futuro. El presente no forma parte de la mente en absoluto, el presente pertenece a la existencia - y el presente es una armonía absoluta. El pasado ya no existe y el futuro aún no existe, y tu mente consiste en estas dos cosas no existenciales:

recuerdos e imaginaciones, recuerdos y deseos, recuerdos y esperanzas. Por eso vives en un estado de locura.

Todo el mundo está loco por dentro. No llamamos loco a nadie a menos que se mueva demasiado hacia el extremo; pero la diferencia entre los locos y los llamados cuerdos es sólo de grado, y cualquier cosa puede desencadenarla. Estás hirviendo en algún lugar cerca de los noventa y nueve grados; sólo un grado más -tu negocio fracasa, quiebras, tu mujer muere- y ese grado se añade a tus noventa y nueve grados, y empiezas a evaporarte; estás loco.

Los psiquiatras, los psicoterapeutas, todos funcionan sólo para mantenerte dentro de unos límites. Te mantienen normalmente anormal, esa es su función. Son los agentes de la sociedad, igual que antiguamente los sacerdotes eran los agentes de la sociedad. Los psicoterapeutas son los nuevos sacerdotes, un nuevo sacerdocio que funciona para mantener a esta sociedad funcionando, que mantiene a esta sociedad creyendo que todo está bien.

Nada está bien. Todo el mundo está al borde del colapso y cualquier cosa, cualquier accidente, puede empujarte al mundo de los locos. Te estás preparando, siempre te estás preparando. Cuanto más sensible eres, cuanto más vivo estás, mayor es la posibilidad de que te vuelvas loco.

En el funeral de su esposa, Perelli montó una escena terrible, tan terrible y desgarradora que sus amigos tuvieron que impedirle por la fuerza que saltara a la tumba y fuera enterrado con su amada María. Luego, aún abrumado por el dolor, fue llevado a casa en la limusina alquilada e inmediatamente se recluyó en completa soledad.

Pasó una semana y no se supo nada de él. Finalmente, preocupado por el pobre hombre, el hermano de su difunta esposa fue a la casa. Después de llamar al timbre durante diez minutos -y aún preocupado-, el cuñado forzó la puerta principal, subió y se encontró al marido de su difunta hermana tirándose a la criada.

El dormitorio era un desastre: botellas de champán vacías por todas partes.

"¡Esto es terrible, Perelli! ", declaró el cuñado en tono escandalizado. "¡Tu difunta esposa, mi hermana, lleva muerta sólo una semana y estás haciendo esto! Estás haciendo ESTO!"

Tan ocupado estaba Perelli en la silla que sólo consiguió girar la cabeza. "¿Cómo voy a saber lo que hago?", dijo. "¡Tengo tanta pena! "¡Tengo tanta pena!"

La gente está hecha un lío. Se limitan a guardar las apariencias, a mantener una fachada, a fingir que todo va bien. Pero nada está bien.

Tú me preguntas, Sol: SE AFIRMA QUE APRENDEMOS DEL CAOS.

Sí, es cierto. Pero sólo aprendemos del caos si vamos hacia dentro, si entramos en el caos conscientemente, deliberadamente, a sabiendas. Si nos encontramos con el caos, por supuesto, aprendemos; no hay otra forma de aprender. Es realmente de este caos de donde nacen las estrellas. De este caos nacen los Budas, pero hay que encontrarse con él.

Y seguimos haciendo justo lo contrario: seguimos ocultándolo, tapándolo. No queremos mostrárselo a nadie y no queremos verlo nosotros mismos. Tenemos mucho miedo, mucho miedo. Tenemos miedo de no ser capaces de salir adelante. Tememos que si entramos no podamos volver. Así que nos aferramos a cualquier cosa del exterior; cualquier excusa es suficiente para aferrarnos. Seguimos aferrándonos a una cosa u otra, seguimos evitándonos a nosotros mismos.

La persona que más evitas en tu vida eres tú. Toda tu vida está gestionada de tal manera que nunca te encuentras contigo mismo. Has sido entrenado, criado, educado, culturizado, civilizado de tal manera que nunca te conocerás a ti mismo. Conocerás a todo el mundo excepto a ti mismo, te presentarán a todo el mundo excepto a ti mismo por la sencilla razón de que la sociedad no sabe cómo enfrentarse al caos interior.

Sólo en presencia de un Maestro, en un Campo Búdico, las personas reúnen el valor para enfrentarse a sí mismas. Y al principio es una ruptura, pero si avanzas conscientemente, pronto la ruptura se convierte en un avance.

Transformar las rupturas en avances es toda la función de un Maestro. El psicoterapeuta simplemente te pone un parche. Te pone unas vendas, una pomada aquí y otra allá. Te ayuda a mantenerte en pie, a volver a ser el de antes. Hace que vuelvas a ser tú mismo. Empiezas a funcionar, empiezas a hacer las cosas que siempre has hecho.

Esa es su función. No está ahí para transformarte.

Necesitas una metapsicología, la psicología de los Budas.

Pasar conscientemente por una ruptura es la mayor aventura de la vida. Es el mayor riesgo porque no hay garantía de que la crisis se convierta en un avance. Puede llegar a serlo, pero estas cosas no se pueden garantizar. Tu caos es muy antiguo - durante muchas muchas vidas has estado en el caos. Es denso y espeso. Es casi un universo en sí mismo. Así que cuando entras en él con tu pequeña capacidad, por supuesto, hay peligro. Pero sin afrontar este peligro nadie se ha integrado nunca, nadie se ha convertido nunca en un individuo, indivisible.

Sol, la afirmación es totalmente correcta: sólo aprendemos del caos. Pero sólo aprendemos si atravesamos el caos, y tenemos que atravesar el caos de una manera determinada, con un estilo, con un método. Simplemente entrar en el caos sin ningún método será un colapso: te volverás loco.

El zen, o la meditación, es el método que te ayudará a atravesar el caos, la noche oscura del alma, equilibrado, disciplinado, alerta. El amanecer no está lejos, pero antes de llegar a él, hay que atravesar la noche oscura. Y a medida que el amanecer se acerque, la noche se hará más oscura.

Esta es realmente la función de las comunas religiosas, porque solo puede que no seas capaz de hacerlo, pero en una comuna donde hay mucha gente delante de ti, mucha gente detrás de ti, con un Maestro que ha alcanzado la aurora, que sigue llamándote, que sigue diciéndote: "No te preocupes, la meta no está lejos"... Y hay gente delante de ti que dice: "No te preocupes. Nosotros hemos pasado por tal estado y tú también pasarás por él. Sólo un poco más de perseverancia, un poco más de espera, un poco más de paciencia".

Y ahí está el Maestro como una estrella brillante. Y sigue ayudándote en todo, cogiéndote de la mano en los momentos en que te gustaría huir, escapar, volver a tu viejo mundo, olvidarlo todo porque es una pesadilla.

Sí, Sol, se aprende, pero se aprende por las malas; no hay atajos.

Tú dirás: ¿CUÁNTO MÁS NECESITA EL HOMBRE PARA DESPERTAR?

No es cuestión de cuánto más, no es cuestión de cantidad; o estás dormido o estás despierto. Nadie está más dormido que nadie. Las personas que están dormidas lo están de la misma manera. No importa lo profundamente que estés dormido, no es una cuestión de cantidad, estás dormido y eso es suficiente. Y lo mismo ocurre con el despertar: si estás despierto, simplemente estás despierto. Nadie está más despierto ni menos despierto.

Durante siglos los teólogos han estado discutiendo... los teólogos siempre discuten cosas estúpidas. En la India llevan siglos discutiendo "¿Quién está más despierto, Mahavira o Buda?". Los jainas dicen que Mahavira es más despierto, los seguidores de Buda dicen que Buda es más despierto. Y toda la cuestión carece de sentido, todo el argumento es una tontería. No hay cuestión de más o menos: si alguien está despierto, está despierto. Buda está despierto, Mahavira está despierto. La noche ha terminado; el caos se ha transformado en cosmos.

Y éste es el milagro: cuando estás perfectamente despierto tu mismo caos se convierte en un cosmos, porque empieza a asentarse en una orquesta; el ruido se convierte en música. De repente, todo lo que era locura, locura, se transforma en budeidad, en iluminación - ¡la misma energía! Caos significa energía, energía de la que eres inconsciente. Si te vuelves consciente, el propio fenómeno de la consciencia es un fenómeno transformador. No necesitas hacer nada más; con ser consciente es suficiente.

Ha llegado la primavera. De repente, los capullos empiezan a abrirse, las flores florecen, miles de flores; el mundo interior se llena de fragancia.

El hombre está absolutamente dormido.

El borracho Mulla Nasruddin se fijó en un loro posado en el tejado de una granja. Atraído por el brillante plumaje, corrió a buscar una escalera, subió al tejado y estaba a punto de aplaudir con su gorra al ave cuando el loro lo miró fijamente con ojos brillantes y le preguntó: "¿Qué demonios crees que estás haciendo?".

"¡Caramba, no quise decir nada!", dijo el Mulla, "¡Pensé que eras un pájaro!".

¡La gente no está en sus cabales! Creen que están despiertos, y ése es uno de los mayores errores: les mantiene desvelados. La idea misma de que estás despierto es un engaño. Si crees que ya estás despierto, entonces no hay necesidad de hacer nada para estar despierto.

Tienes que darte cuenta de que estás borracho, borracho de muchas cosas: de codicia, de lujuria, de ira, de ambición, de ego. Todo eso son drogas. Es un mundo muy extraño: las drogas ordinarias, que no son tan dañinas, están prohibidas. La gente está continuamente hablando en contra de fumar, que no es muy dañino. Es una especie de pranayama: inhalar, exhalar... por supuesto, un poco tonto porque puedes respirar aire puro y estás respirando humo sucio, y pagando por ello, pero no hay mucho de qué preocuparse. O la gente está en contra del alcohol. Un poco de alcohol de vez en cuando no es malo, ¡es divertido! Y es puramente vegetariano. No haces daño a nadie. Pero hay mucho antagonismo contra el alcohol y el tabaco.

Y las nuevas drogas son mucho mejores que el alcohol. Por ejemplo, el LSD es mucho mejor y menos dañino que el alcohol. Tomado en dosis adecuadas, con un guía adecuado, en una atmósfera adecuada, puede revelarte muchas cosas. Puede convertirse en un método de encuentro con uno mismo. Puede darte nuevas visiones, nuevas percepciones de tu ser y de la existencia misma. Pero la gente está en contra, aunque no están en contra de la codicia, no están en contra de los viajes del ego, no están en contra de la ambición.

Hace sólo unos meses, Morarji Desai era el Primer Ministro de la India. Está muy en contra del alcohol, obsesionado, quería la prohibición absoluta. Pero no es consciente de que él es más alcohólico que nadie. Es un egoísta - muy raro de encontrar - y tan lleno de codicia y ambición. Lleva toda la vida intentando ocupar un puesto u otro. Ahora tiene ochenta y cinco años, pero aún así, hace unos días dijo: "Si la gente me quiere de nuevo, entonces me presentaré a las elecciones". Es bien sabido que incluso estaba dispuesto a convertirse en Ministro Principal de Gujarat; después de haber sido Primer Ministro de la India, estaba dispuesto a ser sólo Ministro Principal de uno de los estados pequeños. ¡Qué ansia de poder!

Pero nadie piensa que todo esto son intoxicantes: ambición, codicia, ansia de poder. Estos son los que mantienen a la humanidad en el caos. Estas son las personas, y no están solas. Todos estamos en el mismo barco.

Algunos están muy locos por el poder, otros no tanto, pero todos piensan en términos de poder, dinero, prestigio, respetabilidad. Estas cosas te mantienen borracho. Y entonces una persona puede hacer cualquier cosa.

Morarji Desai quiere vivir tanto como pueda. Quizá en el fondo piense que puede llegar a ser físicamente inmortal bebiendo su propia orina. Está en contra del alcohol, pero no de beber su propia orina. Ahora bien, el alcohol es puro zumo de frutas, ¡mucho mejor que beber tu propia orina! Pero él no lo llama orina, sino "agua de vida".

El otro día Indira se mudó a la casa del Primer Ministro. Durante dos o tres meses, ella no se movió. ¿Por qué? Por la sencilla razón de que había que limpiar toda la casa porque Morarji vivió allí dos o tres años. Había que limpiar y cambiar todos los utensilios y quitar y demoler los azulejos del cuarto de baño. ¡Toda la casa apestaba!

He oído decir que cuando fue a América estaba muy desconcertado. Allá donde iba -le invitaban a muchas fiestas-, las señoras siempre se reunían en la otra esquina de la sala. Él preguntaba, pero nadie respondía. La gente intentaba amablemente cambiar de tema, pero él insistía. Finalmente alguien dijo: "Señor, si usted insiste, entonces tenemos que decir: esas señoras tienen miedo de que si de repente usted siente sed, entonces...". Así que se mantienen distantes, un poco lejos".

Esta gente ha estado dominando a la humanidad - ¡ambiciosos! Ahora quiere vivir. ¿Para qué? Sólo para tener más poder, para tener más poder durante más tiempo.

El hombre no es destruido por otras cosas pequeñas - marihuana, LSD, etcétera - es destruido por algo mucho más profundo. La ambición es la cosa más venenosa. Somos inconscientes.

Sol, a menos que seamos muy conscientes de nuestros venenos interiores no podremos transformar nuestro ser de oscuridad en luz. Seguiremos siendo agujeros oscuros - y tenemos la capacidad de convertirnos en luz eterna.

Tres irlandeses, no demasiado sobrios, conversaban en una terminal de autobuses. Estaban tan absortos comparando sus puntuaciones en los bolos que no se dieron cuenta de que había llegado el autobús. Cuando el conductor gritó: "Todos a bordo", levantaron la vista, sobresaltados, y salieron corriendo del andén. Dos de ellos consiguen subir al autobús, pero el tercero no lo consigue.

Mientras miraba con tristeza cómo el autobús se alejaba en la distancia, un desconocido intentó animarle diciéndole: "No deberías sentirte tan mal. Dos de cada tres lo consiguieron y es una media bastante buena". El irlandés negó con la cabeza. "Pero vinieron a despedirme.

Y no sólo es así con la gente que está borracha, no sólo es así con la gente que está políticamente borracha, es así también con vuestra llamada gente religiosa. Aquellos que piensan que están ayudando a la humanidad -grandes misioneros, servidores públicos- son las personas más maliciosas por la simple razón de que ellos mismos están en el caos y están tratando de ayudar a otros. Duplican su caos, multiplican su caos. El mundo sería mucho más feliz y sano si no hubiera misioneros ni funcionarios. Si se dejara a la gente sola, entraría antes en razón. Pero hay servidores públicos; no pueden dejarte, no pueden dejarte solo.

Un hombre golpeaba a una anciana en la calle. Se reunió una multitud. El hombre era muy fuerte, alto, musculoso, pero finalmente alguien de la multitud se armó de valor y preguntó: "¿Qué pasa? ¿Por qué golpeas a esa pobre anciana?". Él respondió: "Quiero ayudarla a ir al otro lado, pero ella insiste en no ir. Y yo estoy aquí para ayudar a los ancianos a cruzar la carretera. El tráfico es peligroso".

Eso es lo que ocurre: ¡los misioneros, servidores públicos, están empeñados en ayudarte!

Jake el barbero, que pasaba por delante de una casa de vecindad en las primeras horas de la mañana, vio a un hombre apoyado sin fuerzas en el umbral de la puerta.

"¿Qué te pasa?", preguntó con simpatía. "¿Borracho?"

"Sí, me temo que sho."

"¿Vives en esta casa?"

"Sí."

"¿Quieres que te ayude a subir?"

"Sí, apuñalarte."

"¿En qué piso vives?"

"Shecon".

Con mucha dificultad, Jake medio arrastró, medio cargó con la marchita figura por la oscura escalera hasta el segundo piso.

"¿Este es tu apartamento?", preguntó.

"Sí", afirmó el hombre, con los ojos ya cerrados por el sueño alcohólico.

Jake abrió la puerta sin llave y empujó al borracho dentro. Luego bajó a tientas. Pero mientras atravesaba el vestíbulo, distinguió la tenue silueta de otro hombre, aparentemente en peor estado que el primero, tambaleándose frente a la casa.

"¿Cuál es el problema, señor?", preguntó. "¿Usted también está borracho?"

"Sí", fue la débil respuesta.

"¿Usted también vive en esta casa?"

"Yesh."

"¿No me digas que tú también vives en el segundo piso?".

"Yesh."

Una vez más, Jake medio cargó con el desconocido hasta el segundo piso. Abrió de un empujón la misma puerta y empujó al hombre al interior de la oscura habitación.

Cuando Jake salía del edificio, vio a un tercer hombre, evidentemente en peor estado que los otros dos. Este pobre hombre estaba desaliñado y sangraba por los cortes y magulladuras de la cabeza y la cara. Estaba a punto de acercarse a él y ofrecerle ayuda cuando el objeto de su solicitud salió corriendo a la calle y se arrojó a los brazos de un policía.

Offisher", jadeó, señalando a Jake con un dedo tembloroso, "perdóname por este hombre. Toda la noche no ha hecho más que arrastrarme escaleras arriba y tirarme por el hueco del ascensor".

Sol, no se trata de cuánto más necesita el hombre para despertar; el hombre simplemente necesita estar despierto.

Y la única manera de estar despierto es a través de la meditación; no hay otra manera. El Zen es el único camino... "Caminar en Zen, sentarse en Zen".

La tercera pregunta:

MAESTRO,

DESPUÉS DE ESCUCHARTE EL OTRO DÍA Y OÍR QUE EL SEXO ES ESTÚPIDO, LO PROBAMOS ENSEGUIDA. ¡NO LO ENTENDEMOS! ¿QUÉ TE PARECE ESTÚPIDO?

Ritmo y Deva Mastanando,

Te he hablado de otras cosas. ¿Alguna vez las has probado de inmediato? Todos los días te hablo de la meditación, ¡y sigues posponiéndola! ¡Y el sexo lo has probado enseguida! Me hiciste un gran favor: ¡no lo probaste aquí! Eso demuestra su estupidez.

El sexo no es estúpido, ¡tú eres estúpido! Es por tu culpa que el sexo pobre también se vuelve estúpido. Y nunca lo sabrás a menos que te eleves un poco más. A menos que te vuelvas un poco más alerta, no verás la estupidez. No puedes verla permaneciendo en el mismo nivel - nadie puede verla.

Ve al manicomio y pregúntale a cualquier loco: "¿Estás loco?". Se enfadará contigo. Pero ningún loco aceptará que está loco. Dirá: "¿De qué estás hablando? Todo el mundo está loco menos yo.

Estoy perfectamente cuerdo". Ningún loco acepta que está loco. Si un loco acepta que está loco, es una señal segura de que está saliendo de su locura, se está volviendo cuerdo.

No serás capaz de ver su estupidez a menos que aprendas un poco más de meditación para que puedas observar, para que puedas permanecer desapegado, para que puedas ver desde un punto de vista ventajoso, para que puedas tener un poco de perspectiva. Ahora mismo no tienes ninguna perspectiva; estás demasiado cerca.

Póngase muy cerca del espejo, con la nariz tocando el espejo, y no podrá ver su propia cara. No es culpa del espejo. Tienes que darle un poco de espacio, entonces el espejo podrá reflejarte. Estás demasiado cerca.

El sexo parece ser la mayor obsesión. Hay que reconocérselo todo a los curas. Llevan siglos condenando el sexo como pecado y lo han convertido en una obsesión.

Yo no llamo pecado al sexo, simplemente lo llamo estupidez. No digo que vayas a sufrir el infierno, ¿qué más infierno necesitas sufrir? Ya estás sufriendo en él. ¿Y qué te da? Sólo te mantiene ocupado, ocupado en el otro para que puedas evitarte a ti mismo. Esa es su estupidez básica:

te mantiene ignorante porque te mantiene ignorándote a ti mismo. El hombre está interesado en la mujer, la mujer está interesada en el hombre. Todo el mundo está interesado en el otro. Parece como si el otro tuviera todo lo que tú necesitas, y el otro también está pensando que tú tienes todo lo que él o ella necesita. Ambos son mendigos, y creen que el otro tiene el reino.

Tarde o temprano te sientes frustrado, pero tu frustración nunca te enseña nada. Es muy difícil aprender algo. Si una mujer te ha fallado, empiezas a buscar a otras mujeres. Si un hombre no ha estado a tu altura -y ningún hombre puede estarlo, ninguna mujer puede estarlo porque eso no es posible, no está en la naturaleza de las cosas- entonces empiezas a buscar a otros hombres.

Y hay todo tipo de perversiones, pero si preguntas a cualquier pervertido, no dirá que ve en ello ninguna estupidez.

Un francés estaba haciendo el amor con la mujer de alguien cuando el marido regresó dos días antes de lo previsto de su viaje de negocios. Rápido como un rayo, el franchute se escabulló del saco y se largó como un pájaro enorme. Sin embargo, el enfadado marido fue igual de rápido, cogió un rifle y le disparó en las pelotas. Sin inmutarse en absoluto, el francés sacó su larguísima lengua y gritó: "¡Me ha fallado!".

Ahora bien, si le preguntan a este francés, no dirá que está haciendo ninguna estupidez; ¡está haciendo la cosa más fantástica del mundo!

Tres leñadores llegaron al pueblo tras un largo período de trabajo de cuatro meses, durante el cual no habían visto ni oído nada más que árboles y sus hachas. Al cabo de unas horas estaban totalmente borrachos y decidieron visitar el prostíbulo local.

La madame de la institución se vio en un aprieto, ya que sólo podía ofrecer a dos chicas y no quería perder a su tercer cliente. Así que le dijo a una de las chicas que pusiera el maniquí hinchable de sastre en una cama.

Mientras dos de los leñadores eran escoltados a las camas con las chicas reales, el más borracho de ellos era llevado a la cama con el maniquí.

Cuando los tres se reunieron a la mañana siguiente, intercambiaron los relatos de sus experiencias. Cuando le llegó el turno de compartir su experiencia al que había estado en la cama con la mujer de goma llena de aire, dijo: "Primero fue muy agradable, pero ella estaba demasiado callada. Luego, cuando le mordí el pezón, se tiró un gran pedo y salió volando por la ventana".

Ritmo y Mastananda, no seréis capaces de ver lo que estáis haciendo. Sed un poco más meditativos y no tengáis tanta prisa: que os lo dije y enseguida... Parece que sólo era una excusa. Creías que estabas experimentando, creías que estabas haciendo algo para saber.

La gente puede creer todo tipo de cosas, ¡pero a mí no me puedes engañar! La gente puede seguir racionalizando.

¿Crees que lo hiciste porque dije que el sexo es estúpido? Lo habrías hecho de todos modos. Incluso si yo hubiera dicho que el sexo es muy inteligente, entonces también lo habrías hecho. Si yo no hubiera dicho nada sobre el sexo, entonces también lo habrías hecho.

Echa un vistazo a tu mente. Trata de entender cómo sigues racionalizando y engañándote a ti mismo.

Y no puedes entender lo que estoy diciendo a menos que te eleves un poco más desde el estado de conciencia en el que te encuentras ahora mismo. Si quieres ver más, tienes que elevarte un poco más.

Es como si tú estuvieras en la carretera y yo sentado en la copa de un árbol. Te digo: "Un carro de bueyes viene por el camino". Tú dices: "No veo ningún carro de bueyes. No hay ningún carro de bueyes". Pero yo puedo ver; mi perspectiva es mayor porque estoy en una altura. Sólo verás el carro de bueyes cuando se acerque mucho a ti, y después de unos metros volverá a desaparecer. Y yo te diré: "No ha desaparecido. Sigue ahí, en la carretera". Tú dirás: "Ya no está ahí, se ha ido".

Cuanto más alto te elevas, más puedes ver. Y cuando alcanzas la altura máxima, la Budeidad, puedes verlo todo. Entonces no hay pasado ni futuro; entonces sólo hay presente. Y en esa claridad, el sexo es lo más estúpido porque es lo que más tiempo te mantiene en la esclavitud. No lo estoy condenando, simplemente estoy constatando un hecho. Es tu esclavitud. Te mantiene inconsciente. No te permite ver lo que estás haciendo. Estás poseído por ella.

A principios de los años sesenta, cuando Francia libraba su última guerra colonial, un parisino alistado en el ejército fingió tener problemas de vista durante su examen físico en el centro de reclutamiento.

El médico militar no se lo creyó, así que mandó llamar a una joven y guapa enfermera y le dijo que se quitara la ropa.

"Describa lo que ve, joven", le preguntó el médico.

"Todo lo que veo es borroso, doctor", respondió el holgazán.

Dijo el médico militar: "Puede que tus ojos no sean tan buenos como deberían, muchacho, ¡pero tu polla apunta directamente a Argelia!".

Por eso lo llamo estúpido: te mantiene inconsciente, te mantiene en una especie de posesión. Es hormonal, es química. No eres tú; es sólo tu biología la que sigue forzándote a hacer ciertas cosas. Si observas, te sorprenderás: ¿Qué estás haciendo? ¿Y por qué lo haces? Si observas, te sorprenderás: ¿Qué ganas con ello? ¿Qué has ganado hasta ahora? Y en tus momentos más cuerdos sabes perfectamente lo que estoy diciendo, lo entiendes; pero esos momentos más cuerdos son muy superficiales -vienen y van- y pronto vuelves a caer en la misma trampa.

Mastananda, vuelve otra vez, hazlo enseguida, pero estate atento, medita. Yo estaré a tu lado y veremos qué ocurre. O no serás capaz de hacerlo en absoluto o descubrirás que es una compulsión biológica, es una obsesión, no eres tú. Tu conciencia permanecerá flotando hacia arriba;

en lo profundo del valle sucederá, pero tú permanecerás desapegado, despreocupado, frío.

Y eso te dará la visión.

El sexo se convierte en una experiencia tántrica cuando se le añade la meditación.

La cuarta pregunta:

MAESTRO,

¿POR QUÉ LAS ESPOSAS SIEMPRE CIERRAN LOS OJOS CUANDO HACEN EL AMOR?

Gyanesh,

¡NO PUEDEN soportar ver a sus maridos pasándoselo bien!

Y la última pregunta:

MAESTRO,

ESTOY SEGURA DE QUE MI MARIDO ME ENGAÑA. ANOCHE LLEGÓ A CASA CON PINTALABIOS EN LA CAMISA, PERO CUANDO LE PREGUNTÉ ME DIJO QUE ERA ZUMO DE TOMATE.

¿QUÉ DEBO HACER?

Vandana,

PREGÚNTALE: "¿Quién es este tomate?".

Esto es sagrado, esto es divino

L a primera pregunta:
MAESTRO,
¿QUÉ ES EL ZEN?
Sagar,
ES CASI IMPOSIBLE RESPONDER, porque el Zen no es una filosofía, no es una doctrina. Es una experiencia, una experiencia de tu propia interioridad, de tu propia subjetividad, no una experiencia objetiva. Si fuera un objeto exterior a ti, habría posibilidad de describirlo, de analizarlo, de definirlo. Es indefinible por su propia naturaleza, no está al alcance del intelecto. Es una experiencia de salir de tu mente, desaparecer de tu mente en tu ser, deslizarse fuera de la mente y entrar en tu ser.

La mente es una entidad falsa; tu ser es tu verdadero rostro, tu rostro original. La mente es creada por la sociedad, de ahí que haya diferentes tipos de mentes -mente hindú, mente cristiana, mente judía-, pero el ser es uno; no es ni cristiano, ni hindú, ni mahometano. El ser ni siquiera es individual, es universal.

Es como una gota de rocío que se desliza en el océano. Desaparece como gota de rocío; no queda nada de ella como gota de rocío. Muere, pero, por otro lado, renace. Se convierte en océano. Pero no hay nadie que pueda decir lo que ha sucedido y no hay forma de decirlo; no hay palabras suficientes.

Puedo decirte cómo sucede, pero no puedo decirte qué es. Puedo indicar hacia ella... dedos apuntando a la luna... pero los dedos no son la luna. Y hay millones de personas que siguen adorando a los dedos. Cuanto más apegado estés a los dedos, menos capaz serás de ver la luna. Hay que olvidarse de los dedos. Una vez que sepas dónde mirar, olvídate de los dedos y mira a la luna.

El Zen es una de las experiencias espirituales más puras, no contaminada por ningún pensamiento, ninguna teología, ninguna especulación. No tiene argumentos, simplemente es.

Escucha a Yoka. Yoka dice:

QUERIDO AMIGO, ¿CONOCES AL VERDADERO HOMBRE ZEN? HA OLVIDADO LA COMPRENSIÓN INTELECTUAL DE LO QUE HA APRENDIDO PARA ALCANZAR LA COMPRENSIÓN PROFUNDA.

VIVE EN ECUANIMIDAD, TRANQUILO Y CONTENTO. ESTÁ LIBRE DE TODA PREOCUPACIÓN Y ACTÚA DE FORMA NATURAL Y RAZONABLE. NO LUCHA POR EVITAR LA ILUSIÓN NI BUSCA EL SATORI.

SABE QUE LA ILUSIÓN ES INFUNDADA Y QUE EL SATORI NO ES OTRO QUE ÉL MISMO.

VE LA NATURALEZA REAL DEL NO-SABER COMO LA NATURALEZA DEL BUDA Y VE QUE LA REALIDAD DE SU CUERPO ILUSORIO EQUIVALE A... EL CUERPO ETERNO DEL BUDA.

CUANDO REALIZA PLENAMENTE el cuerpo del Buda, el cuerpo de la ley universal, NO TIENE NADA. Se convierte en nada.

ÉL MISMO ES LA FUENTE DE TODAS LAS COSAS Y SU VIDA ORDINARIA ES OTRO NOMBRE PARA EL BUDA ETERNO.

Si vives en esta comprensión, puedes cambiar en un solo momento. Puedes transformarte absolutamente, sin perder tiempo.

Hermosas pistas. Primero, tienes que olvidar todo lo que has aprendido. Todo lo que has aprendido es una barrera. Déjalo a un lado. El Zen no puede aprenderse ni enseñarse, pero puedes impregnarte de él, puedes impregnarte de su espíritu.

Viviendo con un Maestro puedes beber, puedes beber el néctar invisible, puedes llenarte de él, pero tendrás que cumplir una condición: tienes que dejar la mente a un lado.

Gayan me ha escrito que mientras me escucha siente ganas de bailar. Así es como se siente el discípulo: algo dentro de ti empieza a bailar, a cantar. Algo dentro de ti se regocija.

Algo dentro de ti sintoniza inmediatamente con el Maestro; se produce una profunda sincronía. No se puede enseñar, no se puede aprender, pero se puede transferir. Esa transferencia va más allá de las palabras y de las escrituras. Requiere un arte totalmente nuevo: el arte de la entrega, el arte del abandono total.

La primera condición es: olvida todo lo que has aprendido. La segunda condición es: estar en calma, tranquilo, contento. El deseo te mantiene lejos del momento presente, muy lejos. Y el Zen es el sabor de la realidad aquí y ahora. Es la sensación del aquí y ahora. Al Zen no le preocupa ningún Dios después de la muerte, al Zen le preocupa la divinidad que te rodea ahora mismo.

Estos sonidos, estos pájaros, estos árboles, estas personas, este silencio... tres mil personas desapareciendo en un silencio, perdiendo sus identidades, sus egos... ¡y de repente el Zen está ahí! Se vuelve casi tangible. Se puede tocar, se puede comer, se puede beber. Pero no hay forma de transmitirlo con palabras. Tienes que estar calmado, tranquilo y contento para poder estar en el presente. Tienes que estar libre de toda preocupación.

Cuidado significa simplemente que no confías en la existencia; intentas tener cuidado por ti mismo. Tienes miedo. Aún no eres consciente de que la existencia se preocupa por ti, de que es tu madre, de que es tu padre.

Una vez que empiezas a sentir la maternidad, la paternidad que te rodea, en el aire, en el sol, en la luna, en las estrellas, dejas de preocuparte por ti mismo. No hay necesidad de preocuparse. Empiezas a fluir con la existencia. Dejas de empujar el río. Y entonces, Sagar, serás capaz de entender lo que es el Zen. Tienes que vivir de forma natural y razonable.

Recuerda, la sociedad te ha hecho absolutamente artificial. Te ha dado ideas, te ha impuesto ciertas moralidades, caracteres. Ha destruido tu espontaneidad. Tienes que recuperarla, tienes que reivindicarla. Eso es lo más esencial que hay que hacer.

Una vez que has reclamado tu naturalidad, el Zen empieza a brotar dentro de ti. El Zen es tu naturaleza, tu propia naturaleza. Cuando eres espontáneo y responsable, respondiendo a la realidad momento a momento sin fórmulas preestablecidas, reflejando la realidad como un espejo, estás viviendo la vida del Zen. Y ésa es la vida razonable; no racional, recuerda, sino razonable.

Un hombre razonable no es racional. No son equivalentes, no son sinónimos. El hombre racional nunca es razonable, el hombre racional intenta negar todo lo que es irracional. Y la vida consiste tanto en lo racional como en lo irracional. El hombre razonable acepta ambas cosas. Acepta la paradoja de la vida: acepta lo racional, acepta lo irracional; no ve ninguna incoherencia en ellos. De ahí que permanezca indiviso; nada puede dividirle. No existe división en su ser y no ve división en ninguna parte.

La vida y la muerte son una para él, el verano y el invierno son uno para él, los hombres y las mujeres son uno para él.

Sabe que las divisiones son superficiales; en el fondo todo es uno. Conoce la unidad de la vida, de ahí que no le perturbe ninguna contradicción.

El hombre del Zen contiene todas las contradicciones. Es lo suficientemente vasto como para contener contradicciones. Disfruta con las paradojas. No hace de la vida un problema. Ve la vida como un misterio. No le interesa resolverlo, sólo le interesa vivirlo, vivirlo al máximo.

SABE QUE ESA ILUSIÓN ES INFUNDADA.

De ahí que no se preocupe como los monjes hindúes que huyen del mundo porque el mundo es ilusorio. ¿Ves qué estupidez? Si el mundo es ilusorio, ¿por qué escapas de él? ¿Para qué? Si no lo es, si no existe realmente, ¿por qué escapas?

Si ves a un hombre corriendo y le preguntas: "¿Adónde vas?", y te responde: "Hay una cuerda que sólo parece una serpiente -no es una serpiente- y estoy huyendo de esa apariencia de serpiente", le dirás: "¡Eres estúpido! Si sabes que es una cuerda, deja de correr. Y si sabes que no es una cuerda, entonces deja de decir que es ilusoria, que sólo es una apariencia".

Pero eso es lo que los monjes hindúes han estado haciendo durante miles de años: llamar al mundo maya, ilusorio, y sin embargo renunciar a él. Renuncia a tu mujer porque la mujer es ilusoria, renuncia a tus hijos porque son ilusorios, renuncia a tu vida cotidiana y ordinaria porque es ilusoria.

Escápate al Himalaya: todo es ilusorio. Pero entonces, ¿por qué escapas? ¿De qué?

Esa es la belleza del Zen. El Zen dice:

SABE QUE LA ILUSIÓN ES INFUNDADA Y QUE EL SATORI NO ES OTRO QUE ÉL MISMO.

Sabe que todo es ilusorio, así que no hay necesidad de escapar. Es infundado, no necesitas preocuparte por ello. Es una cuerda, parece una serpiente. Entonces, ¿por qué escapar? ¿Por qué renunciar? Que parezca una serpiente, que sea una cuerda. Sea lo que sea, la apariencia es infundada, por lo tanto no hay necesidad de renunciar.

El Zen no enseña la renuncia. Enseña comprensión, conciencia, alerta, la capacidad de ver las cosas como son. Y entonces no hay necesidad de escapar de ningún sitio. Estés donde estés, el Zen te ayuda a relajarte.

Y no hay necesidad de buscar a Dios, de buscar el satori, el samadhi, la iluminación: la búsqueda misma es una barrera. Buscamos cosas sólo si no están dentro de nuestro ser; si están dentro de nuestro ser, no hay necesidad de buscar y buscar. Simplemente relájate. En esa misma relajación las has encontrado. Satori es nuestra naturaleza. Samadhi es nuestra naturaleza. Dios es nuestra naturaleza. Por lo tanto, el hombre del Zen no va a ninguna parte; simplemente descansa en sí mismo.

VE LA VERDADERA NATURALEZA DEL NO-SABER COMO LA NATURALEZA DEL BUDA...

Funcionar desde el estado de no saber es funcionar en el presente. Si funcionas desde el estado de conocimiento, estás funcionando desde el pasado. Todo conocimiento proviene del pasado. El conocimiento significa el pasado: tus experiencias, tus recuerdos. Si funcionas a través de ellos, no estás respondiendo a la realidad. La única manera de responder a la realidad es ser completamente inocente.

Cuando funcionas desde el estado de no-saber, tu respuesta es total y siempre adecuada. Siempre aporta plenitud, es liberadora. De ahí que Yoka diga que es: "la naturaleza del Buda".

Y cuando te das cuenta de esto totalmente, no eres nada. No es que te conviertas en un alma iluminada, no; desapareces El ego ya no se encuentra. No hay nadie que se ilumine: eso es la iluminación.

Según el Zen, cuando no hay nadie a quien iluminar, la iluminación se ha producido. Cuando sólo eres una pura nada, un silencio tan profundo, tan insondable que no hay forma de medirlo; tan virgen, tan puro que nadie ha entrado en él -ni siquiera tú puedes entrar en él-, sólo cuando desapareces, está ahí.

Esta nada es la verdad última. Buda la llama shunya, el vacío. Y si puedes vivir en esta nada, entonces tu vida ordinaria es otro nombre para la vida sagrada.

Ese es uno de los grandes mensajes del Zen. No destruye tu vida ordinaria, la enriquece.

Todas las demás religiones han sido destructivas, han sido envenenadoras, han sido condenatorias.

Han estado condenando tu vida ordinaria y alabando una vida ideal que no existe en ninguna parte.

Condenan lo que es y alaban lo que no es.

Zen dice: Esto es todo. No hay otra vida, no hay otra existencia. Esta existencia ordinaria es hermosa. No hay necesidad de ningún otro mundo; este mundo es más que suficiente. El Zen es la mayor alquimia. Transforma tu vida ordinaria y mundana en una vida sagrada y santa.

A un maestro zen, Rinzai, le preguntaron: "¿Qué solías hacer antes de tu iluminación?".

Solía hacer lo mismo que hago ahora. Acarreaba agua del pozo para mi Maestro y cortaba leña para mi Maestro y para la comuna. Sigo haciendo lo mismo: acarreo agua del pozo y corto leña para mis discípulos".

El hombre dijo: "Pero entonces, ¿cuál es la diferencia entre un hombre iluminado y un hombre no iluminado?".

Rinzai dijo: "El hombre no iluminado piensa que esto es una vida ordinaria -cortar leña, acarrear agua del pozo- y el hombre iluminado sabe que esto es sagrado, esto es sagrado, esto es divino."

Y lo último que hay que recordar, Sagar, es que el Zen no cree en un proceso gradual. Dice: Porque tu naturaleza es Buda, porque tu propia naturaleza es la iluminación, puedes conseguirla ahora mismo. No hay necesidad de esperar ni un solo momento. El Zen cree en la iluminación repentina, de ahí que Yoka diga que puede suceder en un momento.

Todas las demás religiones son aplazamientos. Los hindúes dicen que tendrás que nacer muchas muchas veces; sólo entonces podrás iluminarte. ¿Por qué? - Porque primero tienes que deshacer todos los malos karmas que has hecho en tus vidas pasadas. Ahora bien, has vivido millones de vidas,

¿cuánto tiempo te va a llevar deshacer esos karmas? Y mientras deshaces esos karmas estarás haciendo otros karmas, así que de nuevo estarás acumulando mal karma. Eso significa que es imposible iluminarse o casi imposible.

Zen dice: Todo lo que has hecho ha sido hecho en un sueño. Despierta y se acabó. No es que cuando despiertes primero tengas que deshacer lo que has hecho en tu sueño; sólo con despertar todos los sueños están terminados. Saber que eran sueños es acabar con ellos. Has vivido tu vida de sueño durante muchas vidas y todo lo que has hecho lo has hecho en tu sueño. No es nada muy importante: es de la misma materia de la que están hechos los sueños.

¡Despierta!

La segunda pregunta:

MAESTRO,

¿POR QUÉ TODOS LOS DESPIERTOS DICEN QUE EL HOMBRE ESTÁ DORMIDO? YO NO ESTOY DE ACUERDO. CREO QUE ESTOY TOTALMENTE DESPIERTO. ¿QUE DICES?

Niraj,

Es imposible entender lo que dicen los despiertos a menos que tú también estés despierto. Hablan tu idioma -tienen que hablar tu idioma por pura necesidad, porque no hay otro idioma-, pero su significado es totalmente diferente.

Cuando los Budas dicen que estás dormido, no se refieren al sueño ordinario. Por supuesto, no estás dormido normalmente, estás despierto. Vas al mercado, vas a la oficina, haces tus cosas. Por supuesto, por la noche duermes. Pero los Budas dicen que estás dormido las veinticuatro horas del día.

Ciertamente, no utilizan la palabra "sueño" en el mismo sentido que usted conoce; quieren decir otra cosa, algo totalmente diferente. Hablan de un sueño metafísico.

Hablan de un estado interior de inconsciencia.

Caminas, hablas, haces mil y una cosas, pero como un zombi. Vives mecánicamente.

No vives en la consciencia. Cuando escuchas a los despiertos estás escuchando de nuevo a través de todas las barreras que has creado en tu sueño, a través de todas las capas de tu sueño. Sigues malinterpretándolos. Por supuesto, tienes razón: estás despierto, Niraj. En ese sentido, todos los Budas están equivocados. Ellos también lo saben. Pero cuando dicen que estás dormido se refieren a algo más fundamental, no al sueño ordinario, no al despertar ordinario.

Cuando te dicen: "¡Despierta!", quieren decir: Sé totalmente consciente para que nada inconsciente y oscuro permanezca en tu ser, para que ningún rincón o esquina de tu ser permanezca oscuro e inconsciente.

Ahora mismo sólo una parte muy pequeña es consciente -una décima parte-, muy frágil; nueve décimas partes de tu ser son inconscientes. Eres como un iceberg: sólo un pequeño fragmento se muestra en la superficie -una décima parte, exactamente una décima parte- y nueve décimas partes están bajo el agua.

Cuando escuches a los despiertos tendrás que aprender a entender su lenguaje, no según tú sino según ellos.

Mientras el Primer Ministro esperaba para embarcar en el avión especial que le llevaba a las capitales de Europa, el Ministro del Interior, que había acudido a despedirle, le susurró: "¿Cuál es su consejo sobre el proyecto de ley homosexual?".

"Oh... sí... hmm", dijo el Primer Ministro. "¡Dile que le pagaremos cuando vuelva!"

Escuchas de acuerdo contigo mismo. No escuchas en silencio. No escuchas habiendo puesto tu mente a un lado.

"¿Le habían hecho una radiografía antes de esto?", preguntó el médico a la sexy chica italiana.

"No, doc", dijo, "pero me han ultraviolado un par de veces".

Tu mente está constantemente distorsionando; está dando su propio color a todo lo que oye. Tu mente te está volviendo estúpido, aunque crees que tu mente te está volviendo inteligente.

Escuchar a los Budas requiere un espacio determinado, un tipo de espacio diferente. Hay que escuchar en silencio, sin pensar. No hay que escuchar con prejuicios, no hay que decidir a favor o en contra. No hay que tener prisa por decidir si tienen razón o no.

Escucha sin estar a favor ni en contra. No tengas prisa, de lo contrario cometerás una estupidez.

El violador polaco se encuentra en la "rueda de reconocimiento" de delincuentes en la comisaría. Unas luces brillantes le iluminan la cara. A ambos lados hay personajes de mala muerte.

La policía trae a la víctima de la violación, y él salta y grita: "¡Es ella!".

Mantén tu estúpida mente en silencio. Dile a la mente: "Por favor, cállate". Está bien en el mundo ordinario, pero no con los Budas, no con los despiertos.

Siempre que venían nuevos discípulos a Gautam el Buda, éste les decía: "Durante dos años sentaos a mi lado en silencio, entonces algo será posible. Entonces podré deciros algo y entonces seréis capaces de comprender".

Una vez vino a verle un gran filósofo, Maulingaputta. Tenía miles de discípulos. Era un filósofo muy conocido, muy respetado, un gran erudito. Cuando Buda le dijo: "Durante dos años quédate aquí y guarda silencio, entonces existirá la posibilidad de que ocurra algo entre tú y yo", por supuesto que se ofendió.

Me dijo: "¿Crees que soy un ignorante que no puede entenderte? Puedes decir lo que quieras ahora mismo; no hace falta que espere dos años. Yo puedo entender los Vedas, los Upanishads, el Gita, ¿por qué tú no?".

Buda dijo: "Si has comprendido los Vedas, los Upanishads, el Gita, ¿por qué has venido aquí? ¿Para qué? Tus preguntas están respondidas. Si has comprendido los Upanishads, ¿qué te queda? Entonces no me hagas perder el tiempo. Ya lo sabes. ¡Así que piérdete!"

Debió de sentirse muy conmocionado. Había venido con quinientos discípulos; ellos también estaban conmocionados.

Pero debía de ser un hombre de grandes agallas: entendió la cuestión. Dijo: "Así es. Si lo hubiera entendido, si lo hubiera entendido de verdad, no habría sido necesario acudir a usted. He venido a usted porque mis preguntas aún no han sido respondidas. Conozco todos los Vedas y los Upanishads, pero no han transformado mi ser".

Entonces Buda dijo: "Sigue lo que te digo. Durante dos años no hagas preguntas. Desaprende todo. Durante dos años guarda silencio y siéntate aquí".

Cuando esto ocurría, Sariputta, uno de los grandes discípulos de Buda que estaba sentado allí, se echó a reír.

Maulingaputta dijo: "¿Por qué se ríe este hombre? ¿Está loco o qué?".

Buda dijo: "Pregúntale tú".

Le preguntaron a Sariputta. Sariputta dijo: "Me río porque este hombre es realmente muy astuto" -se refiere a Buda- "Vine igual que tú y me dijo que me quedara callado y en silencio durante dos años.

Y en esos dos años desaparecieron todas mis preguntas. Ahora no tengo nada que preguntar. Y sigue preguntándome: "Sariputta, ¿por qué no preguntas ahora?". Así que mi sugerencia para ti es: si quieres preguntar, pregunta ahora; si no quieres preguntar, entonces escúchalo. Entonces guarda silencio durante dos años".

Y esto sucedió. Después de dos años Buda preguntó a Maulingaputta - exactamente después de dos años - "¿Dónde están tus preguntas?"

Se rió, se inclinó, se tocó los pies y dijo: "Han desaparecido en silencio.

Sólo observándote, sólo viéndote, poco a poco mi claridad se hizo más y más transparente.

La mente desapareció y pude verte sin mente. Ha ocurrido un tipo de relación totalmente diferente. Algo ha sucedido. No hay preguntas, tampoco respuestas, pero estoy completamente satisfecho. He llegado a casa".

Un hombre le dice a su amigo: "Cuando llegues a Nueva York, llama a mi compañero de universidad, Jimmy Sexover. Ahora trabaja en la empresa XYZ".

Cuando el forastero llegó a Nueva York, telefoneó a la empresa XYZ y preguntó a la recepcionista: "¿Tienen allí un Sexover?".

"¿La hora del sexo? Demonios!", respondió ella. "¡Ni siquiera tenemos una pausa para el café!"

Dices, Niraj: ¿POR QUÉ TODOS LOS DESPERTADOS DICEN QUE EL HOMBRE ESTÁ DORMIDO?

Porque el hombre está dormido. Es un hecho simple. Obsérvate a ti mismo y encontrarás la verdad de ello.

Tú dirás: NO ESTOY DE ACUERDO.

NO PUEDES llegar a un acuerdo. Tendrás que desaparecer para que se produzca el acuerdo. Si persistes, el acuerdo no es posible. Ambas cosas no son posibles: tú y el acuerdo. O el acuerdo es posible, entonces tú no estarás allí, o tú eres posible, entonces el acuerdo no estará allí.

También dices: CREO QUE ESTOY COMPLETAMENTE DESPIERTO.

Si estás despierto no hay necesidad de pensar que estás despierto. Cuando amas a una mujer no dices: "Creo que te amo". Si dices eso ella te dará una bofetada. Si la amas, la amas. ¿Qué sentido tiene decir "creo"? Cuando tienes sed no dices: "Creo que tengo sed". Si tienes sed, tienes sed. Simplemente dices: "Tengo sed".

Usted dice: CREO QUE ESTOY COMPLETAMENTE DESPIERTO.

Estás completamente dormido. Tal vez soñar en sueños que estás despierto... eso es posible. En eso consiste pensar: en soñar, soñar con los ojos abiertos.

Escucha a los Budas. Sé más silencioso, callado, tranquilo. En tu silencio desaparecerás, y entonces el acuerdo, entonces la armonía... No se trata de estar de acuerdo filosóficamente, se trata de estar en armonía con el despierto, de entrar en sintonía con su ser. Eso es el verdadero acuerdo.

Niraj, si sigues pensando así me perderás totalmente. Aquí no se requiere pensar, se requiere conciencia de no pensar. Es difícil dejar de pensar porque estamos muy acostumbrados a pensar y pensamos que es muy inteligente pensar en todo. Hay cosas sobre las que no se puede pensar; o se sabe o no se sabe. Y las cosas de las que estoy hablando pertenecen a esa categoría:

o lo sabes o no lo sabes.

Si estás completamente despierto, ¿qué estás haciendo aquí? Un tipo tan agradable, ¿qué estás haciendo aquí? Si estás completamente despierto, ve y ayuda a otras personas a estar completamente despiertas. Pero tú no estás despierto. Te conozco, conozco tu sueño - es profundo. Necesitas un verdadero martillazo en la cabeza. A menos que te rompan el cráneo no despertarás, no podrás despertar.

Las alarmas ordinarias no sirven. Estoy creando alarmas extraordinarias. Así que sigo enviándote de un grupo a otro grupo. Eso significa ser tirado y empujado y golpeado y sacudido y conmocionado.

No dejamos ninguna oportunidad para que permanezcas dormido. Sólo cuando despiertes un poco comprenderás lo que está sucediendo aquí, lo que está ocurriendo entre los locos que se han reunido aquí y yo.

La tercera pregunta:

MAESTRO, ¿PUEDEN SER ÚTILES LAS AFIRMACIONES PARA DESCONDICIONAR LA MENTE?

Anne Halpa,

El descondicionamiento sólo es posible mediante negaciones, nunca mediante afirmaciones. La afirmación es la forma de condicionar la mente. Hay que negar: neti neti. Los Upanishads dicen: "Ni esto ni aquello".

Hay que seguir negando hasta que no quede nada que negar. Cuando hay vacío absoluto y ya no queda contenido que negar, éste es el estado de una mente descondicionada.

Una mente descondicionada no es una mente en absoluto, es una nomente. ¿Y cómo se puede conseguir una no-mente mediante afirmaciones? Afirmaciones significa que estás repitiendo algo constantemente, creando una atmósfera de autohipnosis. Eso es lo que la gente ha estado haciendo durante miles de años. Seguir diciéndole al niño: "Dios es. Él creó el mundo", una y otra vez, y toda la sociedad sigue repitiéndolo en casa, en la escuela, en la iglesia, en todas partes, y el niño se condiciona. Entonces empieza a pensar como si supiera que Dios existe. Es simplemente un disco de gramófono. Se ha grabado en su mente que Dios existe. Si hubiera nacido en la Rusia soviética la situación habría sido justo la contraria, porque allí no paran de repetir: "Dios no existe".

Uno de mis amigos visitó la Rusia soviética. Era profesor y estaba muy interesado en el sistema educativo soviético, así que visitó escuelas, colegios, universidades... muchas escuelas. Y me contó que incluso los niños pequeños se ríen de la idea de Dios.

En su primera visita fue a una pequeña escuela y preguntó a los niños pequeños: "¿Creéis en Dios?".

Todos se rieron. Dijeron: "¿Tú crees?" Y él respondió: "Sí, creo en Dios". Y dijeron: "En el pasado, la gente primitiva solía creer en Dios, la gente ignorante solía creer en Dios. Ahora nadie cree en Dios". Estos niños están condicionados a creer que no hay Dios.

No pienses que la palabra "no" es una negación, sino una afirmación. La afirmación puede ser de creencia, la afirmación puede ser de incredulidad.

La verdadera negación significa ayudar a la gente a librarse de todo tipo de creencias e incredulidades, ayudarles a librarse de todos los condicionamientos que la sociedad te impone.

Adolf Hitler escribe en su autobiografía: "Sólo hay una diferencia muy pequeña entre la verdad y la falsedad. La verdad es falsedad repetida muchas veces, eso es todo".

Y tiene razón en muchos aspectos. Repite cualquier falsedad, sigue repitiéndola, y tarde o temprano la gente empezará a creerla. La gente ha creído en todo tipo de cosas por la sencilla razón de que las personas que tenían autoridad eran creyentes, creían en esas cosas. Si ellos creían en Dios, entonces las masas creían en Dios. La gente admira a las autoridades: los sacerdotes, los políticos, los ricos, los eruditos, los profesores. Si todos ellos son creyentes, entonces debe haber un Dios. Si creen que no hay Dios, entonces las masas empiezan a seguirles. Las masas no son más que imitadores.

Y la sociedad -toda sociedad- crea una cierta atmósfera de condicionamiento. Todavía no existe ninguna sociedad en el mundo que no viva este proceso de condicionamiento.

Y todo el proceso de condicionamiento es dañino, venenoso, porque destruye la libertad del individuo. Destruye su capacidad de investigar la verdad. Destruye su aventura en la vida. Destruye su iniciativa para explorar lo que es. Antes de que haga una pregunta, la respuesta ya está impresa en él.

Y la gente que sigue haciendo esto tiene intereses creados. Los curas quieren que creas en Dios. A los comunistas les gustaría que no creyeras en Dios. No hay nadie que esté interesado en ti; todos están interesados en sus intereses creados.

Por lo tanto, Anne Halpa, las afirmaciones no pueden ser útiles. Todas las afirmaciones son condicionamientos. Necesitas negatividad total.

Eso es el Zen: niega. Dice que no hay Dios, que no hay alma, que no hay paraíso, que no hay nada. No te deja nada en que creer. Incluso si empiezas a creer en nada, el Maestro Zen te va a golpear duro.

Sucedió:

Un discípulo de Bokuju traía una y otra vez sus nuevas experiencias -que había experimentado que la energía subía por su columna- y era golpeado. Y Bokuju dijo: "¡Fuera de aquí! ¡No me traigas esas tonterías! Tú no eres eso. Tú eres el observador que vio cómo la energía se elevaba. Así que no te identifiques con ella, porque de lo contrario será de nuevo una nueva identificación, un nuevo ego: el nacimiento de un nuevo ego, un ego espiritual, que es mucho más peligroso que los egos ordinarios."

Un día vino y me dijo: "Tienes razón. Ahora veo una gran luz. Estoy lleno de luz, ¡todo es luz!".

Le golpearon de nuevo y le dijeron: "Tú tampoco eres la luz, eres el vigilante". ¿Quién ve la luz? Tú eres el vidente".

Y así siguió una y otra vez durante años. Al cabo de diez años llegó realmente feliz, se postró a los pies del Maestro y le dijo: "Ahora serás feliz conmigo, no hace falta que me golpees. He experimentado la nada".

Y esta vez el Maestro estaba muy enfadado. Lo arrojó físicamente por la ventana - de una casa de dos pisos. Cayó sobre una roca, y el Maestro lo miró desde la ventana y le dijo: "¿Cómo te sientes ahora?".

Y el golpe fue tan fuerte que le hizo volver en sí. Se echó a reír. Tumbado sobre la roca, se echó a reír. El Maestro también saltó de la ventana, abrazó al discípulo y le dijo: "¡Ahora soy feliz, realmente feliz!".

Los demás discípulos preguntaron: "¿Qué ha ocurrido? Es tan misterioso!"

Bokuju dijo: "Decir: 'He experimentado la nada', es erróneo porque entonces has hecho un objeto de la nada. La nada se ha convertido de nuevo en tu afirmación - un pensamiento, un contenido. También tienes que deshacerte de la nada. Cuando se rió, pude ver la nada en su risa.

No había nadie que se riera, simplemente había risas, sin reclamos, sin reclamaciones, simplemente risas, puras risas. No había nadie que se riera".

Y en ese mismo momento el Maestro se sintió conectado con el discípulo por primera vez. De lo contrario, todas esas experiencias estaban creando barreras.

Las afirmaciones no pueden ayudar. Todas las afirmaciones son condicionamientos.

"Gatos, querida", dijo la solterona, "odio sólo verlos. Tenía un dulce canario y algún gato se lo llevó. Tuve un loro perfecto, y algún gato se lo llevó. Tuve un prometido adorable, y... ¡oh, no me hables de gatos!".

Así es como las cosas se convierten en condicionantes. Ahora la misma palabra "gato" se ha asociado con muchas malas experiencias. La palabra "gato" no tiene nada que ver con esas experiencias.

Se dice de Napoleón que fue derrotado por culpa de los gatos. El general enemigo trajo setenta gatos delante del ejército porque llegó a saber que en el momento en que Napoleón veía gatos se volvía loco. Perdía todo el equilibrio, toda la inteligencia y se ponía muy nervioso.

Y era verdad, porque cuando Napoleón era sólo un niño de seis meses, un gato salvaje le había saltado al pecho, y desde entonces, aunque podía luchar con leones, ¡ni hablar de gatos! Eso se había convertido en un reflejo condicionado muy profundo.

Los conductistas de todo el mundo intentan manipular este proceso de condicionamiento para crear una humanidad robótica. Skinner afirma que podemos cambiar a toda la humanidad en pocos años.

No es necesario que un Buda, un Jesús o un Mahoma cambien a la humanidad, y no la han cambiado. Llevan siglos enseñando y no ha pasado nada; la humanidad sigue siendo la misma. Podemos cambiar a la humanidad muy fácilmente. Todo lo que se necesita son métodos para condicionar a la gente.

Si quieres que alguien no robe, no hay necesidad de meterlo en la cárcel durante diez años. Eso no va a ayudar; de hecho, le condicionará a ser más ladrón de lo que nunca fue, porque vivirá con ladrones. Vivirá con expertos más grandes que él y lo único que aprenderá es por qué lo atraparon en primer lugar. La próxima vez no cometerá el mismo error.

Por eso una vez que una persona va a la cárcel se convierte en un habitual. Entonces vuelve una y otra vez. La cárcel se convierte en su casa, en un pájaro carcelero. Sale sólo para practicar su arte y vuelve para hacer los deberes. Los deberes los hace en la cárcel.

Skinner dice que no hay necesidad de perder el tiempo, sólo hay que darle descargas eléctricas y en dos o tres semanas lo condicionaremos. Nunca pensará en robar. Incluso la idea de robar será suficiente, y empezará a temblar y caerá de rodillas. Sólo la idea será suficiente para ponerlo tan nervioso ... Todas esas descargas eléctricas serán recordadas por él.

Propone que todo vicio puede desaparecer de la humanidad con sólo dar descargas eléctricas o con métodos por el estilo, y todas las virtudes pueden establecerse dando recompensas, hermosas recompensas.

Por ejemplo, han descubierto que en la cabeza hay diferentes centros para diferentes experiencias.

Existe un centro de placer: cuando haces el amor, el placer que obtienes no tiene nada que ver con tus órganos genitales, ocurre en tu cabeza. Los órganos genitales simplemente desencadenan un proceso. De hecho, el placer se produce en la cabeza, en el cerebro.

Ahora, Skinner dice que no hay necesidad de entrar en un proceso tan largo de cortejo y decir tonterías a una mujer o a un hombre y luego ser atrapado y casarse y tener mil y un problemas. Dice que las cosas sencillas son posibles. Sólo tienes que guardar una pequeña caja en tu bolsillo que estará conectada con el centro del placer en tu cabeza - sin ningún cable, será una conexión sin cables. Así que no te preocupes de que la gente vea cables saliendo de tu cabeza y entrando en tu bolsillo, ¡y todo el mundo sabrá lo que llevas en el bolsillo! Sólo tienes que llevar una cajita en el bolsillo, apretar el botón y, de repente, ¡tendrás un gran orgasmo y serás todo sonrisas!

Skinner dice que hay que recompensar a la gente por su virtud, por sus buenas acciones, manipulando su centro del placer, y entonces seguirán haciendo esas cosas.

Por ejemplo, si cada vez que entras en la iglesia de repente tienes grandes orgasmos, naturalmente irás más a menudo. De hecho, ¡no saldrás de la iglesia para nada! Tendrás que verte obligado a salir y hacer otra cosa.

Skinner estaba trabajando con una rata. Conectó el centro de placer de la rata con una pequeña caja y le enseñó a pulsar el botón. Te sorprenderá lo que hizo la rata: seis mil veces pulsó el botón; ¡hasta que cayó muerta siguió pulsándolo! Se olvidó de todo lo demás. Olvidó la comida, olvidó la bebida, olvidó todo lo demás. No paró de pulsarlo, seis mil veces. ¡Pobre rata!

¡No podía soportar tanta alegría! ¡Murió, pero murió en éxtasis!

Esto se le puede hacer al hombre. Esto se va a hacer porque la idea es simple, muy simple, y el proceso es simple. Y los gobiernos están obligados a usarlo porque es fácil condicionar a la gente para que no haga ciertas cosas y para que haga otras. Entonces todo el mundo será un santo y nadie será un pecador. Pero santos o pecadores, todos serán robots. No tendrán elección propia.

Al final puede ocurrir que no sea necesario tener cajas pequeñas propias. Sólo en la capital de cada país -en Nueva Delhi, en Washington, en Londres- el primer ministro o el presidente tienen la llave.

Y de vez en cuando aprieta el botón y ¡todo el país entra en una alegría orgásmica!

Entonces todos serán obedientes. Nadie romperá ningún mandamiento, nadie irá contra ellos. Y todo el país puede ser castigado con sólo apretar un botón, porque así como hay un centro de placer en el cerebro hay un centro de dolor en el cerebro. Solo presiona el centro del dolor y estarás en tal agonía, estarás en el infierno.

Pero esto no traerá la libertad a la humanidad. Será la destrucción de toda libertad y de toda posibilidad de libertad. Hay que detenerlo.

Anne Halpa, las afirmaciones, tanto si se repiten a la manera antigua y primitiva como si se hacen con una metodología más científica y tecnológica, son lo mismo. El hombre necesita liberarse totalmente de todos los condicionamientos. Y eso sólo es posible mediante la negación absoluta. Sólo queda la conciencia pura y todo lo demás es negado. Sólo queda el observador y nada que observar. Queda el vidente y nada que ver. Queda el experimentador y nada que experimentar.

Eso es lo que en Oriente hemos llamado "el testigo". Y eso es trascendencia: trascendencia de todas las ataduras, trascendencia del cuerpo, de la mente y de todas las limitaciones que el cuerpo y la mente te imponen. El nirvana es posible, la libertad absoluta es posible, pero sólo a través de lo negativo.

La cuarta pregunta:

MAESTRO,

¿QUÉ ES LA COMPASIÓN?

Anand Shama,

Sabemos lo que es la pasión, de ahí que no sea muy difícil entender lo que puede ser la compasión.

La pasión significa un estado de fiebre biológica: está caliente. Estás casi poseído por energías biológicas inconscientes. Ya no eres tu propio dueño, eres sólo un esclavo.

La compasión significa que has trascendido la biología, que has trascendido la fisiología. Ya no eres un esclavo, te has convertido en un maestro. Ahora funcionas conscientemente. Ya no eres impulsado, tirado o empujado por fuerzas inconscientes, puedes decidir lo que quieres hacer con tus energías. Eres totalmente libre. Entonces la misma energía que se convierte en pasión se transforma en compasión.

La pasión es lujuria, la compasión es amor. La pasión es deseo, la compasión es ausencia de deseo. La pasión es codicia, la compasión es compartir. La pasión quiere utilizar al otro como un medio, la compasión respeta al otro como un fin en sí mismo. La pasión te mantiene atado a la tierra, al barro, y nunca te conviertes en un loto. La compasión te convierte en un loto. Empiezas a elevarte por encima del mundo fangoso de los deseos, la codicia y la ira. La compasión es una transformación de tus energías.

Normalmente estás disperso, fragmentado. Parte de la energía es absorbida por la ira, parte de la energía es absorbida por la codicia, parte de la energía es absorbida por la lujuria, y así sucesivamente. Y hay tantos deseos rodeándote que te quedas sin energía; te quedas hueco, vacío.

Y recuerda lo que dice William Blake -hay una gran perspicacia en ello-: "La energía es deleite".

Y no te queda energía; toda tu energía sigue yéndose por el desagüe. Cuando todas estas energías ya no se desperdician, empiezan a llenar tu lago interior, tu ser interior. Te llenas. Surge en ti un gran deleite. Cuando empiezas a rebosar, te has convertido en un Buda y has llegado a una fuente inagotable.

La compasión es una palabra clave, pero sólo la entenderás si profundizas en la meditación. La meditación es la clave para transformar la pasión en compasión. Tendrás que ser más consciente. Ahora mismo eres inconsciente, a pesar de lo que pienses, eres inconsciente.

El empleador pregunta a una chica que va a trabajar en una oficina cuánto espera ganar.

"Veinte dólares a la semana", responde.

"¿Veinte dólares?", dice. "Te los daré con mucho gusto".

"Con mucho gusto, serán treinta dólares", responde ella.

Vigila lo que haces, lo que dices, lo que piensas, y te sorprenderás: sin tomar bebidas alcohólicas, sin tomar drogas, estás hecho un lío.

La Sra. O'Brien reprendía a su marido por su comportamiento ebrio en la fiesta de la noche anterior.

"¡Claro, y estabas haciendo el ridículo", afirmó, "retozando de esa manera!".

"¡No estaba retozando ni nada!" O'Brien se defendió. "Caminaba tan recto como cualquier hombre allí... ¡hasta que toda esa gente empezó a pisarme los dedos!".

Fíjate en lo que te has estado haciendo a ti mismo, a tu vida. ¿Qué has hecho de ti mismo? ¿Qué has ganado? ¿Qué sentido has alcanzado? ¿Qué significado has experimentado? La gente no se hace preguntas tan embarazosas porque entonces se siente muy deprimida. Pero hay que hacérselas. Si no te las haces, no cambiarás.

Un inmigrante irlandés se acercó a una máquina expendedora, echó una moneda y pulsó el botón que ponía "Café, doble crema, azúcar". No apareció ninguna taza. Entonces entraron en acción dos boquillas, una enviando café, la otra, nata. La máquina se apagó después de que las cantidades correspondientes se hubieran ido por el desagüe donde debería haber estado la taza.

"¡Eso sí que es automatización!", exclamó el irlandés. "Esta cosa incluso bebe por ti".

El hombre sigue viviendo como un robot, funcionando bien, eficazmente. De hecho, cuanto más robot eres, mejor funcionas, mejor se siente la sociedad contigo, porque es una sociedad de robots. Estar despierto, alerta, consciente aquí es peligroso. Es una sociedad de ciegos; tener ojos es invitar al peligro.

Pero sin crear conciencia nunca podrás conocer la belleza, la bendición que Dios te ha concedido. Nunca conocerás la gran oportunidad que se te ha dado para crecer, para convertirte. Podéis ser picos iluminados por el sol y no sois más que agujeros oscuros.

"¡Mierda!" dijo Polaris. "Esta mañana me he llevado una buena sacudida en el juzgado. El juez me ha puesto una multa de quinientos dólares por intentar violar a una tía que conocí en el metro. Y luego, cuando la vio bien, ¡me multó con diez dólares más por estar borracho!".

Si te das cuenta al menos de una cosa, de que no estás alerta, es un buen comienzo.

Un gran irlandés le dijo a una mujer hogareña en el metro: "Dios mío, estás preciosa esta noche".

"Oh, gracias, señor."

"Pero no hagas caso de lo que digo, estoy borracho."

Aunque seas consciente de ello, de que estás borracho, no estás absolutamente borracho.

Sócrates dice: "Si sabes que no sabes, ése es un gran comienzo. Entonces es posible que sepas". Ser consciente de que "soy ignorante" crea la posibilidad de buscar, de buscar en tu propia interioridad la verdad - tu verdad.

La compasión es la transformación definitiva de la pasión. Estás en la pasión, pero sigues pensando que estás bien como estás. Sigues defendiéndote. Y te opones a todo lo que perturba tu vida cómoda y mecánica.

Un visitante me ha escrito: "Tu medicina parece demasiado amarga. ¿Estás seguro, Maestro, de que eres médico y no médico de caballos?". Cuando miro a todos los monos, burros y yanquis que me rodean, ¡yo mismo me lo pregunto! Debo de ser un médico de caballos. La medicina es amarga y es difícil hacerla tragar.

Lo he oído:

Mulla Nasruddin fue al médico de caballos y le dijo: "Mi caballo se ha vuelto tan perezoso que hay que hacer algo. No corre. Ni siquiera camina. ¿Qué decir de correr? Dame algo realmente vital".

El médico dijo: "Tenemos la medicina, pero es muy amarga y puede que el caballo no se la tome, así que tendrás que usar un determinado aparato. Coge esta pipa de bambú, está hueca por dentro. Llénala con la medicina, es un polvo". Le dio el polvo. "Pon un extremo de la pipa en la boca del caballo y el otro en tu propia boca y luego sopla para que baje por la garganta del caballo".

Todo fue bien hasta el último momento... ¡el caballo voló primero! Nasruddin, un hombre de ochenta años, saltó la valla de su jardín y corrió tan rápido que ningún corredor olímpico habría podido competir con él.

Su mujer corrió a ver al médico de caballos. Le dijo: "¡Dame inmediatamente una dosis doble porque tengo que atraparlo! Se ha escapado".

Mirándote, sólo puedo decir que debo ser un médico de caballos. ¡Pero tengo mucho cuidado para que no puedas soplar antes de que yo sople!

La medicina es amarga porque lo primero que hay que entender es que no se sabe nada. Es amargo aceptarlo. Lo segundo: eres una máquina. Es muy amargo aceptarlo. Lo tercero: sólo vives en el barro, arrastrándote por agujeros oscuros, mientras que deberías estar volando hacia el cielo, hacia el sol. Es difícil de aceptar. Quieres nanas, quieres que te cante canciones bonitas para dormirte, para soñar sueños mejores.

Cuando vienes a mí no vienes a que te despierte, vienes a mí para que puedas soñar hermosos y dulces sueños. Ese es tu propósito al venir; ese no es mi propósito al estar aquí. Una vez que estás aquí estás atrapado. Entonces, lentamente, lentamente, empiezo a quitarte tus sueños. Luego, lentamente, lentamente, voy destruyendo tus ilusiones. Una vez caídas tus ilusiones, destrozados tus sueños, te espera un gran despertar, un gran despertar que te convierte en Buda.

Y cuando seas un Buda, sólo entonces experimentarás lo que es la compasión. Es amor frío -no frío, ojo-, amor frío. Es compartir tu alegría con toda la existencia. Te conviertes en una bendición para ti mismo y para toda la existencia. Eso es compasión. La pasión es fea, la compasión es hermosa. La pasión es una maldición, la compasión es una bendición.

La última pregunta:

MAESTRO, ESCRIBÍ VEINTE PREGUNTAS Y LAS ROMPÍ TODAS. ME DI CUENTA DE QUE LO ÚNICO QUE QUERÍA ERA DECIR: "HOLA, MAESTRO. TODAVÍA ESTOY AQUÍ" Y OÍRTE DECIR MI NOMBRE EN UNA CONFERENCIA.

Hola, Deva Mohan. Mucho gusto.

... Y algo más

La primera pregunta
MAESTRO,

TU DICES: VE MÁS ALLÁ DE LA MENTE. NO ESCUCHES SU PARLOTEO. DISCIPLÍNALA Y HAZ DE ELLA UNA SIERVA. NO SEAS SU ESCLAVO. ¿PERO COMO SABER CUANDO LA MENTE ESTA SIENDO DISCIPLINADA Y CUANDO ESTA SIENDO REPRIMIDA? ADEMÁS, CUANDO TOMÉ SANNYAS LA OTRA NOCHE ME DIJISTE QUE NO ME ENGANCHARA A TI. TENGO QUE DECIRTE QUE ESTÁS CERRANDO LA PUERTA DEL ESTABLO CUANDO ESTE CABALLO YA SE HA ESCAPADO.

Prem Lisa,

LA DIFERENCIA ES TAN GRANDE que es imposible pasarla por alto. La represión se produce luchando con la mente. La disciplina se produce estando atento, consciente, alerta. En la disciplina no hay lucha implícita. En la disciplina, no hay condena, no hay evaluación. Uno simplemente observa la mente en silencio, viendo todo el tráfico, sin decir lo que está bien y lo que está mal, lo que debería ser y lo que no debería ser, igual que, de pie junto a la carretera, observas a la gente que pasa -santos y pecadores, gente guapa, gente fea, gente buena, gente mala-, pero no te preocupas. No tiene nada que ver contigo; estás al margen.

Ése es exactamente el significado de la palabra inglesa "ecstasy". Éxtasis significa estar fuera de sí.

Te limitas a mirar, como se miran las nubes que se mueven en el cielo o el río que fluye, con frialdad y desapego. Ni intentas aferrarte a algo ni intentas apartar algo de ti.

Esto es pura conciencia: sólo eres un espejo. Y al ser sólo un espejo, ocurre el milagro: el milagro de la disciplina. Poco a poco, el tráfico empieza a desaparecer. Cada vez menos pensamientos se mueven en la carretera, cada vez menos imágenes aparecen en la pantalla, cada vez menos recuerdos, fantasías. Empiezan a aparecer huecos.

Una madre le decía a su hijo: "Ten mucho cuidado cuando vayas al colegio porque el tráfico es peligroso en hora punta".

El niño dijo: "No te preocupes. Yo siempre espero al lado de la carretera. Cuando pasa un hueco, entonces cruzo la carretera".

"Cuando aparece un hueco..." Mientras observas tu mente te sorprenderás: pasan huecos, intervalos en los que no hay nada que ver. El observador se queda solo y porque está solo tampoco es ya un observador. No se le puede llamar observador porque no hay nada que observar. El espejo está ahí, pero no refleja nada. No hay dualidad entre lo visto y el observador. En estos intervalos surge la disciplina.

La palabra "disciplina" también es hermosa. A veces es muy significativo ir a las raíces de las palabras.

"Disciplina" viene de una raíz que significa aprendizaje. Cuando se observa una laguna, se aprende. ¿Aprendizaje de qué? De ti mismo, porque no hay nada más. Estás lleno de conciencia. Estás lleno de tu propio ser, rebosante. Y esta experiencia de ser tú mismo, desbordante, sin que nada te distraiga, sin que nada te perturbe, es el mayor aprendizaje, la mayor posibilidad de conocer la verdad. Esto es disciplina.

De la misma raíz viene la palabra "discípulo". "Discípulo" significa aquel que se está volviendo capaz de guardar absoluto silencio en presencia del Maestro. El discípulo es aquel que permite que se produzca el intervalo cuando está con el Maestro. Con el Maestro se tiende un puente sólo a través del silencio; cuando no hay nada en la mente se tiende un puente. Entonces ocurre algo entre el Maestro y el discípulo. Una llama salta del Maestro al corazón del discípulo. La vela apagada del discípulo se enciende de repente. Todo es alegría, luz y amor, y surge una gran danza.

Lisa, la disciplina nunca puede malinterpretarse como represión. Las represiones son totalmente diferentes. En la represión ya has decidido lo que está mal, decisiones a priori. De hecho, otros han decidido por ti lo que está mal y lo que está bien. Ahora simplemente intentas imponerte las ideas y opiniones de los demás. Tendrás que reprimir tu naturaleza. Tendrás que forzar lo que está mal -o lo que te han dicho que está mal- en lo más profundo del inconsciente. Habrá una lucha, una gran agitación. En lugar de traer silencio, cada método de represión trae más confusión.

Por eso los llamados religiosos están más inquietos, más preocupados. Tú estás preocupado sólo por este mundo, ellos están preocupados incluso por el otro. Tú estás preocupado sólo por esta vida, ellos están preocupados por muchas vidas pasadas y vidas futuras. Tus preocupaciones no son nada comparadas con las preocupaciones de la llamada gente religiosa. Y ellos están sentados en un volcán, porque lo que está reprimido está ahí; no se destruye. La represión nunca destruye nada; simplemente estás sentado encima de ella. Y el peligro es que no puedes sentarte encima durante veinticuatro horas al día; tienes limitaciones. Te cansarás, necesitarás descansar. Y cuando estés cansado y necesites descansar, empezarán a surgir represiones en ti.

De ahí que incluso sus mayores santos sigan pensando, fantaseando, soñando con todas esas cosas que han reprimido.

Mahatma Gandhi escribió en su autobiografía: "He sido capaz de controlar mi sexualidad en lo que se refiere a mi día, pero por la noche, en mis sueños, viene con una venganza". Esto lo escribía a los setenta años... ¡toda una vida de represión!

Sí, durante el día puedes arreglártelas de algún modo, pero por la noche, en los sueños, lo que has reprimido durante el día está destinado a vengarse. Volverá, explotará en ti.

Por eso, a lo largo de los siglos, vuestros santos han temido mucho al sueño. Siguen reduciendo su sueño: cinco horas, cuatro horas, tres horas, dos horas. Y cuanto menos duermen, mayor es el peligro, porque todas sus represiones tienen que venir en esas dos horas de una manera muy condensada.

Entonces se agolpan de todas partes. ¡Y la gente los adora! Cuanto menos duerme un santo, más lo adora la gente. Dicen: "¡Mira cuánto se ha sacrificado! Qué gran austeridad está haciendo, ¡ni siquiera duerme! O duerme sólo dos horas o una hora".

La realidad es que tiene miedo al sueño. ¿Y de dónde viene el miedo? El miedo viene del hecho de que cuando estás despierto puedes controlar, pero cuando estás dormido, ¿quién está ahí para controlar?

El controlador está dormido, está en un estado relajado. No puede sentarse encima de todas las represiones, y éstas se impondrán.

Así que, Lisa, si estás luchando con algo, entonces no es disciplina. Yo no enseño a luchar, enseño a ser consciente. Es inútil luchar con la oscuridad, totalmente inútil y estúpido. Trae la luz.

¿Por qué luchar con la oscuridad? ¿Y cómo puedes esperar ganar luchando con la oscuridad? Trae la luz y la oscuridad no se encuentra más.

Estás rodeado de muchas tinieblas: codicia, ira, celos, lujuria, ambición, ego. Son capas de oscuridad. Si empiezas a luchar con todas estas capas de oscuridad no vas a ganar, porque no hay forma de luchar con la oscuridad directamente. En primer lugar, la oscuridad no existe; es sólo la ausencia de luz. Así que si quieres hacer algo con la oscuridad, no intentes hacerlo directamente, haz algo con la luz. Si quieres oscuridad, apaga la luz. Si no quieres oscuridad, enciende la luz. Pero haz algo con la luz, olvídate de la oscuridad. Si la luz está ahí, la oscuridad no está ahí. Si la luz no está ahí, no puedes evitar la oscuridad. Puedes cerrar los ojos, puedes intentar olvidarte de ella, puedes ocuparte en otra cosa, puedes alejar tu mente de ella, pero sigue ahí. Y se mostrará en tus actos, en tus pensamientos, en tu comportamiento. Aparecerá una y otra vez. No puedes ocultarlo, es imposible ocultarlo. La verdad de tu ser, sea cual sea, está destinada a salir a la superficie.

Lisa, toma conciencia. Y no estoy diciendo lo que está mal y lo que está bien. Simplemente estoy diciendo:

Sé consciente; o, la consciencia está bien y la inconsciencia está mal. Cuando seas consciente, las cosas empezarán a cambiar por sí solas, y entonces la mente funcionará como un sirviente. Es una máquina, una hermosa máquina, una de las máquinas más complejas inventadas por la naturaleza en miles de años. El hombre aún no ha sido capaz de crear nada comparable a ella. Ni siquiera el mejor ordenador es aún tan capaz.

Una sola mente humana puede contener todas las bibliotecas del mundo. Es casi infinita. Su capacidad es grande, su utilidad es grande, pero debe ser tu sirviente, no tu amo. Como sirviente es hermoso; como amo es peligroso.

Deja que la conciencia sea tu amo y la mente tu sirviente. Sucede a través de la conciencia. Y no te estoy diciendo que la controles, porque todo control es represión. No te estoy diciendo que luches, porque toda lucha es un puro desperdicio de energía. Estás luchando con tu propio sirviente, estás malgastando tu energía. No necesitas pelear con tu sirviente, simplemente tienes que decir: "Yo soy el amo"; eso es todo.

Simplemente tienes que ser el amo, eso es todo, y el siervo se inclina. El siervo comprende inmediatamente que el amo ha entrado. ¿Y cómo entra el maestro? En el momento en que te despiertas, el maestro entra.

Tú me preguntas, Lisa: tú DICES: VE MÁS ALLÁ DE LA MENTE. NO ESCUCHES SU PARLOTEO.

DISCIPLÍNALO Y CONVIÉRTELO EN UN SIERVO. NO SEAS SU ESCLAVO. ¿PERO CÓMO SABER CUÁNDO LA MENTE ESTÁ SIENDO DISCIPLINADA Y CUÁNDO ESTÁ SIENDO REPRIMIDA?

Es muy sencillo. Nadie puede confundirlos, nadie puede confundirlos. Son tan diferentes, como la luz y la oscuridad, como el amor y el odio, como las flores y las espinas, como el veneno y el néctar. Son totalmente diferentes. Pero si piensas en ellos puedes confundirte.

Pensando no puedes hacer la distinción. No pienses en ellos - experimenta, experimenta, y la distinción será absolutamente clara.

También dices: MAESTRO... CUANDO TOMÉ SANNYAS LA OTRA NOCHE ME DIJISTE QUE NO ME ENGANCHARA A TI. TENGO QUE DECIRTE QUE ESTAS CERRANDO LA PUERTA DEL ESTABLO DESPUES DE QUE ESTE CABALLO EN PARTICULAR YA SE HA DESBOCADO.

Lisa, no sólo soy médico de caballos, sino también amante de los caballos. Y cuando veo un buen caballo me enamoro inmediatamente. Creo en el amor a primera vista, ¡porque ahorra tiempo! En el momento en que te vi, Lisa, en el momento en que vi lágrimas de alegría, amor, confianza y entrega en tus ojos, ¡te acepté en lo más profundo como parte de la Mafia naranja!

Y digo: "No te enganches a mí", sólo cuando sé que estás absolutamente enganchado y no hay forma de escapar. No se lo digo a todo el mundo. Se lo digo sólo a los que ya están enganchados. Puede que no sean conscientes de ello; puede que se den cuenta más adelante.

Lo he visto. Estás enganchado, estás drogado conmigo. Ya no hay vuelta atrás. Ahora este va a ser todo tu mundo. Yo soy tu hogar. Lo digo sólo cuando estoy absolutamente seguro, categóricamente seguro, de que no hay posibilidad de que te vayas, cuando veo que te estás fundiendo y fusionando.

Entonces sólo, para ser generoso, digo: "No te enganches a mí". Me puedo permitir decirlo cuando sé que Lisa está acabada.

La segunda pregunta:

MAESTRO,

¿CUÁL ES LA ESENCIA DEL DHARMA BÚDICO - LA RELIGIÓN DEL BUDA?

Mouna,

YOKA DICE

SI ALCANZAS EL ZEN DE BUDA, EN ESE MISMO MOMENTO LO LOGRAS TODO.

EN TU SUEÑO HAY MUCHOS CAMINOS, PERO CUANDO DESPIERTAS, SE REDUCEN A NADA. NI ERROR, NI FELICIDAD, NI PÉRDIDA, NI GANANCIA.

NO INTENTES ENCONTRAR NADA EN LA ESENCIA DE TU SER. HACE MUCHO TIEMPO QUE LIMPIASTE EL POLVO DE TU ESPEJO, AHORA ES EL MOMENTO DE QUE VEAS PERFECTAMENTE SU BRILLO.

QUIEN NO PUEDE PENSAR, TODO ES SUYO. SI PRACTICAS LA CARIDAD PARA CONVERTIRTE EN BUDA, ¿CUÁNDO LO CONSEGUIRÁS? NUNCA, MIL VECES NUNCA.

BEBE Y COME SEGÚN TU VERDADERA NATURALEZA. TODAS LAS COSAS DEL UNIVERSO SON IMPERMANENTES Y, POR TANTO, TODA EXISTENCIA ES NULA. ESA ES TODA LA COMPRENSIÓN DE BUDA.

Ésta es la esencia del Dharma de Buda, la religión de Buda. Primero: no es una filosofía que puedas comprender intelectualmente; tienes que convertirte en Buda para conocerla. De ahí que Yoka diga:

SI ALCANZAS EL ZEN DE BUDDHA -el estado de Buda- EN ESE MISMO MOMENTO LO LOGRAS TODO.

No falta nada cuando se alcanza el estado supremo de despertar; todo se ha cumplido, se está completamente satisfecho. La vida se conoce por primera vez como un gran significado, como una gran danza, una celebración. La vida se conoce por primera vez como absolutamente perfecta. No hay ninguna queja, ningún deseo, ningún anhelo de que las cosas sean diferentes de lo que son. Uno está simplemente contento, totalmente contento. Todo deseo desaparece.

¿Y cuál es el estado de Buda? ¿Qué es este "Zen de Buda" del que habla Yoka? Es el estado de la nomente. De ahí que Yoka diga:

QUE NO PUEDE PENSAR, TODO ES SUYO.

Lo mejor que se puede experimentar en la vida es un estado de no pensamiento. El mayor arte de la vida es ser capaz de estar sin mente. Aunque sólo sea por un instante, sólo un atisbo, habrás llegado al más allá y habrás cruzado el punto de no retorno.

No sigas pensando en ello, en lo que es. Pensando te lo seguirás perdiendo. Pensar es la forma segura de perderse el Dharma de Buda; no pensar es la forma de alcanzarlo. Es tu propia naturaleza.

Buda no habla de grandes misterios, secretos ocultos, conocimientos esotéricos. No cree en la mitología; no es un ocultista. Es un hombre muy sencillo, muy ordinario. Cree en la existencia ordinaria. Dice que tu vida cotidiana es todo lo que hay. Si puedes vivirla con alegría, en silencio, con comprensión, con vigilancia, no hay nada más que hacer. Tu vida ordinaria empieza a ser extraordinaria.

BEBE Y COME, DICE YOKA, SEGÚN TU VERDADERA NATURALEZA.

Sólo recuerda: no distorsiones tu naturaleza, mantente fiel a ella. Escucha tu propia naturaleza y síguela. No sigas a nadie más.

Buda dice: "Aunque me encuentres en el camino, mátame inmediatamente". Él está diciendo: No me sigas, sigue las pistas. Intenta comprender, empápate del espíritu. Siente mi presencia y luego sigue tu camino.

Vive según tu propia luz, por pequeña que sea; pero si es tuya y vives según ella, seguirá creciendo.

Buda dice: "Sé una luz para ti mismo". Ese es su mayor mensaje. Nadie en todo el mundo, en toda la historia de la humanidad, ha sido tan respetuoso con los demás como Gautam el Buda. "Sé una luz para ti mismo".

Los budas sólo señalan el camino: dedos que apuntan a la luna. Tienes que seguirlo, y tienes que seguirlo de acuerdo con tu naturaleza. Tienes que estar en silencio, tranquilo, para poder escuchar la vocecita interior y luego seguirla. Dondequiera que te lleve es bueno. Confía profundamente en tu propia voz.

Sé espontáneo, natural, ordinario. Esta es la forma de ser extraordinario. Sé ordinario pero consciente, y lo ordinario se convierte en sagrado.

TODAS LAS COSAS EN EL UNIVERSO SON IMPERMANENTES...

Así que no te preocupes. Todas las cosas son impermanentes: el placer y el dolor, la amistad y la enemistad, la pobreza y la riqueza, el éxito y el fracaso, el nacimiento y la muerte. Todo fluye, todo es impermanente, así que ¿por qué preocuparse? Todo sigue cambiando. No te aferres: aferrarse trae miseria, aferrarse muestra tu incomprensión. En el momento en que te aferras a algo, estás viviendo con la idea de que puede ser permanente. Nada puede ser permanente, y nada puede hacerse al respecto. La naturaleza de las cosas es impermanente.

Intentas atrapar el arco iris. Son hermosos, pero no puedes aferrarte a ellos: en un momento están ahí y en otro ya no están. Así que no te aferres a nada porque todo es impermanente. Y no desees nada porque, aunque lo consigas, lo perderás. Si no lo consigues, te sentirás frustrado. Si lo consigues y lo pierdes, te sentirás frustrado. De cualquier manera estarás en la miseria, estás invitando a la miseria. Así que no desees nada y no te aferres a nada.

Lo que venga, acéptalo. Buda lo llama tathata, talidad. Acéptalo, vívelo en silencio, sin que te perturbe. La miseria viene, se irá. La felicidad viene, se irá. Todo pasa, nada permanece, así que no hay de qué preocuparse.

Continúa pasando por todo tipo de experiencias, y entonces sabrás que uno puede pasar por el mundo incontaminado, incorrupto. Uno puede vivir en los palacios sin aferrarse, entonces es un sannyasin; y uno puede vivir en una choza y puede aferrarse a la choza, entonces no es un sannyasin.

Por eso no te digo que renuncies al mundo, simplemente te digo: Sé vigilante. Esa es la esencia del mensaje de Buda.

La gente me pregunta: "Pero Buda renunció al mundo. ¿Por qué renunció?" Renunció cuando no era Buda. Renunció cuando era tan ignorante como cualquier otro. Renunció en la ignorancia.

Cuando alcanzó la verdad, cuando experimentó la verdad y volvió a casa, su mujer le hizo una sola pregunta. "Sólo dime una cosa", le preguntó. "Lo que sea que hayas alcanzado... Puedo ver que eres un ser transformado. Te has vuelto luminoso, ya no eres la misma persona.

Lo viejo se ha ido, has renacido. Es tan claro para mí - incluso una persona ciega como yo puede verlo. Pero respóndeme a una pregunta. Todo lo que has conseguido, ¿no era posible conseguirlo viviendo aquí conmigo en este palacio?"

Y la historia es: Buda permaneció en silencio, mirando hacia abajo. La esposa tenía razón. No dijo nada.

En Oriente, no decir nada se considera una señal de acuerdo: MOUNAM SAMMATI LAKSHANAM. "Callar significa que estoy de acuerdo contigo". Dice más que Buda diciendo sí. Su silencio dice más, está más cargado de significado.

Inmediatamente lo sintió: "Ella tiene razón". Todo lo que había conseguido podía haberlo conseguido en cualquier parte. No había necesidad de ir a la selva.

No es necesario que vayas a ninguna parte. Estés donde estés puedes afirmar tu Budeidad, puedes despertarte.

La esencia es deslizarse fuera de la mente, salir de la mente. La mente es el mundo. La mente está llena de deseos, llena de aferramientos, apegos, anhelos. Sal de la mente. Crea una pequeña distancia entre tú y la mente. Sé un observador, un observador en las colinas, y te sorprenderás: a medida que observas la mente, la distancia se hace más y más grande. A medida que observas la mente, a medida que te estableces cada vez más en la observación, la mente se aleja cada vez más. Un día sucede: no puedes oír el parloteo de la mente; ya no está ahí. Simplemente, está en absoluto silencio.

En ese silencio, la verdad desciende en ti. En ese silencio, te encuentras contigo mismo, te encuentras con tu núcleo más íntimo. Y ése es el núcleo más íntimo de toda la existencia. Tu ser es el ser de todo.

Estamos separados como mentes, como cuerpos, pero no como conciencia. En la conciencia nos encontramos, somos uno. Esa conciencia es Dios. Ese encuentro, esa unidad en la que todas las diferencias se disuelven, en la que ya no somos cubitos de hielo separados, en la que nos hemos fundido y desaparecido en lo universal, Buda la llama nirvana. La palabra es hermosa; significa cesación del ego. Cuando el ego cesa, eres Dios, eres Buda, eres Cristo. Es el ego el que te impone una limitación. Es el ego el que te hace vivir en una prisión. ¡Sal del ego! Y nadie te lo impide, es tu propio aferramiento, tu propio apego. Te has apegado demasiado a tus cadenas, te has apegado demasiado a tu celda. Crees que es tu hogar, y no lo es. ¡Sal de ella! Despierta.

Estar despierto es ser un Buda. Y Yoka tiene razón.

SI ALCANZAS EL ZEN DE BUDDHA -el estado de Buda- EN ESE MISMO MOMENTO LO LOGRAS TODO.

La tercera pregunta:

MAESTRO,

CUANDO HABLA DE RELIGIONES, SUELE MENCIONAR A LOS CRISTIANOS, LOS MAHOMETANOS Y LOS HINDÚES, PERO NO A LOS JUDÍOS. ¿HAY ALGUNA RAZÓN PARA ELLO?

Veet Ateet,

HAY UNA RAZÓN: ¡Soy el único judío de la India!

Una vez me llevaron en un coche Cadillac; el dueño quería venderlo. Me interesó: he usado todo tipo de coches menos el Cadillac. Era un coche precioso, fabricado especialmente. Me encantó.

Me preguntó: "¿Qué me dices? ¿Cómo te sentiste en ella?"

Le dije: "¡Me sentí como un judío! No voy a comprar este coche -esto mostrará mi identidad. Ya tengo más problemas de los que un hombre puede manejar. Ahora, declararme judío me traerá aún más problemas. Los judíos son expertos en buscarse problemas".

Un viejo judío estuvo rezando a Dios durante años sin pedir nunca nada. Dios se hartó. Si pides algo, se puede hacer algo ¡y él se puede librar de ti! Pero él no pedía nada; sólo rezaba y rezaba y rezaba.

Así que un día Dios dijo: "¡Escucha! ¿Qué es lo que quieres? ¿Por qué no dices exactamente lo que quieres? Estoy dispuesto a cumplirlo".

El viejo judío dijo: "¿Es verdad que somos tu pueblo elegido?".

Dios dijo: "Sí, es verdad".

El judío le dijo: "Ahora, por favor, elige a otro. Durante tres mil años, sólo por tu culpa, hemos sufrido tanto. Ya es suficiente. Ahora elige a otro".

Veet Ateet, tú también debes ser judío, si no, ¿por qué esta pregunta? Los judíos siempre están pensando, de todas las maneras posibles, en los judíos.

La Friends of the Elephant Society -una sociedad creada para ayudar a los elefantes enfermos, viejos o sin hogar- decidió que, aunque la mayoría de la gente sabía lo que era un elefante, nunca se había realizado ningún estudio serio y definitivo sobre este enorme animal. Por ello decidieron convocar un concurso con un premio de mil dólares para el mejor libro sobre el elefante.

Un inglés introduce su libro titulado: "Historia y estadística del elefante".

Un alemán introduce un juego de tres volúmenes titulado: "Anatomía y fisiología del elefante".

Un francés introduce un delgado volumen de cien páginas titulado: "Los amorosos asuntos del elefante".

Un italiano se plantea seriamente el proyecto durante unos cinco minutos, luego lo abandona y se reúne con sus amigos para comer espaguetis.

Y un judío entra en un esfuerzo épico titulado: "El elefante y el problema judío".

Ateet, ¿por qué se te ocurre esta pregunta? No hablo mucho del judaísmo porque en la India no hay judíos. Hay hindúes, cristianos, mahometanos, jainas y budistas; sólo faltan los judíos, así que no los menciono mucho. Por supuesto, los judíos no faltan aquí. Este debe ser el único lugar de toda la India donde se pueden encontrar miles de judíos, pero ya no son judíos.

Ateet, esto debe ser una resaca contigo. ¿Sabes lo que significa tu nombre? Veet Ateet significa ir más allá del pasado. Parece que todavía tienes la resaca de ser judío. Y habiendo miles de judíos aquí, es mejor no hablar de ellos porque son gente muy discutidora.

Un cristiano de visita en Tierra Santa entabló conversación con un israelí.

"Me sorprende mucho que tú y los árabes no podáis reuniros pacíficamente".

"Mi querido amigo", dijo el israelí, "los judíos son un pueblo muy discutidor. Lo único en lo que puedes conseguir que dos judíos se pongan de acuerdo es en lo que un tercer judío debe dar a la caridad."

Eso es cierto.

Jimmy reunió por fin a Sadat y Begin para reanudar las conversaciones de paz en Oriente Medio.

Después Sadat dijo: "Me alegro de que hayamos enterrado el hacha de guerra. En el futuro te deseo todo lo que tú me deseas a mí".

Begin respondió: "Ves, estás empezando de nuevo".

Por eso, Ateet, no menciono mucho a los judíos. Es peligroso. Rodeado de miles de judíos es mejor no mencionar a los judíos en absoluto.

Y, además, el judaísmo es una religión muerta, al igual que el hinduismo. De hecho, sólo ha habido dos religiones fuente en el mundo: el hinduismo y el judaísmo. Ambas están muertas. El jainismo y el budismo son ramas del hinduismo, pero como la raíz está muerta, las ramas también lo están. Y el Cristianismo y el Islam son ramas del Judaísmo, y como la raíz está muerta las ramas también están muertas. Son fenómenos muertos. No me preocupa mucho el pasado.

Sí, también ha ocurrido algo hermoso en el judaísmo, y es el jasidismo, del que he hablado mucho. Del mismo modo que amo a los zen en la tradición de Buda, amo a los hasíd en la tradición de Moisés y amo a los sufíes en la tradición de Mahoma. Estas tres siguen vivas de alguna manera porque nunca se han convertido en religiones establecidas; siempre han sido anti-establecimiento, siempre han sido alternativas a la religión establecida, siempre han sido rebeldes.

Vale la pena hablar de hasidismo, no de judaísmo, y yo he hablado de hasidismo. He abordado el jasidismo desde mi propia experiencia. He estado actualizando el jasidismo, intentando que forme parte del siglo XX. El jasidismo es la esencia del judaísmo, su fragancia.

Y yo tengo algo de los hasídicos, por eso a veces me llamo judío. Los jasídicos aman la vida, afirman la vida. No creen en la renuncia, creen en la alegría. Creen en el baile, en el canto, en la celebración, y ese es exactamente mi enfoque también.

Mi religión es una especie de encuentro entre el zen, el sufismo y el jasidismo, y algo más.

La cuarta pregunta:

MAESTRO,

DE HECHO, ME ENCANTA FILOSOFAR. ¿QUÉ HACER CON ESA CAPACIDAD EN UN LUGAR COMO ÉSTE?

Deva Anurati,

LA FILOSOFÍA ES UN PURO DESPERDICIO de tu energía. La misma energía puede convertirse en tu meditación, la misma energía puede convertirse en tu despertar. La filosofía es como soñar: puedes soñar hermosos sueños, pero soñar es soñar. Puedes pensar en Dios, pero pensar en Dios no es conocer a Dios. Saber sobre Dios no es conocer a Dios. La palabra "sobre" significa alrededor. Puedes dar vueltas y vueltas... te estarás moviendo en círculo y nunca alcanzarás el objetivo, porque el objetivo es el centro, no la circunferencia.

La filosofía es circunferencial, periférica. Puede engañarte; ha engañado a millones de personas porque habla de amor, de Dios, incluso habla de meditación. Filosofa sobre todo.

Pero la filosofía significa que tu mente sigue siendo tu amo; es la mente la que filosofa. Tienes que ir más allá de la mente, Anurati - y no va a suceder a través de la filosofía. Sólo puede suceder a través de la meditación.

Ahora debes estar filosofando sobre la meditación: qué es, cómo definirla. Hay miles de definiciones y puedes perderte en la jungla de las definiciones.

Y puedo entender tu dificultad. Debes sentirte un poco fuera de lugar, porque aquí la filosofía está prohibida. Estoy creando una atmósfera no filosófica. Todo el esfuerzo aquí es ayudarte a ir más allá de la mente. No quiero que pienses en el amor, quiero que ames. No quiero que pienses en Dios, quiero que CONOZCAS a Dios, que SEAS Dios.

¿Qué sentido tiene seguir pensando en el agua cuando se tiene sed? Aunque descubras por tu pensamiento que el agua consiste en H20, eso no va a saciar tu sed. Y eso es la filosofía: H20. Tienes sed y la filosofía te dice: "No tengas sed. El agua es simplemente H20. Escribe H20 en el papel y cómete el papel".

Los filósofos siguen comiéndose los periódicos. Comen grandes cosas: Upanishads, Vedas, Coranes, Biblias.

Tienen un gran apetito por el papel. Por eso hay tanta escasez de papel en el mundo:

hay tantos comedores de papel. ¡Locos!

Sí, de vez en cuando la filosofía puede ser buena, sólo para variar.

Molly Landau estaba aprendiendo a conducir. Lamentablemente, creía que ya sabía hacerlo, así que despidió a su profesor de autoescuela y se aventuró por la vía pública, sin la compañía de una mano experta ni de un carné de conducir.

Mientras ella se tambaleaba con rumbo incierto por Southern Boulevard, en el Bronx, un lechero que conducía un caballo bien educado dobló una esquina. La señora Landau intentó simultáneamente hacer varias cosas: pisar el freno, evitar una colisión, girar hacia fuera, girar hacia dentro, virar a la izquierda, virar a la derecha, acelerar, frenar y quién sabe qué más.

El "qué más" fue que chocó de lleno contra el lateral del carro de la leche, dejándolo volcado de lado en medio de la calle, con el caballo y el conductor enredados entre los restos.

La señora, perdiendo la cabeza, perdió al mismo tiempo el control del coche. Se alejó a toda velocidad, se desvió hasta perderse de vista y, con los neumáticos chirriando, dio la vuelta a la manzana. Un minuto después reapareció en el lugar del accidente, luchando todavía con el volante. El lechero, que había logrado zafarse del lío, estaba soltando a su caballo del arnés retorcido cuando oyó el estrépito y el rugido de un motor abierto que se acercaba. Levantó la vista y vio que el mismo coche y la misma mujer se le echaban encima. Justo a tiempo para salvarse, saltó a un lado.

Hubo un segundo choque y, una vez más, la automovilista verde siguió su camino devastador.

Pero ahora el carro volcado era una pérdida total. El lechero era un filósofo nato. De pie en medio de las ruinas, se encogió de hombros y comentó a los curiosos ciudadanos que se habían reunido a su alrededor: "Sobre la forma de conducir de esa señora, no puedo decir que sea una experta. Pero hay que reconocer que es meticulosa".

Sí, en tales situaciones, un poco de filosofía es buena: te ayuda a mantener la calma. Pero más que eso no sirve de nada, Anurati. Tendrás que aprender una nueva forma de ser. Si estás aquí -y estás aquí- deja de filosofar. Empieza a experimentar, porque sólo a través de la experiencia se llega a conocer la verdad.

La verdad no es una conclusión a la que se llega mediante la argumentación lógica, a la verdad no se llega mediante el silogismo, la verdad es una experiencia de una conciencia silenciosa y quieta.

Aprende a estar más callado y quieto.

Esta es la primera pregunta de Anurati que respondo. Debe de haber hecho cientos de preguntas y yo las voy desechando. En cuanto veo el nombre de Anurati, la pregunta va a la papelera por la sencilla razón de que no quiero alimentar su mente filosófica. Si empiezo a hablar de sus problemas filosóficos, se meterá cada vez más en ellos.

Continúa preguntándome: "Respondes a las preguntas de todo el mundo. ¿Por qué no contestas a mi pregunta?".

Así que hoy he decidido que al menos había que responder a una pregunta.

La filosofía es una enfermedad, ¡y lo sé de primera mano! He sido profesor de filosofía, ¡pueden confiar en mí! La he padecido y sé que es muy crónica. Una vez que entra en tu sistema es muy difícil expulsarla. Me solidarizo con Anurati, pero si se hace el esfuerzo adecuado puedes deshacerte de ella; no es incurable. Y porque nunca te da nada... Promete mucho, pero nunca proporciona nada.

Basta con mirar atrás. ¿Qué te ha dado? Convierte a la gente en grandes mentirosos, ¡eso es todo! Siguen hablando de grandes cosas de las que no saben nada. Puede darte un ego muy pulido, pero éste es el problema que hay que resolver, no es la solución.

¡Anurati, despierta de tu sueño filosófico! Por muy dulce que sea, es un sueño. Y es tan inútil que siempre puedes encontrar un argumento para cualquier cosa. La filosofía es una prostituta: puede irse con cualquiera.

Medita sobre la máxima de Murphy: A cada doctorado le corresponde un doctorado igual y opuesto.

Se puede argumentar a favor, se puede argumentar en contra. La filosofía no tiene anclaje. Es un juego, como el ajedrez:

te mantiene ocupado y te da la sensación de estar haciendo algo grande. Pero recuerda que todo son sueños.

Una noche, Zorba el Griego soñó que tenía que abandonar su isla. Así que bajó al puerto y subió a bordo de un barco.

El capitán lo detuvo y le dijo: "Tendrás que pagar cien dracmas".

"¡Eso es puro robo!", exclamó Zorba. "No te daré más de cincuenta dracmas".

"¡Cien o tendrás que nadar!"

"¿Es así?" Dijo Zorba. "¡Será mejor que me lleves por cincuenta dracmas o me despertaré y lo perderás todo!"

¡Anurati, por favor, despierta! Pero la gente tiene miedo de despertar. El miedo es que lo perderán todo porque todo lo que tienen no es más que cosas soñadas. Su filosofía es su sueño, su religión es su sueño, su conocimiento es su sueño, su ego es su sueño. En su sueño han reunido muchas cosas, por eso tienen miedo de despertar, porque en el momento en que despierten todo estará perdido.

Una noche Mulla Nasruddin soñó que un hombre quería darle dinero. Era muy generoso, pero Mulla insistió: "Deme cien rupias".

Y el hombre decía: "Toma noventa... noventa y uno... noventa y dos... noventa y tres".

Pero Mulla insistió en pedir cien rupias porque Mulla veía que el hombre era tan generoso, parecía tan amable que podría aceptar cien rupias, así que ¿por qué conformarse con menos?

El hombre dijo: "Escucha. Por última vez, toma noventa y nueve.

Mulla dijo: "¡Cien!" Pero lo dijo tan alto que se despertó. Abrió los ojos: el hombre había desaparecido y el dinero también.

Inmediatamente cerró los ojos y dijo: "Vale, vale. Dame noventa y nueve!" Pero ahora no había nadie. Dijo: "No te enfades tanto. Noventa y ocho... noventa y siete..." Pero no había nadie. Todo era un sueño.

Estás soñando hermosos sueños. La filosofía es un sueño muy inteligente.

¡Anurati, sal de ahí! Y este no es el lugar para filosofar; puedes hacerlo en cualquier otro sitio. Esas estupideces se pueden hacer en cualquier parte. ¡Para esas estupideces no necesitas venir de América a la India! Haz algo real, haz algo auténtico. Haz algo que transforme tu vida, que te dé un nuevo nacimiento.

"Si no nacéis de nuevo no podréis entrar en mi reino de Dios".

La quinta pregunta:

MAESTRO,

HE VIAJADO POR TODA LA INDIA, PERO NUNCA HE OIDO HABLAR MAL DE ESTA CIUDAD, POONA.

Naresh,

TAL VEZ SEA porque no se debe hablar mal de los muertos.

Sexta pregunta

MAESTRO, ¿POR QUÉ ESTÁS EN CONTRA DE LOS GRIEGOS? ¿POR QUÉ LOS LLAMAS "MALDITOS GRIEGOS"?

Veera,

LOS GRIEGOS SON GRANDES PERSONAS. Me encantan. Amo a Sócrates, amo a Pitágoras, amo a Heráclito - y, por supuesto, amo a Mukta. Pero son "malditos".

Un ruso sólo puede ser engañado por un gitano, un gitano por un judío, un judío por un griego y un griego sólo por el diablo.

Séptima pregunta

MAESTRO, SOY BRITANICO. ¿PUEDO HACER ALGO AL RESPECTO?

Marca,

ESTA VEZ ES DEMASIADO TARDE. La próxima vez ten un poco más de cuidado al elegir a tus padres.

La octava pregunta:

MAESTRO, ¿PUEDEN LOS NIÑOS ENTENDER LA VERDAD?

RAJ,

LOS NIÑOS PUEDEN ENTENDER LA VERDAD pero no pueden entender que la entienden. Ellos entienden más claramente de lo que tú puedes entender porque son más limpios, más inocentes; pero son tan inocentes que no pueden entender que entienden.

Por eso necesitas otra infancia, una segunda infancia. Primero tienes que perder tu primera infancia.

Ese es todo el significado de la historia bíblica de Adán y Eva perdiendo el paraíso: eso es perder la primera infancia. Es una historia tremendamente significativa. Tiene tantos significados, es una parábola tan multidimensional, que no creo que exista ninguna otra parábola comparable a ella.

Se puede ver desde muchos aspectos. Se trata de perder la primera infancia, lo cual es inevitable. Adán y Eva no están cometiendo un pecado. De hecho, la palabra "pecado" proviene de una raíz que significa olvido, y ése es un hermoso significado: simplemente están olvidando algo.

Todo niño tiene que olvidar su inocencia. Todo niño tiene que perderse en el mundo. Todo niño tiene que extraviarse, tiene que cometer muchos errores, tiene que sufrir, tiene que pasar por el dolor y el placer y por todo tipo de dualidades para que un día pueda volver a sentir un gran anhelo de regresar a casa.

Perdido en los desiertos del mundo, un día surge el anhelo de volver a casa.

Ese anhelo es sannyas, ese anhelo es religión. Y entonces uno vuelve conscientemente de nuevo a su infancia; ésta es la segunda infancia. Ahora uno comprende y también comprende que uno comprende. La primera infancia es muy inocente; está destinada a perderse porque es un don natural, un don de Dios. La segunda infancia nunca se pierde porque te la has ganado, te has hecho merecedor de ella. Ya no es un regalo, la mereces. Es crecimiento, no un regalo. Es tu madurez.

Adán y Eva pierden su primera infancia, y es en personas como Buda y Jesucristo y Zaratustra y Moisés donde se produce la segunda infancia. En Cristo, Adán comienza a retroceder hacia el paraíso. Si Adán es la salida del paraíso, Jesús es la vuelta a casa.

Pero si observas a los niños verás lo claras que tienen las cosas, mucho más que tú.

Estás muy confundido; tienes muchos pensamientos que te confunden. Los niños no están confundidos, no tienen pensamientos que los confundan. Sus llamas brillan sin humo.

Están llenos de asombro y admiración, y en cuanto ven algo lo entienden inmediatamente, porque no hay ninguna barrera.

Si podemos ayudar a los niños a meditar, podemos cambiar el mundo entero: su energía, su conciencia. Pero les enseñamos otra cosa, nunca meditación: geografía, historia y todo tipo de tonterías que son absolutamente inútiles. Ahora, ¿qué importa dónde está Timbuktoo? No lo sé; simplemente me encanta el nombre de Timbuktoo, ¡dondequiera que esté! Pero a los niños se les enseña sobre reyes estúpidos: Genghis Khan y Nadir Shah y Tamburlaine. ¿Para qué? ¿Por qué les llenan la cabeza de basura?

Este es el momento de hacerles conscientes porque son conscientes por naturaleza. Si les ayudamos a comprender su conciencia y su inocencia, la primera infancia puede convertirse en un movimiento hacia la segunda infancia.

El hijo de un granjero francés faltó un día a la escuela y explicó al profesor que se había ausentado por un asunto familiar importante.

"Tuve que llevar el toro a las vacas", explicó.

"¿Pero no podría hacerlo mejor tu padre?", quiso saber el profesor.

"Supongo que mi padre es un amante bastante bueno", dijo el muchacho francés, "pero en este caso creo que el toro lo hace mejor".

Tienen las cosas más claras que tus supuestos entendidos.

California está llena de locos. Incluso los médicos están locos. Una joven con problemas fue a consultar a un médico, quejándose de que tenía problemas con su ciclo menstrual.

"No hay problema, chica", dijo el médico. "¿Por qué no lo cambias por un Honda?".

Durante una visita al zoo, un joven preguntó a su madre: "Mamá, ¿cómo follan los leones?".

Ella respondió: "Realmente no lo sé, querida, la mayoría de los amigos de tu padre son rotarios".

"Mi nuevo marido es un maníaco sexual", se quejó la joven ante el juez. "Desde la luna de miel no para de hacerme el amor. No puedo descansar ni de día ni de noche. Quiero el divorcio".

"De acuerdo", dijo el juez, "pero primero tendrá que presentar su solicitud".

"¡Expedir mi solicitud!", exclamó indignada la señora. "¡Vaya, la pobre está tan dolorida que no soporto ni tocarla!".

Una maestra de escuela se inclinó demasiado sobre su pupitre para marcar un papel y el pequeño Johnny, en el asiento delantero, dijo: "Maestra, veo algo.

"Eso es muy grosero, Johnny. Mañana no vengas al colegio", le amonestó el profesor.

Una semana más tarde, el profesor se agachó para coger una tiza. Juanico, que seguía en su asiento, se levantó y empezó a caminar hacia la puerta. "¿Adónde vas?", le preguntó severamente el profesor.

"Maestro, mis días de escuela han terminado."

Los niños ven con mucha claridad; sus ojos son transparentes. Pero pronto tienen que perder su inocencia. Les obligamos a perderla. Les llenamos la cabeza de tanta basura que sus ojos dejan de ver. Todos los padres lo intentan, todas las sociedades lo intentan, todas las iglesias intentan llenar la mente del niño de estupideces antes de que empiece a ser consciente por sí mismo; de lo contrario, será un rebelde. Así que para cuando tienes tres o cuatro años, ya se han empezado a verter cosas en ti. Te envían a la iglesia, te enseñan religión, como si la religión pudiera enseñarse.

La religión no se puede enseñar, sólo se puede contagiar. Sólo puedes contagiarte cuando estás en compañía de un hombre como Jesús o Buda. Cuando estás en compañía de un hombre como Yoka, Rinzai, Bodhidharma, puedes contagiarte; es contagiosa. Pero no se puede enseñar. Una religión que se enseña es basura. Pero estamos muy interesados en que nuestros hijos sean cristianos, hindúes o mahometanos lo antes posible.

En un mundo mejor, en un mundo más humano, al menos hasta los veintiún años, no se debería enseñar a los niños nada de cristianismo, hinduismo, jainismo, judaísmo, no. Hasta los veintiún años -cuando son capaces de votar- se les debe dejar que investiguen por su cuenta. Y les aseguro que el cristianismo, el jainismo, el budismo, el judaísmo y el mahometismo desaparecerán del mundo. Dejad a los niños solos hasta los veintiún años e intentad enseñarles el cristianismo. Plantearán tales preguntas que incluso usted empezará a sospechar si el cristianismo tiene algún valor. Pero obligas a los pobres niños de tres años... No pueden resistir, no pueden protegerse.

Dependen de ti para sobrevivir, así que puedes hacer cualquier cosa.

Y este es el mayor crimen que se les puede hacer a los niños. Los padres han sido criminales a lo largo de todo el pasado, y el mayor crimen es que condicionas las mentes de tus hijos y no les permites la libertad de buscar y buscar e indagar por sí mismos. Por supuesto, los padres no lo han hecho a sabiendas; sus padres los habían condicionado y ellos simplemente estaban repitiendo un patrón.

Y pensaban que lo hacían por tu propio bien. De hecho, los mayores crímenes se han cometido por tu propio bien. Siempre que alguien dice, "Lo estoy haciendo por tu propio bien,"

ten cuidado, porque nadie tiene que hacer nada por tu bien.

Sí, los padres necesitan alimentarte, vestirte, mantenerte, hacerte fuerte de cuerpo, apoyarte en tu indagación, en tu cuestionamiento, darte todo tipo de apoyo y protección para que puedas indagar libremente. El mundo entero estará lleno de agnósticos, de indagadores, y ese será el comienzo de una verdadera religión en la tierra. Y tiene que suceder desde la infancia porque es una pérdida de tiempo tan estúpida destruir primero sus mentes, porque entonces se hace muy duro, muy difícil descondicionarlos. Empiezan a resistirse porque entonces empiezan a identificarse con sus propias mentes.

Todos los días recibo preguntas -preguntas groseras, preguntas feas- porque siempre que alguien se siente herido, inmediatamente su mente condicionada reacciona y escribe algo con ira.

Intento ayudaros a que seáis autónomos, a que seáis libres, y os enfadáis porque no queréis ser libres. Os habéis acostumbrado a ser esclavos. Pero ustedes no piensan que es esclavitud; piensan que es conocimiento, que es sabiduría. Crees que conoces la Biblia, conoces el Gita, conoces el Corán.

Y cuando sigo destruyendo, negando, te asustas. Si te quito todo el conocimiento, ¿qué te queda? Tienes mucho miedo de la nada, y ese es el verdadero comienzo, el comienzo de un nuevo nacimiento.

Todo el mundo tiene que volver a ser nada, volver a ser niño, volver a ser inocente; sólo entonces serás capaz de comprender la verdad.

Los niños son capaces de entenderlo, pero no son capaces de entender que lo entienden. Para eso hay que esperar un poco. Pero podemos preparar a los niños. Podemos utilizar su capacidad de comprensión para hacerlos más libres, para hacerlos más aventureros, para hacerlos más valientes.

Si realmente amas a tus hijos, les ayudarás a lanzarse a la aventura para que encuentren a Dios por sí mismos. Es hermoso encontrar la verdad; es feo llevar sobre los hombros la verdad de otro. Es simplemente un peso muerto. Te paraliza, te mata, te envenena.

La última pregunta:

MAESTRO, NO HAY DUDA, SARJANO ES MI LSD: UN LATINO-SEDUCTOR-DON JUAN. EL ASHRAM PARECE SER EL AMBIENTE ADECUADO Y SE QUE ME ESTAS GUIANDO EN EL VIAJE, PERO ¿CUAL ES LA DOSIS ADECUADA PARA TOMARLO?

Satya Bharti,

SARJANO ES un donjuán, así que no pierdas el tiempo pensando en la dosis adecuada para llevártelo porque mañana puede que no esté disponible. ¡Cómetelo entero si puedes! Sólo tienes que tener en cuenta una cosa: si no te gustan los espaguetis, comértelo va a ser una tortura, ¡serán todo espaguetis!

¿Qué dijo el caníbal después de comerse al italiano? "La carne está un poco grasienta".

Así que cómelo mientras esté disponible y no pierdas el tiempo pensando en las proporciones adecuadas: cuánto y cuánto no.

Sarjano es como el viento: hoy está aquí, mañana en otra parte. Y recuerda perfectamente:

cómetelo antes de que él te coma a ti, ¡porque estos italianos son gente muy peligrosa!

Justo el otro día había una pregunta: "¿Qué es más peligroso que un italiano?" Por supuesto, ¡dos italianos!

Una cuestión de ser

La primera pregunta:

MAESTRO, LA VISIÓN "NI ESTO NI AQUELLO" SE SIENTE TAN NEGATIVA. ¿CÓMO PUEDO ACEPTAR O INCLUSO SER CREATIVO CON ESTO? ME SIENTO TOTALMENTE CONFUNDIDO.

Prem Helmut,

LA MENTE VIVE EN LA DUALIDAD de lo positivo y lo negativo. Vive como un péndulo, moviéndose del sí al no, del no al sí. No puede vivir en el sí absoluto, no puede vivir en el no absoluto.

El sí absoluto significa que ahora no hay posibilidad de que el péndulo se mueva a ninguna parte. El no absoluto también significa lo mismo: no hay espacio para que la mente juegue. Cualquier cosa absoluta es una muerte para la mente.

Hay dos posibilidades de matar la mente, de trascender la mente: o el sí absoluto o el no absoluto. Los Upanishads han utilizado la primera posibilidad, el sí absoluto, y Buda ha utilizado la segunda posibilidad, el no absoluto. Pero mira en profundidad y verás que no son diferentes, sino que están unidas por el mismo fenómeno: el absolutismo. Cualquier cosa absoluta se convierte en la tumba de la mente; necesita la dualidad para existir.

Por eso tienes tanto miedo de lo negativo absoluto, porque en lo absoluto empiezas a desaparecer. Tú eres tu mente. Por supuesto, hay algo más en ti que tu mente, pero no eres consciente de ello. Y cuando empiezas a desaparecer, surge el miedo, surge la confusión; uno tiene miedo, uno quiere aferrarse a lo que sea que esté disponible para aferrarse.

Es por este milagro de lo absoluto que Dios ha sido sinónimo de lo absoluto. Dios significa lo absoluto. O dices sí absoluto y tu mente desaparece, o dices no absoluto y tu mente desaparece.

¿Por qué Buda ha elegido decir no absoluto, por qué no sí absoluto? Por una cierta razón: con el sí absoluto hay un peligro. El peligro es que no comprendas lo absoluto del sí; que sigas pensando que es tu antigua positividad. Con el no absoluto ese peligro no es posible. Con el no absoluto, la muerte parece tan clara que no puedes perdértela; de ahí la confusión.

Esta confusión es buena. No intentes escapar de ella, adéntrate en ella. Pronto se convertirá en un caos, no sólo confusión, sino caos. Cuando todo lo que has conocido de ti mismo se hace añicos, cuando todo en lo que has creído se ha evaporado, cuando todo aquello con lo que te identificabas se te ha escapado de las manos -la misma tierra bajo la que estás ya no está disponible, estás cayendo y cayendo en un abismo sin fondo- eso es el caos. Y sólo del caos nacen las estrellas. Del caos nace la creatividad.

Tú preguntas: ¿Cómo puedo aceptarlo o incluso ser creativo con esto?

No es cuestión de aceptar porque toda aceptación significa que en el fondo hay rechazo. Si no, ¿por qué la cuestión de la aceptación? ¿Por qué en primer lugar piensas en aceptar? Debes estar rechazando en alguna parte.

No acepto la vida porque, en primer lugar, no la rechazo. Simplemente está ahí, ni rechazada ni aceptada. Es así. Buda lo llama tathata, talidad.

Un hombre se acercó a Buda y le preguntó: "¿Qué debemos hacer con la muerte? ¿Debemos aceptarla?"

Buda dijo: "No es cuestión de aceptar o rechazar. La muerte es así. Así es. Tal es la naturaleza de las cosas: un día nacen, un día mueren".

¿Por qué piensas en rechazar o aceptar? Si intentas aceptar, eso significa simplemente una especie de represión. Primero debes haber rechazado; debes seguir rechazando y estás encubriendo tu rechazo con la aceptación. En el fondo estás enfadado y en la superficie sonríes, eres todo sonrisas. En el fondo estás triste; en la superficie te ríes e intentas ocultarlo no sólo a los demás, sino también a ti mismo.

Friedrich Nietzsche dijo: "Me río porque temo que si no me río empezaré a llorar. Sigo riendo sólo para evitar la posibilidad de llorar. No quiero llorar. Quiero olvidar que hay lágrimas en mí".

Pero esto es sólo una tapadera; esta risa no es verdadera. No es la risa de los Budas, no puede serlo. Es el esfuerzo desesperado de una mente dividida. Esto es esquizofrenia: una parte quiere llorar, otra intenta ocultarlo. Estás en conflicto. Pero nos hemos criado en conflicto, hemos aprendido a vivir en conflicto, se ha convertido en nuestro estilo de vida. No se trata de aceptarlo.

La verdadera aceptación no es una aceptación en absoluto. Te sorprenderá mi afirmación: la verdadera aceptación no es una aceptación en absoluto. La verdadera aceptación es ausencia de rechazo y aceptación. Uno simplemente sabe que así son las cosas - la talidad de las cosas, tathata.

De ahí uno de los bellos nombres de Buda: Tathagata. Las escrituras budistas utilizan siempre la palabra tathagata para designar a Buda: aquel que vive en la talidad, sin rechazar ni aceptar, simplemente viendo lo que es, sólo reflexionando.

Y tú me preguntas: ¿Cómo es posible la creatividad a partir de esta negatividad absoluta? Tú no sabes nada de creatividad. La creatividad sólo surge de la negación total, surge del vacío absoluto. El mundo entero ha salido de la nada y el mundo entero un día se trasladará a la nada.

Ahora los científicos han dado con uno de los descubrimientos más importantes de la historia: el descubrimiento del agujero negro. Dicen que hay unos puntos en la existencia, que se pueden llamar agujeros negros, en los que si algo se acerca es absorbido por el agujero negro y desaparece, se convierte en nada.

Pero esto es sólo la mitad de la historia; la otra mitad aún está por descubrir. Puedo predecir que se descubrirá pronto: el agujero blanco, el otro lado del agujero negro, del que empiezan a salir cosas de la nada. La existencia entra en reposo, luego prevalece la nada. Cuando termina el reposo, la existencia vuelve a activarse, a manifestarse; entonces prevalece la creatividad. La creatividad surge de la nada.

Cuanto más seas un don nadie, cuanto más sepas que no hay ego en ti, más creatividad fluirá a través de ti. Te convertirás en un vehículo, en un pasaje. De ti brotarán canciones, música, amor y alegría. Y todo lo que toques se transformará en oro, y todo lo que digas tendrá algo poético, y todo lo que hagas tendrá gracia, tendrá algo divino, algo sagrado y santo.

La creatividad no es algo que tengas que hacer tú; tú eres la barrera: por tu culpa se impide la creatividad. Abre paso. No te quedes en medio. Aléjate y deja que tu vacío, tu vacío interior, se enfrente a la existencia. Y el vacío interior reflejará la existencia y, de ese reflejo, nace la creatividad.

Pero no me refiero a la creatividad ordinaria: que compongas un poema o pintes un pequeño cuadro o esculpas. Estas cosas se pueden hacer sin ser creativo; todo lo que necesitas saber es el arte, la técnica de hacerlas. De cien supuestos creadores es muy raro encontrar siquiera uno o dos que lo sean de verdad; el noventa y nueve por ciento son sólo compositores, no creadores. Saben cómo juntar palabras, son listos, astutos, mañosos; lo que hacen no es creatividad. Lo que hacen no es creatividad: juntan cosas, quizá con nuevos arreglos, pero no hay nada original.

El original siempre viene de un estado sin ego, siempre viene cuando estás ausente. Cuando estás ausente, la conciencia está presente, Dios está presente. Y entonces algo milagroso empieza a suceder, no por ti sino a través de ti. Te da un gran sentimiento de humildad y gratitud.

Así que no te preocupes por la negatividad absoluta; ese es uno de los espacios más hermosos en los que se puede estar. También se puede estar en ese espacio a través de la positividad absoluta, pero existe un peligro: tu mente puede jugar malas pasadas con la positividad absoluta. Pero no puede jugar malas pasadas con lo negativo absoluto. Con lo absolutamente positivo, aún puede tener la esperanza de permanecer de un modo u otro; lo positivo parece ser acogedor, seguro.

Por lo tanto, excepto con Gautam el Buda, todas las demás religiones han utilizado lo positivo. Sólo Buda ha utilizado lo negativo. Pero debes saber que más personas se han iluminado a través del enfoque de Gautam Buda que a través de todos los demás enfoques juntos por la sencilla razón de que con el negativo absoluto no hay seguridad, no hay refugio en absoluto para la mente, para el ego. Es la muerte total.

Por eso estás confundido. Me alegro de que estés confundido. Me alegraré aún más si tu confusión se convierte en caos. Me alegraré aún más si desapareces en un agujero negro, porque entonces lo único posible es que salgas de un agujero blanco. Resucitarás.

La crucifixión es el camino de la resurrección. La muerte es el camino del renacimiento.

La segunda pregunta:

MAESTRO,

¿QUÉ ES EL SATORI Y CÓMO ALCANZARLO?

Pratima,

SATORI ES EXACTAMENTE TU NATURALEZA ORDINARIA; no es nada especial. Por lo tanto, no es cuestión de alcanzarlo, ya es así. Estás en él, sólo que lo has olvidado. Estás demasiado ocupado con el mundo exterior. Has olvidado tu propio reino, has olvidado tu propio tesoro, te has olvidado de ti mismo. Te has preocupado demasiado por los demás. Estás demasiado en el mundo y no le das tiempo ni espacio a tu naturaleza interior para que dialogue contigo, para que te susurre algunas cosas. Te has vuelto artificial.

Has creado un ego falso porque nadie puede vivir sin un centro. Has olvidado tu centro real, y nadie puede vivir sin un centro, así que has creado un centro falso como sustituto.

Eso es el ego. Ego significa simplemente vivir con un centro falso.

Satori es abandonar lo falso, entrar en lo real; simplemente ser tú mismo, tu yo natural, tu yo ordinario.

Hay que recordar la palabra "ordinario" porque a la mente no le interesa en absoluto lo ordinario; quiere ser extraordinaria, quiere ser especial. Es a través de ser especial que el ego sobrevive.

Se esfuerza constantemente por ser más especial, más especial. Quiere ser más rica, más poderosa, más respetable; es ambiciosa. Por eso la palabra "ordinario" no tiene atractivo para la mente. Y esa es la belleza de la palabra "ordinario", porque no tiene atractivo para la mente.

La mente es un triunfador y no es necesario alcanzar lo ordinario; ya es así. Lo extraordinario hay que conseguirlo, lo extraordinario se convierte en la meta. Está lejos; tienes que hacer todo tipo de esfuerzos, tienes que luchar por ello, tienes que pelear por ello porque hay muchos competidores.

Ser corriente... y no hay competencia en absoluto. Puedes ser corriente, nadie tiene nada que objetar. La gente simplemente sentirá pena por ti por haberte retirado de la carrera competitiva.

Un competidor menos: se sentirán bien, pero lo sentirán por ti. Dirán: "¡Pobre hombre! ¿Qué le ha pasado? ¿Por qué ha tenido que abandonar?". Los que abandonan no son gente respetable.

Buda es un desertor. Todos los verdaderos Maestros son desertores. Ser un sannyasin significa ser un desertor. Abandonar la carrera de ratas es abandonar, porque cuando estás en la carrera no puedes entrar. Cuando ya no estás en la carrera, no hay adonde ir. Empiezas a moverte hacia dentro porque la vida es un flujo:

si no hay dirección exterior toma la dirección interior. Si la meta no está allá lejos en el futuro, entonces empiezas a moverte hacia tu naturaleza en el presente. Eso es el satori.

Satori es muy ordinario. Satori significa tu naturaleza. Has venido con ella; es tu rostro original; todos los demás rostros son máscaras.

YOKA DICE:

UN DISCÍPULO HABLA DE ACUERDO CON LO ÚLTIMO, LA VERDAD ABSOLUTA.

RECUERDA QUE HAY QUE CORTAR LA RAÍZ Y NO LAS RAMAS Y LAS HOJAS.

¿Cuál es la raíz de tu miseria? La raíz es tu ambición, tu deseo. Uno quiere ser esto y aquello, uno quiere poseer esto y aquello, uno quiere ser alguien, uno quiere ser significativo.

Yoka dice: Corta la raíz... sólo entonces eres un discípulo. Y en el momento en que cortas la raíz -no las ramas, ni las hojas- alcanzas la verdad última. La verdad última no está lejos; es la verdad inmediata, es tu verdad, es tu propio ser.

La mayoría de la gente no reconoce la joya perfecta, la joya de la sabiduría suprema, el satori. Está oculta en el lugar secreto de Tathagata, esperando su descubrimiento.

Es vivir en tu talidad; se oculta en tu talidad. Seas lo que seas, vive en ello. No crees ningún conflicto, no vivas a través del ideal. No seas idealista, simplemente sé natural.

Pero a todo el mundo se le enseña a ser un idealista: "Conviértete en un Jesús" o "Conviértete en un Buda" o "Conviértete en un Krishna". Nadie te dice que seas tú mismo. ¿Por qué deberías ser un Jesús? Un Jesús es suficiente y un Jesús es hermoso: enriquece la existencia. Muchos Jesús sólo llevan cruces, y dondequiera que vayas te los encuentras... No será bello, no añadirá belleza a la existencia; afeará el mundo entero. Dondequiera que vayas te encuentras con un Mahavira de pie desnudo....

Por eso Dios nunca vuelve a crear a la misma persona. Nunca repite; es original.

Él siempre crea una persona nueva. Nunca has sido antes, y no hay nadie que sea como tú, y nunca volverá a haber nadie como tú. En toda la eternidad sólo tú eres igual a ti. Mira su belleza y su gloria y el respeto que Dios te ha mostrado. ¿Qué más respetabilidad necesitas? Mira la unicidad de ti mismo. No hay necesidad de ser único; ya eres único, igual que todos los demás. Eres único en tu ordinariez, en tu talidad.

EL SATORI ESTÁ OCULTO, DICE YOKA, EN EL LUGAR SECRETO DE TU TALIDAD, ESPERANDO SU DESCUBRIMIENTO.

No hay que crearla, ya está ahí; sólo hay que descubrirla. Entra y descúbrelo. Está esperando y esperando. Y han pasado siglos y muchas muchas vidas, y te has vuelto adicto a la extroversión. Nunca entras.

El primer paso hacia el satori es la meditación. El satori es la experiencia última de la meditación, cuando la meditación se ha realizado, cuando la meditación ha alcanzado su máximo florecimiento.

YOKA DICE:

EL MUNDO ES UNA COMPLETA ILUSIÓN, Y SIN EMBARGO NO EXISTE NADA QUE PUEDA LLAMARSE ILUSIÓN.

El mundo que has creado a través de tu mente es ilusorio, pero existe otro mundo que no es tu creación. Cuando tu mente desaparece descubres ese mundo: el mundo de la talidad. Es una experiencia totalmente diferente. No hay palabras para describirla. Miles de místicos han tratado de describirlo, pero nadie ha podido y nadie podrá describirlo. Es tan misterioso, es tan hermoso que todas las palabras se quedan cortas. Ninguna poesía llega a su nivel, ninguna música toca siquiera sus pies.

LA LUZ PERFECTA DE ESTA SABIDURÍA LO ILUMINA A UNO.

En el momento en que has dejado a un lado tu mente -mente significa ambición, el viaje del ego de ser esto y aquello-, en el momento en que has dejado a un lado toda la mente, una gran luz explota en ti y estás iluminado. Esto es el satori. No viene de fuera: no te libera otra persona, te libera tu propio ser, tu propia naturaleza.

ESO SÓLO ES POSIBLE PRACTICANDO ZAZEN MÁS ALLÁ
DE LA ESPECULACIÓN. SE PUEDEN VER NUBES DE FORMA
NATURAL EN EL ESPEJO, PERO AFERRARSE AL REFLEJO ES
IMPOSIBLE.

Eso sólo es posible practicando zazen... Satori sólo es posible
practicando zazen. Zazen significa:

SENTADO, SIN HACER NADA,

LLEGA LA PRIMAVERA Y LA HIERBA CRECE SOLA.

Simplemente te relajas en tu propio ser, sin hacer nada en absoluto.
No es una cuestión de hacer, es simplemente una cuestión de ser. Sigue
relajándote en tu ser. Llega un momento en el que estás en tu total pureza,
en tu total simplicidad, en tu total inocencia. Eso es el satori.

Zazen es una palabra preciosa. Significa simplemente sentarse, ni
siquiera meditar. De hecho, no se puede meditar. Meditar es sentarse en
silencio, no es cuestión de hacer nada. Si estás haciendo algo, estás
perturbando tu meditación.

Alguien está cantando un mantra; está perturbando su meditación.
Alguien se está concentrando en algo; está perturbando su meditación.
Alguien se está concentrando, alguien está rezando, alguien está pensando
en Dios: están perturbando su meditación. Todo esto son las acciones de
la mente, y si las acciones continúan, la mente continúa. Deja de hacer, y
¿dónde está la mente? Cuando el hacer desaparece, la mente desaparece. Y
la desaparición de la mente es el satori.

Está más allá de la especulación, dice Yoka. No se puede pensar en
ello, sólo se puede experimentar. Es la experiencia última, y también la
experiencia inmediata, de la verdad, de la belleza, del amor, de la dicha, de
Dios, del nirvana.

La tercera pregunta:

MAESTRO, SIGO SIN CREER QUE EL SEXO SEA ESTUPIDO.

Yogesh,

NO ES CUESTIÓN de que lo creas o no; tal es el caso. ¿Qué puedo
hacer? El sexo es estúpido. Lo siento por ti, pero algún día tendré que decir
la verdad. Sí, te he estado diciendo: "Del sexo a la superconciencia", y te has
alegrado mucho -sólo oyes "del sexo".

no se oye "a la superconciencia".

Y esto es así con los que están en mi contra y con los que están a mi favor: lo mismo.

El hombre es casi igual; los amigos y los enemigos no son muy diferentes. Los adversarios me malinterpretan, y eso es comprensible, pero los seguidores también me malinterpretan; eso no es comprensible en absoluto. Los adversarios pueden ser perdonados, pero los seguidores no.

Por haber dicho: "El sexo es estúpido", me han llegado muchas preguntas airadas. Uno de mis sannyasins, Maya, me ha escrito: "¡Tienes el descaro de decir que el sexo es estúpido!" Se habrá sentido herida.

Y puedo entenderlo: cuando vives de una determinada manera no quieres que te califiquen de estúpido. Nadie quiere que le llamen estúpido. No es la cuestión del sexo lo que te perturba, es tu vida. Si es estúpida y la estás viviendo, entonces estás siendo estúpido. Eso duele. Pero tengo que decirlo aunque duela porque es la única manera de hacerte consciente de que hay algo más en la vida, algo más elevado, algo más grande, algo mucho más dichoso, mucho más orgásmico.

El sexo es sólo un principio, pero no el final. Y no pasa nada si lo tomas como un principio; si empiezas a aferrarte a él, entonces las cosas empiezan a ir mal. Si digo algo en contra de la homosexualidad, inmediatamente los homosexuales empiezan a escribirme. Si digo algo en contra de cualquier cosa, hay gente que empezará a escribirme. Si eso hiere tu ego, inmediatamente estás dispuesto a defenderte, no sólo a defenderte, sino también a atacar.

Yogesh, cualquier cosa que hagas va a ser estúpida porque a menos que salga algo de la meditación sigue siendo estúpida. No es sólo una cuestión de sexo. La forma en que comes es estúpida, las cosas que comes son estúpidas, no por otra razón que por la simple razón de que todo lo que haces lo haces sin ninguna conciencia. La estupidez es sueño. La estupidez es falta de inteligencia.

Simplemente observa a la gente: qué hacen, qué tipo de cosas hacen. Y todo lo que hacen, lo hacen pensando que es lo correcto, que es lo más inteligente.

Abby, una estudiante bien plantada, se estaba desvistiendo cuando su compañera de piso, Jean, le dijo: "¿Sabes que tienes la impresión de una gran M en el estómago?".

"Mi prometido está en la ciudad este fin de semana", confió Abby, "y le gusta hacer el amor con su jersey de letras de fútbol puesto".

"¿A qué universidad va, a Michigan o a Minnesota?", preguntó Jean.

"Tampoco", rió Abby, "va a Wisconsin".

Pero dile a su prometido que esto es estúpido y te dará en la cabeza.

Un italianito de aspecto feo siempre conseguía ligar con las chicas más guapas en su bar favorito cada noche. Los otros chicos del coche no entendían cómo un tipo tan asqueroso podía ser tan irresistible para las mujeres.

Una noche le preguntaron al camarero: "Este tío marca tanto, ¿cuál es su secreto?".

"Bueno", dijo el camarero, "no sé si el tipo está colgado, pero es el único que viene aquí que puede lamerse las cejas con la lengua".

Pero nadie puede decirle: "Eres estúpido".

Lo que estás haciendo parece ser lo más inteligente del mundo. Cualquier espacio en el que te encuentres parece ser el correcto. Todos los demás pueden estar equivocados, pero tú no. Tienes que ser consciente de este fenómeno; es una de las mayores ilusiones de la humanidad. Tienes que estar atento. Tienes que aprender a ver que, sí, hay muchas cosas que estás haciendo que son estúpidas. ¿Cómo puede ser de otra manera? No eres meditativo.

Yogesh, no eres un Buda, no estás despierto. ¿Cómo es posible que puedas hacer algo que no sea estúpido? Así que cualquier cosa que estés haciendo será estúpida - es por falta de conciencia.

Sigues haciendo cosas sin saber exactamente por qué. ¿Cómo las aprendiste? ¿De quién las aprendiste? ¿Por qué las aprendiste? Hay millones de personas estúpidas como tú, y tú sigues imitándolas, sigues aprendiendo cosas de ellas.

El sexo es uno de los mayores intoxicantes. Está en tu propia biología. Libera una cierta droga en tu torrente sanguíneo y te posees; ya no estás en tus cabales, no sabes lo que estás haciendo. Te obligan a hacerlo. Una fuerza desconocida, llámala naturaleza, biología, química, hormonas, como quieras llamarla, una fuerza desconocida, XYZ, te obliga a hacer algo.

En tus momentos de cordura también sabes que es una estupidez: "¿Qué estaba haciendo y por qué? ¿Y qué he ganado con ello?". Y también conoces esos momentos más cuerdos.

Por eso, después de hacer el amor, muchas mujeres lloran y lloran, por la sencilla razón de que todo parece carecer de sentido. ¿Por qué? Puede que sea una excitación momentánea, pero la misma excitación una y otra vez es una repetición; no estás llegando a ninguna parte. Y el hombre se va a dormir inmediatamente después de hacer el amor, por la sencilla razón de que quiere evitar el momento más sano para no tener que pensar en ello. Y por la mañana lo habrá olvidado todo.

Después de hacer el amor, al menos durante una hora siéntate en zazen y verás lo que te digo. Comprenderás lo que quiero decir cuando digo que el sexo es estúpido. Después de hacer el amor, siéntate en zazen durante una hora y observa lo que ha sucedido. ¿Eras el amo o sólo un esclavo? Si eras el dueño, no es estúpido. Si eras un esclavo, es estúpido, porque al repetirlo estás haciendo que tu esclavitud sea cada vez más fuerte, estás alimentando tu esclavitud.

Yogesh, sólo a través de la meditación podrás comprender lo que te he estado diciendo.

No es una cuestión que se pueda decidir con argumentos, sólo se puede decidir con tu propia meditación, tu propia comprensión, tu propia conciencia.

La cuarta pregunta:

MAESTRO,

ESTOY EN VIPASSANA. ¡CUÉNTAME UN CHISTE!

Anand Sundardas,

LO SIENTO POR TI. ¡Vipassana es realmente serio! Buda lo inventó para que puedas pasar por el infierno en esta tierra y no tengas que ir al infierno real. Es un proceso para limpiarte de todos tus karmas pasados. Será mejor que lo termines. Es una tortura porque no sabes cómo sentarte en silencio durante tanto tiempo. Tu mente hace miles de viajes. Sentado, sentado, sentado.... Sientes sueño y eso no está permitido.

Y si empiezas a dormitar, te dan un golpe en la cabeza, ¡un golpe realmente bueno para que vuelvas en ti! Tampoco puedes escapar, porque sigo alabando mucho la vipassana, diciendo que sin vipassana no hay satori, no hay iluminación.

Entonces dices: "Vale, de algún modo lo superaré. Es sólo cuestión de unos días. Y una cosa es segura: que muchos han sobrevivido, así que no hay peligro de muerte". Sí, te duelen las rodillas y te duele el cuerpo y te sientes muy inquieto y no se te permite moverte; tienes que estar sentado como una estatua de Buda, haciendo una cosa muy estúpida: vigilando tu respiración. ¿Qué clase de cosa es ésta para un hombre inteligente? Y surgen miles de dudas: "¿Qué estás haciendo? ¿Tan buen tipo, sentado y mirando tu respiración?". Habrías hecho el amor con tu novia, habrías hecho mil y una cosas. Y aparecen comidas deliciosas... ¡y parece mucho mejor sentarse en el Diamante Azul que sentarse en zazen! "¿Por qué estoy sentado aquí? ¿Qué estoy haciendo aquí?"

La mente no deja de interrogarte y realmente parece no haber escapatoria porque todo es voluntario; nadie te ha obligado. Y no sólo eso: ¡tienes que pagar por ello! ¿Has oído alguna vez que alguien pague por sufrir en el infierno? Pero cuando tienes que pagar por ello, piensas que el sufrimiento merece la pena.

Mulla Nasruddin contaba que, cuando llegó a la India por primera vez, sentía mucha hambre.

Al entrar por el Himalaya se encontró con un hombre que vendía una fruta extraña, muy roja, muy hermosa. Preguntó el precio. El hombre le dijo: "Sólo dos paise por el cubo entero". Así que compró todo el cubo y empezó a comérselo... ¡y era fuego! Se le saltaron las lágrimas.

Un hombre estaba mirando y le dijo: '¿Qué estás haciendo? Esto no es una fruta. ¡Te vas a matar!

Se trata de una hierba medicinal; sólo debe tomarse en cantidades muy pequeñas para determinadas enfermedades. ¿Qué estás haciendo? Te volverás loco".

Dijo: "Pase lo que pase, pero como he pagado dos paise por él, ¡tengo que comérmelo!".

Y dijo: "Seguí llorando y las lágrimas siguieron brotando, pero me lo acabé. Me comí todo el cubo lleno de esa cosa asquerosa".

Cuando pagas, no puedes escapar. Y no dejamos ningún resquicio; hacemos todo lo posible para que nadie pueda escapar.

El hombre estaba en la cárcel por violación, asesinato, secuestro y chantaje.

El abogado dijo: "He encontrado una laguna en su caso. Según Abramovitz contra Arcaro, 6 de enero de 1911: Libro III, Sección II, página 6, párrafo 13, creo que tengo la respuesta. No te preocupes, te sacaré. Déjamelo a mí. Ahora me voy a Washington el lunes y volveré el viernes.

Mientras tanto - ¡intenta escapar!"

En primer lugar, no dejamos ninguna escapatoria. Tampoco hay posibilidad de escapar, porque siempre que alguien se escapa de la Vipassana yo lo devuelvo de nuevo. Hay que sufrir la Vipassana por la sencilla razón de que te hace encontrarte contigo mismo, te obliga a encontrarte contigo mismo: tu inquietud, tu desasosiego, tu fealdad, tu locura. Te obliga a ver toda la basura que llevas dentro. Y ése es uno de los pasos más esenciales para ir más allá.

Si quieres ir más allá de algo, primero tienes que encontrarlo. Sin encuentro no hay trascendencia. No hay atajo, no hay forma de eludirla.

No es que Buda sea un sádico y esté tratando de torturarte; simplemente te está haciendo consciente de lo que eres. Y nunca podrás ser consciente si sigues ocupado en tus asuntos cotidianos, en tus compromisos del día a día. Estás tan ocupado de la mañana a la noche que no tienes tiempo ni espacio para mirar dentro de ti, para sentirte a ti mismo, para ver quién eres, dónde estás, qué estás haciendo.

Vipassana te obliga: no hay ningún sitio al que ir. Tienes que observar tu respiración, tienes que observar tus pensamientos día tras día.

Después del séptimo día, algo empieza a asentarse. Si persistes, si perseveras, si eres lo bastante paciente, tu cuerpo aprende a asentarse, tu mente aprende a asentarse, tu respiración se vuelve tranquila y fría, casi invisible. Pero puedes sentir que algo ha cambiado; el clima es diferente: no estás inquieto, no estás intranquilo. Y de repente, como si hubiera salido el sol, toda esa lucha neurótica desaparece. Se acabó el infierno. Desciende sobre ti una gran paz, el silencio que viene después de la tormenta y todo parece limpio, muy limpio, inmaculadamente puro, inocente, como si una capa de polvo hubiera desaparecido de tu conciencia. Tu conciencia parece transparente. Puedes ver por primera vez el verde, el rojo, el dorado de los árboles. Puedes oír por primera vez el canto de los pájaros - como si algo que estaba en tus oídos bloqueándolos y algo que estaba en tus ojos como una cortina hubiera desaparecido. De repente te sientes ligero, muy ligero.

Se dice: Los ángeles vuelan porque se toman a sí mismos a la ligera. De repente te sientes ligero, tan lleno de luz y tan ligero, que puedes volar, casi volar. La gravitación ha desaparecido. Has entrado en un mundo diferente: el mundo de la gracia.

Y entonces, Sundardas, conocerás una cualidad diferente de la risa que surge en ti. No estará pintada en los labios, vendrá de tu profundidad. Y te reirás sin motivo alguno; serás risa. Esa es la risa Zen - inmotivada, por pura alegría, por puro deleite, por pura comprensión de las cosas.

¡Sí, necesitas una broma hermosa!

Tras un día de largas discusiones en la Conferencia Mundial de Religiones de Ginebra, el rabino Zuckerman se encontró sentado en la misma mesa que el Padre O alley.

El rabino comía ternera kosher, mientras que el sacerdote cortaba una gruesa loncha de jamón.

"¿Quiere probar un poco de este jamón, rabino?", preguntó el cura. "¡Está muy bueno!"

"Ach, no", respondió el rabino Zuckerman, "va contra nuestra religión".

"¡Ah, pero es tan delicioso! ¿Estás seguro de que no te gustaría probarlo?"

"Gracias, no", dijo el rabino. "Desde los tiempos de Abraham, la carne de cerdo ha sido considerada impura por nuestro pueblo, y el cerdo en todas sus formas nos está prohibido".

"¡Ah! No sabe lo que se pierde, rabino", dijo el cura, apurando otro bocado de jamón.

"¡Ah! Pero no has probado el gefiltefish que hace mi mujer, padre. ¿Qué tal tu mujer, padre? ¿Es buena cocinera?"

"Ah... bueno, rabino, eso no puedo decirlo, pues no estoy casada".

"¿No estás casado? ¿Y qué haces para follar?"

"Por un... ¿qué?

"Quiero decir - ¿de dónde sacas tu sexo?"

"¿Sexo?", dijo el sacerdote. "Ay, rabino, en mi religión nos está prohibido, a los siervos de Nuestro Señor, participar de los caminos de la carne".

"¿Quiere decir que nunca ha tenido relaciones sexuales?", preguntó el rabino. "¡No, no lo he hecho!", respondió el sacerdote. "¡Oh! Deberías probarlo... ¡es mejor que el cerdo!".

La quinta pregunta:

MAESTRO,

¿DE VERDAD CREES QUE NUNCA HA SALIDO NADA BONITO DE ITALIA?

Gautama,

NO SOY UN EXPERTO EN ITALIA. Ni siquiera he probado los espaguetis.

Mi primer sannyasin italiano, Veet Sandeh, me preparó una vez espaguetis, pero olían tan mal -¡olían igual que los italianos! - que no pude comerlos. Y Veet Sandeh era una de las italianas más perfectas. No creo que se haya bañado en toda su vida.

Así que no sé realmente si ha salido algo bello de Italia o no, pero puedo decirte lo que dicen los expertos. Dicen que dos cosas han salido de Italia, dos cosas hermosas, pero ambas están poseídas por Sophia Loren.

La sexta pregunta:

MAESTRO, DEBO SER LA PERSONA MÁS CODICIOSA DEL MUNDO ENTERO. ¿QUÉ DEBO HACER AL RESPECTO?

Kamal,

¿TE CONFIESAS o presumes? El mundo es muy grande y ¿qué sabes tú de todo el mundo? Es imposible ser el primero en nada; ni siquiera en la codicia puedes ser el primero, porque la gente se mueve en círculos. Nadie es el primero. No te preocupes tanto por tu codicia y tampoco te sientas culpable. Todo el mundo es codicioso.

A menos que sepas que eres inmortal, seguirás siendo codicioso; la codicia surge a causa de la muerte. Puede que nunca hayas pensado en ello, pero la codicia existe porque tenemos miedo a la muerte. Como la muerte está ahí, queremos tener tanta vida como sea posible; somos codiciosos. Queremos comer más, queremos tener tantas mujeres u hombres como sea posible, queremos tener tanto dinero como sea posible, porque la muerte está ahí. "Pronto todo se acabará, así que antes de que ocurra ten todo lo que sea posible, no te pierdas nada". Así es como surge la codicia. La codicia no es más que miedo a la muerte. La codicia surge del miedo; es la persona temerosa la que se vuelve codiciosa.

La persona realmente intrépida no es codiciosa en absoluto; comparte. No es posesivo, es muy feliz dando. Da todo lo que tiene; da por el puro placer de dar.

Seguirás siendo codicioso, Kamal, a menos que experimentes tu eternidad: que la muerte no va a hacer mella en ti, que la muerte no va a hacer ningún cambio en ti, que la muerte es sólo del cuerpo, tu consciencia continúa. Tu consciencia es el único fenómeno eterno. Todo lo demás cambia, pero no tu consciencia. Pero tú no sabes nada de la consciencia, de ahí la codicia.

Todas las religiones del mundo han estado enseñando: "No seas codicioso", pero eso no ha cambiado nada. Eso ha hecho a la gente codiciosa por el otro mundo, eso es todo. Eso ha hecho a la gente codiciosa por el cielo y las alegrías celestiales, eso es todo. Pero eso no ha cambiado su codicia; incluso ha aumentado su codicia. Yo no te digo que no seas codicioso. Digo que seas consciente, que seas más consciente, y te sorprenderás: a medida que crece tu conciencia, la codicia empieza a desaparecer. Como las hojas muertas, empieza a caer; no deja rastro.

Skolnik, el tacaño de Scarsdale, se despertó una mañana y descubrió que durante la noche había muerto su mujer.

Tras echar un vistazo a la forma descarnada que yacía a su lado, saltó de la cama y corrió hacia el pasillo.

"Daisy", llamó a la criada en la cocina, "ven al pie de la escalera, ¡rápido!".

"Sí", gritó. "¿Qué pasa?"

"¡Sólo un huevo para desayunar esta mañana!"

¿Puedes superarlo?

Cuando el Servicio de Impuestos Internos le detuvo y quiso saber por qué declaraba a su madre como exenta a pesar de que llevaba muerta cinco años, Bernstein dijo: "Oh, pero mamá sigue muy viva en mi corazón".

Una pareja judía fue a un centro comercial y dejó a su hijo y su carruaje con los demás carruajes delante del lugar. Después de hacer la compra, emprendieron el camino de vuelta a casa. Unas manzanas más tarde, la mujer se volvió hacia su marido, que llevaba el carruaje, y gritó asustada: "¡Ese no es nuestro hijo!".

"¡Cállate la bocaza!", respondió. "Este es un carruaje mejor".

La gente vive en la codicia. Kamal, ¡será difícil ser el primero! Incluso ser consciente de que eres avaricioso es una buena señal: es un comienzo, un buen comienzo, si te haces consciente de ello. Y recuerda, no te sientas culpable por ello, porque es una forma de volver a perder la conciencia. No empieces a arrepentirte de ello porque arrepentirse significa que estás pensando en el pasado, que ya no existe.

No empieces a tratar de ser no codicioso porque todo lo que hagas será codicia, incluso el esfuerzo por no ser codicioso sólo estará arraigado en la codicia. ¡Uno puede volverse tan codicioso por no ser codicioso!

He visto a personas que se han vuelto tan codiciosas por no ser codiciosas que no paran de renunciar a esto y a aquello. Su avaricia ha dado un nuevo giro: se han puesto cabeza abajo, han hecho un sirshasan, una parada de cabeza. Ahora son codiciosos por la no codicia; la no codicia se ha convertido en su posesión, su dinero, su poder. Ahora son respetados por su no codicia. Primero fueron respetados por su dinero; ahora son respetados por renunciar al dinero. Ahora renuncian a todo lo que pueden, hasta el extremo. Pueden renunciar a la ropa, pueden permanecer desnudos. Pueden renunciar a todo, pero en el fondo la codicia sigue ahí, siguen siendo codiciosos. Es simplemente codicia y nada más. Ahora esperan ser recompensados en el paraíso, les espera una gran recompensa.

Así que no trates de ser no codicioso. Una persona codiciosa no puede hacer nada contra la codicia. Y lo mismo ocurre con otras cosas. Una persona enfadada que intenta no enfadarse no va a cambiar su ser. Una persona violenta que intenta ser no-violenta seguirá siendo violenta; su violencia tomará ahora formas sutiles.

Lo único que es posible es ser consciente de tu codicia. Y no estoy diciendo que serás recompensado en el paraíso, no estoy diciendo nada sobre el futuro. Simplemente digo que si tomas conciencia de la codicia, ésta desaparece. Y cuando desaparece, la vida es dicha aquí y ahora, no en el futuro, no como recompensa.

La codicia te paraliza, la ira te paraliza, la violencia te paraliza. Cuando todos desaparecen.... Y todos desaparecen a través de un método. Un solo método es suficiente - la meditación es suficiente. Todas las enfermedades desaparecen tomando una sola medicina.

Las palabras "medicina" y "meditación" proceden de la misma raíz. La meditación es la medicina definitiva: te cura de todos los males.

Recuerda a Yoka otra vez. Él dice: No cortes las ramas, corta la raíz.

La inconsciencia es la raíz, Kamal. Corta la raíz, sé consciente, y entonces, ahora, eres una persona nueva. Ahora tu vida se transforma, te vuelves luminoso, irradias dicha, irradias bendición, te conviertes en el paraíso.

Dondequiera que se mueva un hombre consciente, allí está el paraíso. No puedes enviar a un hombre de dicha, de consciencia, de meditación, de satori, al infierno, porque si llega al infierno el infierno será el paraíso para él. Y no puedes enviar a un hombre inconsciente al paraíso porque dondequiera que esté encontrará su infierno. Si no está allí inventará su infierno - su inconsciencia proyectará su infierno.

Reducida a un simple principio, toda la filosofía de todos los despiertos es: La inconsciencia es el infierno, la consciencia es el cielo.

La séptima pregunta Pregunta 7 MAESTRO, NACÍ EL 29 DE FEBRERO, POR LO TANTO MI CUMPLEAÑOS SOLO SE CUMPLE UNA VEZ CADA CUATRO AÑOS. ¿TIENE ESTO ALGUNA IMPORTANCIA?

Gandharva,

ENERO O FEBRERO O MARZO 28 o 29 de febrero - todo esto es arbitrario. Son nuestras ideas impuestas. La existencia no sabe nada de febrero, marzo. Incluso si naciste el 1 de abril, ¡no tiene ninguna importancia! No serás más tonto de lo que eres, serás el mismo. ¿Qué significado puede tener el 29 de febrero? Pero la gente quiere algún significado.

Sólo he oído hablar de un accidente ocurrido el 29 de febrero: el nacimiento de Morarji Desai.

El cuidador del zoo a los turistas: "En esta jaula vemos al leopardo. Este animal tiene una mancha negra por cada día del año".

Anciana: "¿Y el año bisiesto?"

El cuidador del zoo, pensando rápido: "¡Ah, sí - he aquí, señora, levanto su cola así - he aquí el 29 de febrero!"

Y la última pregunta:
MAESTRO,

¿CÓMO CONSIGUE PRONUNCIAR DISCURSOS TAN HERMOSOS?

Devakar,

¿QUÉ DISCURSOS? ¿Llamas a esto discurso yakkety-yak? ¡El discurso es un fenómeno serio!

El discurso es algo religioso, santo, sagrado. Se pronuncia en iglesias, templos. Este lugar no es una iglesia. Este lugar pertenece a los borrachos - ¡es un pub! ¿Qué discurso? Nunca he pronunciado ningún discurso. Sí, cotilleo, eso es cierto, pero no hay evangelio en ello y no hay arte, no hay secreto en ello. Es muy simple, mi método es muy simple.

Un gran emperador pasaba por una aldea. Era uno de los guerreros más famosos de aquellos días y era un amante del tiro con arco. Le encantaban las personas que eran perfectas arqueras. Al pasar por el pueblo, vio en muchos árboles, farolas y vallas de jardines, flechas clavadas exactamente en medio de círculos - exactamente en medio, en los centros, de círculos. Tantas flechas por todas partes... se sorprendió.

Preguntó: "¿Quién es este hombre? Nunca he visto un arquero tan perfecto. Su puntería es perfecta, nunca falla, ni siquiera por un fragmento de pulgada. La flecha siempre va exactamente al centro. Cada blanco es una prueba de ello". Detuvo su carro y llamó a la gente del pueblo. Dijo: "¿Quién es este hombre?".

Todos se rieron y dijeron: "No te preocupes por él. Es un loco".

Él dijo: "¿Qué quieres decir con loco? Puede que esté loco, pero es el mejor arquero que he visto".

Dijeron: "No tiene nada que ver con el tiro con arco. No sabe nada de tiro con arco".

El rey dijo: "Pero entonces es un enigma. ¿Cómo se las arregla?"

Ellos dijeron: "Es muy sencillo. Primero dispara la flecha al árbol y luego va y hace un círculo a su alrededor".

Ese es exactamente mi método. Es sencillo. Por lo tanto, usted puede preguntar cualquier cosa. Lo que quiera decir, lo digo. Primero disparo la flecha y luego dibujo un círculo a su alrededor, ¡como toque final!

Un párroco estaba teniendo unas palabras con su obispo y en el curso de la conversación le dijo: "A usted no le pasa nada, señor mío. Cuando usted prepara un sermón puede pronunciarlo en varias iglesias de la diócesis, pero yo tengo que dar dos sermones nuevos cada domingo."

El obispo le contestó: "Deberías ser capaz de dar un sermón sobre casi cualquier tema en un momento, como yo".

"Le tomaré la palabra", dijo el párroco. "Ven a mi iglesia el próximo domingo y te pondré a prueba".

El obispo estuvo de acuerdo y a su debido tiempo fue al púlpito a buscar una tarjeta con la única palabra "estreñimiento"

escrito en ella. Sin vacilar, empezó: "Y Moisés tomó dos tablas y salió a la ladera del monte".

Jugando en el camino

La primera pregunta:

MAESTRO, PARECE QUE SER TESTIGO ES TAMBIÉN UN TIPO DE PENSAMIENTO. ENTONCES, ¿CUÁL ES LA DIFERENCIA ENTRE EL TESTIGO Y UN PENSAMIENTO DEL TESTIGO?

Satyendra Saraswati,

EL TESTIMONIO NO ES UN PENSAMIENTO, pero puedes empezar a pensar en el testimonio, puedes convertirlo en un pensamiento. En el momento en que lo conviertes en un pensamiento, ya no es un testimonio. O es testimonio o es un pensamiento, no puede ser ambas cosas a la vez.

Cuando presencias, no piensas que estás presenciando. Si piensas que estás dando testimonio, eso no es dar testimonio en absoluto, es otro tipo de pensamiento. Si el testimonio es simple, no hay pensamiento de testimonio en absoluto. Si los pensamientos sólo pasan por delante de tu visión y los estás presenciando, y no surge en ti la idea de que "estoy presenciando", entonces es puro presenciar.

No es un pensamiento en absoluto, es un estado de no-pensamiento, de no-mente. Simplemente reflejas lo que pasa.

En el momento en que dices: "¡Ajá! Esto es ser testigo. Así que estoy siendo testigo. Esto es la meditación. Esto es ser consciente", no has entendido nada. Has vuelto a caer en el fango de la mente. Ya no eres un testigo. Te has identificado. Ser testigo no puede reducirse a un pensamiento.

Pero tu problema es importante. Lo tienen casi todos los meditadores. Nos hemos acostumbrado a presenciar de una manera equivocada. Pensamos que somos testigos. Juzgamos, evaluamos, pero pensamos que somos testigos. Creemos que presenciamos, pero no es así. Se nos asocia con un tipo equivocado de testimonio, y esa idea perdura durante mucho tiempo.

En segundo lugar: nos hemos condicionado tanto a reducir inmediatamente toda experiencia a un pensamiento.

Nunca permitimos que una experiencia se quede en pura experiencia, ni siquiera por unos instantes.

Te encuentras con una hermosa flor de rosa en el jardín. En cuanto la ves, casi al instante dices en tu interior: "¡Qué bonita!". No puedes dejar que esa belleza se asimile. Pensar en la belleza se convierte en una barrera. En el momento en que dices: "¡Qué bonita!", ya has empezado a compararla con otras rosas que has visto en el pasado. Has empezado a compararla con todo lo que has oído sobre las rosas. Ya no ves esta rosa. Te estás perdiendo su belleza. Has entrado en el pasado. Buscas en tu memoria cuántas rosas has visto antes:

"Y ésta es la mejor". Pero esta rosa ya no está ahí en tu conciencia. Tu conciencia se ha nublado mucho. Ha llegado tanto humo del pasado, se ha levantado tanto polvo que tu espejo ya no refleja la belleza. Tú no estás ahora-aquí.

Deja que la rosa y su fragancia y su belleza y su danza en el viento y el sol penetren en ti. No introduzcas tu mente. No hay necesidad de decir que esto es hermoso. Si lo es, no hay necesidad de decirlo; si no lo es, entonces es falso decirlo. O lo es o no lo es. Crear un pensamiento sobre ello de cualquier manera es crear ondas en tu conciencia. Es como arrojar un guijarro a un lago silencioso. Hace un momento estaba reflejando la luna y las estrellas tan bellamente, y tu guijarro ha creado ondas, y la luna y las estrellas se han distorsionado.

Eso es lo que ocurre siempre que surge un pensamiento en ti: tu consciencia se perturba, empieza a vacilar. Empiezan a surgir ondas en ti. Ahora no eres capaz de reflejar lo que es.

Tendrás que aprender este nuevo arte de ver las cosas sin juzgar, de ver las cosas sin verbalizar, de ver las cosas sin evaluar. Mira la rosa, mira el pájaro al vuelo, mira la noche llena de estrellas, mira el río que pasa, mira el tráfico. Escucha el canto de los pájaros o el paso de un tren. Empieza a aprender un nuevo arte de ser simplemente reflexivo, sin aportar ningún pensamiento, sin decir nada en absoluto.

Llevará un poco de tiempo -los viejos hábitos son difíciles de erradicar- pero un día sucederá. Si perseveras, si tienes paciencia, si sigues trabajando para limpiar tu mundo interior, un día ocurrirá. Y la bendición de ese día es inmensa. De hecho, ese día naces de nuevo. Empiezas a ver el mismo mundo con ojos nuevos, porque tus ojos son tan claros, tu espejo refleja tan profundamente, tan totalmente, sin distorsión, que los árboles -los mismos árboles que has visto antes miles de veces- son mucho más verdes que nunca. Y su verdor no es un verdor ordinario: es luminoso, irradia luz.

Es el mismo mundo, la misma gente.... Un Buda camina, un Jesús camina en el mismo mundo - los mismos árboles, las mismas rocas, la misma gente, el mismo cielo - pero ellos viven en el paraíso y tú en el infierno. La diferencia la crea la mente.

Tardarás un poco en abandonar esta mente. Te ha dominado durante tanto tiempo que al principio es difícil desvincularte de ella de repente. Se aferra. No puede dejar su poder sobre ti tan fácilmente. Por eso sigue entrando por la puerta de atrás.

Estás sentado en silencio y surge una hermosa quietud, y la mente entra por la puerta de atrás y dice: "¡Mira, qué hermoso es este momento!". ¡Y te ha arrebatado! Llegó tan silenciosamente, sin hacer ruido, y te atrapó de un modo tan sutil que no podías ser consciente de ello. Te regocijaste, le diste las gracias a la mente... pero ha destruido tu quietud.

Cuando la quietud es realmente verdadera no hay mente que diga nada al respecto. Cuando atestiguar es verdadero eres simplemente un testigo-. No piensas: "Estoy presenciando". No hay "yo", no hay pensamiento, sólo hay el testigo, porque todo el pensamiento, y el "yo" - todos se han convertido en contenidos, objetos de tu presenciar. Y el testimonio mismo no puede ser su propio objeto. Ningún espejo puede reflejarse a sí mismo. Tus ojos no pueden verse a sí mismos. Tu testigo no puede presenciarse a sí mismo, eso es imposible.

Tu pregunta es relevante. Y tendrás que ser muy muy cuidadoso, vigilante. Es el filo de la navaja. Hay que ser muy cauteloso porque si caes, caes en un profundo abismo. La gente corriente no puede caer; no tiene dónde caer, ya está en el fondo. Pero a medida que vas subiendo, la posibilidad de caerte aumenta cada día. Cuando alcanzas el Everest de tu conciencia, sólo un pequeño resbalón, sólo un pequeño paso en falso, y caerás rodando por un profundo abismo.

Cuanto mayor es la meditación, mayor es el peligro de perderla, naturalmente; sólo se puede robar a un rico, no a un pobre. Por eso un mendigo puede dormir bajo un árbol por la tarde y el ruido del tráfico y del mercado... nada le perturba. Puede dormir en cualquier sitio, puede dormir profundamente. No tiene nada que perder, ningún miedo.

Una vez, por la noche, un rey se encontró con un hombre muy extraño, un hombre muy luminoso, de pie, alerta, debajo de un árbol, tan silencioso, tan tranquilo y tan alerta. El rey sintió curiosidad: "¿Por qué está ahí de pie?". Por su aspecto parecía un monje, alguien que ha renunciado al mundo. El rey era un hombre muy culto y pensó: "No está bien molestarle". Pero todas las noches sucedía lo mismo.

Esa era la rutina del rey: recorrer la capital por la noche disfrazado para ver cómo iban las cosas, si los guardias estaban de servicio o no; mezclarse y reunirse con la gente, entrar en los hoteles y en los teatros para saber cómo iban las cosas, si todo iba bien o no.

Todas las noches se cruzaba con este hombre. Lo vio tantas veces que le resultó imposible resistir la tentación. Un día se le acercó y le preguntó: "Disculpe, señor, no debería entrometerme -parece usted tan silencioso-, pero ¿por qué sigue de pie toda la noche? ¿Qué guarda? ¿Hay algún tesoro debajo de este árbol?".

El místico se rió. Dijo: "Debajo de este árbol no, pero dentro de mí hay un tesoro y lo estoy vigilando. Y el tesoro crece cada día, es cada vez más grande, de ahí que tenga que estar cada vez más alerta."

El místico dijo al rey: "Puedes dormir, no tienes nada que perder. Yo no puedo, tengo mucho que perder; y si puedo permanecer despierto tengo mucho que ganar".

El rey quedó muy impresionado. Le pidió que fuera a su palacio y le invitó. El monje aceptó. El rey se quedó un poco perplejo: un monje que acepta tan pronto sin negarse ni una sola vez no se considera correcto. Un monje debería decir: "No, no puedo ir a palacio. He renunciado al mundo. Todo es inútil. Todo es sueño, ilusión, maya, no puedo volver al mundo. Soy feliz dondequiera que esté".

Pero este monje no dijo nada. Era un maestro zen. El rey empezó a pensar: "¿He sido engañado por este hombre? ¿Acaso se quedaba ahí todas las noches sólo para atraparme?".

Pero ahora era demasiado tarde; le había invitado.

El místico llegó al palacio, vivió con el rey. Y, por supuesto, vivía más alegremente que el rey porque no tenía preocupaciones, no se preocupaba por el imperio, no tenía problemas ni ansiedades. Disfrutaba de buena comida y el rey le había dado la mejor habitación del palacio: ¡vivía como un emperador!

Pasaron seis meses. Ahora el rey hervía en sí mismo para preguntarle: "¿Qué clase de renuncia es ésta? Estás disfrutando de todo - sirvientes y buena comida y buena ropa y un hermoso palacio".

Un día, paseando por el jardín, le preguntó al místico: "¿Puedo hacerte una pregunta? Perdóname si te sientes ofendido. Esta es mi pregunta: ¿Qué diferencia hay ahora entre tú y yo?".

El místico miró al rey y le dijo: "¿Por qué has esperado seis meses? Esta pregunta me la podías haber hecho la primera noche. En el momento en que me invitaste y acepté tu invitación, esta pregunta surgió en tu mente. ¿Por qué has esperado seis meses? Te has torturado innecesariamente.

Lo esperaba en cualquier momento. No se trata de que me sienta ofendido, es una cuestión natural.

"Hay una diferencia, pero es muy sutil. Y si realmente quieres saber la diferencia, entonces ven conmigo. No puedo decírtelo aquí. Te lo diré en cierto espacio, en cierto lugar. Ven conmigo".

Ambos salieron de la ciudad. El rey dijo: "¿Ahora puedes decírmelo?".

El místico dijo: "Ven".

Cuando estaban cruzando la frontera de su imperio -era de noche-, el rey le dijo: "¿Qué haces? ¿Adónde me lleváis? Este es el fin de mi imperio. Estamos entrando en el reino de otro y me gustaría que me respondieras. ¿Cuál es tu respuesta? Y me siento muy cansado".

Y el místico dijo: "Mi respuesta es que me voy. ¿Vienes conmigo o no? No voy a volver".

El rey dijo: "¿Cómo puedo ir contigo? Tengo todo mi imperio, mi mujer, mis hijos. ¿Cómo puedo ir contigo?"

El místico dijo: "Esa es la diferencia. Pero me voy".

De nuevo el rey vio la luz, la belleza del hombre, y cayó a sus pies. Le dijo: "¡Vuelve! Soy un estúpido. Me he perdido estos seis meses. He estado pensando cosas que son realmente feas.

Perdóname y vuelve".

El místico dijo: "No hay problema para mí. Puedo volver, pero volverás a pensar lo mismo.

Es mejor para mí ahora seguir adelante - esa historia está terminada, ese capítulo está cerrado - para que puedas recordar la diferencia."

El testigo vive en el mundo como un espejo, reflejándolo todo. Puede estar en una choza, puede estar en un palacio; no hay diferencia. ¿Qué diferencia hay para un espejo si está en una choza o en un palacio? ¿Qué diferencia hay para el espejo si está reflejando hermosos diamantes o sólo piedras ordinarias? Al espejo le da lo mismo.

Ser testigo es el arte de trascender el mundo. Ser testigo es la esencia misma del Zen, de la religión misma. Pero no lo conviertas en un pensamiento, no es un pensamiento en absoluto. Los pensamientos tienen que ser presenciados. Incluso si surge el pensamiento de ser testigo, sé testigo de ese pensamiento. Recuerda que no es presenciar, es sólo un pensamiento, tiene que ser presenciado. Está ahí delante de ti. Tú no eres eso.

El testigo es irreductible a cualquier pensamiento; siempre sigue deslizándose hacia atrás. No se le puede atrapar a través de ningún pensamiento. Puede ser testigo de todos y cada uno de los pensamientos, incluido el pensamiento de ser testigo; por lo tanto, nunca puede convertirse en un pensamiento.

La próxima vez que estés meditando, Satyendra Saraswati, recuérdalo. No empieces a disfrutar con el pensamiento de que "Este es un momento hermoso. Mi mente está en silencio, mi ser está quieto. Esto es ser testigo". En el momento en que lo dices, lo has perdido.

La segunda pregunta:
MAESTRO,
POR FAVOR, DI ALGO MÁS SOBRE EL HOMBRE DEL ZEN.
Pratibha,
EL HOMBRE DEL ZEN ES MUY ORDINARIO extraordinariamente ordinario. Es tan corriente que es muy posible que si

te encuentras con él no puedas reconocerle. Vive como tú, come como tú, duerme como tú. En todos los sentidos es como tú. En lo que respecta a su exterior, no se diferencia de ti en nada.

La diferencia está ahí, sin duda, pero esa diferencia es interior. Él tiene una visión, tiene una claridad. Él tiene ojos y tú estás ciego. Él está despierto y tú estás dormido. Estás borracho: borracho de codicia, borracho de lujuria, borracho de ira, de ambición, de ego.

El hombre del Zen simplemente no está borracho; está en sus cabales. Camina conscientemente, se sienta conscientemente:

"caminando en Zen, sentado en Zen". Él no es de ninguna manera especial. No es como otros supuestos santos.

No se acostará en un lecho de espinas ni en un lecho de clavos, no se parará de cabeza. No es estúpido, no es exhibicionista. No andará desnudo por las calles. No está loco, no es neurótico. Vive de una manera muy ordinaria, muy normal.

Por eso es lo más difícil reconocer al hombre del Zen. Puedes reconocer a un santo que camina sobre el agua - naturalmente, es tan obvio que es especial. Pero un hombre Zen no camina sobre las aguas. No hace milagros. No juega a ningún tipo de juego egoísta. No es un ego, ni siquiera es una persona. Es sólo una presencia, una no entidad. Es la nada absoluta.

Sólo cuando uno es la nada absoluta está lleno de conciencia. Todo lo que hace, lo hace con totalidad. Sólo un hombre que no está borracho puede hacer las cosas totalmente. De lo contrario, uno permanece parcial; sólo una parte sigue haciendo algo y al mismo tiempo otras partes pueden estar yendo en contra, siendo destructivas. Puedes estar creando algo con una mano y destruyéndolo con la otra.

Un hombre borracho no sabe adónde va. Cree que va por el buen camino, pero sólo está soñando.

Barry Higgins, un viajante de comercio, volvía una tarde a su casa en Londres después de un almuerzo con un posible cliente. Por el retrovisor vio la luz azul intermitente de un coche de policía. Un escalofrío le recorrió la espalda y agarró con fuerza el volante para estabilizar su conducción. La luz azul se acercó, sonó una sirena y un coche de policía le adelantó con una mano indicándole que se detuviera.

Barry se puso nervioso al ver salir al policía de su coche. Tenía la respiración agitada y las manos húmedas sobre el volante. Se preguntó qué le iba a decir.

El policía se acercó y se inclinó para hablar a través de la ventanilla del coche. "Ay, ay, ahora entonces, tenía unos pocos, ¿eh?"

Barry no pudo contenerse y soltó: "Ohh... g... buenas tardes, afterble, yo... no soy tan pensativo como tú borracho".

El hombre del Zen es absolutamente consciente: sin codicia, sin ira, sin celos, sin ambición. Todos estos son intoxicantes, todas estas son drogas: te mantienen adormecido. Es un milagro cómo manejas tu vida con tantos venenos corriendo por tu torrente sanguíneo, en tu propio ser. Esa es la única diferencia; de otro modo, desde fuera, no lo sabrías.

Hay otros llamados santos que hacen diferencias externas porque no hay diferencia interna.

Tienen que permanecer desnudos, tienen que torturar sus cuerpos, tienen que ayunar. Tienen que deformar sus cuerpos, lisiar sus cuerpos. Tienen que hacer algo que los haga más especiales que tú, "más santos que tú". "

Un hombre Zen no es "más santo que tú". No tiene la menor idea de ser superior a ti. Simplemente vive su naturaleza.

Yoka dice: El hombre del Zen va solo.

Esa es su primera característica. No forma parte de una psicología mafiosa. No es hindú, ni mahometano, ni cristiano, ni judío. No es indio, ni japonés, ni chino, no puede serlo. Nunca pertenece a ninguna multitud. Está solo. Es un rebelde. Vive según su luz. No sigue, no imita. Ha alcanzado la meta.

¿Cuál es el objetivo? La meta no está en algún lugar fuera de ti. No está ahí, lejos como una estrella; está dentro de usted, es su propia interioridad. Ha entrado en su propia interioridad. Y el hombre que ha alcanzado su meta...

... PUEDE JUGAR EN EL CAMINO DEL NIRVANA.

Es juguetón, no es serio. No puede ser serio: toda la vida es una obra divina, LEELA, y él forma parte de ella. Sólo representa un papel. Representa el papel tan bien como puede, tan perfectamente como puede, pero sabe que el mundo entero es un gran escenario, un gran drama, pero nada más. Así que no se lo toma en serio.

EL HOMBRE ZEN TIENE MODALES NATURALES Y ES ARMONIOSO.

No pretende ser especial, tiene modales naturales. Es muy humano, totalmente humano. Su humanidad es soberbia, intensa, absoluta. No pretende ser sagrado, y porque no lo pretende es sagrado. Es armonioso. No está dividido en sí mismo, no está en constante lucha consigo mismo, no está en constante guerra civil. Tiene una melodía, una música. Si te sientas a su lado podrás escuchar su música.

preguntó Navanit el otro día: "Maestro, siempre que me acerco a ti huelo inmediatamente cierta fragancia. ¿Qué fragancia es?" No uso ningún perfume, no puedo. Navanit es médico, lo sabe; de ahí que la pregunta se le haya hecho más pertinente. Y dice que siempre que está cerca de mí encuentra la misma fragancia.

Esa fragancia no tiene nada que ver con ningún perfume. Es la fragancia de la armonía, es la música.

Se expresa de forma multidimensional. A veces lo oirás como un sonido silencioso, como un murmullo, el viento que pasa entre los pinos o el sonido del agua al correr. A veces lo oirás como música y a veces lo experimentarás como un olor, una hermosa fragancia. A veces lo verás como un aura, una luz, muy misteriosa.

Pero el hombre del Zen simplemente vive en armonía, y fuera de la armonía se manifiestan todas estas cosas.

SU ESPÍRITU ES SENCILLO, LIMPIO, PURO Y SINCERO. SU ZEN, QUE NADIE VE, ES UN TESORO MÁS ALLÁ DE TODO VALOR.

Puedes ver su cuerpo, pero no puedes ver su Zen. No puedes ver su meditación interior, no puedes ver su conciencia a menos que tú mismo seas consciente. Sólo puedes saber aquello que has experimentado.

Navanit, tienes la bendición de experimentar cierta fragancia. Eso significa que estás alcanzando una cierta profundidad, una cierta altura en tu ser.

SU ZEN, QUE NADIE VE, ES UN TESORO MÁS ALLÁ DE TODO VALOR. ESTA JOYA, RARA Y DE VALOR

INCALCULABLE, NUNCA CAMBIA POR MUCHO QUE UNO LA USE. Y OTROS PUEDEN BENEFICIARSE LIBREMENTE DE ELLA EN TODAS LAS OCASIONES.

El hombre del Zen siempre rebosa alegría. Puede compartirla. Es un dador: da deleite, da alegría, da belleza, da verdad. Irradia verdad, irradia a Dios, pero tan silenciosamente... sin ninguna declaración. Sigue derramando sus bendiciones en la existencia. Es una bendición para el mundo.

La tercera pregunta:

MAESTRO,

SÉ QUE MI AMOR APESTA, ¿POR QUÉ ME AFERRO AL OLOR?

Prem Amrito,

VIVIMOS según el pasado: nuestras vidas están enraizadas en el pasado muerto, estamos condicionados por el pasado. El pasado es muy poderoso, por eso sigues viviendo según un determinado patrón; aunque apeste, seguirás repitiéndolo. No sabes qué más hacer; te has condicionado a ello. Es un fenómeno mecánico. Y esto no sólo te ocurre a ti, Amrito, sino a casi todos los seres humanos, a menos que se conviertan en Buda.

Convertirse en Buda significa deshacerse del pasado y vivir en el presente. El pasado es inmenso, muy inmenso, enorme, de millones de vidas. Has vivido de una determinada manera. Ahora, estando aquí, puede que hayas tomado conciencia de que tu amor apesta, pero esa conciencia tampoco es muy profunda, es muy superficial. Si se vuelve realmente profunda, si penetra hasta lo más profundo de tu ser, saltarás inmediatamente de ella.

Es como si se incendiara tu casa y no preguntaras a nadie como salir de ella. No consultarás la ENCICLOPAEDIA BRITÁNICA, ni esperarás a que algún sabio venga a decírtelo, ni te plantearás si es apropiado saltar por la ventana o no; no te preocuparás por nada. Incluso si te estás bañando desnudo, saltarás desnudo por la ventana; ni siquiera te preocuparás por la ropa. Cuando la casa está en llamas, tu vida está en peligro; ahora todo lo demás es secundario. Si tu amor apesta -esta se ha convertido en tu experiencia- entonces saldrás de él.

No se limitará a formular una pregunta, sino que saltará de ella.

Pero creo que es sólo una idea intelectual, porque cada vez que uno está enamorado, surge alguna desdicha.

Cada vez hay algún conflicto, alguna lucha, alguna pelea, algunos celos, alguna posesividad.

Así que has empezado a adoptar un punto de vista intelectual: "Mi amor apesta, ¿por qué me aferro al olor?".

Porque aún no es realmente una experiencia existencial para ti.

Y es tu propio olor. Uno se acostumbra a su propio olor. Por eso cuando la gente está sola no experimenta ese olor, sólo lo experimenta cuando está junto a alguien.

Cuando estás enamorado, empiezas a mostrar tu verdadero rostro. El amor es un espejo. El otro empieza a funcionar como un espejo. Cada relación se convierte en un espejo. Solo, no experimentas tu propio olor, no puedes; uno se vuelve inmune a él. Has vivido tanto tiempo con él, ¿cómo puedes olerlo?

Sólo con el otro empiezas a sentir que apesta y él empieza a sentir que apestas. Y empieza la pelea.... Esta es la historia de todas las parejas del mundo.

"¿Adónde vas con esa cabra, Juan?", preguntó el policía.

"¡Me lo llevo a casa para tenerlo como mascota!", respondió Juan.

"¿En la casa?"

"Claro que sí".

"¿Pero qué pasa con el olor?"

"¿Y qué? No le importará el olor".

Tu propio olor no te perturba. De hecho, si desaparece de repente te sentirás un poco sacudido, te sentirás un poco desarraigado, no te sentirás tu yo natural; sentirás que algo ha ido mal.

Si amas y no hay celos empezarás a preguntarte si amas o no. ¿Qué clase de amor es éste? Parece que no hay celos. Amas a un hombre, y si el hombre se va con otra mujer de vez en cuando, no le das mucha importancia. Lo das por sentado, está perfectamente bien para variar. Y si tu hombre es feliz, ¿por qué no dejarle ser feliz? Le quieres. Si le quieres de verdad, respetarás también su felicidad. Y él no se va para siempre.

De hecho, si de vez en cuando se permite a las parejas un poco de libertad, no se separarán; la tasa de divorcios descenderá en el mundo.

El divorcio existe sólo porque el matrimonio es demasiado hermético. Dejemos que el matrimonio sea un poco más relajado y el divorcio desaparecerá. El divorcio es sólo un subproducto del matrimonio. Cuanto más estricto sea el sistema matrimonial, más necesario será el divorcio. Y si no se permite el divorcio, entonces se tiene una doble vida: una para mostrar a la sociedad y otra para vivir.

La prostitución existe en el mundo gracias al matrimonio. Toda la culpa es del sistema matrimonial. Si la gente fuera un poco más cariñosa y menos celosa y comprendiera la naturaleza humana, sería muy sencillo.

Comes lo mismo todos los días, te hartas y de vez en cuando te apetece ir al hotel. Y la comida del hotel puede ser peor que la de tu casa, pero incluso eso es bueno, al menos hace que la comida de tu casa parezca mejor. Y cuando vuelves al día siguiente te sientes tan aliviado de haber vuelto a casa, ¡y tan feliz de volver a comer lo mismo!

Cuanto más se entienda la mente del hombre, más y más habrá que relajar el matrimonio. Está perfectamente bien darse unos días libres en el matrimonio. A la mujer se le debe permitir tener sus novios y al hombre se le debe permitir tener sus novias - por lo menos, así como tienes religión dominical, ¡un matrimonio dominical! Y se sorprenderá de que su propia mujer se vea mucho mejor. De nuevo empieza una luna de miel - una mini-luna de miel. De nuevo empiezas desde el ABC.

Y estar con muchas mujeres y con muchos hombres no destruye el matrimonio, no, en absoluto. Es una idea muy disparatada que ha prevalecido sobre la humanidad: que es destructivo para el matrimonio y la familia. No es así: es muy solidario. Ayudará a la familia a ser más alegre, menos pendenciera.

De lo contrario, la mujer está constantemente espiando al marido y el marido está constantemente espiando a la mujer. ¿Y qué amor puede existir entre dos personas que se están espiando constantemente?

Sí, tu amor apesta, como apesta el amor de todo el mundo, pero sólo lo sientes cuando estás en una relación.

Aún no has sentido que realmente tenga algo que ver contigo. En el fondo, sigues pensando que tiene que haber algo mal en el otro. Así es como funciona la mente: echa la responsabilidad al otro. Se acepta a sí misma y siempre está encontrando defectos en los demás.

Varias personas están sentadas en la primera fila de un cine. La función ya ha comenzado cuando, de repente, se percibe un olor terrible.

Uno de los espectadores se vuelve hacia el hombre sentado a su lado y le pregunta: "¿Te has cagado en los pantalones?".

El hombre a su lado responde: "Sí, ¿por qué?".

La gente se acepta totalmente a sí misma. Lo que hacen está bien: "¿Por qué? ¿Qué hay de malo en ello?

Son sus propios pantalones, ¿quién eres tú para interferir? Y la libertad es un derecho de nacimiento de todos".

Amrito, si tu amor apesta, entonces trata de averiguar qué es exactamente lo que apesta. No es el amor, es otra cosa. El amor mismo tiene una fragancia; no puede apestar, es una flor de loto. Tiene que haber algo más: celos, posesividad. Pero no has mencionado los celos y la posesividad. Los estás ocultando. El amor nunca apesta, no puede; esa no es la naturaleza del amor. Por favor, intenta ver exactamente qué es lo que crea el problema. Y no digo que lo reprimas. Lo único que hace falta es tener claro qué es.

Si son celos, sólo te sugiero una cosa: vigila más tus celos. Cuando surjan la próxima vez, en lugar de enfadarte, cierra las puertas, siéntate en silencio, medita, observa tus celos. Observa exactamente lo que son. Te rodearán como humo, humo sucio. Te sofocará. Te gustaría salir y hacer algo. Pero no hagas nada; sólo permanece en un estado de no hacer, porque cualquier cosa que se haga en un momento de celos va a ser destructiva. Simplemente observa. Y no estoy diciendo que lo reprimas, porque eso es hacer algo de nuevo.

Las personas son expresivas o represivas, y ambas formas son erróneas. Si expresas te vuelves destructivo para la otra persona. Quien es tu víctima sufre, y va a vengarse.

Puede que no se vengue conscientemente, pero inconscientemente va a suceder.

Hace sólo unos meses, Krishna Bharti se enamoró de una mujer. No tenía nada de extraordinario, ¡pero Deeksha se enfadó! Deeksha no podía aceptar la idea. Durante siglos nos han dicho que si un hombre te ama o una mujer te ama y el hombre o la mujer se va con otro, eso es un rechazo hacia ti.

Eso no tiene sentido. No es rechazo; de hecho, es justo lo contrario. Si un hombre ama a la mujer y disfruta con ella, empieza a fantasear cómo sería con otras mujeres. Es realmente la alegría que esta mujer le ha dado lo que dispara su fantasía. No es que él esté rechazando a esta mujer; es realmente una indicación de que esta mujer ha sido tal alimento que a él le gustaría ver y saber cómo son otras mujeres. Y si se le da un poco de cuerda no va a ir muy lejos, volverá, porque con la otra mujer puede ser novedad, será algo nuevo, pero no puede ser tan nutritivo porque no habrá intimidad. Tendrá algo de vacío. Será sexo sin amor.

El amor necesita tiempo para crecer, necesita intimidad para crecer. Necesita mucho tiempo. No es una flor de temporada que aparece en tres o cuatro semanas, pero que también desaparece en tres o cuatro semanas. Es un largo proceso de intimidad. Poco a poco, dos personas se funden y se funden la una en la otra; entonces se vuelve nutritivo. La otra mujer o el otro hombre no pueden ser nutritivos. Puede ser sólo una aventura, una emoción. Pero, de repente, surgirá la sensación -es inevitable- de que es divertido, pero no es nutritivo. Y la persona volverá.

Y Krishna Bharti habría vuelto, pero Deeksha se volvió loca. ¡Se comportaba como cualquier otra mujer! Pero yo estaba esperando ... tarde o temprano ella iba a vengarse. Ahora se está vengando. Krishna Bharti cayó enfermo, estaba en el hospital, y Deeksha tenía un poco de libertad. ¡Ella se enamoró de su propio manitas! ¡Realmente demostró ser un manitas! Ahora K.B. está en el infierno.

No hay necesidad de preocuparse tanto. Le he dado a K.B. un mensaje: "Espera, no te preocupes.

Deja que se vengue. Y es bueno que se acabe la carga inconsciente".

Si nos entendiéramos un poco más, si comprendiéramos un poco más la naturaleza humana, no debería haber celos. Pero es una herencia de siglos.

Así que, Amrito, no puedo decir que puedas dejarlo ahora mismo. Tendrás que meditar sobre ello. Siempre que te posea, medita sobre ello. Poco a poco, la meditación creará la distancia entre tú y los celos. Y cuanto mayor sea la distancia, menos celos surgirán. Y un día, cuando no haya celos, tu amor desprenderá tal fragancia que ninguna flor podrá competir con él. Todas las flores son pobres comparadas con el florecimiento del amor.

Pero tu amor está paralizado a causa de los celos, la posesividad y la ira.

No es el amor lo que apesta, recuérdalo, porque he visto personas que piensan que es el amor lo que apesta, así que se cierran, se vuelven cerradas, dejan de amar.

Eso es lo que les ha ocurrido a millones de monjes y monjas a lo largo de los siglos: se cerraron al amor, abandonaron toda la idea del amor. En lugar de abandonar los celos, que habría sido una revolución, en lugar de abandonar la posesividad, que habría sido algo de inmenso valor, abandonaron el amor. Eso es fácil, no es mucho; cualquiera puede hacerlo. Ser monje o monja es muy fácil, pero amar y no tener celos, amar y no ser posesivo, amar y dejar que el otro tenga toda la libertad es realmente un gran logro. Sólo entonces sentirás el amor y su fragancia.

La cuarta pregunta:

MAESTRO,

¿QUÉ PIENSA USTED? ¿VOLVERÁ JESÚS A LA TIERRA COMO HABÍA PROMETIDO O NO?

Sujata,

UNA VEZ QUE UN HOMBRE se despierta, no puede volver. Lo promete por compasión, pero no es posible. No es posible porque va en contra de la ley de la vida. Jesús ha prometido volver, Buda también ha prometido volver, Krishna también ha prometido volver. Nadie ha vuelto todavía y nadie va a volver. Va contra la ley de la vida. Lo prometen por compasión, por amor. Ellos prometen porque ven tu miseria, ven tu triste estado de cosas, ven tus lagrimas. Así que prometen, y su promesa cumple un cierto propósito. Gracias a su promesa sigues recordándoles y ese recuerdo te ayuda. A causa de su promesa sigues conectándote con ellos, entregándote a ellos, y esa entrega te ayuda.

Pero no pueden cumplir su promesa.

Una vez que un hombre ha despertado no hay posibilidad de que vuelva a nacer. Uno sólo puede nacer si algo en él ha permanecido aún inconsciente. La vida es una oportunidad para volverse consciente. Es una escuela, una escuela de formación, donde las personas se centran, se arraigan, se integran. Una vez que se han integrado, una vez que han alcanzado la autorrealización, no pueden volver a la escuela. Desaparecen en lo universal. Se convierten en parte de Dios.

Así que lo primero que hay que recordar: Jesús, Krishna o Buda no pueden venir, pero eso no significa que no haya gente despierta. Habrá gente como Jesús, como Buda, como Krishna, de la misma calidad. Tal vez sus caras no sean las mismas y sus cuerpos no sean los mismos ....

¿Y a quién le gustaría tener un cuerpo como el de Jesús? Tú no sabes nada de Jesús, por eso. Sólo medía un metro y medio, ¡y era jorobado! Y se dice en las antiguas escrituras que era el hombre más feo que ha pisado la tierra. ¿A quién le gustaría tener su cuerpo?

Pero sus discípulos han dicho que era el hombre más bello. Ellos vieron su belleza; eso es de lo interno, por lo tanto no hay contradicción. Los discípulos vieron el interior. Vieron al Jesús real, el pilar de su conciencia. Vieron su interioridad. Entraron en comunión con su ser. Y, sí, nunca ha existido un hombre tan bello.

Pero los demás sólo veían su cuerpo; los demás no podían ver su alma, los demás no podían ver su Zen.

Sólo sus discípulos podían ver su Zen, su meditación, su amor. Sólo sus discípulos podían sentir quién era, su divinidad. Podían decir: "Es el hombre más bello que ha pisado la tierra".

Y las descripciones son tan contradictorias que ha sido un problema para los historiadores decidir qué es lo correcto. Ambas son correctas; no hay necesidad de decidir. No se trata de elegir esto o aquello.

Y, en segundo lugar, aunque fuera posible que volviera, ¿crees que está loco?

¿Qué hiciste con él cuando estuvo aquí? Recuérdalo: le torturaste como nunca habías torturado a nadie antes que a él.

La muerte de Sócrates no fue una tortura. Se le dio veneno y en cuestión de minutos estaba muerto. Su muerte fue silenciosa.

La forma en que Jesús fue crucificado es una de las más violentas... a veces la persona tarda tres días en morir. Sólo clavar a un hombre en una cruz no puede matarlo inmediatamente. La sangre comienza a rezumar de su cuerpo lentamente. La vida comienza a rezumar, pero muy lentamente. Incluso el hombre más débil tardará al menos de seis a dieciocho horas en morir, y si el hombre está sano puede tardar incluso tres días o más.

¡Esto es el verdadero infierno! ¡Esto es una verdadera tortura!

Estaba muriendo en la cruz, y la gente le lanzaba piedras y vejaciones. Los soldados le clavaban sus lanzas en el cuerpo, y de su cuerpo salía sangre. Estaba vivo, tenía sed, y no le daban agua. Gritaba pidiendo agua. Y cien mil personas se habían reunido para ver esta tortura.

¿Qué hiciste con Jesús cuando estuvo aquí? ¡Creo que fue suficiente para alejarlo de esta tierra para siempre!

Un recién llegado llamó a la puerta del cielo. Jesús estaba de guardia y abrió la puerta.

"¿Quién es usted?", preguntó.

"Adolf Hitler", fue la respuesta.

"¡Adolf Hitler! Usted no puede venir aquí. Eres un megalómano empeñado en dominar el mundo. ¡Váyase!"

"¡Pero quiero enmendar mi camino!"

"¡No puede ser! ¡Fuera!"

"Ah, si me dejas entrar, te daré algo".

"Bueno", dijo Jesús, debilitándose un poco, "¿qué es?".

Hitler, en uniforme de gala, sacó su Cruz de Hierro especial y se la mostró a Jesús. "Bueno", preguntó, "¿puedo entrar?".

"Espera aquí. Iré a preguntarle a mi papá".

Jesús encontró a Dios en su estudio. "Papá, hay un recién llegado en la puerta que quiere entrar".

"¿Quién es?"

"Adolf Hitler".

"¡Adolf Hitler! ¿Ese megalómano empeñado en dominar el mundo? No puede entrar aquí".

"Pero tiene algo muy especial que darme".

"¿Qué pasa?"

"Su Cruz de Hierro".

Dios golpeó su silla. "¿Para qué necesitas una cruz de hierro? Demonios, ¡ni siquiera podías llevar esa de madera!"

Obligaste al pobre Jesús a cargar con su propia cruz. Estaba débil; no había dormido en toda la noche - toda la noche fue torturado e interrogado e investigado. Y luego tuvo que cargar esa gran cruz de madera. Cayó tres veces en el camino bajo el peso de la cruz. Estaba herido y lastimado, pero los soldados lo azotaron de nuevo y lo obligaron a llevar la cruz.

Sólo tenía treinta y tres años. Aún no había visto mucho de la vida; de hecho, era sólo el principio.

Si hubiera vivido tanto como Buda, el mundo se habría enriquecido mucho más. Buda vivió ochenta y cuatro años, Mahavira vivió ochenta años, Krishna casi la misma edad. Murieron a una edad muy avanzada.

Vieron toda la vida con sus altibajos, éxitos y fracasos, miserias y alegrías, éxtasis y agonía. Maduraron y se hicieron maduros. Podían dar al mundo algo inmensamente valioso.

A Jesús sólo le concedieron tres años. Comenzó su ministerio a los treinta años y fue asesinado a los treinta y tres. Sólo tres años. No pudo hacer mucho. Podría haber hecho un gran trabajo por la humanidad, pero lo matamos. Y ahora estamos esperando su próxima venida.

Y si viene volveréis a hacer lo mismo, porque estáis volviendo a hacer lo mismo con personas de esa calidad, de esa perspicacia. Siempre te has comportado de la forma más inhumana posible con los Budas.

Jesús es un Buda. Ese es exactamente el significado de la palabra "Cristo". "Cristo" y "Buda" son sinónimos. Buda significa el despierto, Cristo significa el coronado. Es el despertar lo que se convierte en tu coronación, lo que te hace emperador, lo que te quita todo sufrimiento y te da el reino de Dios.

No, aunque pudiera venir no se decidirá a hacerlo.

Y el hombre no ha aprendido nada. Después de Jesús, hicieron lo mismo con Al-Hillaj Mansur. Aún más feo fue el comportamiento con Al-Hillaj Mansur. Y la misma es la actitud de las masas aún hoy.

Nada ha cambiado. El hombre parece estar estancado, obstinado, viviendo una vida inconsciente y repitiéndola.

Pero, Sujata, ¿por qué deberías esperar? Puedes encontrar a los despiertos en cualquier momento; siempre están disponibles. Afortunadamente, siempre hay alguien que es un Buda. Y aquellos que son verdaderos buscadores están obligados a encontrarlo porque él también está buscando a los verdaderos buscadores. No es una búsqueda unidireccional.

Si has venido aquí en mi busca, yo también te busco a mi manera. No es unidireccional.

Si estás aquí, estás aquí sólo porque te he invitado a estar aquí. Estás aquí sólo porque te he llamado a estar aquí.

Ahora no pierdas el tiempo pensando si Jesús vendrá o no. ¿Qué quieres de Jesús? Estoy dispuesto a darte todo lo que Jesús puede darte. Sé receptivo, entrégate, porque él pedirá que se cumplan las mismas condiciones. No puede entregarte tal como eres; tendrás que cumplir algunas condiciones. Tendrás que abandonar tu ego; ese es el requisito básico. Cumple eso.

Y yo soy tu Jesús. Por supuesto, el cuerpo es diferente, la mente es diferente, pero la conciencia nunca es diferente. Dos personas despiertas son exactamente iguales. Pertenecen a la misma dimensión, a la misma fragancia, a la misma armonía, a la misma dicha, a la misma piedad.

La quinta pregunta:

MAESTRO,

¿HAY LUGAR PARA EL DEPORTE DE COMPETICIÓN EN LA NUEVA COMUNA?

Anand Murti,

EN LA NUEVA COMUNIDAD habrá una nueva organización llamada "Atletas Anónimos". Cuando te entren ganas de jugar al golf, al béisbol o a cualquier otra cosa que implique actividad física, se enviará a alguien a beber contigo hasta que se te pasen las ganas.

La sexta pregunta:

MAESTRO, ¡SOY JUDÍO, ITALIANO Y PSICÓLOGO! ¿HAY ALGUNA ESPERANZA PARA MI?

Anand Shravan,

¡ERES REALMENTE AFORTUNADO! Hay muchas esperanzas para ti; de hecho, no puedes fallar. Aunque quieras fallar no puedes, porque el judío va a matar al pobre italiano, y el psicólogo va a matar al pobre judío, y cuando no queda nada para el psicólogo, ¡casi siempre tienden a suicidarse!

Y la última pregunta:

MAESTRO,

¿ESTÁS PULSANDO MI BOTÓN DEL PLACER? CUANDO ME SIENTO EN CLASE SOY TODO SONRISAS Y ME LLEVA HORAS BORRARLO DE MI CARA.

Parmita,

¡IDIOTA! ¿Por qué intentas borrarlo? ¡Yo me esfuerzo tanto en crearlo y tú tardas horas en borrarlo! No vuelvas a hacerlo, para que se convierta en algo permanente, algo esencial contigo, algo natural, algo que te rodea.

Pero sé que la gente tiene miedo de sonreír, porque si te pillan in fraganti sonriendo sin motivo alguno, piensan que estás loco. Así que la gente reprime sus sonrisas. Por eso Parmita debió intentar borrarla.

Pero cuando aprieto el botón, lo aprieto de verdad, ¡y ahora voy a apretar más fuerte! ¡No podrás borrarlo aunque te esfuerces durante horas o durante días! ¡Disfrútalo! ¿Y qué importa si la gente piensa que estás loco? ¿Por qué preocuparse por ello? Estar loco no tiene nada de malo. Aquí, al menos, ¡todo es una locura!

El otro día alguien preguntó: "Maestro, hay tantos relojes en el ashram. ¿Por qué todos marcan horas diferentes?" Es una locura, ¡relojes de cuco! Y si todos marcan la misma hora, ¿qué necesidad habría de tantos relojes? Con uno bastaría.

Parmita, una broma para ti:

La primera tarea de una joven enfermera en su nuevo trabajo fue bañar al hombre de la habitación 305. Realizó su tarea y regresó rápidamente a su puesto. Realiza su tarea y regresa rápidamente al puesto de enfermería.

"¿Cómo estaba?", le preguntó su supervisora, una enfermera veterana y curtida.

"Le iba bien", dijo, "pero había una cosa muy rara... tenía la palabra 'pequeño' tatuada en la polla".

La enfermera mayor sintió mucha curiosidad y decidió comprobarlo. Volvió cuarenta y cinco minutos después, con el pelo revuelto y la ropa desarreglada, y le dijo a la enfermera joven: "Cariño, ese tatuaje no dice 'pequeño', sino 'Little Rock, Arkansas, orgullo del Sur'".

Amor absoluto en la libertad absoluta

La primera pregunta:

MAESTRO,

¿POR QUÉ QUIERO DESPERTAR SI, COMO USTED DICE, EL DESPERTAR SÓLO SE PRODUCE CUANDO NO LO ESTOY? ESTO PARECE MUY PARADÓJICO.

Deva Satyarthi,

EL EGO NO ES TU YO REAL; el ego es una entidad falsa, arbitraria. Es el ego que es tu sueño, que te rodea como una oscuridad, como una nube. Escondido detrás de esta oscuridad está tu verdadero yo, tu verdadero ser, que quiere despertar, que quiere salir de todo este humo, de toda esta oscuridad, que quiere salir de la prisión del ego.

En realidad no hay paradoja, sólo lo parece. Parece paradójico. Tu pregunta parece pertinente... pero tienes dos yos. Uno es el real: con el que naciste, el que estaba incluso antes de tu nacimiento, el que estará ahí incluso cuando la muerte haya sucedido, el que corre por debajo como una corriente oculta. Y el otro es creado por ti, por tu familia, por tu iglesia, por tu sociedad, por tu Estado, por la multitud.

Este falso es un simulador: pretende ser el yo real. Y el yo real quiere salir de este irreal que lo rodea. Es un sufrimiento constante para el yo real porque lo real está siendo sofocado por lo irreal; lo real se siente encarcelado en una celda oscura. El yo real es vasto y ha quedado confinado en un espacio muy pequeño. Es agobiante y paralizante.

Así que cuando digo que el despertar ocurre sólo cuando no eres, me refiero a cuando tu falso ego ya no existe.

Y ése es el único "yo" del que eres consciente ahora mismo, ése es el "yo" con el que te identificas. Por eso digo que todo lo que conoces de ti mismo no estará ahí cuando se produzca el despertar. Eso no significa que no estarás allí. Estarás ahí, pero ese "tú" será tan nuevo, tan completamente discontinuo con ESTE "TÚ" que estás viviendo ahora mismo, que es mejor no mencionarlo en absoluto.

De ahí que Buda guarde silencio al respecto. No sólo eso... si insistes, llama a tu yo real anatta, un no-yo, por la sencilla razón de que llamarlo también yo puede confundir. Lo falso se conoce como el yo; si lo real también se llama yo, puedes confundirte. Ya estás demasiado confundido. Buda lo llama no-yo.

Pero no te desanimes. No te preocupes, no tengas miedo de morir completamente. Tal como eres, no estarás allí, pero estarás allí como deberías estar. Tu ser natural y espontáneo estará allí.

Y Buda también tiene razón al llamarlo no-yo porque cuando el verdadero yo está ahí no tienes ninguna idea del "yo". El "yo" también es un pensamiento. El yo real no tiene idea del "yo"; el yo real es uno con el yo universal. No está separado de la existencia, no es una isla. El yo irreal está separado, el yo irreal crea separación, por lo tanto, el yo irreal crea miseria. Estar separado del todo es ser miserable. Ser uno con el todo es la dicha.

Y la paradoja es sólo aparente; no hay paradoja en la realidad.

Un domingo por la mañana, en la parroquia de Santa María, Little Wakefield, el cartel que anunciaba el tema del sermón del día decía: "Y perdona nuestras ofensas". A pocos metros, clavado en la hierba, había otro cartel que decía: "Los intrusos serán procesados".

Así de simple: no hay una contradicción real, pero parece estar ahí. Por un lado, un cartel dice: "Y perdona nuestras ofensas", y por otro lado otro cartel dice: "Los infractores serán perseguidos". Pero no se refieren al mismo objeto; su significado es totalmente distinto.

Cuando digo que no estarás allí, me refiero al yo artificial, que no eres pero que has llegado a creer que eres. Tu yo real estará allí, el que eres pero que has olvidado por completo.

La segunda pregunta:

MAESTRO, POR FAVOR, COMENTA ESTAS PALABRAS DE YOKA: MEDIANTE ZAZEN PODEMOS OBTENER DIRECTAMENTE LA VERDAD ÚLTIMA. A LOS ERUDITOS LES GUSTA ENSEÑAR A LOS DEMÁS PERO ELLOS MISMOS NO TIENEN CONVICCIONES PROFUNDAS. UNA VEZ QUE HAS

REVELADO TUS PREJUICIOS PUEDES VER TU VERDADERO SER. ¿CÓMO PUEDES DIVAGAR EN LUCHAS EXTERNAS?

Anurag,

Las PALABRAS DE YOKA son siempre tremendamente bellas. Es uno de los más grandes Maestros Zen. Ha habido muchos místicos Zen, pero hay una diferencia entre un Maestro y un místico.

Un místico es aquel que ha conocido la verdad, pero es absolutamente incapaz de relatarla a los demás. No tiene medios, no puede idear métodos, no tiene habilidades. No puede pintarla, no puede cantarla, no puede bailarla, no puede decirla. Es completamente mudo. La experiencia le deja casi borracho, completamente borracho. Se nota que ha pasado algo, algo muy importante. Se siente una cierta vibración a su alrededor. Puedes intentar comprender lo que ha ocurrido. Pero él no hace ningún esfuerzo por comunicarse, por estar en comunión. Está tan aturdido por lo que ha visto, está tan asombrado que ha olvidado el lenguaje. Ha entrado en la no-mente y ha olvidado el camino hacia la mente antigua. Primero vivía en la mente, luego se esforzó por encontrar el camino hacia la no-mente. Ahora está en la no-mente, pero ha olvidado el camino hacia la mente. No puede utilizar la mente, ha perdido la mente. Está casi, a todos los efectos prácticos, loco - absolutamente gozoso, rebosante de dicha, belleza, gracia; algo digno de ver, algo del más allá, pero sin utilidad práctica.

El Maestro es aquel que ha llegado a lo último pero es capaz de volver a bajar al mundo en el que estás. El Maestro es aquel que ha alcanzado el Everest de la consciencia pero es capaz de bajar de nuevo al valle oscuro donde millones de personas aún viven, y comunicarles algo sobre lo incomunicable, hacer algunos gestos hacia la cima más alta.

Quizá uno entre un millón sea capaz de mirar a la luna hacia donde apuntan sus dedos, pero incluso eso es más que suficiente.

El Maestro es algo más. El místico sabe pero no puede ayudarte a saber. El Maestro sabe y puede ayudarte a saber.

Yoka es un Maestro, un Maestro de gran habilidad. De ahí que sus palabras deban ser meditadas: cada palabra es significativa. Él dice:

MEDIANTE ZAZEN PODEMOS OBTENER DIRECTAMENTE LA VERDAD ÚLTIMA.

Primero: POR ZAZEN... zazen significa simplemente sentarse y no hacer nada. Este es el fenómeno más singular del Zen; en ninguna otra parte se ha dado. Ninguna otra religión ha sido capaz de crear este dispositivo de simplemente sentarse. Todas las religiones te proporcionan algo que hacer: cantar un mantra, pronunciar una oración, repetir ciertas palabras de las escrituras sagradas o seguir un ritual, pero hacer algo: ejercicios físicos -yoga- o algunos ejercicios mentales -visualización, concentración, contemplación-.

Pero una cosa es cierta: todas las religiones te han proporcionado algo que hacer.

Y el Zen dice -y hay una gran perspicacia en ello- que si sigues haciendo algo, la mente seguirá viviendo; nunca serás capaz de trascenderla. Podrás controlarla, pero el control no es trascendencia. Podrás hacerla más virtuosa, pero ser virtuoso no es conocer lo incognoscible. Ser virtuoso es una elección, y siempre que eliges estás eligiendo la esclavitud. Todas las elecciones conducen a la esclavitud.

Alguien se convierte en pecador - ha elegido cadenas de hierro; y alguien se convierte en santo - ha elegido cadenas de oro, cadenas hermosas, cadenas valiosas. Pero las cadenas son cadenas; que sean de oro o de hierro da lo mismo. De hecho, las cadenas de oro son mucho más peligrosas, porque con las cadenas de hierro tarde o temprano te hartarás, querrás librarte de ellas: son humillantes. Con las cadenas de oro puedes sentir que no son cadenas en absoluto, son adornos. Puede que empieces a amarlas, puede que empieces a aferrarte a ellas, ¡son tan valiosas! Te alegrarás de tenerlas. Verás a los demás que no las tienen como gente pobre, gente desafortunada.

Tus santos ven a los pecadores como desafortunados. Sienten lástima por ellos porque piensan que los pecadores van al infierno y ellos al cielo. Ambos están en el infierno!.

El infierno está dividido en dos partes, ¡déjenme decirles la verdad! En una parte viven los santos, en la otra, los pecadores.

Los pecadores viven una vida un poco más incómoda: una prisión de tercera clase, podríamos llamarla. En la India solía haber divisiones de clase durante el Raj británico: tercera clase para los criminales y primera clase para los líderes políticos - para Mahatma Gandhi y Pundit Jawaharlal

Nehru, etcétera. En el infierno hay dos divisiones: una para los pecadores y otra para los santos.

A los santos se les proporciona un pequeño consuelo. Ya han sufrido demasiado por ser santos, de ahí que tengan que ser compensados. Los pecadores han disfrutado demasiado, por lo tanto un poco de sufrimiento traerá un equilibrio, pero no hay mucha diferencia. Siempre que eliges estás en esclavitud.

El Zen enseña la conciencia sin elección: ni esto ni aquello, neti neti. Te enseña la negación absoluta.

Y ése es el significado de zazen: no hacer nada, ni cantar una canción de película ni rezar una oración, simplemente sentarse en silencio, sin hacer nada.

En el momento en que haces algo, la mente se vuelve poderosa, porque la mente es el hacedor. Y en el momento en que eres un hacedor, el ego vuelve. El ego es un hacedor. Cuando estás en un estado de no-hacer, la mente tiene que cesar, el ego tiene que desaparecer.

El no hacer es la muerte de la mente y del ego: ése es el sentido de zazen.
Dice Yoka:
MEDIANTE ZAZEN PODEMOS OBTENER DIRECTAMENTE LA VERDAD ÚLTIMA.

Y no hay necesidad de esperar, no hay necesidad de crecer gradualmente; uno puede conocer la verdad directamente.

No se necesita nada más; uno puede conocer la verdad última inmediatamente. Es un salto cuántico de la mente a la no-mente.

Aprende el arte de sentarte en silencio, sin hacer nada... y llegará la primavera y la hierba crecerá sola.

El Zen es un método de iluminación repentina, no de iluminación gradual. No hay cuestión de iluminación gradual, no hay cuestión de grados. O la tienes o no la tienes. Y el Zen dice: Da el salto, sé valiente, y tenla en su totalidad. Y es posible ahora mismo. Sólo es posible ahora. O ahora o nunca.

A LOS ERUDITOS LES GUSTA ENSEÑAR A LOS DEMÁS, PERO ELLOS MISMOS NO TIENEN CONVICCIONES PROFUNDAS.

Evita a los eruditos - ellos no se conocen a sí mismos. Han aprendido de las escrituras; no lo han experimentado directamente, no lo han visto directamente. No se han dado cuenta; no es su propia experiencia. Evita a los eruditos.

UNA VEZ QUE HAS REVELADO TUS PREJUICIOS PUEDES VER TU VERDADERO YO.

Todo lo que necesitas es abandonar tus prejuicios. Tu mente está formada por tus prejuicios: ser indio, ser japonés, ser italiano, ser alemán; ser hindú, ser judío, ser mahometano.

Por eso sigo golpeando a los italianos y a los alemanes y a los británicos y a los indios. Ahora estoy recibiendo muchas peticiones de sannyasins españoles que están escribiendo cartas: "Maestro, ¿por qué nos dejas fuera?" Y sannyasins australianos están escribiendo: "¿Te has olvidado completamente de Australia?" ¡Espera! Turno a turno voy a golpear a todo el mundo! No voy a dejar a nadie fuera.

Todos tus prejuicios tienen que ser destruidos, demolidos. Sólo entonces podrás llegar a tu realidad.

Dice Yoka:

¿CÓMO PUEDES DIVAGAR EN LUCHAS EXTERNAS?

Una vez que has abandonado todos tus prejuicios - tu mente - toda tu extroversión desaparece, todas tus ambiciones desaparecen. Entonces no hay nada que conseguir. Ya has encontrado el tesoro de los tesoros, el reino de Dios.

La tercera pregunta:

MAESTRO,

¿POR QUÉ PUEDO TOMARME CASI TODO A LA LIGERA EXCEPTO A MI MARIDO, PRAVASI?

¿POR QUÉ LUCHO TANTO CONTRA ÉL? ¿POR QUÉ SIEMPRE TRATO DE CAMBIARLO?

Deva Nirdosh,

ES LA HISTORIA MÁS ANTIGUA. No tiene nada que ver con usted o Pravasi en particular. La institución del matrimonio es una institución fea - la más fea, de hecho. Todas las demás instituciones feas se basan en la institución del matrimonio.

El día que el matrimonio desaparezca del mundo, desaparecerán los estados, desaparecerán las naciones, porque todas necesitan a la familia como base. Desaparecerán las iglesias, desaparecerán las religiones. Todo el pasado tiene sus raíces en la familia, y la familia tiene sus raíces en la invención del matrimonio.

El matrimonio es feo porque destruye la libertad de dos personas. Para mí, la libertad es el valor supremo. Todo lo que destruye la libertad va contra la naturaleza humana. Y cuando se destruye tu libertad te enfadas, te pones furioso. ¿Y sobre quién vas a descargar toda tu rabia? La mujer encuentra al marido, el marido encuentra a la mujer. Están cerca, disponibles, y unidos de tal manera que escapar no es fácil. La sociedad lo ha hecho difícil o casi imposible.

El matrimonio tiene entrada pero no salida. O, incluso si la salida se ha hecho posible en algunos países, no se respeta realmente; se condena, una condena sutil. Se alaba el matrimonio. Los curas siguen diciendo: "Los matrimonios se hacen en el cielo", y siguen diciendo: "Esto es algo sagrado". Todo el establishment depende de la sacralidad del matrimonio. Pero no es sagrado, es realmente muy feo. Ha destruido a toda la humanidad.

Y no puedes vengarte del sacerdote porque no está ahí directamente; funciona de forma muy indirecta. No puedes vengarte del político; es muy diplomático. Todo lo que puedes encontrar es a la otra persona -la esposa, el marido- tangible, físicamente presente, así que tu ira empieza a descargarse sobre el otro.

Los maridos y las mujeres están continuamente discutiendo, peleándose, como si fueran enemigos. Es muy raro encontrar una pareja que sea amistosa. Se muestran amables cuando están con otras personas; cuando llegan invitados, enseguida empiezan a sonreír. Llevan máscaras ante sus hijos, evitan los enfrentamientos.

No luchan en la calle, pero lo hacen las veinticuatro horas del día. Su lucha adopta muchas formas, es multidimensional. Disipa su energía. Y luego tienen que vivir juntos, así que de alguna manera tienen que arreglárselas.

El sexo sólo se convierte en un método para suavizar las cosas, para reconciliarse. Primero peleas, luego, como tienes que vivir con la otra persona, utilizas el sexo para mostrar amor y ternura al otro para que por el momento haya paz. Pero esa paz no dura mucho; es sólo una guerra fría, no la paz.

De nuevo estallará la guerra. Por la mañana, de nuevo se repetirá la misma historia.

A menos que nos demos cuenta de que se ha propuesto algo muy estúpido en nombre del matrimonio, Nirdosh, esto va a continuar.

Mis sannyasins, al menos, deberían ser conscientes: tu marido no te ha hecho nada malo, ni tu mujer te ha hecho nada malo. Si algo está mal, es la propia esclavitud, el propio sentimiento de esclavitud lo que está mal. Dejad esa esclavitud. Daos más libertad el uno al otro. Respeta la libertad más que cualquier otra cosa, porque la libertad es el valor más alto, incluso más alto que el amor. Si tu amor trae libertad, es bueno. Si tu amor no trae libertad, no es bueno, ni siquiera es amor.

Tu amor trae celos, posesividad; nunca trae libertad. Destruye todas las posibilidades de libertad. Y empezó desde el principio....

¡Olvida lo que te dijo tu rabino! ¿Qué sabe él de romances? ¡Aquí está la forma en que realmente sucedió!

"Adán, cariño", le dijo Eva mientras le entregaba un ramo de nomeolvides que había recogido en el Jardín del Edén, "¿me amas absoluta y verdaderamente?".

"Claro", dijo Adam. "¿Quién más?"

Nirdosh, ¡tu historia comenzó entonces!

He oído que cada día, cuando Adán volvía tras sus aventuras cotidianas, por la noche Eva le contaba las costillas.

Es una historia muy antigua. Al principio, algo salió mal.

Puede que lo sepas, puede que no: Eva no fue la primera mujer. Dios creó primero a Adán y a Lilith.

Y la primera noche, la noche de luna de miel -la primera luna de miel-, empezó una pelea porque sólo había una cama. Y en aquella época no había camas dobles. Esta es la historia del principio: solo había una cama individual. Entonces, ¿quién debía dormir en la cama y quién en el suelo?

¡Por supuesto, Adam era tan cerdo machista como cualquiera! Era musculoso, más poderoso, así que poseía la cama. Pero Lilith no estaba dispuesta. Ella dijo: "Somos iguales, estamos hechos iguales."

Fue la fundadora del Movimiento Liberal, ¡la verdadera fundadora!

Se peleaban mucho. No sé si se tiraron ropa o no, ¡pero se la habrán tirado si había ropa! En mitad de la noche llamaron a la puerta de Dios y Lilith dijo: "Esto no puede seguir así. O me aceptan como a una igual o he terminado con este hombre".

Así que el matrimonio no se consumó.

Y Dios, siendo él mismo un hombre, por supuesto favoreció a Adán. Así que disolvió a Lilith y creó a Eva, sacando una costilla del cuerpo de Adán para asegurarse de que Eva siempre iba a ser secundaria, sólo una parte del cuerpo de Adán, no más que eso, para que no pudiera reclamar igualdad. Tendría que dormir en el suelo.

¿Qué clase de tontería es ésta? ¡Sólo se necesitaba una cama doble! Nuestra Asheesh podría haberlo hecho, ¡era tan sencillo! Pero Dios fue muy mezquino.

Nirdosh, simplemente estás repitiendo una vieja historia, un viejo patrón. ¡Sal de este viejo patrón! Siendo un sannyasin, eso debería ser lo primero.

No hay necesidad de tomar en serio a su marido Pravasi. ¿Por qué ese pobre hombre? ¿Qué te ha hecho? Si puedes tomar todo lo demás a la ligera, ¿por qué tomar en serio a tu marido?

La seriedad es una enfermedad. Y cuando tomas a alguien en serio, tarde o temprano te vengarás, porque no puedes permanecer serio mucho tiempo. Uno quiere ser feliz y tomarse las cosas a broma.

Pero tú solo no tienes la culpa. Pravasi también debe asegurarse de que se le toma en serio.

Todos los maridos llevan miles de años haciéndolo: hay que tomárselo en serio, no es una persona corriente, ¡es tu marido!

En la India, los maridos han enseñado a las mujeres que "Tu marido es tu dios". ¡Los propios maridos enseñan a las esposas! Y han obligado a las pobres mujeres a aceptarlos como sus dioses. Pero ellas se vengan, están obligadas a vengarse. No pueden aceptarlo. Ningún ser puede aceptar tal indignidad.

Pero el camino de la mujer es más sutil. El camino del hombre es burdo: impone su superioridad golpeando a la mujer. Y la mujer impone su superioridad torturándolo de maneras muy sutiles, tan sutiles que él ni siquiera puede defenderse.

Cuando alguien se pelea contigo, te ataca de forma grosera, existe la posibilidad de defenderse. Puedes aprender karate - Satchidananda puede ayudarte - puedes darle unas buenas patadas.

Toda mujer debería aprender kárate, ¡porque ya es suficiente! Así, cuando tu marido intente obligarte: "Tómame en serio", ¡podrás darle unas buenas patadas de kárate! ¡Y deberías aprender gritos de kárate para que todo el vecindario sepa lo que está pasando!

La vida tiene que ser ligera. No hay que tomar en serio ni a la mujer ni al marido. La seriedad no es buena. Entre dos personas, la seriedad crea un muro; destruye la intimidad. Pero si estáis empeñados en dominaros mutuamente, naturalmente tenéis que ser serios.

No puedes dominar jugando. Si te vuelves juguetón y te tomas las cosas a broma, no puedes ser dominante, no puedes tener ningún viaje del ego. El ego sólo funciona en un clima de seriedad.

"Querido", preguntó el marido, "¿qué es exactamente el hipnotismo?".

"Hipnotismo", replicó su mujer, "es poner a un hombre en tu poder y luego obligarle a hacer lo que tú quieras".

El marido resopló: "Eso no es hipnotismo, ¡eso es matrimonio!

Los maridos intentan obligar a las mujeres a ser sólo sombras para ellos. Y las esposas intentan obligar a los maridos a ser sólo sombras para ellas. ¡Toda la idea es inhumana, irreligiosa, demente, neurótica!

Si realmente quieres celebrar la vida, no le exijas tanto a la vida. Tómate las cosas sin seriedad Recuerda cuánto tiempo hace que no te ríes con tu marido, cuánto tiempo hace que no bailas con tu marido informalmente, no en un entorno formal, no en una boda, ni en una reunión de Rotarios o de Leones, no en un entorno formal, sino simplemente por pura alegría. ¿Cuánto tiempo hace que no se sientan juntos en silencio a escuchar música, sin discutir, sin hablar, sin regañar, sin hacer todas esas tonterías que se hacen en nombre del matrimonio?

Se crea un muro entre la mujer y el marido. La sociedad perpetúa el muro, y sois tan estúpidos que seguís ayudando a la sociedad a destruir vuestras relaciones, a destruir la belleza de vuestras relaciones.

Caminando por M.G. Road, el hombre de mediana edad le dijo a su mujer: "Oye, ¿has visto a esa chica tan guapa que me sonríe?".

"Eso no es nada", dijo la esposa, "¡la primera vez que te vi me reí a carcajadas!".

Un francés llegó un día temprano a casa y encontró a su mejor amigo en la cama con su mujer.

Meneando la cabeza con incredulidad, dijo: "Sabes que tengo que hacerlo, Pierre... ¡pero tú!".

El Sr. Schmendrick llegó a casa antes de lo esperado y encontró a su mujer en la cama con un desconocido.

¿Qué estáis haciendo?", bramó.

"¿Ves lo que quiero decir?", dijo la esposa a su amante. "¡Un schnook! "

Los Braverman casan a su última hija y deciden vender su casa y mudarse a un apartamento amueblado.

El Sr. Braverman le enseñó a su mujer el piso que había alquilado.

"No me gusta", dijo la Sra. Braverman.

"¿Por qué no?", preguntó el Sr. Braverman.

"No hay cortinas en el baño. Cada vez que me bañe, los vecinos podrán verme desnuda".

"No te preocupes", dijo su marido, "cuando los vecinos te vean desnuda, ¡comprarán las cortinas!".

"Ah, sí, mi difunta esposa era una mujer extraordinaria", dijo el apacible anciano inglés a uno de sus compinches en un banco de un parque de Londres. "Una mujer muy religiosa", continuó. "Nunca faltaba un día a la iglesia y en casa se rezaba y se cantaban salmos de la mañana a la noche".

"¿Cómo llegó a morir?", preguntó el amigo.

"La estrangulé".

Nirdosh, dices: ¿POR QUÉ SIEMPRE TRATO DE CAMBIARLO?

¡Detente! De lo contrario, si te estrangula, será difícil salvarte. Toda esposa sigue intentando cambiar al marido; es una estrategia sutil para dominar. Es una condena: "Te equivocas y hay que corregirte". Y los maridos no pueden defenderse porque hacen algunas cosas que ellos mismos consideran malas, así que no pueden defenderse.

Por ejemplo, fuman y ellos mismos dicen que está mal, así que la mujer sigue regañando: "¡Deja de fumar!". De hecho, cuanto más la regaña, más tiene que fumar el marido porque se pone más nervioso. Y cuando está nervioso, no le queda otra salida que fumar. Si no fuma, estrangulará a su mujer. Así que estrangula un cigarrillo, o empieza a mascar chicle; si no, ¡masticará a la mujer! Tiene que hacer algo para mantenerse ocupado y que ese momento de ira pase.

Y la mujer tiene razón: lo hace por tu bien, por tu salud, para que tengas una vida larga. ¡Y el marido quiere morir lo antes posible! Con esta mujer... ¡vivir una larga vida!

Sigue fumando más con la esperanza de que fumar realmente mate.

Él bebe y tú estás en contra, y él está en contra de sí mismo porque todo el ambiente es que le han dicho que está mal y él ha aceptado la idea. Así que no puede decir que tiene razón, no tiene agallas para hacerlo. Tiene que aceptar que su mujer tiene razón. Y las esposas no fuman, no beben, no juegan, no hacen nada malo. ¡Son tan santas!

Eso es lo bueno de ser santo: ¡puedes torturar a todo el mundo! De hecho, si no puedes torturar a todo el mundo, no serás santo en absoluto: ¡se pierde toda la alegría!

Las esposas son muy santas y muy religiosas por la sencilla razón de que pueden torturar a los maridos, pueden torturar a los hijos, pueden torturar a todo el mundo. Son tan santas. En comparación con ellas, todo el mundo es un pecador.

El marido llega a casa temblando. Sabe que está haciendo cosas malas. Y no hay nada malo en fumar. No hay nada malo en beber de vez en cuando; es absolutamente humano. ¿Has visto alguna vez a algún animal fumando? Eso te hace distinto. Si no, ¿qué te hace distinto? ¿Has visto a algún animal bebiendo, yendo al bar, llevando botellas de cerveza? Eso te hace humano. No hay nada malo en ello.

El otro día recibí una carta. Una mujer del ashram de Vinoba Bhave había venido a ver nuestro ashram.... No podía ver otra cosa. Escribe que no tuvo tiempo de venir a escuchar la conferencia, ni de participar en las meditaciones, pero sí de ir al Blue Diamond y a otros hoteles para ver lo que comen los sannyasins. Escribe: "He descubierto que los sannyasins no son todos vegetarianos y que también beben. Y, Maestro, deberías impedirles que lo hagan porque si son religiosos, si son meditadores, ¿cómo pueden no ser vegetarianos y cómo pueden beber?".

No veo que haya ningún problema. Jesús solía beber y era religioso, tan religioso como Buda; de hecho, un poco más religioso, porque Buda debía de tener un poco de miedo de que, si bebía, su religiosidad se perdiera. Jesús debía de estar absolutamente seguro de su religiosidad: que una copita aquí y allá no suponía gran diferencia. Y, en lo que respecta al alcohol, es absolutamente vegetariano: ¡no tiene nada de malo!

Pero la mujer tomó nota de estas cosas. En primer lugar, una mujer; en segundo lugar, procedente de un ashram gandhiano... así que, ¡doblemente equivocado! Eso fue todo lo que pudo encontrar.

Mahoma no era vegetariano, ni Ramakrishna tampoco. Y no creo que Krishna fuera vegetariano o Rama fuera vegetariano o los videntes de los Upanishads fueran vegetarianos o los rishis de los Vedas fueran vegetarianos. No eran vegetarianos, y aún así alcanzaron lo último. Así que sólo lo que comes y lo que bebes no puede hacer mucha diferencia.

Y no te estoy diciendo que comas carne. Simplemente te estoy diciendo que si es posible es más limpio no comer carne. Pero no tiene nada de espiritual. Es estético no comer carne, es poético no comer carne, pero no tiene nada de religioso. Y no os estoy diciendo que os emborrachéis, pero no puedo decir que no sea espiritual; de vez en cuando, extasiarse un poco con una copita está perfectamente bien y es humano.

Todo mi enfoque es humano. No quiero que os convirtáis en santos tristes y serios. ¡Estamos cansados de todos estos santos!

Por favor, Nirdosh, no intentes cambiarlo. El amor significa aceptación, aceptar al otro tal como es.

Estos son los caminos del odio.... Intentar cambiar a alguien no es amor. Y no vayas detrás de él. No ha hecho nada malo al casarse contigo. No le hagas sufrir demasiado. No ha hecho nada malo, ¿por qué castigarle tanto? Dale libertad. Y dando libertad encontrarás tu libertad también, porque podemos conseguir libertad sólo si damos libertad.

Y cuando dos personas se dan libertad mutuamente, sólo entonces puede crecer el amor. En la libertad absoluta, crece el amor absoluto. Y cuando el amor y la libertad están juntos, su belleza es inmensa.

Mis sannyasins tienen que vivir la libertad, el amor, la meditación, la dicha. Abandonen todos esos patrones erróneos de crearse miseria unos a otros.

La cuarta pregunta:

MAESTRO,

¿POR QUÉ ESTÁS TAN EN CONTRA DEL CONOCIMIENTO?

Pragito,

EL CONOCIMIENTO ES DESTRUCTIVO de algo inmensamente valioso en ti: destruye tu asombro.

Y es a través del asombro como se toma conciencia de Dios, no a través del conocimiento. Se necesitan ojos maravillados como los de los niños pequeños. Necesitas la capacidad de sentir asombro ante el amanecer, ante el cielo lleno de estrellas, ante un océano rugiente. Si no puedes sentir asombro no puedes sentir a Dios, porque Dios es un misterio y sólo está disponible para aquellos que son capaces de sentir asombro, que son capaces de ser mistificados.

El conocimiento destruye la maravilla, destruye la capacidad de asombro. Te hace capaz de explicarlo todo. Le quita toda poesía a la vida. Le quita todo sentido a la vida. La persona que sabe nunca se sorprende por nada. Tiene explicaciones para todo, ¿por qué debería sorprenderse? Y, de hecho, ninguna explicación es cierta. Las explicaciones no explican nada. El misterio permanece. El misterio es infinito.

Pero la persona conocedora se vuelve tan agobiada por su conocimiento que pierde la cualidad de espejo para reflejar la belleza, la bendición, la danza, el éxtasis de la existencia.

Por eso estoy en contra del conocimiento, porque estoy a favor de conocer. Conocer es un fenómeno totalmente diferente. Conocer significa inocencia, saber significa astucia, el conocimiento es astuto.

Saber es simplemente un fenómeno del corazón, el conocimiento es algo de la cabeza. El conocimiento significa que tienes mucha información, que has reunido mucha información en tu memoria; tu memoria se ha convertido en un banco. Tu memoria no es más que un bioordenador. No te hace sabio, no, en absoluto; sólo puedes repetir lo que se ha introducido en tu memoria en primer lugar. La memoria nunca puede darte una experiencia original, una visión original. Te quita muchas cosas y no te da nada, salvo que te sientes más egoísta porque crees que sabes.

Paseando por la sala de cartas de un club de negocios, Stimson se sorprendió al ver a tres hombres y un Airedale terrier jugando al póquer. Se detuvo a observar y comentó el extraordinario rendimiento del perro.

"No es tan listo", dijo el dueño del Airedale. "¡Cada vez que le dan una buena mano mueve la cola!".

Perkins pasó a visitar a Nelson, un nuevo vecino. Estaban sentados en el estudio hablando, cuando entró un perro y preguntó si alguien había visto el SUNDAY TIMES. Le entregó el periódico y se marchó.

"Es extraordinario", exclamó Perkins. "¡Un perro que lee!"

"Oh, no dejes que te engañe", dijo Nelson. "Sólo mira los cómics".

Dixon, sentado en una sala de cine, se dio cuenta de que el hombre que tenía delante tenía el brazo alrededor del cuello de un enorme sabueso afgano que ocupaba el asiento de al lado.

El perro miraba la película con evidente comprensión, pues gruñía suavemente cuando hablaba el villano y chillaba alegremente con las frases graciosas.

Dixon se inclinó y le dio un golpecito en el hombro al hombre que tenía delante. "Disculpe, pero no puedo superar el comportamiento de su perro".

"Sí, yo también estoy sorprendido", dijo el hombre. "Odiaba el libro".

El conocedor se vuelve absolutamente incapaz de experimentar la sorpresa, de experimentar lo misterioso, lo milagroso. Aunque Dios se le ponga delante dirá: "¿Y qué?". Nada puede sorprenderle, por lo tanto nada le deleita.

Jesús dice: "Si no sois como niños, no entraréis en el Reino de Dios".

Hay que dejar a un lado el conocimiento para poder recuperar de nuevo esos bellos momentos de tu infancia en los que corrías detrás de las mariposas y recogías conchas y piedras de colores en la orilla del mar, y pensabas que habías encontrado un tesoro. Esas piedras de colores eran mucho más significativas para ti que los Kohinoors. Tienes que recuperar ese país de las hadas. Tienes que volver a mirar con esos ojos al mundo; entonces está lleno de Dios. Entonces el canto de los pájaros, y la lejana llamada del cuco, y las flores... entonces todo es tan maravilloso que dondequiera que mires, dondequiera que te muevas, te gustaría dar gracias, te sentirás agradecido. Te gustaría arrodillarte en la tierra y rezar. No necesitarás ir a ninguna iglesia ni a ningún templo; no hay necesidad. Toda la existencia se convierte en Su templo - es Su templo.

Pragito, estoy en contra del conocimiento porque el conocimiento obstaculiza tu sabiduría. A menos que dejes a un lado el conocimiento, tu naturaleza no puede explotar en inteligencia. Deja el conocimiento a un lado y te llevarás una gran sorpresa: empezarás a comportarte de una manera diferente, de una manera espontánea.

El conocimiento ya está hecho; te mantiene atado al pasado. Por eso todas tus respuestas están desfasadas, nunca van al grano, siempre se quedan cortas, nunca son adecuadas, nunca pueden ser adecuadas.

La vida sigue cambiando a cada momento, siempre es nueva. Y tu respuesta no es una respuesta, es una reacción; viene del pasado. Tienes una respuesta preparada. Ni siquiera has mirado la situación y has repetido la respuesta prefabricada como un disco de gramófono.

Por lo tanto te quedas atrás de la vida. Y si te quedas atrás de la vida no puedes tener felicidad en tu ser. Siempre sentirás que te falta, siempre sentirás que te falta algo. ¿Y qué es ese algo?

No vas al ritmo de la vida. Siempre soñarás que vas deprisa y corriendo hacia una estación; cuando llegas, el tren ya se aleja del andén. Ese sueño es simbólico:

que simplemente demuestra que nunca estás vivo al momento, siempre llegas tarde. Es por tu pasado, porque crees que ya conoces las respuestas. Por eso nunca escuchas las preguntas, nunca escuchas la situación a la que te enfrentas.

Una historia zen:

Dos templos eran tradicionalmente antagónicos entre sí. Ambos sacerdotes tenían un niño pequeño para hacer recados y ambos les decían: "No habléis con el niño del otro templo. Somos enemigos". Tenían miedo de que los niños, al fin y al cabo niños, empezaran a hacerse amigos. Si los sacerdotes no hubieran dicho nada, quizá no lo habrían pensado, pero cuando insistieron en que no debían hablarse, por supuesto, la tentación fue demasiado grande.

Así que un día, un chico le preguntó al otro cuando se encontraron en el camino: "¿Adónde vas?".

El otro chico dijo: "Donde me lleve el viento".

Escuchando discusiones y discursos filosóficos, él también se había vuelto filosófico.

El otro chico se quedó casi mudo. No sabía qué decir. Y entonces pensó: "Mi Maestro tiene razón, ¡esta gente es peligrosa! Yo le hago una simple pregunta: "¿Adónde vas?", ¡y él habla de metafísica!".

Volvió. Le dijo al Maestro: "Siento no haberte obedecido, pero ha ocurrido esto".

El Maestro dijo: "Esto es muy malo, ¡tenemos que derrotarlo! Nunca ha sido así. Siempre hemos salido victoriosos de todas las discusiones con el otro templo. Así que mañana pregúntale otra vez: "¿Adónde vas?", y cuando te responda: "Adonde me lleve el viento", pregúntale: "¿Y si el viento no sopla?". "

El chico estaba muy contento. Llegó un poco antes, se quedó allí, esperó y repitió muchas veces lo que iba a decir para tenerlo perfectamente claro.

Llegó el otro chico y preguntó: "¿Adónde vas?".

Y el otro chico dijo: "Donde me lleven mis pies".

Ahora la respuesta era irrelevante; todo lo que había preparado carecía de sentido. Volvía a estar perdido. Volvió a preguntar al Maestro.

El Maestro dijo: "¡Esa gente es astuta y taimada! Ahora, cada vez que dice: 'Donde me lleven mis pies', le preguntáis: 'Si naciste paralítico, ¿entonces qué?' "

Otra vez vino el chico. Preguntó: "¿Adónde vas?".

Y el niño dijo: "Voy a buscar verduras".

La vida es así. Vienes con una pregunta preparada y cambia, dice: "Voy a buscar verduras". Ninguna respuesta preparada va a ayudar. El conocimiento no va a ayudar en lo que respecta a la vida. La persona con conocimientos es casi una persona muerta; vive en su tumba.

¡Salgan de sus tumbas! Vive de forma más espontánea, más responsable. Respondan al momento.

Escucha el momento y actúa en consecuencia. Entonces tu acto será total porque surgirá del presente; reflejará la situación real. Será realmente significativo, importante, satisfactorio, satisfactorio.

Y descubrirás que ya no te falta nada. Estás en sintonía con la vida, estás en armonía con la vida.

La inocencia siempre está en armonía con la vida. Y estar en armonía es estar iluminado. Ser armonioso es la única manera de conocer la verdad última.

La quinta pregunta:

MAESTRO,

¿POR QUÉ LOS MONJES JAINA VIVEN DESNUDOS?

Bhagawato,

¡SUFREN de clothestrophobia!

La sexta pregunta:

MAESTRO,

¡CADA VEZ QUE ME DESCOJONO CON LOS CHISTES QUE SUELTAS, DEBAJO DE MI RISA ME ATROPELLA UNA EXCAVADORA Y ACABO SINTIÉNDOME COMO UN PURÉ DE PATATAS! ¿CUÁNTO TIEMPO PUEDE SOBREVIVIR UNA PATATA DEMASIADO MACHACADA?

Anand Bhagawati,

¿Has sobrevivido ya? ¿Sigues ahí?

La mujer, angustiada, fue al hospital y dijo: "Es mi marido, le ha atropellado una apisonadora. ¿Podría decirme en qué sala está?".

La enfermera dijo: "¡Ah, debe de ser el que está en los pabellones cuatro, cinco y seis!".

¡Aquí se ve todo puré de patatas! Es muy difícil saber quién es quién - ¡sólo patatas naranjas!

Tu pregunta llega un poco tarde, Bhagawati. Ya estás acabado. Ya no se puede hacer nada. No puedes volver a juntar un puré de patatas. Es imposible.

La última pregunta:

MAESTRO,

TRABAJO PARA EL ASHRAM, POONA INDIA. POR FAVOR... ¡CUÉNTAME UN CHISTE!

Deva Yashen,

¿POR QUÉ UNA BROMA? ¡No soy avaro! ¡Te contaré tres chistes!

Los novios italianos entraron en la suite nupcial. La novia, impaciente pero todavía un poco tímida, insistió en que apagaran la luz y se desnudaran a oscuras.

La novia llegó a la cama en cuestión de segundos y se tumbó suspirando profundamente. "Cariño", dijo, "no puedo creer que me haya casado de verdad".

Oyó un ruido en la oscuridad y repitió: "¡Oh, cariño, no puedo creer que me haya casado de verdad! "

Desde la oscuridad, la voz del novio dijo con furia: "¡Si alguna vez consigo desatascar esta cremallera, lo harás tú!".

El segundo:

Un viejo filósofo va a ver al médico y le dice: "Doctor, tengo una pregunta con la que probablemente pueda ayudarme. Cuando era joven, a los veinte años, solía tener una erección de vez en cuando y me la agarraba con las dos manos y no podía doblarla. Luego, más tarde, a los cuarenta, se me ponía dura y me la agarraba con las dos manos y no podía doblarla. Ahora, doc, estoy en mis setenta y usted sabe - ¡el otro día me sorprendí! Tuve una erección y la agarré con ambas manos y pude doblarla. Ahora, doc, ¿significa esto que me estoy volviendo más fuerte?".

Y la tercera:

La guapa esposa de un turista estadounidense dijo que no se sentía bien y fue a consultar a un conocido médico francés. Preocupado, el estadounidense la siguió hasta la consulta del médico para asegurarse de que todo iba bien.

Para su enfado y consternación, cuando llegó la encontró en la cama con el médico.

¿Qué demonios crees que estás haciendo?", enfureció.

Dijo el zorro francés: "No se excite, amigo mío. Sólo estoy tomando la temperatura de la dama".

"De acuerdo, doc", dijo el fornido americano, doblando sus grandes puños. "¡Pero más vale que esa cosa tenga números cuando la saques!"

Mejor loco que estúpido

L a primera pregunta
    Pregunta 1
MAESTRO,
¿CUÁL ES LA DIFERENCIA ENTRE ANHELAR LO DIVINO Y AMAR A OTRO?
Prem Neeto,
NO HAY DIFERENCIA EN ABSOLUTO - todos los deseos son los mismos. Puedes desear dinero, puedes desear meditación, puedes anhelar poder, puedes anhelar a Dios, pero sigues siendo el mismo. Lo que anhelas no puede cambiarte, el objeto del anhelo no tiene ningún efecto en tu ser interior; es el mismo juego jugado de nuevo con nuevas palabras, con nuevos objetos de deseo.

Anhelas a una persona, deseas a una persona. ¿Por qué? Porque te sientes solo. En ti mismo no te sientes suficiente. Hay una especie de vacío en ti que te gustaría llenar con la presencia del otro. Te sientes sin sentido y quieres que el otro dé sentido a tu vida.

Nunca sucede; es sólo un anhelo y una esperanza. Nunca se cumple, no puede cumplirse por la propia naturaleza de las cosas. Es imposible porque el otro te desea por la misma razón; él también se siente vacío. Ahora dos personas vacías esperan sentirse realizadas la una a través de la otra: dos vidas sin sentido esperan la una de la otra cobrar sentido y ser significativas.

Esto es lo más absurdo. Tarde o temprano uno se da cuenta del fenómeno porque una y otra vez hay frustración, una y otra vez hay fracaso, una y otra vez la esperanza se evapora y te quedas en un lío mucho más profundo del que estabas antes. Una y otra vez te desilusionas.

Por eso decía Jean-Paul Sartre: "El otro es el infierno". Está tanteando inconscientemente en la oscuridad y ha tropezado sin saberlo con un hecho, aunque la forma en que lo expresa no es exactamente la que debería ser. El otro no es el infierno, tu deseo del otro es el infierno -eso es lo que han dicho todos los Budas a lo largo de los tiempos-, no el otro, porque cuando Sartre dice: "El otro es el infierno"...

parece como si el otro fuera el responsable de tu desdicha, de tu decepción, de tu desengaño. El otro no es responsable, son tus propias expectativas las que se han roto. Cuanto mayor sea la expectativa, mayor será la frustración.

De ahí que allí donde han desaparecido los matrimonios concertados y se han impuesto los matrimonios por amor haya más frustración. En un matrimonio concertado tus expectativas no son muy grandes; no es un asunto romántico en absoluto, no esperas llegar al paraíso a través de él. Es un fenómeno mundano, arreglado por tus padres, abuelos, arreglado por la sociedad, la familia, el sacerdote, el astrólogo, arreglado por otros. Tus sueños no están muy involucrados en ello. Por lo tanto, el matrimonio concertado se mueve en un terreno mucho más suave: no tiene picos, ni altibajos. Es como una autopista, ni siquiera india, sino alemana. No crece nada en ella, está muerta, hecha de asfalto o cemento, completamente muerta, pero segura. No es una pista montañosa. No te mueves en lo desconocido. Puedes tener un mapa y hay hitos por todas partes, punteros que indican dónde estás, hacia dónde te mueves, a qué distancia está el destino, cuánto te has alejado de tu lugar. Todo está claro; así funciona el matrimonio concertado.

Y si el matrimonio concertado se produce cuando no eres más que un niño pequeño, sin idea del amor, del sexo, del romance, entonces empiezas a dar por sentada a tu mujer o a tu marido, igual que das por sentados a tus hermanos y hermanas. A nadie se le ocurre cambiar de madre. Si el matrimonio se produce cuando eres un niño, un niño pequeño, entonces nunca piensas en el divorcio. Crecéis juntos; el marido y la mujer crecen juntos igual que crecen juntos los hermanos y las hermanas. Han vivido juntos tanto tiempo, desde que tienen uso de razón.

Cuando mi madre se casó sólo tenía siete años. Mi padre no tenía más de doce años. Ahora, ¿qué sueños son posibles? ¿Qué pueden esperar? De hecho, estaban disfrutando de todo el espectáculo del matrimonio, estaban encantados con la música, las bandas y todo tipo de fuegos artificiales

-era una experiencia realmente agradable- sin tener ni idea de en qué se estaban metiendo. Y cuando se dieron cuenta ya estaban arraigados; se habían vuelto indispensables el uno para el otro.

Pero en un matrimonio por amor va a ser difícil. En Estados Unidos, de cada dos matrimonios uno se va a romper. Esa es la proporción de divorcios: un divorcio de cada dos matrimonios. Y recuerda, el único matrimonio que no se ha roto no se está moviendo en un mundo alegre; no se está moviendo, es simplemente por cobardía, seguridad, seguridad que la gente sigue aferrándose. A medida que se vuelvan más valientes, la tasa de divorcios va a ser cada vez más alta, va a ser cada vez más grande.

¿Por qué fracasan los matrimonios por amor? - Por la sencilla razón de que hay una profunda expectativa y no se puede cumplir. Pronto tienes que darte cuenta de que has sido un tonto. Pronto, incluso antes de que acabe la luna de miel, el matrimonio se acaba. Puede persistir... depende del valor que tengas. Si eres cobarde, puede durar toda tu vida. Si eres valiente y puedes ver el punto, puedes divorciarte inmediatamente después de que termine la luna de miel porque el matrimonio también habrá terminado, porque habrás visto que todas esas ilusiones que llevabas eran sólo ilusiones. Vivías en un mundo de arco iris, vivías en un mundo de poesía, no de realidad.

Sartre no tiene razón cuando dice que el otro es el infierno, pero de un modo inconsciente se ha acercado mucho a la verdad.

Los Budas dicen: No el otro sino el deseo del otro es el infierno. Responsabilizar al otro es una característica muy común de los seres humanos.

Una de las máximas de Murphy dice: Errar es humano y culpar al otro por ello es aún mucho más humano.

Eso es lo que ha hecho Sartre: te has equivocado, ahora culpas al otro. Si realmente ves el punto, entonces verás que el deseo es la causa; si no lo ves, entonces cambiarás al otro.

Entonces este otro te está causando problemas - cámbialo. Así que después de un divorcio otro matrimonio, y luego otro matrimonio y luego otro matrimonio. ¡Y es la misma ilusión que vives una y otra vez! Y la gente es tan poco inteligente, tan inconsciente, que nunca ve el punto: que puedes seguir cambiando todo el mundo, una y otra vez puedes cambiar de pareja, pero seguirá siendo la misma historia porque tú eres el mismo. Vayas donde vayas seguirás siendo el mismo; tu corazón está en el mismo estado. Hay confusión, no hay luz dentro de ti, sólo hay oscuridad.

Cuando uno está demasiado harto de las relaciones ordinarias con la gente, empieza a imaginar una relación con Dios; ése es el anhelo de lo divino. Ahora Dios es un poco mejor en el sentido de que nunca te puedes decepcionar porque nunca te vas a encontrar con él; por la sencilla razón de que no va a haber luna de miel, la luna de miel nunca se puede acabar; por la sencilla razón de que no va a haber convivencia con Dios, puedes seguir esperando. Ahora estás solo: es un monólogo, no es un diálogo. Todas las relaciones humanas fracasan porque el otro está ahí y empiezas a chocar con el otro, empiezas a dominarte, empiezas a tener celos del otro, empiezas a ser posesivo con el otro. Tienes miedo de perder al otro. Y un día ves que no hay nada que perder: el otro está tan vacío como tú. Un sueño se hace añicos, luego otro sueño....

Esa es la belleza del sueño religioso: puedes seguir soñando, no puede hacerse añicos. La relación con Dios nunca puede tambalearse: es imposible porque, sencillamente, estás solo.

Cuando rezas, ¿qué haces? Hablas contigo mismo. Es como silbar en la oscuridad: nadie te escucha.

Dios no es una persona con la que puedas tener alguna relación. Dios no es alguien en particular a quien puedas dirigirte, a quien puedas anhelar. Pero todas tus frustraciones, todas tus relaciones, que han fracasado, no te han hecho estar lo suficientemente alerta al hecho de que es mejor abandonar toda la idea de desear al otro. Ahora intentas desear algo que nunca vas a conseguir. Una cosa es buena: puedes seguir deseando toda la vida. Nunca va a tener fin; el viaje es interminable. Lo otro no existe en absoluto; ahora vives en puros sueños. Primero vivías en sueños pero el otro estaba allí, así que entre las dos realidades los sueños estaban destinados a ser aplastados... y fueron aplastados. Pero ahora no hay nadie más, estás solo. Puedes hacer tu Dios como quieras.

En la India, la gente adora a Dios de tal manera que uno siente pena por ellos. Una vez estuve con una mujer; era una gran amante de Krishna, tanto que había dejado de acostarse con su marido -¿cómo se puede amar a dos personas? Eso es una traición. Ella creía que su verdadero marido era Krishna. Su pobre marido estaba realmente en un estado de locura. El no podia decir que ella estaba equivocada porque el tambien fue criado en la misma tradicion Krishnaita. No podía decirlo, aunque era médico, bien educado. Pero en la India la educación no hace ninguna diferencia para la gente, en absoluto. Su condicionamiento es tan antiguo y está tan arraigado que la educación se queda en la superficie.

Rasca a cualquier indio educado y en su interior encontrarás todo el pasado podrido. Así que intelectualmente sabía que la esposa estaba loca, pero sólo intelectualmente; en el fondo, él mismo temía que tuviera razón, porque Meera solía pensar lo mismo: que Krishna es su verdadero marido. Dejó a su propio marido.

Al menos esta mujer no había abandonado a su marido, simplemente había dejado de acostarse con él.

Solía dormir en otra habitación; la cerraba con llave desde dentro. Dormía con la estatua de Krishna.

Cuando me quedaba en su casa, veía todo el partido. Por la mañana cantaba canciones para despertar a Krishna. ¡Ahora Krishna tiene que despertarte! Pero ella cantaba canciones para despertar a Krishna. Y entonces Krishna se levantaba y luego toda la rutina de la mañana: se bañaba, le daban un baño, y luego el desayuno... todo el día estaba dedicado a Krishna. Y no era más que una estatua de plata: ¡no había nadie allí! Pero solía hablar con Krishna. Y si la hubieras podido ver te habrías quedado impresionado porque lloraba lágrimas de alegría y bailaba en éxtasis absoluto - al menos en apariencia lo parecía.

Y cuanto más represiva se volvía respecto a su sexo -porque no tenía ninguna relación sexual con el marido-, más y más obsesionada se volvía con Krishna. Entonces empezó a soñar que Krishna le hacía el amor por la noche. Una vez incluso se quedó falsamente embarazada - sólo aire caliente en su vientre y nada más.

Cuando hablé con ella.... Fue muy cruel por mi parte, pero soy un hombre cruel, tengo que serlo. Me había ido sólo tres días; me quedé allí siete días sólo para hacerla entrar en razón. Y al final lo entendió, era una mujer inteligente. Me presentó la estatua y me dijo: "Ahora llévatela de aquí, de lo contrario puedo volver a enredarme en esta estupidez. He desperdiciado toda mi vida. Y puedo ver que estoy viviendo en mi propio sueño. No hay Krishna, nadie viene a hacer el amor conmigo, todo es mi sueño. Es sólo represión sexual". Y toda esta tontería de despertarlo y darle un baño y luego el desayuno y luego el almuerzo y luego Krishna se retira a dormir por la tarde y luego el té - y todo, ¡como si realmente estuviera sirviendo a una persona real!

La estatua permaneció conmigo durante muchos días; creo que se la di a Mukta. Mukta debe tenerla incluso ahora.

Pero la mujer se liberó, se liberó de ese estúpido monólogo.

Es una locura. Es la misma locura, incluso un poco peor, porque cuando amas a una persona real al menos hay alguien real, bueno o malo, frustrante o no frustrante. Pero cuando empiezas a anhelar lo divino es simplemente vivir absolutamente en abstracto.

Neeto, me preguntas: ¿CUÁL ES LA DIFERENCIA ENTRE ANHELAR LO DIVINO Y AMAR A OTRO?

No hay ninguna diferencia: el anhelo es el anhelo. Entonces, ¿qué sugiero? Intenta comprender la naturaleza del anhelo, la naturaleza del deseo. Cuando comprendes la naturaleza del deseo, en esa misma comprensión el deseo desaparece. Entonces empiezas a disfrutar de tu soledad, te vuelves completamente feliz contigo mismo. No hay necesidad del otro, no hay dependencia del otro.

No estoy diciendo que entonces no puedas amar. De hecho serás capaz de amar entonces y sólo entonces porque entonces el amor tendrá una cualidad totalmente diferente, la cualidad de compartir. No serás un mendigo, serás un emperador. Amarás porque tienes algo que dar, no para recibir algo. Amarás porque estás rebosante de alegría y te gustaría compartirla con la gente. Pero entonces no será una relación en absoluto.

Yo lo llamo relacionarse. Puedes relacionarte, pero no hay necesidad de crear ninguna atadura, no hay necesidad de crear ningún matrimonio. Puedes relacionarte con alguien, puedes relacionarte con la misma persona toda tu vida, pero el mañana permanece abierto, no está cerrado. El mañana no está decidido hoy, no puedes darlo por sentado; mañana puede que te apetezca compartir con la misma persona, puede que a la misma persona le guste compartir o puede que no le guste compartir. Incluso si uno de los dos decide no compartir, entonces te despides del otro con gran gratitud porque toda esa alegría y todo lo que ha pasado antes y todo lo que ha sucedido antes uno lo agradece. Sin rencor, sin queja, sin disputa, simplemente os marcháis. Sabes que "nuestros caminos se separan ahora, puede que no volvamos a encontrarnos", así que te vas con una canción en el corazón, con una sonrisa en los labios, con un abrazo, con un beso. Te vas con una profunda amistad. No es un divorcio porque, en primer lugar, no ha habido matrimonio. No estabais atados el uno al otro, así que no os estáis liberando el uno del otro. Siempre habeis sido libres, siempre habeis sido individuos.

Dos individuos que se relacionan siguen siendo individuos; dos individuos que entablan una relación pierden su individualidad. Se convierten en pareja, y ser pareja es algo feo. Eso significa que has perdido tu libertad, que ya no eres tú mismo; el otro tampoco es él o ella misma. Ambos han perdido su libertad y nadie ha ganado nada con ello.

Por eso dice Sartre: "El otro es el infierno". Pero aun así me gustaría recordártelo: no es el otro, es el deseo del otro. Cuando has comprendido la inutilidad del deseo, la absoluta estupidez del deseo, entonces te relacionas de un modo totalmente distinto; te sucede un cambio cualitativo. Eres feliz contigo mismo; no buscas la felicidad a través del otro. Eres tan feliz que te gustaría compartirla con alguien, por eso te relacionas.

La relación se origina en la miseria, la relación se origina en la dicha.

Y cuando empiezas a relacionarte con la gente también empiezas a relacionarte con la existencia. Y eso es la verdadera religión: relacionarse con la existencia. No es un anhelo de Dios. Puedes llamar a la existencia Dios, no hay ningún problema en ello, pero es mejor llamarla existencia porque una vez que la llamas Dios, todas las viejas asociaciones con la palabra se cuelan y empiezas a pensar en un anciano sentado en algún lugar en un trono dorado arriba en el cielo mirándote, observándote, y entonces extrañas ideas surgen de ello.

Carl Gustav Jung recuerda en sus memorias que durante toda su infancia estuvo obsesionado con una sola idea: que si Dios está sentado arriba y a veces mea, ¿entonces? - o caga, ¿entonces? Y su padre era sacerdote, así que solía preguntarle a su padre y éste se enfadaba mucho. Le decía: "¡Basta! ¡Nunca hagas esas preguntas!". Así que tuvo que reprimir esas preguntas. Cuanto más las reprimía, más presentes estaban. Estaba continuamente obsesionado con la idea: ¿qué pasará entonces?

Debe estar comiendo, debe estar bebiendo, y sentado sobre la cabeza, en cualquier momento.... Entonces empezó a soñar que Dios orinaba y caía por toda la tierra y su mierda caía por toda la tierra. Él mismo se volvió muy culpable, "¿Qué estoy...?" ¡Ves! Si piensas en él arriba, esto es lo que va a pasar - ¡en cualquier momento!

Entonces surgen preguntas estúpidas; de una idea estúpida están destinadas a surgir.

Dios no es una persona en absoluto, Dios es una cualidad: la piedad, no Dios. La existencia está llena de piedad. Cuando eres capaz de sentirte alegre, realizado, contento, entonces meditas sobre los deseos, ves la futilidad de los deseos, los deseos desaparecen y te quedas sin deseos. De repente desciende sobre ti una gran paz. En esa paz tu auto-naturaleza comienza a explotar. Eso es dicha. Esa dicha se irradia como amor, alcanza a la gente, alcanza a los árboles, alcanza a los animales, alcanza a las nubes y a las estrellas.

Empieza a llegar finalmente a toda la existencia. Eso es relacionarse con la existencia. Entonces ves la puesta de sol y en la misma puesta de sol ves a Dios - no a Jesús crucificado o a Krishna tocando la flauta; todas esas son ideas infantiles. Ves la divinidad.

¿Has observado alguna vez una hermosa puesta de sol? ¿Qué más piedad puede haber? Ves una flor de rosa - ¿qué más piedad puede haber? O simplemente hojas de hierba meciéndose en el viento.... ¡Todo este verde, rojo y dorado! Toda esta existencia está tan llena, tan rebosante, rebosante de silencio, de paz, de alegría, de éxtasis. Cuando eres capaz de estar en silencio, en paz, alegre, empiezas a relacionarte con ello. Esa relación es la religión.

La religión no es un deseo de Dios, es una experiencia de piedad. Y la cuestión no es cómo encontrar a Dios, la cuestión es cómo dejar de desearlo. Esto tiene que ser recordado, muy enfáticamente recordado: si empiezas a buscar y buscar a Dios seguirás siendo la misma persona, nunca cambiarás. Si empiezas a intentar comprender la naturaleza del deseo, vas a sufrir una revolución radical, porque cualquiera que sea un poco inteligente se dará cuenta de la absoluta inutilidad del deseo: no lleva a ninguna parte. Y en el momento en que el deseo desaparezca de tu ser, habrás llegado.

Siempre has estado ahí; era sólo el deseo lo que te distraía. A veces el deseo era de dinero, a veces de Dios, a veces de poder, de prestigio, a veces del cielo, del paraíso, pero cualquier deseo es suficiente para distraerte de tu naturaleza. Cuando no hay deseo, ¿adónde puedes ir?

Todos los deseos te alejan de ti mismo. Cuando no hay deseo, simplemente estás centrado en tu ser. Ese mismo centrado es dicha, es éxtasis, es samadhi, es nirvana.

La segunda pregunta:

MAESTRO, ¿POR QUÉ LA GENTE TE DESPRECIA CONSTANTEMENTE? ¿POR QUÉ?

Pradeepo,

ES ABSOLUTAMENTE NATURAL. Si no me estuvieran despreciando, habría sido muy antinatural. Es lo que se espera, así es como debe ser. Así se ha comportado siempre la gente. Son muy predecibles, funcionan como máquinas. Siguen funcionando de la misma manera; su conciencia no ha cambiado en absoluto. Aunque sean cristianos y sean hindúes y sean mahometanos y sean jainas y sean budistas, sólo son palabras; en el fondo son tan inconscientes como siempre. Les da igual en qué filosofía crean, es sólo una creencia -conveniente, cómoda, consoladora-, una especie de consuelo, pero no una transformación.

No quieren ninguna transformación, tienen miedo de la transformación. Por lo tanto, siempre que hay una persona con la que la transformación es posible, naturalmente se comportan de una manera muy antagónica.

Dice Yoka:

ALGUNOS HOMBRES DESPRECIAN EL ZEN O LO PONEN EN DUDA. JUEGAN CON FUEGO, INTENTANDO EN VANO QUEMAR EL CIELO. UN VERDADERO ESTUDIANTE DE ZEN DEBE ESCUCHAR LO QUE DICEN COMO SI SUS PALABRAS FUERAN DULCES GOTAS DE ROCÍO, OLVIDANDO SIN EMBARGO INCLUSO SU DULZURA CUANDO ENTRA EN EL REINO DE LO NO MENTAL.

CONSIDERO LAS PALABRAS HIRIENTES COMO ACCIONES VIRTUOSAS Y TRATO A LOS QUE ME HIEREN

COMO BUENOS SEÑORES, PUES NO SIENTO NI A FAVOR NI EN CONTRA DEL QUE ME INSULTA.

NO NECESITO EXPLICAR LOS DOS PODERES DE LA PERSEVERANCIA, LA COMPRENSION DE SIN-NACIMIENTO Y SIN-MUERTE, LA TALIDAD, EL NIRVANA.

LOS BUDAS, TAN INNUMERABLES COMO LAS ARENAS DEL GANGES, DAN TESTIMONIO DE ESTE HECHO.

Una vez que te has conocido a ti mismo, nada te perturba, ningún insulto puede insultarte. Las personas que siguen despreciándome se quemarán los dedos, sufrirán, porque lo que hacen y lo que dicen es absolutamente falso. Pero no podemos esperar la verdad de ellos: no saben lo que es la verdad.

Pero, Pradeepo, no debes preocuparte por ellos: mienten. Todo el mundo miente, pero no importa ya que nadie escucha. Y, recuerda, un hombre como yo está obligado a ser castigado. La virtud es su propio castigo. Las acciones virtuosas nunca quedarán impunes, si no, ¿por qué crucificaron a Jesús?

¿Por qué envenenan a Sócrates? ¿Por qué asesinan a Mansur? Las acciones virtuosas nunca quedarán impunes.

¿Por qué? - Por la sencilla razón de que un hombre como Sócrates es un peligro para la sociedad, que está arraigada en la mentira. Un hombre de verdad es peligroso para todos aquellos que viven en la mentira. Un hombre con ojos que vive con gente ciega no puede ser tolerado porque es este hombre que tiene ojos el que hace sentir a los ciegos que son ciegos. Si él no estuviera, nunca se habrían sentido ciegos. Ahora su presencia les hace daño; su sola presencia les muestra que algo va mal con ellos. Y claro, son millones y ¿cómo pueden estar equivocados millones de personas? Obviamente este hombre debe estar equivocado; las multitudes no pueden estar equivocadas. Las multitudes tienen que defenderse El hecho de despreciarme no es más que pura autodefensa, pero es una buena señal - una buena señal en el sentido de que se han dado cuenta de que estoy aquí, de que soy un peligro para ellos y para su sociedad y sus estructuras, para sus mentes, para sus filosofías e ideologías. Ahora encontrarán todas las formas posibles de distraer a la gente para que no venga a verme, para impedir que la gente llegue hasta mí. Harán todo lo que puedan.

Pero la verdad, aunque sea crucificada, sale victoriosa, y la mentira, aunque sea coronada, está destinada a ser derrotada.

Esa es la ley última. Buda dice: Ais dhammo sanantano, esta es la ley eterna de la existencia.

Que hagan lo que quieran.

Pradeepo, no te preocupes por lo que digan; de hecho, alégrate de que hayan empezado a tomarme en cuenta. Lo único que puede ser malo es que me ignoren.

Piénsalo, si hubieran ignorado a Jesús, si se hubieran comportado como si nunca hubiera existido, habría muerto por sí mismo; no habría habido necesidad de crucificarlo. Puede que hubiera vivido unos años más, pero estaba destinado a morir. Si lo hubieran ignorado no habría existido el cristianismo. El cristianismo existe porque no pudieron ignorar a Jesús.

Si hubieran ignorado a Sócrates nunca habrías oído el nombre de Sócrates. Ahora no sabemos quiénes fueron los que le insultaron, quiénes fueron los que se reunieron para matar a este hermoso hombre. Pero Sócrates se ha hecho inmortal, su mensaje se ha hecho inmortal, su mensaje todavía resuena, y dondequiera que alguien busque la verdad, está obligado a sentir un tremendo respeto por Sócrates. Ningún país, ninguna raza, puede impedir que Sócrates penetre en el corazón de un verdadero buscador.

Si hubieran ignorado a este hombre -ya era muy viejo cuando lo envenenaron- no habría sobrevivido más de otros cinco o diez años como máximo.

¿Qué mal podría haber hecho en cinco o diez años? Pero no pudieron ignorarlo, y es bueno que se volvieran muy antagonistas. Crearon tanto alboroto en torno a este único individuo sin poder que han pasado veinticinco siglos y han nacido miles de personas poderosas, pero nadie tiene ese poder sobre los buscadores de la verdad que tiene Sócrates.

Lo mismo ocurrió con Buda: no podían tolerar su existencia. Muchas veces atentaron contra su vida. No consiguieron matarlo -eso es otra cosa-, pero hicieron todo lo que pudieron. Ahora bien, nadie sabe quiénes eran esas personas -debían de ser como la gente con la que te cruzas en todas partes, las multitudes, la muchedumbre-, pero Buda se convirtió en la mayor estrella de toda la historia de la conciencia humana; nadie brilla tanto como él. Si le hubieran ignorado, nos lo habríamos perdido, nos habríamos perdido algo de tremendo valor.

Así que, Pradeepo, no te preocupes por lo que la gente diga de mí. Alégrate de que se estén interesando. Y no sólo en este país, en todo el mundo....

Un obispo de Inglaterra ha escrito a uno de mis sannyasins que también es sacerdote: es capellán de la Universidad de Cambridge. El obispo le ha escrito: "Hemos oído que usted también se ha involucrado con este hombre peligroso, y esto no es correcto para un sacerdote cristiano. Por favor, explíquese". Nuestro sannyasin - Chinmaya es su nombre - ha escrito una hermosa carta al obispo diciendo:

"Escuchando a este hombre me convencí de que Jesús era una realidad. Acercándome a este hombre, por primera vez tomé conciencia de que Jesús no es un mito". Ahora, de un capellán de la Universidad de Cambridge, una persona importante... el obispo debe sentirse muy perturbado - "¿Qué hacer con este hombre? ¡Y ahora la Meditación Dinámica se está haciendo en su iglesia en Cambridge!

La Iglesia Protestante de Alemania ha distribuido una orden a todas las iglesias protestantes de Alemania para que no se mencione mi nombre en ninguna iglesia. Ningún libro, ninguna cita debe ser citada.

Eso demuestra simplemente que deben de estar utilizándose, la gente debe de estar citándome, de lo contrario, ¿por qué preocuparse? Se nombró un comité para investigar y el otro día el gobierno de Alemania Occidental publicó un folleto para concienciar a la gente del peligro, especialmente a los jóvenes.

El panfleto dice: "Aunque este hombre dice que no hay que abandonar el mercado, que no hay que renunciar a la casa, al trabajo, aun así la gente queda tan magnetizada que deja su trabajo. Y en Alemania falta tanta gente que no es un problema pequeño; está adquiriendo proporciones epidémicas."

Cuando un gobierno se inquieta - y un gobierno lejano.... En todo el mundo se organizan seminarios a favor y en contra de mí. Ni siquiera salgo de mi habitación, pero ni siquiera pueden ignorar a un hombre que sólo vive en su habitación, que nunca sale. Incluso he dejado de pasear por el jardín, ¡puede que a alguien le resulte desagradable! Pero esto es, en cierto modo, una buena señal.

Jesús sólo fue criticado en la pequeña vecindad donde vivió. Buda sólo fue criticado en la pequeña provincia donde se trasladó, Bihar. El nombre viene de su movimiento - el nombre Bihar significa "donde Buda se movió". Así que sólo en esa pequeña provincia fue criticado. Puede que yo sea el primer hombre criticado en todo el mundo; independientemente de la raza, el país o la religión, todos están de acuerdo en una cosa: "¡Este hombre es peligroso!". Esto sí que es para alegrarse. Deberías alegrarte, algo grande va a suceder. Si la crítica de Buda en sólo una pequeña provincia creó tanta energía, si el ciriticismo de Jesús en una pequeña área alrededor de Jerusalén creó tal impacto en la historia, entonces hay una gran promesa.

Las críticas que me hagan en todo el mundo van a afectar a toda la humanidad, a todo el futuro de la humanidad. Ahora mismo no puedes visualizarlo porque ahora mismo estás en los dolores de parto de todo el proceso. Los seguidores de Jesús nunca podrían haber concebido.... Cuando estaba siendo crucificado escaparon. Y no había muchos seguidores, sólo doce apóstoles, y no más de cien personas que estuvieran profundamente dedicadas a él, y no más de mil personas que estuvieran de alguna manera relacionadas con él. Todo el mundo estaba en su contra. Quién habría concebido que este hijo de carpintero que estaba siendo crucificado de una forma tan humillante, con un ladrón a cada lado, como un criminal cualquiera, tendría tal impacto en la historia que la historia se dividiría con su nombre, que su nombre se convertiría en una línea de demarcación: ¿"Antes de Cristo" y "Después de Cristo"? ¿Quién lo habría concebido? Habría sido imposible.

Tú no puedes concebir ahora mismo lo que está sucediendo, pero yo sí puedo verlo. Todas estas cosas son buenas nuevas.

No te preocupes, Pradeepo. Sigue en tu camino, sigue viviendo en tu talidad, sigue viviendo en tu meditación, en tu celebración. Ese es el único mensaje que te he dado: Celebra la vida, regocíjate en la vida. No te preocupes por lo que digan los demás; eso es asunto suyo.

La tercera pregunta:

MAESTRO,

A VECES NO SÉ SI SOY ESTÚPIDO O SIMPLEMENTE ESTOY LOCO. ¿CUÁL ES LA DIFERENCIA ENTRE ESTUPIDEZ Y LOCURA?

Prem Raquibo,

NO PUEDES SER ESTÚPIDO porque la persona estúpida no puede hacer tal pregunta. La persona estúpida no puede hacer ninguna pregunta. El estúpido no tiene curiosidad, no indaga. No vive, vegeta.

Esta pregunta que surge en ti: "¿Cuál es la diferencia entre la estupidez y la locura?" muestra un claro signo de inteligencia.

Y ciertamente tú tampoco estás loco porque una persona loca nunca piensa que está loca. Esa es una de las cualidades esenciales de la locura, que un loco nunca piensa que está loco; piensa que todo el mundo está loco excepto él. En el momento en que el loco empieza a preguntar: "¿Estoy loco?", es una buena señal. Eso muestra que está entrando en razón, que está volviendo a sus cabales. Saber que "estoy loco" es liberarse de la locura.

Puedes ir a cualquier manicomio, preguntar a la gente; no creen que estén locos.

Kahlil Gibran recuerda a uno de sus amigos que enloqueció y fue internado en un manicomio. Gibran fue a verle. Estaba sentado bajo un árbol disfrutando, cantando una canción; estaba muy contento. Gibran se sentó a su lado y le dijo: "Debes de sentirte preocupado por haberte metido entre estos muros".

El hombre respondió: "¿De qué estás hablando? ¿Sentirlo? ¿Triste? ¿Por qué debería sentir pena y tristeza? De hecho, me siento muy feliz. Estos muros no me rodean a mí, sino a todos los locos del mundo. Sólo unos pocos cuerdos viven aquí. Hemos dejado a todos los locos fuera. Desde que he entrado me he encontrado con gente tan inteligente, tan guapa, y fuera todo el mundo es feo".

Naturalmente, porque todo el mundo le decía: "Estás loco"; ahora aquí nadie le dice que está loco. De hecho, buddos disfrutan de la locura de los demás, la aceptan. Está perfectamente bien, no hay ningún problema en ello.

Raquibo, ni eres estúpido -de lo contrario no podría plantearse la cuestión- ni estás loco; sólo estás dormido. Y eso es mucho más peligroso, porque a un loco se le puede curar, a un estúpido se le puede ayudar a volverse inteligente, pero el hombre que está dormido y está soñando está realmente mal, porque si intentas despertarlo se enfada: estás perturbando sus sueños. Ha invertido tanto en sus sueños; está viendo sueños tan grandes y tú le estás perturbando.

Ahora bien, decirle a un presidente que todo poder no es más que un deseo infantil es destrozar su sueño. Decirle a un rico que el dinero no es más que un esfuerzo por atiborrarse de alguna manera de cosas, de trastos, para poder sentir que no estás vacío, hará que se enfade contigo. Decirle a la gente que todo lo que hacen en sus vidas no es más que jugar con juguetes les volverá locos contra ti; saltarán sobre ti. ¿Cómo te atreves a llamar sueño a sus vidas? Por eso no pueden perdonar a los Budas.

Pero, Raquibo, tú eres mi sannyasin y tienes que perdonarme. No hay ningún problema, sólo estás dormido. Y todo lo que se necesita es una conciencia clara, una consciencia, una vigilia, una vigilancia que pueda sacarte de tu sueño. Pero si quieres permanecer en tu sueño, nadie puede sacarte; eso es imposible. Sólo tú puedes salir de tu sueño. La locura puede ser curada por otros, pero no el sueño. La estupidez se puede curar, se puede ayudar, porque ningún niño nace realmente estúpido.

Todo niño aprende la estupidez de la gente estúpida que le rodea. Imita, tiene que imitar. Si tienes que vivir con gente estúpida tienes que comportarte como ellos, de lo contrario empiezas a separarte.

Y quieren que formes parte de la mente colectiva; no les gustan los individuos. Así que todo el mundo tiene que volverse estúpido de una forma u otra: estúpido católico o estúpido protestante, estúpido hindú o estúpido mahometano, pero tienes que convertirte en algún tipo de estúpido. Tal vez un comunista estúpido, un ateo estúpido, pero tienes que llegar a algún tipo de estupidez para que puedas pertenecer a una multitud.

Pero hay una clara diferencia entre locura y estupidez. Los locos son las personas que son realmente más sensibles que los demás, por eso se vuelven locos. Son más inteligentes que los demás, por eso se vuelven locos. Son tan inteligentes que no pueden hacer frente a todas las masas estúpidas que les rodean y son tan inteligentes que no pueden obligarse a comportarse estúpidamente. Empiezan a funcionar como individuos y eso crea problemas. Son tan inteligentes que pueden ver la inutilidad de muchos proyectos que les han sido impuestos.

Te han enseñado a ser ambicioso. Una persona inteligente se da cuenta inmediatamente de que eso no tiene sentido. Sí, destruirá la vida de muchas otras personas -es violento, es feo, es destructivo- y no te va a dar nada a cambio. El ambicioso es un estúpido. La persona inteligente no es ambiciosa, simplemente vive sin ansias de competir con los demás porque sabe que todo el mundo es único. No se trata de competir.

Nunca se compara. La persona realmente inteligente nunca se compara con nadie. Nunca se cree superior o inferior. Nunca tiene complejo de superioridad ni de inferioridad, que son dos caras de la misma moneda. Simplemente sabe: "Yo soy quien soy y tú eres quien eres".

y no se puede comparar. ¿Cómo puedes comparar una rosa con un loto? Toda comparación será errónea desde el principio. Cada individuo tiene tal belleza, y una belleza tan única, que no hay comparación posible.

Entonces, ¿qué sentido tiene ser ambicioso? La ambición significa que tengo que ser superior, tengo que demostrar que soy superior a los demás. Ahora bien, para ello tienes que perder tu inteligencia, tienes que volverte estúpido. Por eso los políticos son gente completamente estúpida, no pueden ser de otra manera. Son todos plátanos, ¡y plátanos podridos!

Un hombre conducía por una carretera de las afueras y pasaba por delante de un hospital para enfermos mentales cuando se le pinchó una rueda.

Salió del coche, sacó las herramientas del maletero, aflojó las tuercas de las ruedas y las puso en el tapacubos, en la cuneta de la carretera, a su lado. En ese momento se oyó un trueno y empezó a llover a cántaros. En su prisa por cambiar la rueda, volcó el tapacubos y las tuercas fueron a parar a una alcantarilla cercana.

Ahora estaba en apuros, pero después de desconcertarse durante unos diez minutos oyó que alguien le llamaba.

Al levantar la vista, vio una cabeza que asomaba por encima del alto muro que tenía enfrente. Este tipo había estado observando todo lo que ocurría y le dijo: "¿Por qué no quitas una tuerca de cada una de las otras ruedas y vuelves a poner la rueda y conduces hasta el siguiente garaje donde puedas conseguir más?".

El conductor se alegró e hizo lo que le habían sugerido. Luego, mirando al hombre de la pared, le dijo: "Eh, ¿qué haces ahí dentro? Se supone que estás loco".

El tipo de la pared le gritó: "¡Quizá estemos locos aquí dentro, pero no somos estúpidos!".

Una persona muy sensible en este mundo estúpido está destinada a volverse loca. Tiene que aprender el arte de la meditación, de lo contrario está destinado a volverse loco. Sólo la meditación puede salvarlo de volverse loco.

Ahora incluso los psicólogos se están dando cuenta del fenómeno de que los locos son personas muy sensibles y vulnerables, personas inteligentes que no pueden hacer frente a la realidad que les rodea. Es demasiado y son demasiado frágiles para ello. Se derrumban bajo su peso. Si se les puede ayudar a través de la meditación, sus crisis pueden convertirse en avances.

La meditación es la única esperanza, de lo contrario, a medida que la gente se vuelve más inteligente, más y más personas se volverán locas. Y eso está ocurriendo.

En los países atrasados se vuelve loca menos gente; en los países avanzados se vuelve loca más gente. ¿Por qué?

Por ejemplo, en un país como la India, totalmente pobre, que se muere de hambre, de enfermedades, no hay tanta gente que se vuelva loca como en Estados Unidos. Y los swamis hindúes y los mahatmas hindúes se jactan de ello. Siguen hablando por todo el mundo -los Muktanandas y los Maharishi Mahesh Yogis, etcétera- y siguen presumiendo: "¿Por qué los indios no se vuelven locos? - por la sencilla razón de que son gente religiosa". No es así; el hecho es otro, algo totalmente distinto. El hecho es que como la India está desnutrida no puede tener tanta inteligencia con la que volverse loca.

La mente india está desnutrida. ¿Cuántos premios Nobel recibe la India? Un país tan vasto, ¡una sexta parte de todo el globo! De cada seis personas, una es india; uno de cada seis Premios Nobel debería ir a India, pero ¿cuántos Premios Nobel...? ¿Por qué no ocurre? ¿Por qué los indios no pueden ser grandes descubridores? - Por la sencilla razón de que sus cuerpos están desnutridos; carecen de los ingredientes esenciales que hacen florecer la inteligencia. La inteligencia no crece con el estómago vacío.

Si quieres rosas bonitas y grandes, tienes que tener un suelo rico. Hay que darles fertilizantes y abono y hay que tener todo tipo de cuidados. Pero en la India la gente está desnutrida; lo que come no es suficiente. No aportan las vitaminas, las proteínas ni las sustancias químicas adecuadas a su cerebro. Por lo tanto, todo lo que pueden hacer es pararse sobre sus cabezas y hacer posturas de yoga. Eso no requiere ninguna inteligencia. Todo lo que pueden hacer es repetir como loros escrituras de miles de años de antigüedad, que son realmente irrelevantes.

Un sannyasin ha escrito que él. estaba en Nueva York y Muktananda estaba respondiendo preguntas. Todas las respuestas eran respuestas absolutamente patentes que uno puede encontrar en el Gita, que uno puede encontrar en cualquier libro hindú. Sólo una pregunta era tal que el Gita no tiene respuesta para ella y los Vedas no tienen referencia a ella - no pueden tenerla. La pregunta era: "¿Qué piensa usted de su Tantra?" ¡Ahora su mente debe haber cesado por completo! Mi nombre funciona como una espada. La respuesta fue: "Estamos investigando sobre este asunto. Cuando la investigación esté completa responderemos".

Estos son los iluminados. Estas son las personas que van trotando por el mundo iniciando a la gente. Están investigando sobre el Tantra, sobre mí. La sencilla razón por la que no pudo responder es porque no existe una respuesta patente. Y sigue preguntando a la gente sobre mí; eso es lo que él llama "investigación".

Nirgrantha ha venido. Muktananda vio a Nirgrantha paseando por la playa de Miami. Le llamó -debió de ver el mala y el medallón- y quiso que se quedara con él. Nirgrantha se quedó allí dos días, y hubo largos interrogatorios, de tres horas de duración: "¿Ha dicho el Maestro esto contra mí?". Nirgrantha dijo: "Todas son cosas dichas abiertamente, todas están publicadas. No hace falta que me preguntes, puedes mirar en los libros". Este es el trabajo de investigación que se está llevando a cabo.

No tienen inteligencia, ni siquiera tienen agallas, pero siguen diciendo a todo el mundo que los indios no se vuelven locos, que los indios no cometen tantos suicidios porque son religiosos. No son religiosos, en absoluto. No están locos porque para volverse loco primero se necesita inteligencia.

¿Has oído alguna vez que un estúpido se vuelva loco? Eso es imposible. ¿Has oído alguna vez que un idiota se vuelva loco? ¿Cómo puede un idiota volverse loco? Para volverse loco se necesita, en primer lugar, algo de inteligencia; ¡para perderla hay que tenerla!

Sólo las personas muy inteligentes pueden suicidarse, y son las mismas que pueden convertirse en sannyasins. Las mismas personas que pueden suicidarse pueden convertirse en sannyasins por la sencilla razón de que han visto que esta vida es inútil. Ahora o tienen que encontrar otra vida, otra forma de vivir, o no tiene sentido continuar. Y tienen el valor suficiente, las agallas suficientes.

No hace falta mucha inteligencia para ver que esta vida es realmente inútil.

Murphy dice: Si el zapato te queda bien, es feo. Si te gusta, no lo tienen en tu talla. Si te gusta y lo tienen en tu talla, igual no te queda bien. Si te gusta y te queda bien, no te lo puedes permitir. Si te gusta, te queda bien y te lo puedes permitir, se deshace la primera vez que te lo pones.

¡Sólo un poco de inteligencia y serás capaz de ver que eso es la vida! Entonces, si tienes agallas, o te suicidas, o simplemente le dices a Dios: "¡Ya basta!", o transformas tu ser: te conviertes en sannyasin.

Mucha gente me pregunta: "¿Por qué los indios no acuden a ti?". Porque no son gente religiosa, no son inteligentes, no tienen agallas y todavía no tienen la inteligencia para ver que la vida es inútil, aunque siguen repitiendo como loros que la vida es inútil, la vida es ilusión, todo es maya. Pero es sólo una forma de hablar. Igual que los ingleses hablan del tiempo, ¡los indios hablan de metafísica!

Los ingleses tampoco quieren decir nada....

Un inglés venía de otra ciudad donde había ido a visitar a unos amigos. Su caballo, que tiraba de su carro, dijo de repente: "Hace demasiado calor".

El inglés no daba crédito a lo que oía. Y no había nadie más allí, sólo su perro estaba sentado en el carro, así que le dijo al perro: "¿Lo has oído?". ¡Tenía que decírselo a alguien! "¿Has oído?"

El perro dijo: "Lo he oído muchas veces. Todo el mundo habla del tiempo y nadie hace nada al respecto".

Los caballos y perros ingleses también hablan del tiempo. Los caballos y perros indios hablan de metafísica, de la realización de Dios; recitan el Gita y los Vedas. Pero no ves ninguna inteligencia, no ves ninguna brillantez, no ves ninguna luz en sus ojos, no ves ninguna respuesta a la realidad.

Es mejor estar loco que ser estúpido. Pero normalmente, Raquibo, la gente no está loca, sino que está a punto de volverse loca en cualquier momento. Si no vuelcas tus energías en la meditación, te volverás loco.

Y la diferencia entre tú y los locos es sólo de grado, recuerda. Tal vez tú estés a noventa y nueve grados y el loco haya cruzado el límite de los cien grados. Y cualquier pequeño incidente, cualquier accidente, puede empujarte un grado más. Tu mujer se escapa con alguien y eso es suficiente. Tu negocio fracasa, el banco quiebra, el gobierno nacionaliza - cualquier cosa, sólo un grado, y puedes estar loco en cualquier momento. Pero recuerda: es mejor estar loco que ser estúpido.

Pero no hay por qué enfadarse. ¿Por qué no meditar? Y he creado tantos tipos de meditaciones locas que puedes ser las dos cosas a la vez: ¡loco y meditador! Poco a poco, la meditación te conquistará.

Sujata ha preguntado: "Maestro, tengo tres preguntas que hacerte. ¿Cómo descubriste la meditación Kundalini?". -la primera pregunta. Sencillo, Sujata: Meditando junto al río sobre una colina de hormigas rojas.

Y segundo: "¿Y Dinámica?" Eso es aún más sencillo, Sujata; era casi imposible no descubrirlo. Lo descubrí conduciendo por carreteras indias en coches indios.

Y tercero: "¿Y qué pasa con Nadabrahma?". ¡Hm!

Y la última pregunta:

MAESTRO, ¿POR QUÉ TE TENGO MIEDO?

Yogesh,

ES UNA BUENA SEÑAL: significa que algo está en camino. Sólo me tienes miedo cuando empiezas a acercarte a mí; es natural. Estar cerca de un Maestro es estar cerca de un cierto tipo de muerte. Sólo los estúpidos no tienen miedo porque no pueden ver lo que va a suceder: que te estoy llevando lentamente hacia el precipicio. Y una vez que estés allí y disfrutando de una broma, ¡te empujaré!

Sentado en un sillón de su club, un oficial retirado del ejército colonial británico relataba a un joven capitán una de sus heroicas aventuras.

"Ahí estaba yo, muchacho, acechando por la selva, cuando salta un enorme tigre justo delante de mí".

"Dios, señor, ¿qué ha pasado?"

"Se quedó ahí y se puso a rugir".

"Caramba, señor, ¿qué pasó después?"

"Me ensucié los calzones".

"¡Gran escocés! Eso debe haber sido incapacitante - ¿qué pasó después?"

"No, no, no", tartamudeó el viejo coronel, "ensucié mis calzones".

"¿Sí?", dijo el joven capitán, observando al anciano evidentemente incómodo.

"¡No, no, no, ensucié mis calzones cuando hice 'ROAR'!"

¿Lo pillas?

La cabeza y el corazón

La primera pregunta:

MAESTRO,

¿CÓMO ES POSIBLE QUE GURDJIEFF NECESITARA OTRA CABEZA, UN OUSPENSKY, PARA TRABAJAR EN UNA TERCERA PSICOLOGÍA, LA PSICOLOGÍA DE LOS BUDAS, MIENTRAS TÚ TRABAJAS POR TU CUENTA Y PUEDES ESTAR TANTO EN EL ESTADO DE MENTE COMO EN EL DE NO-MENTE?

Prem Sanatana,

HA HABIDO DOS TIPOS DE MAESTROS en el mundo. Un tipo, el primero, siempre ha necesitado a alguien más para expresar, interpretar, filosofar, comunicar lo que el Maestro ha experimentado. Gurdjieff no es el único; necesitó a P.D. Ouspensky; sin Ouspensky no habría sido conocido en absoluto. Ramakrishna entra en la misma categoría; necesitaba a Vivekananda; sin Vivekananda, Ramakrishna habría permanecido absolutamente desconocido.

Así ha sucedido con muchos Maestros, por la sencilla razón de que todo su trabajo se refería al centro cardíaco. Se cristalizaron en el centro del corazón, tanto que les fue imposible pasar a la cabeza y utilizar sus propias cabezas. Les parecía mucho más fácil utilizar la cabeza de otro que la propia.

Pero había una dificultad en ello. Una cosa era buena: el Maestro mismo no se movía constantemente entre dos extremos, de la mente a la no-mente, de la no-mente a la mente; no había movimiento en su ser; estaba absolutamente cristalizado. Pero había otro tipo de problema: el hombre al que se utilizaba como médium -Ouspensky, Vivekananda u otros- no era él mismo una persona iluminada. Gurdjieff podía utilizar la cabeza de Ouspensky, pero no exactamente como a él le hubiera gustado. La propia mente de Ouspensky estaba obligada a teñir la experiencia de Gurdjieff; estaba obligado a aportar sus propios prejuicios, su propia filosofía, su propia comprensión. No tenía experiencia propia, era simplemente un médium. Pero el médium no es sólo un vehículo vacío, tiene su propia mente, y cualquier cosa que pase por su mente va a cambiar un poco aquí, un poco allá.

Ouspensky introdujo a Gurdjieff en el mundo, pero lo hizo a su manera. No se puede culpar a Ouspensky. ¿Qué podía hacer? Hizo todo lo que pudo. Creo que fue uno de los mejores intérpretes que cualquier Maestro haya podido encontrar; pero aún así un intérprete es un intérprete. No puede ser el mismo; es imposible ser el mismo. De ahí que tarde o temprano tuvieran que separarse.

En los últimos días de la vida de Ouspensky se convirtió casi en un enemigo de Gurdjieff. Empezó a decir: "Ahora Gurdjieff se ha vuelto loco. Al principio iba en la dirección correcta, pero después Gurdjieff se ha extraviado". No podía decir que toda la enseñanza de Gurdjieff era errónea porque su propia enseñanza se basaba en la enseñanza de Gurdjieff, pero dividió a Gurdjieff en dos: la primera parte de Gurdjieff -cuando Ouspensky estaba con él- era correcta y la parte posterior era errónea. De hecho, la última parte era la culminación de la primera.

Pero, ¿por qué sucedió esto? Estaba casi destinado a suceder porque tarde o temprano la propia mente de Ouspensky se iba a convertir en una barrera. Cuando llegó por primera vez a Gurdjieff estaba absolutamente rendido a él -rendido en el sentido de que estaba fascinado por su personalidad, fascinado intelectualmente -porque era un gran intelectual- absolutamente rendido en el sentido intelectual, no en el sentido existencial. Si hubiera estado existencialmente rendido no hubiera servido de nada porque Gurdjieff necesitaba una cabeza, estaba en busca de una cabeza. Tenia muchos otros seguidores que le eran devotos desde lo mas profundo de su ser, pero no iban a convertirse en sus interpretes para el mundo.

Cuando Ouspensky llegó a Gurdjieff ya era un matemático de fama mundial, un filósofo.

Su propio libro, TERTIUM ORGANUM, ya había sido traducido a casi todos los grandes idiomas del mundo. Y ese libro, TERTIUM

ORGANUM, es realmente algo tremendo; viniendo de un hombre que no estaba iluminado es casi un milagro. Intelectualmente, logró algo que nadie ha logrado jamás. No sabía nada, no había experimentado nada, pero su comprensión intelectual... su intelecto era realmente agudo. Pertenece a la cima de los intelectuales de toda la historia de la humanidad; hay muy pocos competidores que puedan rivalizar con él. Sólo de vez en cuando....

Sócrates tenía un hombre así, Platón. Sócrates era el corazón de la enseñanza, Platón era la cabeza.

Exactamente lo mismo se repitió en el caso de Gurdjieff: Gurdjieff era el corazón, Ouspensky se convirtió en la cabeza. Y si tengo que elegir entre los dos mi elección será Ouspensky, no Platón. Ouspensky es simplemente increíble; su perspicacia, sin ninguna autorrealización, es tan precisa que cualquiera que no haya experimentado pensará que Ouspensky era un Buda, un Cristo. Sólo un Buda será capaz de detectar los defectos, no cualquier otra persona. Los defectos están ahí, pero normalmente son indetectables.

Empezó a escribir libros sobre Gurdjieff. Escribió una de sus mayores contribuciones, EN BUSCA DE LO MILAGROSO, y luego escribió EL CUARTO CAMINO. Y estos dos libros introdujeron a Gurdjieff al mundo; de otra manera, hubiera permanecido como un Maestro absolutamente desconocido. Tal vez unas pocas personas habrían entrado en contacto personal con él y se habrían beneficiado, pero Ouspensky lo puso al alcance de millones.

Pero cuando esos libros se difundieron por todo el mundo y miles de personas empezaron a acercarse a Gurdjieff, Ouspensky también se volvió muy egoísta, naturalmente, porque él era la causa de todo. De hecho, empezó a pensar: "Sin mí, ¿qué es Gurdjieff? ¿Quién es Gurdjieff sin mí? ¿Quién era él? Cuando lo conocí, era sólo un refugiado que vivía en un campo de refugiados en Constantinopla, casi muerto de hambre. Nadie había oído hablar de él. Yo le he hecho mundialmente famoso; todo el mérito es mío". Esta idea se le subió a la cabeza -se convirtió en demasiado para él- y de forma sutil empezó a dominar el movimiento. Y no puedes dominar a un hombre como Gurdjieff, no puedes dictarle a un hombre como Gurdjieff. Tuvieron que separarse.

En los últimos días de su vida Ouspensky estaba tan en contra de Gurdjieff que no toleraba que nadie le mencionara el nombre de Gurdjieff; en su presencia no se mencionaba el nombre de Gurdjieff. Incluso en sus libros el nombre de Gurdjieff fue reducido a sólo "G"; el nombre completo desapareció. Después de la ruptura sólo quedó "G" - alguien anónimo, "'G' dijo...", no "Gurdjieff". Y lo dejó claro, muy claro:

"Nos hemos separado y he desarrollado mi propio sistema". Empezó a reunir a sus propios seguidores.

A esos seguidores no se les permitía leer los libros de Gurdjieff, a esos seguidores no se les permitía ir a ver a Gurdjieff. Mientras Ouspensky estaba vivo, sospechaba mucho de cualquiera que quisiera ir a ver a Gurdjieff o que incluso quisiera estudiar sus libros.

Pero Gurdjieff era consciente de que esto iba a suceder. Aún así, no había otra manera; alguna cabeza tenía que ser utilizada. El trabajo de Gurdjieff era tal que estaba absolutamente cristalizado en su corazón; no podía moverse a la cabeza.

Lo mismo ocurrió con Ramakrishna. Vivekananda era un intelectual ordinario, ni siquiera del calibre de Ouspensky, pero hizo mundialmente famoso a Ramakrishna. Ramakrishna murió muy pronto, por eso Vivekananda y Ramakrishna nunca se separaron; de lo contrario, la separación era absolutamente segura.

Pero Ramakrishna murió y Vivekananda se convirtió en su entero y único representante. Dominó a todos los seguidores, dominó todo el movimiento; se convirtió para ellos en el representante de Ramakrishna. Si Ramakrishna hubiera vivido, tarde o temprano habría ocurrido lo mismo, porque Vivekananda era sólo cabeza y nada más, nada del corazón. Incluso si habla sobre el corazón, es sólo un discurso de cabeza, la cabeza hablando sobre el corazón, no está lleno de corazón. No hay amor en él, no hay meditación en él, no hay oración en él, sólo análisis intelectual. Conocía las escrituras y forzó sus ideas sobre las ideas de Ramakrishna. Y Ramakrishna había muerto, así que no había nadie que le dijera que no.

Vivekananda destruyó toda la belleza de Ramakrishna. Pero eso iba a suceder porque Ramakrishna no era un hombre de cabeza en absoluto.

Pero no siempre ha sido así. Buda nunca dependió de nadie. Era capaz de pasar de la mente a la no-mente, de la no-mente a la mente; ésa es su grandeza. Es un logro mucho mayor que el de Gurdjieff o Ramakrishna, porque sus logros son, en cierto modo, limitados.

Buda es muy líquido; no es sólido como una roca, es más fluido, como un río.

Lo mismo ocurría con Lao Tzu: nunca dependía de nadie, decía lo que tenía que decir.

Lo dijo él mismo, y de la forma más bella que se podía decir. Y sus filosofías están destinadas a ser mucho más puras porque provienen del hombre original, provienen de la realización original, de la fuente misma; no hay VIA MEDIA. Es el caso de Zaratustra, Jesús, Krishna, Mahavira.

Esta es la segunda categoría de Maestros. La primera categoría es más fácil en cierto modo; es fácil estar cristalizado en un centro. Permanecer vivo en ambos extremos es un proceso mucho más complejo, un viaje más largo y arduo. Estos son los dos extremos: la cabeza y el corazón. Pero es posible. Ya ha ocurrido antes. Está ocurriendo ahora mismo delante de ti.

Vivo en silencio, pero mi trabajo consiste en mucha comunicación intelectual. Vivo en silencio, pero tengo que usar palabras. Pero cuando uso palabras, esas palabras contienen mi silencio. No necesito que nadie me interprete, por lo que hay muchas más posibilidades de que lo que digo permanezca puro durante más tiempo.

Y ahora, desde Buda, han ocurrido muchos avances científicos....

No sabemos lo que Buda dijo en realidad, aunque nunca utilizó a nadie como Ouspensky, Platón o Vivekananda; él mismo fue su propio intérprete. Pero surgió un problema cuando murió. Habló durante cuarenta y dos años -se iluminó cuando tenía unos cuarenta años y vivió hasta los ochenta y dos-. Durante cuarenta y dos años estuvo hablando mañana, tarde y noche. No había métodos científicos para registrar lo que decía. Cuando murió, la primera cuestión fue cómo recopilarlo todo. Había dicho tanto - cuarenta y dos años es mucho tiempo, y muchos se habían iluminado en esos cuarenta y dos años. Pero los que se iluminaron se habían cristalizado en el corazón porque eso es más fácil, más simple, y la gente tiende a ir al proceso más simple, al atajo.

¿Por qué molestarse? Si puedes llegar a un punto directamente, recto, ¿para qué dar rodeos? Y cuando Buda vivía no había necesidad de que nadie más lo interpretara; él era su propio portavoz, así que nunca se sintió la necesidad.

Había miles de arhats y bodhisattvas; todos se reunieron. Sólo se convocó a aquellos que se habían iluminado, obviamente para que no malinterpretaran a Buda. Y es cierto, no podían malinterpretarlo, era imposible para ellos. Ellos también habían experimentado el mismo universo del más allá, también se habían trasladado a la orilla más lejana.

Pero todos dijeron: "Nunca nos hemos preocupado mucho por sus palabras desde que nos iluminamos.

Le hemos escuchado porque sus palabras eran dulces. Le hemos escuchado porque sus palabras eran pura música. Le hemos escuchado porque sólo escucharle era una alegría. Le hemos escuchado porque era la única manera de estar cerca de él. Sólo sentarse a su lado y escucharle era un regocijo, era una bendición. Pero no nos preocupábamos por lo que decía; una vez que lo alcanzábamos no había necesidad. No escuchábamos desde la cabeza ni recogíamos en la memoria; nuestras propias cabezas y memorias dejaron de funcionar hace mucho tiempo".

Alguien se iluminó treinta años antes de que Buda muriera. Ahora bien, durante treinta años estuvo sentado al lado de Buda escuchando como se escucha el viento que pasa entre los pinos o se escucha el canto de los pájaros o se escucha la lluvia que cae sobre el tejado. Pero no escuchaban intelectualmente. Así que dijeron: "No llevamos ningún recuerdo de ello. Todo lo que dijo fue hermoso, pero no podemos recordar lo que dijo. Sólo estar con él era una alegría".

Ahora era muy difícil: ¿cómo recoger sus palabras? El único hombre que había vivido continuamente con Buda durante cuarenta y dos años era Ananda; era su asistente personal, su cuidador. Le había escuchado, casi cada palabra que había pronunciado era oída por Ananda. Incluso si hablaba con alguien en privado, Ananda estaba presente. Ananda estaba casi siempre presente, como una sombra. Lo habia oido todo, todo lo que habia salido de sus labios. Y debe haberle dicho muchas cosas a Ananda cuando no habia nadie alli. Deben haber hablado justo al irse a la cama por la noche.

Ananda solía dormir en la misma habitación para cuidar de él: podía necesitar algo por la noche. Podia sentir frio, podia sentir calor, podia querer que la ventana se abriera o se cerrara, o podia sentir sed y necesitar agua o algo, o - se estaba haciendo viejo - podia sentirse enfermo. Así que Ananda estaba allí continuamente.

Todos dijeron: "Deberíamos preguntarle a Ananda". Pero había un gran problema: Ananda aún no estaba iluminado. Había oído todo lo que Buda decía en público, dicho en privado. Debían de haber cotilleado juntos; no había nadie más que pudiera haber dicho: "Soy amigo de Buda".

excepto Ananda. Y Ananda era también su primo-hermano, y no sólo un primo-hermano, sino dos años mayor que Buda. Así que cuando vino a ser iniciado, pidió algunas cosas antes de su iniciación, porque en la India el hermano mayor debe ser respetado igual que tu padre. Incluso el primo-hermano mayor debe ser respetado como tu padre.

Entonces Ananda le dijo a Buda: "Antes de tomar la iniciación.... Una vez que me convierta en tu bhikkhu, tu sannyasin, tendré que seguir tus órdenes, tus mandamientos. Entonces tendré que hacer todo lo que me digas.

Pero antes te ordeno, como hermano mayor, que me concedas tres cosas. Recuerda estas tres cosas. Primero: Siempre estaré contigo. No puedes decirme: "Ananda, vete a otra parte, haz otra cosa". No puedes enviarme a otra aldea a predicar, a convertir a la gente, a dar tu mensaje. Esta es la primera orden que te doy. Segundo: Estaré siempre presente. Aunque hables con alguien en privado, quiero oírlo todo. Cualquier cosa que vayas a decir en tu vida, quiero ser tu audiencia. Así que no podrás decirme: "Esto es una charla privada, tú vete"; yo no me iré, ¡recuérdalo! Y en tercer lugar: no estoy muy interesado en ser iluminado, estoy mucho más interesado en estar contigo. Así que si la iluminación significa separarme de ti, no me importa lo más mínimo. Sólo si puedo permanecer contigo incluso después de la iluminación, estoy dispuesto a ser iluminado, de lo contrario olvídalo".

Y Buda asintió a estas tres órdenes -tenía que hacerlo, era más joven que Ananda- y siguió estas tres cosas toda su vida.

La conferencia de los arhats y los bodhisattvas decidió que sólo Ananda podía relatar las palabras de Buda. Y él tenía una hermosa memoria; había escuchado todo con mucha atención. "Pero el problema es que aún no está iluminado; no podemos confiar en él. Su mente puede jugar malas pasadas, su mente puede cambiar las cosas inconscientemente. Puede que no lo haga deliberadamente, puede que no lo haga conscientemente, pero sigue habiendo un gran inconsciente en él. Puede pensar que ha oído que Buda dijo esto y puede que nunca lo haya dicho. Puede suprimir algunas palabras, puede añadir algunas palabras. ¿Quién sabe? Y no tenemos ningún criterio porque muchas cosas que ha oído sólo las ha oído él; no hay ningún otro testigo".

Y Ananda estaba sentado fuera de la sala. Las puertas estaban cerradas y el estaba llorando afuera en los escalones. Lloraba porque no se le permitía entrar. ¡Un hombre de ochenta y cuatro años llorando como un niño! El hombre que había vivido cuarenta y dos años con Buda no podía entrar. Ahora estaba realmente angustiado. ¿Por qué no se había iluminado? Por qué no insistió7 Hizo un voto, una decisión: "No me moveré de estos pasos hasta que me ilumine". Cerró los ojos, se olvidó del mundo entero. Y se dice que en veinticuatro horas, sin cambiar de postura, se iluminó.

Cuando se iluminó se le permitió entrar. Entonces relató... todas estas escrituras fueron relatadas por Ananda. ¿Pero quién sabe? Él se iluminó después. Todos esos recuerdos pertenecen a la mente de una persona no iluminada; aunque se hubiera iluminado, esos recuerdos no eran los de una persona iluminada. No es absolutamente seguro que lo que se relata sea exactamente lo que dijo Buda.

Pero ahora la ciencia nos ha dado toda la tecnología. Cada palabra, no sólo la palabra, sino también las pausas, los matices de las palabras, la forma de pronunciarlas, los gestos, todo puede grabarse. Las palabras se pueden grabar, los gestos se pueden fotografiar, se pueden hacer películas, se pueden grabar cintas.

Ahora el mejor camino para cualquier persona iluminada es no depender de nadie más, aunque ese camino es difícil, mucho más difícil, porque tienes que hacer dos cosas juntas. Tienes que ir constantemente de un lado a otro, de un lado a otro. Tienes que entrar constantemente en la vacuidad y salir de esa vacuidad al mundo de las palabras. Es un fenómeno difícil, el más difícil de toda la existencia, porque cuando entras en el silencio es tan hermoso que volver al universo de las palabras parece absurdo, sin sentido. Es como si hubieras llegado a las cumbres iluminadas por el sol y luego regresaras a los agujeros oscuros donde vive la gente en el valle, los barrios bajos. Cuando has tocado las cumbres iluminadas por el sol, cuando puedes vivir allí y flotar como una nube en el cielo infinito, volver a la tierra fangosa, arrastrarte de nuevo con la gente que vive en el barro parece muy absurdo. Pero no hay otro camino. Si tienes suficiente compasión tienes que entrar en este difícil proceso.

También depende de muchas cosas. Depende de todo el proceso por el que un Maestro ha llegado a través de muchas vidas. Ramakrishna nunca fue un intelectual en ninguna de sus vidas. Un hombre simple - en esta vida fue un hombre simple. Incluso si lo hubiera querido le habría sido imposible convertirse también en un Vivekananda. Era más fácil encontrar a alguien que pudiera hacer ese trabajo.

Gurdjieff, cuando era muy joven, sólo tenía doce años, formó parte de un grupo de buscadores:

Treinta personas que tomaron la decisión de que irían a las distintas partes del mundo y averiguarían si la verdad era sólo palabrería o había algunas personas que la habían conocido. Sólo era un niño de doce años, pero fue elegido para unirse al grupo por la sencilla razón de que tenía una gran resistencia, tenía un gran poder. Una cosa era cierta en él: decidiera lo que decidiera, lo arriesgaría todo por ello. No miraría atrás, nunca escaparía, aunque tuviera que perder la vida, perdería la vida. Y tres veces estuvo a punto de morir a tiros, casi, pero volvió a la vida de algún modo; el propósito seguía sin cumplirse.

Esas treinta personas viajaron por todo el mundo. Vinieron a la India, fueron al Tíbet y a todo Oriente Medio, a todos los monasterios sufíes, a todos los monasterios del Himalaya. Y habían decidido volver a un determinado lugar de Oriente Medio y contar todo lo que habían ganado; después de cada doce años iban a reunirse. Al cabo de los primeros doce años, casi la mitad de ellos no regresó; debieron de morir de algún modo, o se olvidaron de la misión, o se enredaron en alguna parte.

Alguien se habrá casado, se habrá enamorado. Pueden pasar mil y una cosas, la gente es propensa a los accidentes. Sólo regresaron quince personas. Y después de los siguientes doce años sólo tres personas regresaron. Y la tercera vez sólo Gurdjieff estaba allí, todos los demás habían desaparecido. Lo que les pasó nadie lo sabe.

Pero este hombre tenía una gran decisión: si se había decidido, nada iba a disuadirle.

Estuvo a punto de morir tres veces; lo único que le salvó fue su misión, que tenía que volver, y se libró de la muerte. Necesitaba un gran poder interior.

No tuvo tiempo de convertirse en un intelectual. Se movía con los místicos, de un monasterio a otro, de una cueva a otra, de un país a otro. Fue a la India, fue al Tíbet, fue a Japón; recogió conocimientos de todo el mundo. Cuando él mismo se iluminó, ya no le quedaba tiempo para intelectualizarlo, para ponerlo en palabras. Conocía el sabor, pero no las palabras. Necesitaba a un hombre como Ouspensky.

Mi propio enfoque ha sido totalmente diferente. Empecé como intelectual, no sólo en esta vida, sino en muchas vidas. Todo mi trabajo en muchas vidas ha tenido que ver con el intelecto - refinando el intelecto, agudizando el intelecto. En esta vida comencé como ateo, con una negación absoluta de Dios.

No se puede ser ateo si no se es supraintelectual, y yo era un ateo absoluto. La gente me evitaba porque dudaba de todo y mi duda era contagiosa. Incluso mis profesores me evitaban.

Uno de mis profesores se estaba muriendo; fui a verle. Me dijo: "Por favor... Me alegro de que hayas venido, pero no digas ni una sola palabra porque no es el momento. Me estoy muriendo y quiero morir creyendo que Dios existe".

Le dije: "No puedes. Al verme, la duda ya ha surgido".

Me dijo: "¿Qué quieres decir?".

¡Y la cosa empezó! Antes de morir, justo después de doce horas, murió ateo. ¡Y yo estaba tan feliz! Tuve que trabajar durante doce horas seguidas. Desesperado, dijo: "Está bien, déjenme morir en paz. Yo digo que Dios no existe. ¿Estás contento? Ahora déjame en paz!"

Mis profesores universitarios siempre estaban en dificultades. Me expulsaron de una facultad, luego de otra, y después me echaron de una universidad. Finalmente, una universidad me admitió con la condición -tuve que firmarla, una condición escrita- de que no haría preguntas y no discutiría con los profesores.

Dije que de acuerdo. Lo firmé y el Vicerrector estaba muy contento. Y le dije: "Ahora, un par de cosas. ¿Qué quiere decir con 'argumento'?"

Dijo: "¡Aquí tienes!"

Dije: "No he escrito que no pediría ninguna aclaración. Puedo pedir una aclaración. ¿Qué entiende usted por "argumento"? Y si no puedo hacer una pregunta, ¿qué sentido tiene todo su departamento de filosofía? - porque todos sus filósofos hacen preguntas. Toda la filosofía depende de la duda; la duda es la base de toda filosofía. Si no puedo dudar de sus estúpidos filósofos, de sus estúpidos profesores, ¿cómo voy a aprender filosofía?".

Me dijo: "¡Mira lo que estás diciendo! Estás llamando estúpidos a mis profesores, delante de mí".

Les dije: "Son estúpidos, si no, ¿por qué estas condiciones? ¿Se te ocurre que alguien sea inteligente y pida a sus alumnos que no le cuestionen? ¿Es esto un signo de inteligencia? Un profesor invita a preguntar. Un profesor inteligente estará contento con un alumno que sepa argumentar bien".

Eso seguía siendo un problema. Todo mi enfoque desde el principio no fue el de un Ramakrishna. No soy un tipo devocional, en absoluto. He llegado a Dios a través del ateísmo, no a través del teísmo. He llegado a Dios no creyendo en él, sino dudando absolutamente de él. He llegado a una certeza porque he dudado y he seguido dudando hasta que ya no había posibilidad de dudar, hasta que me he encontrado con algo indudable. Ese ha sido mi proceso.

Ese no era el proceso de Gurdjieff. Él aprendía de los Maestros, pasando de un Maestro a otro Maestro, aprendiendo técnicas y métodos y dispositivos. Aprendió muchos métodos, pero aprendió con un espíritu muy entregado, el de un discípulo.

Nunca he sido discípulo de nadie; nadie ha sido mi Maestro. De hecho, nadie estaba dispuesto a aceptarme como discípulo, porque ¿a quién le gustaría crear problemas?

Uno de mis profesores, ya fallecido, el Dr. S.K. Saxena, me quería mucho. El único hombre de todos mis profesores... porque me crucé con muchos profesores; tuve que dejar muchos colegios y muchas universidades. Rara vez uno se encuentra con tantos profesores como yo me encontré. Es el único hombre por el que sentía cierto respeto porque nunca me impidió dudar, cuestionar, aunque mil y una veces tuviera que aceptar la derrota. Le respetaba porque era capaz de aceptar la derrota incluso de un estudiante. Simplemente decía: "Acepto la derrota. Usted gana. Ya no puedo discutir más. He expuesto todos los argumentos que podía reunir y tú los has destruido todos. Ahora estoy dispuesto a escucharte si tienes algo que decir".

Tenía mucho miedo.... Cuando estaba haciendo mi examen final de filosofía, él tenía mucho miedo porque me quería mucho. Quería que aprobara el examen, pero tenía miedo: miedo de que yo escribiera cosas que no se ajustaran a los libros de texto o que fueran en contra de ellos. Podía decir cosas que no fueran aceptables para los profesores ordinarios. Para salvarme, entregó todos los papeles a sus amigos de todo el país y les informó:

"Por favor, cuida de este joven, no te ofendas por él; es su forma de ser. Pero tiene un gran potencial".

Sólo había una cosa que no podía conseguir, que era algo que tenía que decidir el propio Vicerrector: el examen verbal, y eso era lo último. Y el profesor había invitado a un profesor mahometano de la Universidad de Aligarh, el jefe del departamento de filosofía de allí, un mahometano muy fanático. Mi profesor estaba muy preocupado. Me decía una y otra vez: "No discutas con este hombre. En primer lugar, es un mahometano; los mahometanos no saben lo que es discutir. Es muy fanático; si no puede discutir contigo, se vengará. Y sé que no puede discutir, le conozco a él y te conozco a ti. Pero quédate callado porque esto es lo último.

No destruyas todo el esfuerzo que he hecho por ti". Me dijo: "No es tu examen, ¡parece que me están examinando a mí!".

Le dije: "Ya veré".

Y la primera pregunta que hizo el profesor mahometano fue: "¿Cuál es la diferencia entre la filosofía india y la filosofía occidental7"

Dije: "Esto es algo estúpido. La idea misma. Es una tontería. La filosofía es filosofía. ¿Cómo puede la filosofía ser india? ¿Y cómo puede la filosofía ser oriental u occidental? Si la ciencia no es oriental y la ciencia no es occidental, entonces ¿por qué la filosofía? La filosofía es una búsqueda de la verdad. ¿Cómo puede la búsqueda ser oriental u occidental? La búsqueda es la misma".

Mi profesor empezó a tirarme de la pierna por debajo de la mesa. Le dije: "¡Señor, pare! ¡No me tire de la pierna!

Olvídate del examen: ¡ahora hay que decidir! "

El profesor mahometano estaba perdido. ¿Qué ocurría? Dijo: "¿Qué pasa?".

Le dije: "Me está tomando el pelo. Me está diciendo que eres un mahometano, y un mahometano fanático. Y dice que si no puedes discutir bien conmigo te vengarás. Haz lo que quieras, pero yo tengo que decir lo que siento. No creo en todas estas distinciones. De hecho, para mí la sola idea de que alguien sea filósofo y a la vez mahometano es simplemente ilógica, es ridícula. ¿Cómo se puede ser un verdadero investigador si ya se ha aceptado un determinado dogma, un determinado credo? Si se parte de supuestos a priori, si se parte de una creencia, nunca se podrá llegar a la verdad. La verdadera filosofía comienza en un estado de no-saber. Y ésa es la belleza de la duda: destruye todas las creencias".

Por un momento se sorprendió, se sintió casi mudo, pero tuvo que darme noventa y nueve puntos sobre cien. Le pregunté: "¿Qué ha pasado con la última?".

Me dijo: "¡Esto es increíble! En toda mi vida nunca he dado a nadie noventa y nueve puntos sobre cien, y tú me preguntas: '¿Qué ha pasado con el último?'"

Sí, ya que me das noventa y nueve, tengo derecho a preguntarte por qué eres tan tacaño.

¡Sólo uno! Que sean cien, al menos sé generoso por una vez".

Tenía que llegar a cien.

Todo mi enfoque ha sido totalmente diferente al de Ramakrishna y Gurdjieff.

He llegado a través de la duda, he llegado a través de un escepticismo profundo y profundo. He llegado no a través de la creencia, sino a través de la negación de toda creencia y también de la incredulidad, porque la incredulidad es creencia en forma negativa.

Llegó un momento en mi vida en que desaparecieron todas las creencias y todas las incredulidades y me quedé completamente vacío.

En ese vacío se produjo la explosión. Por lo tanto, no es tan difícil para mí, por lo que puedo argumentar fácilmente.

Puedo incluso argumentar contra el argumento; eso es lo que voy a seguir haciendo. Puedo argumentar contra el intelecto porque sé cómo utilizar el intelecto.

Ramakrishna nunca había utilizado su intelecto; partía del corazón. Y lo mismo ocurre con Gurdjieff. Buda podía utilizar el intelecto porque era hijo de un rey, bien educado, bien culto. Todos los grandes filósofos del país fueron llamados para enseñarle; él sabía lo que era el enfoque intelectual. Y luego se hartó de ello.

Lo mismo me ocurrió a mí. Sé lo que se puede conseguir con el esfuerzo intelectual: no se puede conseguir nada con él. Cuando lo digo, lo digo por experiencia propia.

Pero ha sido hermoso en un sentido. No me ha dado la verdad -no puede dar la verdad a nadie-, pero indirectamente ha limpiado el terreno, lo ha preparado. No me ha ayudado a realizarme, pero me ha ayudado a comunicar lo que he realizado.

Puedo comunicarme contigo muy fácilmente, sin problemas. Puedes hacer todo tipo de preguntas, puedes preguntar, puedes dudar, porque sé que todas estas preguntas y dudas pueden ser anuladas, pueden ser destruidas. Y es bueno que preguntes porque entonces puedo destruir tus preguntas.

Una vez destruidas todas tus preguntas, la respuesta surge en tu propio ser. En ese vacío total surge algo; ya está ahí.

No soy partidario de reprimir la duda creyendo. No estás aquí para creer en mí, estás aquí para sacar toda tu incredulidad. Tus dudas, tus preguntas, todas son respetadas, bienvenidas, para que puedan ser sacadas de ti. Poco a poco surge un silencio, un estado de no-saber. Y el estado de no-saber es el estado de la sabiduría, es el estado de la iluminación.

La segunda pregunta:

MAESTRO,

PERTENEZCO A LA PROFESIÓN JURÍDICA Y TENGO UNA MENTE MUY LEGAL. ¿PUEDO CONVERTIRME TAMBIÉN EN SANNYASIN?

Devakar,

SANNYAS NO TE PONE CONDICIONES. Todo el mundo es bienvenido - pecadores y santos, expertos legales, infractores de la ley, gente virtuosa, criminales - todos son bienvenidos. Sannyas no pone condiciones, aunque será un poco difícil para ti. Pero ese es tu problema, no el mío. Si perteneces a la profesión legal y tienes una mente muy legal, entonces va a ser un poco difícil para ti. ¿Y qué? Acéptalo como un reto. Que sea difícil. De hecho, cuanto más difícil sea, cuanto más desafiante sea, más interesante, intrigante debería ser, más atractivo debería ser. Cuando algo es muy sencillo, ¿quién quiere hacerlo? Cuando algo es difícil provoca un reto en ti, provoca inteligencia en ti.

Es difícil, ciertamente difícil para una persona que tiene una mente legal porque una mente legal significa una mente astuta. No es necesariamente inteligente; de hecho, si es inteligente no será astuta.

La astucia es un pobre sustituto de la inteligencia. Y la abogacía es la profesión más astuta del mundo.

Se sabe que Jesús se movía con borrachos y jugadores e incluso con una prostituta, pero no he oído que se moviera con juristas. De hecho, el rabino judío no es más que un experto legal porque la religión judía es más o menos ley y menos religión. Es más o menos un código legal. No tiene mucha metafísica, no tiene grandes vuelos; es muy terrenal. Te dice en detalle qué hacer y qué no hacer. Esos diez mandamientos pueden haber sido el comienzo de la profesión legal.

Puedes convertirte en sannyasin. Incluso si el deseo ha surgido en ti parece haber una chispa de inteligencia. Detrás de toda tu astucia debe quedar todavía un poco de fuego.

Devakar, no te preocupes. Entra en este fuego naranja - lo quema todo; te quemará a ti también. Lo consume todo; consumirá también al experto legal, pero sólo si estás preparado para ser consumido, si estás preparado para dejar tu astucia, porque eso tendrá que ser dejado. No digo que sea una condición, pero a medida que te conviertes en sannyasin y entras en meditación, empezarás a volverte más y más inteligente y entonces, naturalmente, como un subproducto, la astucia desaparece.

Si la profesión jurídica desaparece del mundo, el noventa por ciento de la astucia desaparecerá con ella. Son las personas que conocen la ley las que siguen creando confusión.

Uno de mis vicerrectores era un gran experto en derecho, un experto en derecho de renombre mundial. Solía contar una y otra vez que una vez le tocó llevar el caso de un maharajá indio ante el Consejo Privado. Y era tan borracho... la última noche había bebido demasiado, la resaca seguía ahí, así que olvidó si estaba en contra o a favor del maharajá. ¡Así que durante una hora habló en contra del Maharajá! El maharajá sudaba y sus ayudantes temblaban:

"¿Qué está haciendo?" Y en la merienda le dijeron: "¿Qué has hecho? Has destruido a nuestro cliente. Ahora no hay forma de salvarlo".

Me preguntó: "¿Qué ha pasado?".

"¡Has estado hablando en contra de nuestro propio cliente!"

Me dijo: "No te preocupes, aún hay tiempo".

Y cuando el tribunal empezó de nuevo dijo: "Me ha escuchado, Señoría, durante una hora. Gracias por su paciencia, porque sólo he dado todos los argumentos posibles de la parte contraria. Ahora defenderé a mi cliente".

¡Y destruyó sus propios argumentos y ganó el caso!

El jurista no tiene ninguna dedicación a la verdad, no le importa la verdad, simplemente le importa quien le pague el dinero. Es mucho peor que una prostituta. La prostituta sólo vende su cuerpo y el jurista vende su mente. Está dispuesto a dejarse comprar por cualquiera que esté dispuesto a pagar el precio. No le importa lo que está bien y lo que está mal.

Pero si te conviertes en un meditador empezarás a preocuparte por lo que está bien y lo que está mal. No es que tengas que hacerlo, no es que sea un mandamiento, no es algo así como un carácter que haya que cultivar; ocurre de forma natural que la astucia empieza a desaparecer.

Así que tienes que estar alerta. Puedes convertirte en un sannyasin; no hay problema para mí - nunca le pregunto a nadie: "¿Quién eres?". Si quieres tomar sannyas yo te doy sannyas, incondicionalmente. Por mi amor te doy sannyas, por mi respeto hacia ti te doy sannyas. Yo respeto a cada individuo porque para mi cada individuo representa a Dios, la divinidad. Incluso si el dios ha caído muy bajo y se ha convertido en un experto legal, ¡aún así el dios es un dios! Incluso en tu estado caído, Devakar, te respeto, te daré sannyas. Es tu decisión, porque esto es arriesgado - arriesgado para ti, para tu profesión.

En la época del Raj en la India, se esperaba que un soldado británico cumpliera con su deber y muy poco más.

Cualquier muestra de debilidad humana por parte de las tropas se consideraba una decepción ante los nativos.

Así que, naturalmente, el nuevo oficial al mando se preocupó mucho cuando una multitud de hindúes enfurecidos se acercó al cuartel, quejándose de que una de sus vacas sagradas había sido ultrajada por un soldado de infantería. Exigieron un consejo de guerra inmediato.

"No se preocupe, señor", dijo un experto en leyes. "Nuestro hombre se librará. Esta vaca tiene muy mala reputación: ya ha sido citada en siete casos anteriores".

¿Te haces una idea?

Tendrás que abandonar esa pericia jurídica, tendrás que abandonar esos enfoques astutos. Tendrás que volverte más humano. Pero éstas son las consecuencias de la meditación; aquí no se impone nada.

Justo el otro día estaba leyendo un artículo escrito por un obispo en THE TIMES contra mí. Dice:

"Cuidado con este hombre". Me cita: "Este hombre dice: 'El carácter es cosa de estúpidos. La gente realmente inteligente sólo se preocupa por la conciencia". "Me cita para que la gente tenga cuidado porque es una afirmación peligrosa. Dice: "En lugar de publicar artículos sobre este hombre, THE TIMES debería publicar más artículos sobre la Madre Teresa de Calcuta, que enseña carácter".

Y el carácter es lo único, lo real".

El carácter no es lo real en absoluto. Pero el pobre obispo no ha sido capaz de entender lo que he estado diciendo. No comprende las consecuencias de la conciencia. El carácter es una consecuencia de la conciencia. Si el carácter sale de tu conciencia, entonces tiene una belleza propia; si sólo se impone desde fuera, entonces es feo. Pero eso es lo que hacen los cristianos en todo el mundo, y los hindúes y los mahometanos; todos están en el mismo barco.

Toda mi preocupación es la conciencia. Te enseño a ser más consciente porque sé una cosa con certeza: que si eres más consciente tu carácter cambiará por sí solo. Una persona consciente vive de un modo totalmente distinto: es más compasiva. La Madre Teresa de Calcuta no es compasiva, se comporta de forma compasiva pero no es compasiva. Toda su compasión no es más que un medio para alcanzar el cielo. Y reducir la compasión a un medio es feo; la compasión es un fin en sí misma.

Una antigua parábola taoísta dice:

Un hombre cayó a un pozo. Empezó a gritar con fuerza: "¡Sálvenme! Me ahogo!"

Pasó por allí un monje budista. Miró en el pozo y dijo: "Tranquilízate, guarda silencio, no te alteres. La vida es un flujo. Viene, se va. Y recuerda lo que dijo Gautam el Buda: Todo es un sueño. Tu ahogamiento es un sueño, mi visión es un sueño. No grites. E incluso si te salvas, ¿qué sentido tiene? Tarde o temprano tendrás que morir, así que ¿por qué no ahora? ¿Por qué posponerlo?

Muere en silencio, en paz, para no volver a nacer. Sal de la rueda del nacimiento y la muerte".

El hombre se quedó atónito. Dijo: "¡Qué tonterías dices! Puedes sermonear más tarde. ¡Primero llévame fuera! No es momento de enseñarme gran filosofía".

Pero el budista dijo: "No puedo distraerme con cosas. El Buda ha dicho: 'Camina sin distraerte'. Adiós". Y siguió caminando sin distraerse.

Entonces un monje confuciano miró en el pozo, y el hombre dijo: "Ahora, por favor, sálvame. No pierdas el tiempo".

Y el monje confuciano dijo: "¿Sabes lo que ha dicho el Maestro? Confucio ha dicho que cada pozo debe tener un muro protector a su alrededor. No te preocupes. Crearé un gran movimiento en todo el país para que ningún pozo quede desprotegido como éste". El hombre dijo: "¡Pero eso no me va a salvar!".

El monje confuciano dijo: "No es una cuestión de individuos. El Maestro dice que la cuestión es siempre la sociedad, la cuestión es el futuro. Piensa en el futuro y piensa en la sociedad. No seas tan egoísta".

Fue a la plaza y empezó a enseñar a la gente: "Miren este ejemplo de lo que está sucediendo. Nuestro Maestro ya ha dicho que cada pozo debe tener un muro protector. Él siempre tiene razón, pero la gente no ha escuchado al Maestro y está sufriendo."

Entonces un misionero cristiano miró dentro del pozo y el hombre dijo: "Parece que mi muerte es segura.

¡Hoy ningún laico se acerca al lado del pozo! Ahora me enseñarás tu evangelio".

Pero el cristiano le dijo: "No te preocupes". De su bolsa sacó una cuerda, la echó dentro, le dijo al hombre que se atara la cuerda a la cintura y él lo sacaría. El hombre se sorprendió: nada de metafísica, nada de religión. Le sacaron y estaba muy agradecido. Cayó a sus pies y le dijo: "¡Eres la única persona realmente religiosa! Pero sólo una curiosidad: ¿cómo es que llevabas una cuerda en la bolsa?".

Siempre llevamos con nosotros todo tipo de preparativos. ¿Quién sabe qué oportunidad surgirá para servir? - porque el servicio es religión y es sirviendo a la gente como se puede llegar al cielo. No me preocupo por ti -dijo el misionero-, mi preocupación es mi propio lugar en el cielo. ¡Ahora he marcado! De hecho, te estoy muy agradecido. ¡Sigue cayendo! Ayúdanos a los pobres misioneros a servirte. Sigue enseñando eso a tus hijos y no escuches a esos confucianos que dicen que todo pozo necesita un muro que lo proteja. Si cada pozo tiene un muro, nadie caerá dentro y entonces ¿cómo vamos a salvar a la gente? Y sin salvar a la gente no hay camino al cielo. Sigan cayendo en los pozos, sigan haciendo pozos sin paredes. Enseña a tus hijos a caer dentro, porque si no te servimos no hay camino hacia Dios".

No te rías, es la realidad. Piensen: si en la India no hubiera pobreza, ni huérfanos, ni paralíticos, ni enfermos de lepra, ¿dónde estaría la Madre Teresa de Calcuta? Entonces, ¡tampoco habría Premio Nobel! Estas personas son necesarias para crear una Madre Teresa. A estos misioneros no les gustará un mundo donde todos sean ricos, felices.

Bertrand Russell solía decir -y yo estoy totalmente de acuerdo con él- que gran parte de la religión desaparecerá si el mundo se enriquece, la gente goza de buena salud, la gente vive mucho tiempo, la vida de la gente es alegre; gran parte de la religión desaparecerá. Es cierto porque gran parte de la religión depende de todas estas cosas; en particular, el cristianismo depende de todas estas cosas.

Ahora, ese obispo de Londres dice que la Madre Teresa está haciendo un gran trabajo. Pero ¿cómo va a hacer un gran trabajo si los pobres ya no están allí, si los ciegos no están allí, si los leprosos no están allí?

¿Qué vas a hacer? ¡Los misioneros estarán perdidos! Tienen que mantener este mundo en la misma miseria y desorden en que está. Piensa en los pobres misioneros, si no, no llegarán a ninguna parte.

Mi preocupación es ciertamente la conciencia, no el carácter. Mi preocupación es hacerte más consciente, más alerta, y a partir de esa alerta todo lo que sucede es bueno. Si a partir de ese estado de alerta ocurre el servicio, es bueno; si ocurre el amor, es bueno; si ocurre la compasión, es bueno; si ocurre el compartir, es bueno, porque a partir de esa conciencia el mal es imposible.

Devakar, de nada. No me preocupa lo que haces. Todo lo que me preocupa es tu ser, no tu hacer.

Y la última pregunta:

MAESTRO,

¡NO! ¡NO! ¡NO LO ENTIENDO! ¿BREECHES? ¿GRITA? ¿QUÉ? ¿SOY TONTO O QUÉ?

Prem Katina,

NI TÚ ERES TONTO ni "algo". ¡O eres británico o debes haber sido británico en tu vida pasada!

Un mariscal de campo británico de setenta y cinco años le dice a su ayudante que llame la atención a su brigada y anuncia: "Caballeros, me enorgullece decirles que a las 08.30 horas, hora de Greenwich, ¡mi mujer ha dado a luz a un niño de dos kilos y medio! Caballeros, les doy las gracias".

Katina, ¿lo pillas?

Un inglés muy correcto entra en una tienda de animales. Al cerrar la puerta tras de sí, oye una voz que le da la bienvenida: "¡Sé algo de ti! Sé algo de ti".

Avergonzado, mira a su alrededor y descubre que no es más que un loro. Impresionado, pide comprar el pájaro.

"Lo siento mucho, señor", responde el dueño, "no puedo venderlo. Pero puedo venderle un par de huevos que tras la incubación le darán la misma raza".

El hombre compra los huevos, se los lleva a casa y los pone en la incubadora. Al cabo de diez días, dos patitos salen de la cáscara. Furioso, vuelve a la tienda para quejarse. Al entrar oye: "¡Sé algo de ti! Yo sé algo de ti".

Disfrutar de la vida es una dicha

La primera pregunta:

MAESTRO,

YA LLEVO AQUÍ CASI DOS AÑOS Y MEDIO, PERO SIGO SINTIENDO QUE ALGO EN MI VIDA VA BÁSICAMENTE MAL. SALVO BREVES DESTELLOS, SOY INCAPAZ DE ENCONTRARLE UN SENTIDO DURADERO. LA MAYOR PARTE DEL TIEMPO ESTOY COLGADO EN UNA "NINGUNA PARTE" SIN FONDO, BASTANTE ATERRADORA E INCÓMODA. ¿QUÉ ESTÁ MAL?

POR FAVOR, COMÉNTELO.

PREM GAYAN,

TODO EL PROBLEMA radica en el deseo de alcanzar un sentido permanente para la vida. La vida no es un problema en absoluto, pero esperamos cosas que van en contra de la ley fundamental de la vida y entonces tenemos problemas. La vida cambia constantemente y es bueno que cambie constantemente; ésa es su belleza, su esplendor. Si fuera permanente, estática, no sería vida sino muerte y sería totalmente aburrida. Apestaría porque estaría estancada. Y la mente está constantemente pidiendo algo permanente. La mente es el deseo de lo permanente, y la vida es impermanencia.

Por lo tanto, si realmente quieres ser dichoso tienes que vivir la vida impermanente tal y como es, sin ninguna expectativa, sin ninguna imposición por tu parte. Fluye con la vida. Ella cambia y tú cambias con ella.

¿Por qué preocuparse por un significado permanente? ¿Qué harás con un significado permanente?

Y el sentido sólo existe cuando algo funciona como medio para otro fin. La vida no es un medio para otro fin, es un fin en sí misma, por lo que no puede tener sentido. Eso no significa que carezca de sentido, sino que es trascendental al sentido o al sinsentido.

Esas palabras son irrelevantes.

¿Cuál es el significado de una flor de rosa? ¿Cuál es el significado de una puesta de sol? ¿Qué significa el amor? ¿Qué significa la belleza? No hay significados porque no son medios para nada más. Una puesta de sol es simplemente bella por sí misma; no tiene utilidad, no se puede utilizar como mercancía. Un coche tiene un significado, una máquina tiene un significado, una casa tiene un significado, pero ¿cuál es el significado de una rosa? No tiene ningún significado, pero como no lo tiene, es tremendamente bella. Una máquina, por significativa que sea, nunca es bella; no puede serlo, es una mercancía, es utilitaria, no es poesía.

La vida es poesía, la vida es una canción, la vida es una danza.

Gayan, tu mismo planteamiento es erróneo, por eso sigues desaparecido.

Usted dice: SALVO BREVES DESTELLOS, SOY INCAPAZ DE ENCONTRARLE UN SENTIDO DURADERO.

Medita sobre esos breves destellos. Esos destellos deben haber ocurrido cuando no estabas buscando un significado, cuando estabas relajado, cuando te habías olvidado por completo del significado, cuando no estabas preocupado por el significado. Entonces, de repente, hubo alegría, hubo dicha. En el momento en que empiezas a agarrarte, a aferrarte a esos hermosos destellos, a esos momentos, en el momento en que tu mente dice: "Hazlo permanente. Ahora esto es lo que siempre he estado pidiendo, ahora no lo dejes ir", lo destruyes, lo matas. El vislumbre desaparece; queda sólo como un recuerdo y sigue desvaneciéndose muy lejos. Pronto ni siquiera podrás creer que haya existido. Volverá a suceder sólo cuando hayas olvidado de nuevo el deseo constante de sentido, el deseo constante de permanencia, el deseo constante de que las cosas sean según tú.

No, ese no es el camino de un sannyasin, Gayan. Un sannyasin no tiene expectativas de la existencia; simplemente fluye con la existencia sin ninguna resistencia. El sannyasin permite que la existencia tenga su propio curso; dondequiera que la existencia lo lleve, el sannyasin está listo para ir con ella. El sannyasin no tiene destino, ni meta como tal. Y entonces estos vislumbres vendrán más y más.

Pero tienes que meditar sobre estos destellos: cuándo suceden, cómo suceden, qué hace que sucedan. Y encontrarás algunas cosas esenciales: estás relajado cuando suceden, estás en reposo cuando suceden, no tienes deseos cuando suceden, no eres codicioso cuando suceden, no piensas en el significado, la importancia, el valor cuando suceden. Ahí está el secreto.

Abandona todos estos obstáculos para siempre. Deja que la vida exista según su propia armonía; simplemente sé parte de ella, sólo una ola en el océano. No intentes dominar el océano; ese mismo esfuerzo es un viaje del ego.

Medita sobre la máxima de Murphy:

Si no te importa dónde estás, no estás perdido.

Y también:

Nada es tan malo que no pueda empeorar.

Alégrate. ¿Y por qué temer al "ningún sitio"? Todo es ninguna parte. Estés donde estés, no es ninguna parte. La existencia es infinita, así que siempre estarás en ninguna parte. Tienes que aceptarlo. Buda lo llama tathata - talidad. Tal es el caso: dondequiera que estés es en ninguna parte, quienquiera que seas no eres nadie.

Una vez que se aceptan estas verdades, la vida comienza a suceder de una manera totalmente diferente, porque en esta aceptación el ego muere. El ego sólo puede existir a través de la resistencia, a través de la lucha, a través de la lucha.

Eso es lo que has estado haciendo, Gayan. Pero no es nada especial en ti, así es como toda la mente alemana está condicionada.

Gayan es alemana, cien por cien alemana. Una vez quise elegirla como una de mis médiums, pero tuve que abandonar esa idea al menos por el momento por la sencilla razón de que el condicionamiento alemán está muy arraigado en ella. No podía fluir con mi energía, inconscientemente, no era consciente. Quería ser médium, estaba inmensamente contenta de que la hubiera llamado; esperaba que la eligieran. Hubiera sido elegida, pero había una profunda resistencia inconsciente. Conscientemente estaba totalmente en mis manos, pero inconscientemente intentaba dar a mi energía una determinada forma, un determinado patrón, un determinado flujo. Por eso pensé que era mejor esperar un poco más.

Gayan, tendrás que abandonar tu condicionamiento alemán. Ese condicionamiento es bueno si quieres convertirte en un soldado, pero no es bueno si quieres convertirte en un sannyasin; son polos opuestos. El sannyasin tiene que estar completamente tranquilo, relajado, sin resistencia -un bambú hueco- para que pueda convertirse en una flauta para los labios divinos, para que una canción pueda fluir a través de él.

Ocurrirá, Gayan, va a ocurrir. Si hay vislumbres, no hay problema.

Si de vez en cuando se abren algunas ventanas, también se abrirán las puertas, y podrás escapar por esas ventanas hacia el cielo abierto. Pero tú buscas demasiado la perfección. Abandona esa idea.

La imperfección es perfectamente buena. No intentes hacer lo imposible. Ser ordinario es inmensamente hermoso.

Pero puedo ver sus problemas. El problema fundamental es: es alemana. El segundo problema:

ha trabajado como modelo de moda, así que tiene la idea de cómo ser perfectamente bella. Esas cosas han calado hondo en ella. Es perfeccionista, así que dondequiera que ha estado en estos dos años y medio ha entrado en conflicto con la gente. Porque este lugar no es para perfeccionistas, este lugar es una locura, ¡es absolutamente antialemán! Y el problema es que ¡tengo tantos sannyasins alemanes! Y puedo entender por qué el gobierno alemán está tan preocupado, porque estoy destruyendo a sus jóvenes, estoy destruyendo su condicionamiento como alemanes. Una vez que han sido sannyasins, una vez que han comprendido el arte de ser un sannyasin, ningún Adolf Hitler podrá dominarlos jamás; eso es imposible.

El perfeccionismo es un tipo de neurosis; es neurótico - es un hermoso nombre para la neurosis.

Gayan, abandona esa idea. Sé corriente, sencillo, nadie, y entonces las cosas empezarán a suceder a pasos agigantados.

Voy a enviarla unos días a Alemania para que vea y compare lo que le ha ocurrido. No podrá darse cuenta aquí, sólo en Alemania. Allí podrá ver que en estos dos años y medio ha bajado mucha agua por el Ganges; ya no es la misma persona. Y allí podrá reconocer cómo se comporta la gente, cómo se la entrena para ser neurótica. Y cuando vuelva, espero que lo haga con una mejor comprensión, más relajada, más tranquila.

Tengo grandes esperanzas puestas en ti, Gayan: todo es posible. Estás a punto de conseguirlo. Si empiezas a aceptar las cosas como son y abandonas la idea de cómo deberían ser, si abandonas los "debería"

y "no deberías", entonces no hay muchos problemas. La vida empieza a ayudarte, a preocuparse por ti. La vida es muy cariñosa, muy amorosa; sólo que nunca se lo permitimos. Siempre intentamos forzarla para que siga nuestro camino, y eso no es posible. La vida no puede seguir nuestro camino, tenemos que seguir el camino de la vida.

A eso me refiero cuando insisto una y otra vez en la filosofía del let-go. Dejar ir es mi único enfoque de la vida y la existencia.

La segunda pregunta:

MAESTRO,

SÓLO DECIDÍ TOMAR SANNYAS PORQUE QUERÍA HACERLO DE TODOS MODOS (DURANTE LAS CINCO SEMANAS QUE LLEVO AQUÍ). AHORA LA LUCHA INTERIOR COMIENZA DE NUEVO; ME SIENTO BAJO PRESIÓN Y QUE NO FUE UNA DECISIÓN LIBRE Y QUE REALMENTE NO SALIÓ DE MI CORAZÓN.

Helga Szelinsky,

POR FAVOR NO TOMES SANNYAS. Espera. No es el momento adecuado. Si no viene realmente de tu corazón, entonces no te lo impongas a la fuerza; será algo impuesto y feo. Cualquier cosa impuesta se vuelve fea, incluso sannyas. Será de plástico, no será real, no estará vivo. No es necesario. Si ocurre espontáneamente sin ningún sentimiento de presión, sólo entonces; de lo contrario te creará problemas, y yo no estoy aquí para crearte problemas innecesarios. Una vez que eres un sannyasin hay muchos muchos problemas necesarios, así que evita los problemas innecesarios en la medida de lo posible porque hay demasiados necesarios.

Y nunca hagas nada por razones equivocadas - porque tanta gente está tomando sannyas, porque tus amigos han tomado sannyas, "Debe haber algo en ello - por qué tanta gente se siente atraída". Todas estas son razones equivocadas.

Murphy dice: Nunca se hace nada por las razones correctas.

Tiene razón en casi el noventa y nueve coma nueve por ciento de los casos: nunca se hace nada por las razones correctas.

La gente sigue haciendo cosas por razones equivocadas y luego se quejan de que su vida es miserable; está destinado a ser así. Ellos son los responsables, nadie más lo es.

Haz las cosas siempre por las razones correctas. Y las razones correctas siempre vienen de tu corazón, no de tu cabeza.

Murphy también dice: No importa a donde vayas, ahí estás.

Entonces, ¿de qué va a servir? Puedes convertirte en sannyasin, Helga, puedes vestir de naranja, pero ahí estás debajo de la ropa naranja, detrás de un nuevo nombre. Todo será viejo, sólo cambiará la etiqueta. Al cambiar la etiqueta no pasas por una revolución, no renaces. Y a menos que renazcas no puedes ser un sannyasin.

Espera. No es el momento adecuado. Y nunca tengas prisa en asuntos tan importantes. Es una cuestión de vida o muerte - de hecho mucho más importante que la vida y la muerte porque puede llevarte más allá de la vida y la muerte. Esa es toda la alquimia de sannyas: llevarte más allá de la vida y la muerte. Es mucho más importante que cualquier otra cosa, así que no hay que tener prisa. No seas impaciente.

En estas cinco semanas sólo estate aquí, medita, haz algunos grupos, observa a los sannyasins, y luego vuelve a casa.

No crees esta ansiedad en tu mente: "Ser o no ser...", de lo contrario tus cinco semanas serán en vano.

No podrás participar en nada totalmente porque tu preocupación constante será: "¿Cuándo voy a tomar sannyas?". Si no tomas sannyas sentirás que estás perdido; si lo haces pensarás que has hecho algo que no salía de tu corazón. De cualquier manera serás un perdedor.

Hay una estación, una estación correcta, en la que las cosas suceden fácilmente, en la que no necesitas hacerlas, en la que simplemente suceden; tú sólo eres testigo de que están sucediendo. Igual que la serpiente deja un día la vieja piel, se desliza fuera de ella - no tomó la decisión; había llegado el momento. Un día el niño nace del vientre materno; han pasado nueve meses. No es una decisión del niño: "Ahora es el momento de que nazca". Llega la primavera, y flores y flores... toda la tierra se alegra.

Sannyas también sucede así. Entonces hay belleza, entonces hay gracia, y sólo entonces eres un sannyasin. No es una cuestión de ser reclutado, no es una disciplina a la que te tengan que obligar, no es una cuestión de discutir a favor o en contra. Cuando viene de tu corazón no hay alternativa, no hay una cosa o la otra; no es filosofía.

Soren Kierkegaard ha escrito un hermoso libro; el nombre del libro es O lo uno o lo otro. Y no es sólo el nombre del libro, sino que toda su vida puede calificarse de experimento sobre lo uno o lo otro. En toda su vida nunca fue decisivo - siempre pensando si hacerlo o no hacerlo.

Durante años, una mujer le esperó y él fue incapaz de decidir si casarse con ella o no. Reflexionó y reflexionó, consultó enciclopedias, grandes tratados sobre el matrimonio y el amor, tomó muchas notas a favor y en contra, lo sopesó de una manera y de otra, pero no pudo llegar a una conclusión. Todos los argumentos eran casi iguales. Mucho se podía decir a favor, mucho se podía decir en contra, y todo estaba tan equilibrado... ¿cómo decidir? Cansada, la mujer se casó con otro.

Y así fue toda su vida: sobre todo seguía cavilando y cavilando; nunca pudo hacer nada Si la muerte hubiera sido también una cuestión que él tuviera que decidir, aún no habría muerto; estaría sentado en Copenhague cavilando sobre la muerte. Si el nacimiento hubiera sido una cuestión de decisión por su parte, nunca habría nacido; habría reflexionado y reflexionado en el vientre de la madre, sentado allí: ¿salir o no? Su actitud, su estúpida actitud ante la vida, se hizo tan famosa que cuando pasaba por la calle, sólo una vez al mes, tenía que ir al banco a sacar dinero .... Su padre, viendo a su hijo y su incapacidad para decidir sobre todo, había depositado algo de dinero a su nombre porque era absolutamente seguro que no sería capaz de hacer nada en su vida. Le había llegado una buena oferta para una cátedra; se lo pensó tanto que la universidad decidió nombrar a otra persona. Así que vivió de una manera muy pobre, porque el dinero del banco era limitado: era su único dinero, y tuvo que vivir toda su vida con ese dinero.

Una vez al mes, el primer día del mes, iba al banco a retirar una pequeña suma de dinero y volvía a casa. Incluso yendo al banco se preguntaba si ir en esta dirección o en aquella. Se quedaba parado en la encrucijada durante horas, y no sólo una vez, sino todos los meses, y cada mes tenía que decidir una y otra vez. Su planteamiento se hizo tan famoso que los golfillos solían seguirle de su casa al banco y del banco a la casa, gritando detrás de él: "¡O, o, o, o!". Copenhague no le conocía por su nombre, Soren Kierkegaard, su nombre pasó a ser O bien/O bien.

Helga, espera. La próxima vez cuando vengas - si todavía estoy aquí.... Hasta entonces, espera. Y no hay mejor momento que el presente cuando se quiere posponer una cosa. ¿Y quién sabe? Puede que no estemos hechos el uno para el otro. No digo que no estés hecho para mí, eso no lo puedo decir, pero puede que yo no esté hecho para ti; eso sí lo puedo decir. Puede que no te merezca. Así que déjalo a un lado; hay que dejar a un lado la cuestión.

También ha hecho otra pregunta: "Maestro, cuando cuentas chistes no puedo reír. Sólo puedo escuchar cosas serias". Eso es indicio suficiente de que no nos merecemos el uno al otro. Ciertamente yo no te merezco - yo asumo toda la responsabilidad. Entonces este lugar no encajará contigo y será difícil para mí hacer que todo encaje contigo y de acuerdo contigo. Si sólo pudieras escuchar cosas serias... ¡Escucha! El mundo está lleno de cosas serias.

Este es un lugar de risas y amor. No creemos en las cosas serias, creemos en vivir sin seriedad.

La tercera pregunta:
MAESTRO,
¿CUÁL ES, EN POCAS PALABRAS, EL MENSAJE DE GAUTAM EL BUDA?

Gautami,
EN IGUALDAD DE CONDICIONES, PIERDES. En igualdad de condiciones, pierdes. Ganes o pierdas, pierdes.

La cuarta pregunta:
MAESTRO, SOY UN TONTO. ¿QUÉ DEBO HACER?

Muktananda,
¡ESO ESTÁ MUY LEJOS! No hagas nada. Por favor, quédense como están. ¡Recuerden, los tontos se apresuran y consiguen los mejores asientos!

La quinta pregunta:
MAESTRO, HOY DIJISTE QUE TODAS LAS MUJERES SON ESENCIALMENTE MONJAS PERO QUE NINGÚN HOMBRE ES MONJE. PERO DESDE QUE VINE A VIVIR A POONA MI

ENERGÍA SEXUAL PARECE HABER DESAPARECIDO - ¡CREO QUE ESTOY ATERRORIZADO DE TODAS LAS MUJERES VIBRANTES Y VIVAS DE AQUÍ!

Swami Anand Neeraj,

CREO QUE TE ESTÁS convirtiendo en monja: ¡los milagros existen! Tendré que cambiarte el nombre; espera un poco más. Si finalmente decides que ha sucedido de verdad y no era sólo una fase pasajera, serás conocida como Ma Anand Neeraj.

Un anciano telefoneó a su yerno -que acababa de casarse con su hija- y le preguntó: "¿Cómo van las cosas?".

El yerno dijo: "Siento decírselo, señor, pero parece que estoy casado con una monja".

El anciano dijo: "¿Qué quieres decir con 'casado con una monja'?

El joven dijo: "Ni por la noche, ni por la mañana".

El anciano se rió y dijo: "Ahora lo entiendo. Entonces esta noche vienes a cenar a mi casa y ves a la Madre Superiora".

¡Si, Neeraj, te has convertido en monja, poco a poco te convertirás en Madre Superiora! No te preocupes.

Crecer es todo lo que se necesita: este es un centro de crecimiento. Sigue creciendo. No te preocupes por lo que estás haciendo; el crecimiento es lo importante. Si estás creciendo, todo está bien.

La sexta pregunta:

MAESTRO,

ALGUNAS PREGUNTAS...

Siempre me desconciertan los nombres holandeses. La grafía dice "Joke", pero los holandeses son raros, lo pronuncian como "Yokay" - ¡destruyen toda la belleza del mismo! Vale, Yokay....

La primera pregunta:

¿Cuántas Women Libbers hacen falta para enroscar una bombilla?

Cinco: uno para atornillarlo y cuatro para considerar las implicaciones.

Segundo:

¿Y cuántos budistas hacen falta para enroscar una bombilla?

Dos: uno para atornillarlo y otro para no atornillarlo.

Tercero: ¿Y cuántas madres judías hacen falta para enroscar una bombilla?

Ninguno: la madre judía dice: "¿Y? ¡Me sentaré en la oscuridad! "

Y cuarto: ¿Y cuántos sannyasins hacen falta para cambiar una bombilla?

¡Sólo uno para enroscar la bombilla y diez mil para celebrar la gran ocasión!

La séptima pregunta:

MAESTRO,

¿QUÉ ES ESTAR ABIERTO?

Devena,

ESTAR ABIERTO SIMPLEMENTE SIGNIFICA estar sin mente. Si la mente está ahí, estás cerrado. La mente es un muro que te rodea. Es una pared transparente, por lo tanto puedes ver a través de ella y puedes seguir viviendo detrás de ella sin darte cuenta de que estás viviendo en una celda de prisión. Las cárceles deberían ser de cristal, entonces muy pocas personas sufrirían tanto en las cárceles. Podrán ver a la gente caminando por la calle, hablando; podrán verlo todo, y creerán que son libres. Si no salen y se mezclan con la gente, es simplemente por su propia decisión de que no quieren mezclarse con las multitudes. Son "aristócratas", no son gente corriente, son gente "especial". Y estos muros que no se ven no se verán como muros, sino como protección.

Así es la mente: la mente es una pared transparente de cristal, cristal muy transparente -hecho en Bélgica, no en la India, porque en la India no se puede hacer cristal transparente; es imposible.

Si tienes una mente, políticamente esa mente será comunista, socialista o fascista; religiosamente será católica, protestante, cristiana, hindú o mahometana; filosóficamente pertenecerá a una determinada escuela filosófica. No puede ser libre. La mente no puede tener libertad -su propia existencia es una esclavitud- y la mente te mantiene cerrado. Siempre miras desde un cierto ángulo fijo, desde una cierta obsesión fija; no puedes ver las cosas como son. Es imposible que la mente vea las cosas como son - es inevitable que las distorsione de acuerdo con sus propias conclusiones a priori.

Justo el otro día te decía que recibí una carta de una madre irlandesa escrita a su hija que es sannyasin aquí, diciendo que ha estado leyendo mis libros, ha mirado fotos mías, ha sentido algo - los libros son preciosos. La única pregunta que quiere hacerme es: ¿Es católico o no? "Si es católico, entonces todo está bien; si no es católico, entonces vuelve a casa lo antes posible".

Y la irlandesa Mukta también ha recibido una carta de su madre, una carta totalmente diferente pero en cierto modo igual. La madre de Mukta dice: "Según he entendido, estás en el mejor de los lugares del mundo. Lo único que me molesta es que es un lugar religioso; si no fuera por la religión, sería cien por cien hermoso". Ahora bien, para uno la palabra "religión" crea problemas; para el otro, si no es católico entonces hay problemas.

La gente me pregunta quién soy: hindú, cristiano o mahometano. Y yo digo que no soy ni esto ni aquello, simplemente soy un hombre dichoso que disfruta de la vida en su totalidad. Y yo llamo a esto religión - la única verdadera religiosidad.

Devena, dejar caer la mente es abrirse. La meditación es un esfuerzo por desmantelar el muro ladrillo a ladrillo. Sannyas es una decisión de que nos decapitaremos a nosotros mismos y empezaremos a vivir como no-mente. Funcionaremos desde un estado de no-saber, porque sólo entonces eres inocente y sólo entonces estás abierto. Y esa es la actitud realmente científica, el enfoque científico hacia la vida.

En la cima última, la ciencia y la religión tienen que encontrarse. Si ambas buscan la verdad -y ambas buscan la verdad-, entonces en la cima última tienen que encontrarse. Por muy diferentes que sean los caminos que siguen, su núcleo fundamental y esencial no puede ser diferente. El núcleo esencial del enfoque científico es que no debes acercarte a ningún hecho con ninguna conclusión; debes acercarte al hecho en un estado de no-saber; sólo entonces serás capaz de encontrarlo tal y como es. Si tienes una idea determinada, tu idea influirá en tu conclusión; tu observación se volverá prejuiciosa. Y una mente prejuiciosa nunca puede ser científica; de hecho, una mente prejuiciosa es la única mente que existe. Por eso digo que una mente nunca puede ser científica, ni tampoco religiosa.

La ciencia aborda el mundo exterior de los hechos sin actitudes fanáticas y la religión aborda el mundo interior de los hechos sin actitudes fanáticas. El fanático cree más en su ficción que en los hechos; impone sus ficciones a los hechos.

Un tal Dr. Banerjee vino a verme; quería mi ayuda. Me dijo: "Soy científico". Es el jefe de un departamento de la Universidad de Rajasthan, que realiza algunos trabajos de investigación en parapsicología; es el jefe del departamento de parapsicología. Me dijo que quería mi ayuda porque estaba haciendo un trabajo científico sobre la teoría de la reencarnación: que el hombre nace muchas veces una y otra vez.

Hablé con él y le dije: "¿Crees en la reencarnación?".

Él respondió: "Ciertamente. Soy hindú y creo que es verdad. Ahora quiero probarlo científicamente".

Le dije: "Entonces tu investigación no es científica desde el principio. Si eres hindú y crees que es verdad sin experimentar, sin entrar en el proceso de experimentación, sin reunir hechos, y ya está ahí la creencia, entonces impondrás tu creencia. No escucharás los hechos; intentarás distorsionar los hechos de acuerdo con tu teoría, de acuerdo con tu creencia a priori.

Usted no es en absoluto un científico. Olvida esa idea de que eres un científico. ¿Quién te ha dado un doctorado?

¿Y qué tonterías están haciendo en su departamento de parapsicología? Mejor llámalo enseñanza de la religión hindú. ¿Por qué llamarlo parapsicología? Luego algún cristiano intentará demostrar científicamente que no hay reencarnación, que sólo hay una vida. Y si hay que demostrarlo democráticamente, entonces los cristianos, judíos y mahometanos superan en número a los hindúes y si hay que decidirlo democráticamente, por votación, entonces ganarán porque ¿cuántos hindúes hay? Casi la mitad de la humanidad es cristiana, la segunda gran religión es el mahometismo, luego están los judíos - los tres juntos son suficientes para derrotar a una pequeña comunidad de hindúes muy fácilmente. Si cada uno se pone con su creencia a buscar hechos que la demuestren, entonces no es científico".

Había venido para quedarse unos días; se escapó enseguida, y desde entonces no he vuelto a saber de él. No le interesaba indagar, no tenía una mente abierta, pero me confesó que era hindú pensando que yo también lo era. No se lo habría dicho a ningún cristiano, ni a un mahometano, ni a un judío. Se sintió muy avergonzado cuando le dije estas cosas. Lo último que me preguntó fue: "¿No eres hindú?".

Le dije: "No soy nadie. ¿Por qué debería ser hindú? La sangre no es hindú ni mahometana ni cristiana, ni los huesos son hindúes, mahometanos o cristianos. ¿Cómo puede la conciencia ser hindú, mahometana y cristiana? Sólo soy mi conciencia, soy mi dicha. ¿Cómo puede la dicha ser hindú o mahometana?".

Devena, ser abierto significa dejar caer tu mente política, religiosa y filosóficamente; desmantelarla ladrillo a ladrillo. Es un proceso doloroso, pero es la única forma de conocer la verdad y es la única forma de liberarse de todo tipo de supersticiones, de todo tipo de creencias fanáticas. La idea del fanático es: "¡Mi religión es la verdad, y no te dejes engañar por los hechos!". No confía en los hechos; cree en su dogma. Y cuanto más antiguo es, más cree en él. Su idea es: "¿Cómo pudo la gente creer en ello durante tanto tiempo? Debe ser verdad".

Pero los judíos son tan antiguos como los hindúes y siempre han creído que sólo hay una vida, y los hindúes siempre han creído que hay muchas vidas. Las religiones que nacieron del hinduismo -jainismo y budismo- creen ambas en muchas vidas, y las religiones que nacieron del judaísmo -cristianismo e islamismo- creen ambas que no hay otra vida, sólo una vida. El tiempo no puede ser decisivo, ni tampoco los números.

Sólo un enfoque científico o un enfoque religioso... para mí es lo mismo. Lo llamo ciencia cuando tu indagación es objetiva, lo llamo religión cuando tu indagación es subjetiva, pero para ambas indagaciones se requiere absolutamente una conciencia abierta. Ése es el primer requisito fundamental: una conciencia sin mente, y eso sólo puede ocurrir a través de la meditación. La meditación es la única magia que puede ayudarte a liberarte de la mente, puede ayudarte a liberarte de ti mismo, de tu pasado y de toda la carga del pasado.

La octava pregunta:
MAESTRO,
¿CUÁL ES LA DIFERENCIA ENTRE UN OPTIMISTA Y UN PESIMISTA?

Suriyo,
NO MUCHO. Un optimista cree que vivimos en el mejor de los mundos posibles. Un pesimista teme que esto sea cierto.

La novena pregunta:
MAESTRO,
¿PUEDO CONTAR CONTIGO PARA MATARME?

Prem Kavita,

CERTAMENTE, pero aún no estás preparado. Estoy listo para matar, pero sólo se puede matar en el momento adecuado, ni siquiera un minuto antes. Y tú aún no estás preparado. Tu deseo es bueno, pero es sólo un deseo. Tendrás que merecerlo.

Anoche maté a Magga. Ahora está llorando, sin entender lo que ha pasado. Ella era una médium; de repente la dejé caer. Esto destroza el ego. Los médiums se sienten especiales; pueden empezar a acumular cierto ego en sí mismos, pueden volverse serios.

He estado mirando tus preguntas, Kavita. Todas tus preguntas muestran cierta actitud sarcástica.

Esta es la primera pregunta que he elegido como digna de respuesta, de lo contrario simplemente las tiro a la papelera. No muestran amor, no muestran confianza, no muestran entrega.

Y si te mato sin tu amor será asesinato. Si te mato con tu amor será transformación. Tendrás que mirar en lo más profundo de ti mismo; en algún lugar el puente aún no se ha producido. Estás aquí, pero tus preguntas muestran que aún funcionas desde el conocimiento.

Kavita es una terapeuta de la respiración aquí; esa puede ser la causa de todo el problema. Si eres terapeuta aquí empiezas a sentir un cierto ego, un ego sutil. Los limpiadores, los limpiadores de retretes, están en una situación mucho mejor: no pueden cargar con ningún ego. Y, según mi experiencia, se acercan mucho más a mí que los terapeutas, porque el terapeuta viene con la idea de que "sabe". En algún lugar en el fondo también lleva la idea de que está ayudando al trabajo de Maestro, de que es muy esencial para el trabajo, de que es indispensable, de que sin él habrá un vacío; es necesario. El limpiador no puede sentir eso, de ahí que a veces los limpiadores de retretes florezcan.

Hace apenas tres días elegí a Nandan como nueva médium. Ha sido una limpiadora, pero me sorprende su disponibilidad, su entrega total, su confianza absoluta. Puedo fluir a través de ella como el viento puede pasar a través de los pinos, sin obstáculos ni obstrucciones.

Kavita, todavía no siento eso en ti. Estoy listo para matar - esa es toda mi función aquí. Un Maestro es necesario sólo porque no puedes matar a tu propio ego, es una tarea difícil. Se puede hacer, pero es una tarea muy difícil.

Es casi como levantarse uno mismo tirando de los cordones de los zapatos. Es difícil; se necesita ayuda. Se puede dar algo de ayuda, pero sólo se puede dar cuando no hay ego.

Kavita, medita sobre ello. El día que estés listo ... ¡mi espada siempre está lista! ¿Qué estoy haciendo todo el día en mi habitación? - ¡Puliendo mi espada para que no acumule óxido!

La décima pregunta:
MAESTRO,
HAS DICHO QUE HAY UN RUSO AQUÍ. ¿QUÉ PIENSAS DE LOS RUSOS?
¿HABRÁ UNA TERCERA GUERRA MUNDIAL?
Anand Devendra,
LOS RUSOS SON UN PUEBLO BELLO pero son víctimas de una filosofía muy estúpida, de una ideología política muy estúpida. El pueblo es hermoso, pero está dominado por el régimen más feo de la historia.

Algunos de mis sannyasins en Rusia -por supuesto, son sannyasins clandestinos- me han enviado algunos chistes. Justo el otro día los recibí. Han estado traduciendo chistes, boletines, SANNYAS y haciéndolos circular clandestinamente. Se reúnen de vez en cuando para escuchar una cinta, para meditar. Y han estado escuchando tantos chistes sobre todo el mundo que deben estar sintiendo que no les presto ninguna atención, así que me han enviado dos chistes preciosos.

Primero:
Un hombre entra en una tienda de alimentación de Moscú y pide dos kilos de carne. Como de costumbre, la dependienta le contesta: "Hoy no hay carne, camarada".

"¡Nada de carne!", grita. "¡No hay carne! No tienen carne!" Sale corriendo a la calle con los dos brazos en alto, gritando con todas sus fuerzas: "¡No hay carne! ¡No tienen carne! No tienen carne". Luego sigue calle abajo gritando a todo el mundo: "¡No tienen carne! No tienen carne".

Hace tanto ruido que la policía viene corriendo. Lo ven gritar como un loco, lo detienen inmediatamente y se lo llevan a la cárcel. En su celda sigue gritando mientras sacude los barrotes: "¡No hay carne! No tienen carne".

"Tendremos que darle una lección a este tipo", dice el funcionario de prisiones. "Llévenlo al patio y finjan que van a dispararle. Así se callará pronto".

Así que el guardia lleva al hombre, que sigue gritando, al patio. Lo alinean contra la pared, cargan los rifles con cartuchos vacíos, apuntan y disparan.

Hay unos segundos de silencio y de repente se oye un grito. "¡Balas no! ¡No hay balas! Tampoco tienen balas".

Y la segunda:

Un sueco, un polaco y un ruso se encontraron y, naturalmente, su conversación giró en torno al sexo.

"El sexo en Suecia", dijo el sueco, "es un grupo de personas que se reúnen en el piso de alguien y montan una orgía".

"Sexo en Polonia", dijo el segundo hombre, "es un grupo de personas viendo en la tele un programa sobre gente montándose una orgía en un piso de Suecia".

"¿Qué significa sexo en Rusia?", preguntaron ambos al tercer hombre.

"Sexo en Rusia", dijo el hombre con tristeza, "es un grupo de personas que se encuentran con alguien de Polonia que vio el programa de televisión sobre los suecos teniendo una orgía....".

Son gente hermosa, pero sometida a un régimen podrido. Necesitan liberarse, liberarse de esta violencia, de esta dictadura que se les impone contra su voluntad. Pero los que la imponen dicen que es por su propio bien. Al principio los comunistas decían que la dictadura era sólo un fenómeno temporal; pronto desaparecería. Una vez establecido el socialismo, incluso el Estado se marchitaría, así que ¿qué decir de la dictadura? Pero ahora que han pasado sesenta años desde la Revolución, ha ocurrido justo lo contrario: el Estado se ha hecho cada vez más poderoso. No parece que vaya a desaparecer. Es la primera vez en toda la historia de la humanidad que un Estado es tan poderoso que no hay posibilidad de ninguna revolución contra él. Ningún pueblo ha estado tan lisiado y paralizado. Antes siempre existía al menos la posibilidad de rebelarse contra un régimen. Si era demasiado siempre se podía tirar. Pero ahora, por primera vez, ha sucedido:

el gobierno ruso es tan poderoso, tan inmensamente poderoso, que el individuo no es nada.

Y han aprendido una cosa: cómo impedir una revolución desde el principio, desde el germen mismo de la revolución, de modo que ni siquiera se permite la libertad de opinión. Incluso tienes miedo de hablar con tu propia mujer porque, ¿quién sabe? - ella puede ser una delatora. Nadie sabe nada de nadie. Tienes miedo de hablar con tus propios hijos porque pertenecen a la Unión de Jóvenes Comunistas y delatan a sus padres. Sólo en Rusia las paredes tienen oídos, sólo en Rusia. En todas partes es sólo un proverbio, en Rusia es una realidad. Ni siquiera se puede pensar de forma independiente, porque para pensar de forma independiente se necesita que ciertas cosas estén disponibles. Si Marx hubiera nacido en Rusia no habría podido escribir DAS KAPITAL porque no existe un Museo Británico donde hubiera podido ir a consultar todo tipo de libros.

Mis libros no pueden entrar legalmente en Rusia. Entran ilegalmente, pero no legalmente. El gobierno vigila todo lo que entra. Para tener libertad de pensamiento se necesita algún tipo de clima; ese clima ha sido destruido. Y todos los niños están condicionados según la religión del Estado: el comunismo es la religión del Estado.

Los rusos son gente hermosa como toda la gente es hermosa. Merecen el amor y la simpatía y la compasión y la ayuda de todo el mundo porque sólo hay una posibilidad: si el mundo libre les ayuda desde fuera, sólo entonces podrán ser libres; de lo contrario, ahora, científicamente, tecnológicamente, el gobierno es tan poderoso que es imposible derrocarlo, absolutamente imposible tirarlo. Basta con hablar de derrocarlo para que desaparezcas; nunca te volverán a encontrar, nadie sabrá adónde has ido. Cualquiera que discrepe políticamente es declarado inmediatamente un demente. Según su definición, según su creencia, sólo un loco puede estar en desacuerdo con el comunismo. ¿Cómo puede un hombre cuerdo estar en desacuerdo con el comunismo? Eso es el fanatismo. Incluso si la persona es un ganador del premio Nobel no importa - si no está de acuerdo sobre cualquier cosa está loco.

Ahora, ni siquiera se le declara preso político, no se le mete en la cárcel, porque eso tiene cierto respeto.

Jesús fue crucificado; eso fue respetuoso. Al menos lo aceptaron como un hombre peligroso. Pero si Jesús hubiera nacido en Rusia no lo crucificarían, recuerda; simplemente lo declararían loco.

Le darían descargas eléctricas, no crucifixión. Le darían descargas de insulina, le operarían el cerebro, destruirían todo su sistema nervioso, lo convertirían en una ruina de hombre. No lo matarían; así parecerían muy compasivos. No le crucificarían; ahora no hay necesidad de crucificar. Lo meterían en un hospital psiquiátrico donde le darían tratamiento junto con los locos; eso sería mucho más peligroso.

Que Sócrates fuera tratado en un manicomio sería mucho más irrespetuoso. Al menos los griegos fueron respetuosos: lo envenenaron - eso está bien. Si no estás de acuerdo con el hombre y el hombre no está dispuesto a estar de acuerdo contigo, ¡lo matas! Me parece perfectamente bien. Pero convertirlo en un loco y luego torturarlo y destruir lentamente todo su mecanismo de pensamiento, todo su sistema cerebral, operar en su cerebro y dañarlo, eso está feo. Eso es lo que está ocurriendo en Rusia.

Los rusos son gente hermosa, Devendra, pero viven bajo un régimen muy feo. Y es responsabilidad de toda la humanidad ayudarles a liberarse de esta gran prisión, de estos muros de hierro que les rodean.

Y también me preguntas: ¿HABRÁ UNA TERCERA GUERRA MUNDIAL?

Es imposible. Una Tercera Guerra Mundial no es posible por la sencilla razón de que la ciencia nos ha dado tanta tecnología para destruirnos unos a otros que una Tercera Guerra Mundial significa una guerra mundial total. Una guerra mundial total significa que nadie será el superviviente - ni habrá ningún ganador ni ningún perdedor. Por primera vez la guerra ha perdido todo su significado. No es por Buda o Cristo que la Tercera Guerra Mundial no va a ocurrir; es por la tecnología científica - bombas atómicas, bombas de hidrógeno, bombas de superhidrógeno, rayos de la muerte. Lo han hecho imposible. A menos que decidamos un suicidio global, una Tercera Guerra Mundial es imposible.

Los pequeños conflictos seguirán produciéndose porque son necesarios; son una necesidad económica.

A veces en Vietnam, a veces en Corea, a veces en Israel, a veces en Cachemira, a veces en Afganistán: pequeñas guerras, no una Tercera Guerra

Mundial. Las guerras pequeñas tienen que ocurrir, de lo contrario, ¿dónde van a vender sus armas estas grandes potencias? Y esas armas se acumulan y cada día se producen nuevos avances, de modo que sus viejas armas se quedan anticuadas. ¿Quién va a utilizarlas? No pueden utilizarlas; no pueden utilizarlas ellos mismos. A los países pobres, a los países atrasados, como India, Pakistán, Bangladesh, Afganistán, Irán, a estos pequeños países se les pueden vender armas obsoletas. Así que estos países tienen que estar continuamente peleándose entre sí, pequeñas peleas, luchas tibias. Las superpotencias, Estados Unidos y Rusia, necesitan estas guerras para vender sus armas, de lo contrario su arsenal de armas será tan grande que ellos mismos morirán bajo la carga. Así que estas pequeñas guerras son una necesidad absoluta.

Y estos países atrasados son tan tontos que no pueden ver el punto, así que en algún lugar u otro estalla una guerra. Un país empieza a comprar armas a América, otro país empieza a comprar armas a Rusia. Ambos están en el mismo negocio. Los que pueden ver, pueden ver que son socios - ambos necesitan guerras para continuar en algún lugar u otro. Pero no deben desencadenar una Tercera Guerra Mundial, no, porque una Tercera Guerra Mundial significa que esas dos superpotencias entran directamente en conflicto.

Si Rusia ataca a Estados Unidos, Estados Unidos sólo tardará diez minutos en tomar represalias; o si Estados Unidos ataca a Rusia, Rusia sólo tardará diez minutos en tomar represalias. Sólo habrá un intervalo de diez minutos, eso es todo. Si crees que eso es la victoria, entonces está bien. Después de esos diez minutos ambos están acabados.

De hecho, si estas superpotencias entran en conflicto, hay muchas posibilidades de que las personas que son muy primitivas y viven lejos, en los bosques de Sudáfrica o en el Himalaya, en el Tíbet, sean los únicos supervivientes. Serán los únicos beneficiados. Por primera vez su atraso se pagará; por primera vez ellos serán los ganadores y los ganadores serán los perdedores.

Pero eso también es una posibilidad muy, muy lejana, remota, porque una Tercera Guerra Mundial desencadenará tanto fuego alrededor de la Tierra que no parece haber posibilidad de que nadie pueda sobrevivir.

No sólo los seres humanos - árboles, pájaros, animales, todo habrá desaparecido.

De ahí que pueda afirmarlo categóricamente: no va a haber ninguna Tercera Guerra Mundial. Con la Segunda Guerra Mundial se acabaron las guerras mundiales. Ahora sólo habrá pequeños combates, batallas, pero no guerras.

La última pregunta:

MAESTRO, ME VOY A ITALIA. ¿PODRÍAS DECIRME UN CHISTE PARA CONTARLE AL ITALIANO?

Sarjano,

NUNCA PIDAS UNA BROMA. Puedes preguntarle a Laxmi: cada vez que pido una cosa ella siempre pide dos - ¡me conoce! Así que siempre que pidas un chiste tendrás que sufrir dos.

Primero:

Dos monjas italianas estaban sentadas a la mesa hablando de la belleza de las flores, plantas y verduras del jardín de su convento.

Una de las monjas dice: "¿Has visto los tomates grandes, rojos y jugosos del huerto?".

Mientras habla, la monja junta ambas manos en círculo, mostrando el tamaño de los tomates. "Sí", responde la otra monja, "¿y has visto el tamaño de los pepinos de este año?".

Mientras los describe, sus manos indican el tamaño de los largos pepinos Una monja anciana sentada en un rincón de la misma habitación, casi sorda pero aún no ciega, pregunta con voz ansiosa: "¿De qué Padre me habla?".

Y segundo:

Una vez se produjo una explosión en una fábrica italiana de salami y uno de los salamis vuela por los aires.

Un ángel que vuela por el cielo tropieza con el salami y lo agarra con su ala. "Esto es curioso", dice. "Me pregunto qué será".

Vuela hacia José y le pregunta: "¿Has visto alguna vez una cosa así?", balanceando el salami delante de su nariz.

Joseph, mirando fijamente el salami, dice: "¡No, nunca había visto uno!".

El ángel sale volando y se encuentra con María. "María, ¿sabes qué es esto?", le dice, balanceando el salami delante de ella.

"¡Oh!", exclama María, "¡Si no tuviera esa red tan graciosa alrededor diría que es el Espíritu Santo!".

El jardín de Tathagata

Pregunta 1
MAESTRO,
¿CUÁL ES EL OBJETIVO DE LA MEDITACIÓN?
Prageeta,

LA MEDITACIÓN NO TIENE NINGÚN OBJETIVO. La meditación es el abandono de todos los objetivos, por lo que no puede tener un objetivo propio; eso iría en contra de su propia naturaleza. Los objetivos existen en el futuro; la meditación es estar en el presente. No hay punto de encuentro entre el presente y el futuro -el futuro no existe- ¿cómo puede lo no existencial encontrarse con lo existencial? Eso es imposible El futuro es nuestra creación, es nuestra imaginación. Lo creamos con un propósito determinado; el propósito es evitar el presente. No queremos estar en el presente, queremos escapar del presente. El futuro nos da una vía de escape. Vivir en el futuro es ser un escapista.

Cualquiera que sea la meta, no importa cuál sea, puede ser la realización de Dios, puede ser el logro del nirvana, sigue siendo una meta y cualquier meta está en contra de la meditación. Pero toda nuestra mente existe en el futuro; nuestra mente está en contra del presente. En el presente la mente muere. ¿Cómo puede existir la mente en el presente? Si estás completamente ahora, completamente aquí, no hay mente. No puedes pensar porque el pensamiento necesita espacio y el presente no lo tiene. Es como la punta de una aguja: no puede contener nada, ni siquiera un solo pensamiento.

Por lo tanto, si quieres vivir en la mente, tienes que vivir en el pasado o en el futuro; estas son las dos maneras. Los anticuados, los ortodoxos, los convencionales -los cristianos, los mahometanos, los hindúes- viven en el pasado, y los llamados revolucionarios, los progresistas, los vanguardistas, viven en el futuro. Los comunistas, los socialistas, los fabianos, los utópicos, todo tipo de idealistas, viven en el futuro. A primera vista parecen muy diferentes -el católico y el comunista parecen antagónicos-, pero en el fondo no lo son en absoluto. Pertenecen a la misma categoría, hacen el mismo trabajo: ambos huyen del presente.

El hindú vive en la edad de oro que ya pasó; su edad de oro estaba en algún lugar muy lejano del pasado, es sólo un recuerdo, nunca ha estado allí. Ese pasado es simplemente una creación de personas imaginativas, pero les ayuda a escapar del presente. Los hindúes lo llaman ramrajya, el reino de Dios. Existió en el pasado y desde entonces el hombre no ha dejado de caer. De ahí que los hindúes no puedan estar de acuerdo con Charles Darwin, con la idea de la evolución. Los hindúes tienen una idea totalmente diferente: la idea de involución, no de evolución. El hombre no progresa, el hombre retrocede El hombre cae cada día, el hombre va cuesta abajo. Las cumbres han quedado en el pasado: las cumbres doradas, las cumbres iluminadas por el sol.

El comunista vive en el futuro; su edad de oro aún está por llegar. Llegará un día, en algún lugar lejano en el futuro, cuando el Estado desaparezca, cuando la sociedad no tenga clases, cuando no haya explotación, cuando no haya necesidad de ningún gobierno, cuando la gente viva en igualdad. Ese será el reino de Dios, pero eso es en el futuro; eso tampoco va a suceder nunca.

Tanto el comunista como el hindú están haciendo lo mismo, son socios en el mismo negocio: el negocio es cómo escapar del presente, cómo no vivir en el presente. De ahí que veas que ocurre algo extraño: Los hindúes están contra mí, los mahometanos están contra mí, los cristianos están contra mí, los comunistas están contra mí. En una cosa están todos de acuerdo, al menos en una cosa están todos de acuerdo. Al menos me alegro de darles un punto en el que están de acuerdo. Pero en realidad están de acuerdo porque mi insistencia es contra el pasado y contra el futuro, mi insistencia es en estar en el presente. De ahí que la meditación no pueda permitir ningún deseo de metas.

Puedo entender tu pregunta, Prageeta, porque la mente siempre pregunta: "¿Por qué lo haces?".

No puede hacer nada de forma simple, espontánea: el "por qué" siempre está ahí. No conoces ninguna acción en tu vida que sea espontánea, no conoces ninguna respuesta. Todo lo que haces no es acción, sino reacción. Lo haces porque hay razones para hacerlo, hay motivos para hacerlo, hay deseos detrás de ello. Algo te empuja desde atrás o te tira desde delante. Nunca actúas por libertad, eres un esclavo. De ahí que siempre preguntes "¿Por qué?".

Un hombre fue enviado por su psiquiatra a las montañas sólo para descansar, relajarse y disfrutar de la naturaleza. Al día siguiente recibió un telegrama: "Me siento muy feliz. ¿Por qué?"

No se puede aceptar nada sin preguntarse "¿Por qué?". Ahora hay que entender una cosa sobre la felicidad: la miseria puede tener causas, la felicidad no tiene causa. Y si tiene una causa, no es más que miseria disfrazada de felicidad. Cuando la felicidad es verdadera -eso es lo que se entiende por dicha- no tiene causa, no hay causalidad. Está más allá de la causa y el efecto; está más allá de la cadena de causa y efecto.

No puede responder por qué.

Buda fue preguntado muchas veces: "¿Por qué eres tan dichoso, tan pacífico?n Él siempre respondía: "Tal es la naturaleza de la conciencia -TATHATA. "

Ahora hay que reflexionar sobre su respuesta. Dice: "No hay ningún 'por qué', así son las cosas".

Los árboles son verdes y las flores rojas, y el hombre que despierta es dichoso. No hay ningún 'por qué' en ello".

Pero la gente que le preguntaba una y otra vez.... Creo que le habrán hecho la misma pregunta miles de veces personas diferentes. La gente puede parecer diferente desde fuera, pero en el fondo todos son inconscientes, así que la misma pregunta surge una y otra vez de su mente inconsciente: "¿Por qué? Tiene que haber alguna razón. ¿Has descubierto algún tesoro? ¿Has encontrado algún Kohinoor? ¿Has encontrado alguna alquimia que te permita transformar el metal en oro? ¿Has encontrado algún secreto que pueda hacerte inmortal? ¿Por qué eres tan dichoso?"

Las personas que preguntan están diciendo algo sobre sí mismas; en realidad no preguntan por qué Buda es dichoso; no pueden comprender a Buda, sólo se conocen a sí mismas. Saben que son desdichados y que su desdicha tiene una causa, y de vez en cuando, cuando se sienten felices, esa felicidad también está causada por algo. Te toca la lotería y eres feliz; sin la lotería, ¿cómo puedes ser feliz? Y a Buda no le ha tocado ninguna lotería. De hecho ha renunciado a su palacio y reino y a todas las riquezas. La gente debe estar buscando, tratando de averiguar: "Debe de haber algo que ha encontrado y que oculta y no nos dice. ¿Qué es? ¿Por qué pareces tan feliz?"

Prabhu Maya me ha hecho una pregunta - la misma pregunta que siempre se han hecho los Budas se hace una y otra vez aquí también. Ella pregunta: "Maestro, recientemente he estado descubriendo la falsedad detrás de la sonrisa que a veces llevo. Ahora me pregunto sobre ti - la misma cara, la misma sonrisa cada mañana, año tras año. ¿Es de verdad?"

Puedo entender su pregunta porque siempre que sonríe sabe que es falsa, y yo sonrío constantemente. Naturalmente, año tras año, debe ser falsa; de lo contrario, debe haber alguna causa oculta que no es visible para ti. O es falsa o he descubierto algo que no te digo, que te oculto.

Incluso Ananda, el discípulo más cercano a Buda, preguntó un día que paseaban por un bosque.

Era otoño y las hojas caían de los árboles y todo el bosque estaba lleno de hojas secas y el viento movía esas hojas secas y había un gran sonido de hojas secas moviéndose aquí y allá. Estaban atravesando el bosque y Ananda le preguntó a Buda: "Bhagwan, una pregunta persiste. La he estado reprimiendo pero ya no puedo reprimirla más. Y hoy estamos solos; los otros seguidores se han quedado atrás así que nadie sabrá que te he preguntado. No quiero preguntarlo ante los demás. Mi pregunta es: ¿Nos estás contando todo lo que has descubierto o todavía ocultas algo? - porque lo que nos cuentas no aclara tu dicha, tu paz.

Parece que ocultas algo. "

Buda se rió, le mostró un puño a Ananda y le preguntó: "Ananda, ¿ves lo que es?".

Me dijo: "Sí, veo que es un puño: tienes la mano cerrada".

Buda dijo: "Un Buda nunca es como un puño". Abrió la mano y dijo: "Un Buda es como una mano abierta: no esconde nada". No hay nada que ocultar. Lo he dicho todo, estoy absolutamente abierto".

Ananda seguía insistiendo: "Pero no podemos explicar tu dicha constante, y te he estado observando día tras día. Durante el día eres dichosa, por la noche cuando te vas a dormir eres dichosa. Tu cara parece tan inocente incluso cuando duermes. Incluso durmiendo pareces tan pacífico, tan sereno, tan tranquilo, tan calmado, como si no hubiera pasado ni un sueño dentro de ti. Siempre eres un estanque quieto sin olas. ¿Cómo es posible? Yo también lo he intentado, pero sólo puedo hacer un poco y luego me siento cansado.

Si te esfuerzas, te sentirás cansado.

Prabhu Maya, si intentas llevar una sonrisa te sentirás cansado porque llevar una sonrisa significa hacer un gran esfuerzo. Tienes que practicarla como Jimmy Carter... entonces no es una sonrisa en absoluto; tu boca está simplemente abierta, tus dientes simplemente se muestran, eso es todo.

He oído que su mujer tiene que cerrarle la boca todas las noches porque una vez se le metió una rata en la boca.

Llamó al médico y éste le dijo: "Ya voy, pero tardaré. Mientras tanto cuélgale queso delante de la boca".

Cuando llegó el médico se quedó muy sorprendido: ¡estaba colgando otra rata! Le dijo: "¿Qué haces? Te he dicho que le cuelgues queso delante de la boca".

Ella respondió: "Así es, pero detrás de la rata ha entrado un gato, ¡así que primero hay que sacar al gato!".

Desde entonces tiene que cerrarle la boca a la fuerza todas las noches. Es peligroso. Y la Casa Blanca es un edificio antiguo: tiene muchas ratas. De hecho, ¿quién vive en la Casa Blanca excepto las ratas? ¿A quién le interesa vivir en la Casa Blanca? Y como viven ratas, también viven gatos.

La meditación no tiene ningún objetivo; no tiene ningún deseo de alcanzar nada. La meditación consiste en abandonar la mente de logro. La comprensión del deseo y la comprensión de la ambición constante de metas, de logros, de ambición, te lleva a un punto, a un punto de tremenda consciencia, en el que puedes ver claramente que todas las metas son falsas, que no necesitas ir a ninguna parte, que no necesitas alcanzar nada para ser dichoso, que ser dichoso es tu naturaleza. Te lo estás perdiendo porque estás corriendo aquí y allá, y en ese correr, en ese ajetreo y bullicio, te vas olvidando de ti mismo.

Deja de correr aquí y allá y descúbrete a ti mismo. Descubrirte a ti mismo no es un objetivo. ¿Cómo puede ser un objetivo? El descubrimiento de ti mismo no es un objetivo porque ya lo eres. Todo lo que necesitas es dejar de correr aquí y allá, sentarte en silencio, relajarte, descansar. Deja que la mente se calme y se enfríe. Cuando la mente ya no corre hacia el pasado ni hacia el futuro, cuando todo correr ha desaparecido, cuando no hay mente como tal, cuando simplemente estás ahí sin hacer nada, simplemente siendo, eso es meditación. De repente sabes quién eres. De repente estás inundado de dicha, abrumado por la luz, por la eternidad. Y entonces tu vida se convierte en un fenómeno natural. Entonces no necesitas usar sonrisas - una sonrisa se vuelve natural. Entonces no necesitas fingir ser feliz.

Sólo una persona infeliz finge ser feliz. Una persona feliz ni siquiera tiene idea de que es feliz, simplemente es feliz. Los demás pueden pensar que es feliz, pero él no tiene ni idea. Simplemente es él mismo.

Dice Yoka:

LOS QUE ENTIENDEN SIEMPRE ACTÚAN CON NATURALIDAD.

Su risa es natural, su sonrisa es natural, toda su vida es natural. Toda tu vida es artificial, arbitraria. Siempre estás intentando hacer algo que en realidad no existe. Estás intentando amar. Ahora bien, intentar amar es empezar de forma equivocada desde el principio. Intentas ser feliz. ¿Cómo puedes ser feliz? No es cuestión de intentarlo.

Estás haciendo todo tipo de esfuerzos para ser gracioso. Ahora bien, la gracia no es un esfuerzo; si hay esfuerzo, no hay gracia. La gracia es una belleza sin esfuerzo. La persona realmente agraciada no conoce el esfuerzo.

Dice Yoka:

LOS QUE COMPRENDEN SIEMPRE ACTÚAN CON NATURALIDAD. LA MAYORÍA DE LOS HOMBRES VIVEN EN LA IMPERMANENCIA, EN LO IRREAL, PERO EL HOMBRE DEL ZEN VIVE EN LO REAL.

Vives en lo falso, en lo irreal, y cuando te encuentras con un hombre del Zen -recuerda que el hombre del Zen significa el hombre de la meditación-, entonces tienes un problema. Nunca intentes comprender al hombre del Zen según tus ideas; son irrelevantes. Sólo puedes comprender al hombre del Zen a través de la meditación. Aprende el arte de la meditación, de estar aquí y ahora - no por la paz, no por la dicha, no por nada. Esfuerzo sin meta... eso es la meditación: esfuerzo sin meta.

Ahora bien, sólo conoces el esfuerzo cuando hay un objetivo. Si no, preguntarás: "Esto es ilógico, ¿esfuerzo sin meta? Entonces, ¿por qué debemos esforzarnos?". Te has esforzado por conseguir objetivos, pero ¿qué has logrado? Es hora de intentar otra cosa. Ya es suficiente.

Dice Yoka:

ESFUERZO SIN META ES MUY DIFERENTE -

Muy diferente de todo lo que has hecho hasta ahora.

ABRE LA PUERTA DE LA VERDAD QUE CONDUCE AL JARDÍN DEL TATHAGATA.

La palabra tathagata viene de la misma palabra que he utilizado hace un momento: tathata. Buda dice: "Soy pacífico porque ésta es mi talidad, mi tathata". Pregúntale cualquier cosa y siempre dice: "Esta es mi naturaleza, mi tathata". Poco a poco sus discípulos se dieron cuenta de que tathata es su palabra más importante, su palabra clave. De ahí que se le llame tathagata: el que vive en la talidad, el que vive ahora y no conoce otro tiempo, el que vive aquí y no conoce otro espacio.

Si también puedes estar aquí y ahora, ABRE LA PUERTA DE LA VERDAD QUE LLEVA AL JARDÍN DE TATHAGATA. UN VERDADERO ESTUDIANTE DE ZEN IGNORA LAS RAMAS Y LAS HOJAS, Y APUNTA A LA RAÍZ.

¿Cuál es la raíz de tu miseria? Esta mente orientada a objetivos. ¿Cuál es la raíz de tu miseria? Este constante escape hacia las metas. ¿Cuál es la raíz de tu miseria? Tu mente es la raíz de tu miseria.

Pero nunca cortes la raíz; sigue podando las ramas, sigue podando las hojas. Y recuerda, cuanto más podes las hojas y las ramas, más grueso será el follaje y más fuerte se hará el árbol.

He iniciado a más de cien mil sannyasins y llevo veinte años enseñando meditación a millones de personas, pero ni una sola ha venido con una pregunta de raíz.

Todos vienen con "¿Cómo cortar esta rama?" y "¿Cómo cortar esta hoja?". Alguien dice: "Sufro de ira. ¿Qué debo hacer con ella? Y alguien dice: "Sufro de demasiada avaricia. ¿Qué debo hacer al respecto? ¿Cómo puedo dejar la avaricia? Alguien está sufriendo de celos y alguien está sufriendo de algo más - y todas estas son ramas y hojas. Nadie viene y dice: "Estoy sufriendo por mi mente. ¿Cómo puedo deshacerme de ella?". Y esa es la cuestión de fondo.

El día que ves la raíz, las cosas son muy fáciles. Corta la raíz y todo se marchitará por sí solo. La ira, la codicia, la sexualidad, los celos y la posesividad, todo desaparece.

Pero no quieres cortar la raíz. Estás viviendo una vida muy paradójica: sigues regando la raíz, sigues entrenando y refinando tu mente, sigues haciendo que tu mente esté más informada, más nutrida, y por otro lado sigues deseando que haya menos ira, menos ambición, menos codicia, menos ego. "¿Cómo ser humilde?", preguntas. Y sigues dando agua y sigues dando fertilizantes a las raíces y sigues cortando las hojas. Cortas una hoja y vienen tres en su lugar. El árbol acepta inmediatamente tu reto y, en lugar de una, ¡trae tres hojas!

De ahí que una sociedad que ha estado en contra del sexo se vuelva morbosa, se obsesione sexualmente. Esto ha sucedido en la India; no encontrarás un país tan obsesionado con el sexo en ningún otro lugar por la sencilla razón de que han estado cortando la hoja una y otra vez. Están constantemente cortando esa hoja y al árbol le siguen creciendo más hojas. Así que la sexualidad ha penetrado de formas tan sutiles que, a menos que estés muy alerta, no serás capaz de ver cómo ha penetrado de diferentes maneras, cómo la mente india se ha vuelto cada vez más sexual que la de cualquier otra persona.

¿Lo sabías? La India fue el primer país que pensó en las posturas sexuales. En la India se escribió el KAMA SUTRA, el primer tratado de sexología. Sigmund Freud vino después de cinco mil años. Y Masters y Johnson, y otros investigadores del sexo, apenas están abriendo camino en Occidente. Y todavía no tienen la sofisticación que tiene el KAMA SUTRA de Vatsyayana - incluso los franceses no son tan sofisticados. Vatsyayana lo ha descubierto casi todo sobre el sexo; no queda nada: su tratado está casi completo. Y es un libro de "cómo hacerlo"; te da todas las técnicas.

¿Por qué la India descubrió el KAMA SUTRA? El país que ha estado celebrando el celibato durante siglos, que ha estado enseñando y predicando el celibato, este país descubre el KAMA SUTRA. Este país da a luz a un hombre como Vatsyayana. Y luego vino Pundit Koka, otro Vatsyayana. Ahora, ¡la pornografía moderna no es nada comparada con Koka! La pornografía moderna es muy ordinaria. Pundit Koka es un pornógrafo perfecto.

Pero, ¿por qué nacieron estas personas en la India? Y miles de templos están dedicados a la shivalinga, que es un símbolo fálico. Ningún otro país venera símbolos fálicos excepto la India. Y es ambas cosas; representa al hombre y a la mujer - ambos. Si vas a un templo de Shiva observa bien. Representa el órgano sexual femenino, representa el órgano sexual masculino, y los representa en un estado de encuentro, en un estado de orgasmo. Y esto es adorado.

La gente ha olvidado por completo lo que está adorando. Si te fijas en las escrituras indias te sorprenderás. Las encontrarás tan obsesionadas con el sexo: por un lado lo condenan continuamente y, por otro, lo representan continuamente, de forma sutil. Ningún otro país tiene templos como Khajuraho, Konarak, Puri. ¿Por qué? ¿Por qué tenía que ocurrir esto en la India? Por la sencilla razón de que si cortas una hoja, llegan tres. Si cortas tres, llegan nueve hojas. Si cortas nueve - recuérdalo - llegarán veintisiete hojas. La naturaleza cree en el número mágico tres. Cree en la trinidad.

Así no se transforma a un hombre, así se deforma a la humanidad.

Así que, en apariencia, el indio intenta mostrar que no le interesa el sexo en absoluto y, en el fondo, está hirviendo de sexualidad, busca constantemente la sexualidad. Toda su mente está llena de sexualidad. Si pudiéramos hacer ventanas en las cabezas de la gente, ¡las cabezas de los indios serían realmente dignas de ver!

Esto tenía que ocurrir. Todo lo que reprimes, todo lo que cortas, si no se corta de raíz, está destinado a crecer, está destinado a crecer de formas sutiles. Puede empezar a afirmarse de formas morbosas y pervertidas.

Yoko dice:

UN VERDADERO ESTUDIANTE DE ZEN IGNORA LAS RAMAS Y LAS HOJAS, Y APUNTA A LA RAÍZ. COMO LA IMAGEN DE LA LUNA REFLEJADA EN UN CUENCO DE JADE CONOZCO LA VERDADERA BELLEZA DE LA JOYA DE LA LIBERTAD. PARA MÍ Y PARA LOS DEMÁS.

Sólo hay una libertad: la libertad de todos los objetivos.

Prageeta, no me preguntes cuál es la meta de la meditación. Trata de comprender por qué estás constantemente anhelando metas, y en esa misma comprensión la meditación surgirá en ti, la meditación florecerá en ti.

La meditación no es algo que puedas imponer, que puedas practicar; es algo muy misterioso, tremendamente vasto. Sólo llega cuando tu corazón abre sus puertas para comprenderlo todo sin prejuicios, sin conclusiones a priori.

Estando aquí conmigo, aprende a estar sin metas. Mis sannyasins tienen que saber perfectamente que no estamos trabajando por ninguna meta en absoluto. Todo nuestro objetivo es vivir en el momento presente tan totalmente que todo pasado y todo futuro desaparezcan. ¿A quién le importa lo que ya se ha ido? ¿Y a quién le importa lo que aún no ha llegado? Basta con el momento en sí mismo. Y ése es el camino de la meditación:

suficiente es el momento en sí mismo. Vivir el momento en su totalidad, con alegría, sumergiéndose en él sin retener nada, es la dicha. Deshacerse de todos los objetivos, mundanos y extramundanos, materiales y espirituales, es conocer el sabor de la meditación. Es el sabor de la libertad absoluta.

La segunda pregunta:
MAESTRO,
¿POR QUÉ AQUÍ CADA UNO TE ENTIENDE A SU MANERA?
Leeladhar,
ES SIMPLEMENTE NATURAL - TATHATA. ¿Cómo puede ser de otro modo? Todo el mundo tiene que comprenderme a su manera, porque todo el mundo tiene mente, y ahora mismo la comprensión se produce a través de la mente. Cuando la mente desaparezca, todo el mundo comprenderá a mi manera. Entonces no habrá problemas, no habrá preguntas. Yo estaré sentado en silencio, tú estarás sentado en silencio, y disfrutaremos del silencio; habrá comunión, una comunión de corazón a corazón.

Pero ahora mismo tenéis mentes y no hay otra forma de comunicarme con vosotros. Y uno tiene que aceptar esto: que cuando te comunicas con mentes tienes que aceptar que entenderán de manera diferente, entenderán a su manera.

Cada mente es diferente. Y aquí tenemos todo tipo de mentes, no es una comunidad de personas de una sociedad determinada.

Si sólo hubiera hindúes aquí, lo entenderían o lo malinterpretarían de la misma manera. Pero aquí hay hindúes y mahometanos y jainas y budistas y cristianos y judíos y zaratustres: todos tienen sus propios orígenes religiosos y todo tipo de ideologías políticas. Y tenemos gente de todas las naciones del mundo; cerca de cuarenta naciones están representadas aquí. ¿Cómo se puede esperar...? Esto no es una iglesia católica, no es un templo hindú, ¡es un universo en miniatura! De hecho, es un milagro que haya cierto entendimiento, que la gente no se corte el cuello, que sea muy amable y cariñosa.

Estos son los pueblos que se han estado degollando unos a otros durante siglos: Hindúes matando mahometanos, mahometanos matando hindúes. Y aquí verás el milagro: encontrarás a un hombre llamado Krishna Mohammed. No puedes encontrar esto en ningún otro lugar del mundo. ¿Krishna Mohammed?

De hecho, estoy muy preocupado. Cuando muera y vaya al otro mundo, toda esa gente, Krishna, Moisés, Mahoma, Mahavira y Buda, saltarán sobre mí. Dirán: "¿Qué has estado haciendo? ¿Llamar a un hombre Krishna Mahoma?". Porque he oído que incluso en el cielo hay compartimentos: Los hindúes viven en un compartimento, la colonia hindú, y los mahometanos viven en otro compartimento, y no se ven cara a cara. De hecho, todo el mundo cree que está en el cielo y que nadie más está en el cielo. Dios tiene que mantener esa ilusión, de lo contrario le estarían creando problemas. Así que grandes muros rodean esas secciones.

Ahora Dios también va a tener problemas. ¿Dónde pondrá a Krishna Mahoma, en la sección hindú o en la sección mahometana? Nuestra gente volará por todas partes.

Es natural, Leeladhar, que la gente entienda de manera diferente - la gente tiene mentes diferentes.

Julius: "¿Cuántos mandamientos hay?"

Julia: "Diez".

Julius: "¿Qué pasaría si - er - bueno - ya sabes - si se rompió uno de ellos?
"

Julia: "¡Así que serían nueve!"

El Día de la Madre, su marido le regaló un precioso abrigo de mofeta.

"No entiendo cómo un pelaje tan bonito puede proceder de una bestia tan maloliente", dijo la madre.

"No pido gracias, querida", respondió el marido, "pero sí exijo respeto".

Un italiano llama a la oficina de Alitalia y le contesta el chico de la oficina.

"Por favor, señor, ¿esa es la oficina de Alitalia?"

"Sí", responde el chico.

"¿Puede decirme cuánto se tarda de Roma a Poona?"

"Un momento, señor".

"¡Gracias!", responde el italiano y cuelga.

"¿Ha estado alguna vez postrada en cama?", preguntó el nuevo médico a la señora Longo.

"Claro que sí. Y también me han jodido mucho de otras maneras", dijo la señora con orgullo.

"¿Qué quieres por tu cumpleaños, hijo?", preguntó el indulgente padre italiano a su hijo.

"Quiero un reloj", dijo el chico.

El padre se encogió de hombros: "Si a tu madre le parece bien, a mí también".

Durante una ceremonia oficial en un país europeo, el embajador brasileño se encuentra en un carruaje con la Reina de Inglaterra cuando, de repente, el caballo se tira un ruidoso pedo.

Muy avergonzada, la Reina se disculpa: "Lo siento mucho, Embajador".

"No ha sido nada, Majestad, son cosas que pasan. ¡Incluso pensé que era el caballo!"

La tercera pregunta:

MAESTRO,

¿QUÉ ES EL VALOR?

Prem Leela,

SOLO HAY UN CORAJE y es el coraje de seguir muriendo al pasado, de no coleccionarlo, de no acumularlo, de no aferrarse a él. Todos nos aferramos al pasado, y porque nos aferramos al pasado nos volvemos inasequibles al presente. Y la mente tiene razones, razones válidas, para aferrarse al pasado.

Primero: la mente misma es el pasado. Fíjate en lo que es tu mente. No es más que el pasado: todo lo que has leído, escuchado, experimentado, observado, todo lo que ha sido. La mente nunca es; consiste en el tiempo pasado. Así que, naturalmente, la mente se alimenta del pasado, se aferra al pasado, porque eso le da fuerza, poder, energía, vida. Pero cuanto más se acumula el pasado a tu alrededor, más te pareces a un espejo cubierto de capas de polvo. Y, por supuesto, el pasado es cómodo, se siente acogedor, porque estás bien familiarizado con él. Lo conoces a la perfección, así que sabes cómo tratar con él. Eres hábil con él, eres astuto con él; toda tu inteligencia depende de él. Abandonarlo significará que tendrás que aprender una y otra vez, y eso es inconveniente, incómodo.

Abandonar el pasado significará que tendrás que convertirte en un niño cada día, y tu ego quiere ser un adulto, no un niño. Tu ego quiere amontonar el pasado y sentarse sobre él para parecer más alto que los demás.

Sin el pasado siempre seguirás siendo un niño sin conocimientos, pero lleno de asombro, de admiración.

Ese es el único valor: abandonar lo conocido y adentrarse en lo desconocido. Y no hay que hacerlo una sola vez, hay que hacerlo a cada momento. No se trata de que una vez hecho esté hecho para siempre, tienes que hacerlo cada momento, cada día, hasta el último momento de tu vida cuando estés muriendo en tu cama. Entonces también tienes que continuar el proceso de morir al pasado para que puedas vivir cada momento con una claridad prístina, sin polvo en tu espejo. Cuando puedes reflejar el presente tal como es, sabes lo que es Dios, lo que es la piedad. Dios es otro nombre para lo que es, para lo que es.

Pero estás recogiendo información sobre Dios, y esa es una de las mayores barreras. Por eso he oído hablar de pecadores que llegan a Dios, pero nunca he oído hablar de eruditos que lleguen a Dios. Los eruditos son las personas más imposibles. Cuanto más saben, más lejos están de Dios. Tantas escrituras se lo impiden. No pueden llegar a Dios y Dios no puede llegar a ellos. Están absolutamente cerrados en su conocimiento.

Coraje significa coraje para abandonar el conocimiento, coraje para volver a ser inocente, coraje para funcionar desde un estado de no-saber. No conozco otro valor.

Cuando utilizo la palabra "coraje" no me refiero al coraje de un soldado. Eso es estupidez, eso no es valor. Eso es sólo terquedad, eso no es coraje. Eso es sólo forzar, tienes que entrenar al soldado para que se vuelva torpe. Es falta de inteligencia, no inteligencia. De ahí que los soldados se conviertan en personas poco inteligentes. Cuantas más medallas tengan, puedes estar seguro, más poco inteligentes son. Cuenta las medallas que llevan en el pecho y sabrás lo tontos que son.

Todo el proceso del ejército es destruir la inteligencia porque una persona inteligente no será capaz de matar. Y una persona inteligente se hará mil y una preguntas antes de matar a alguien sin motivo alguno.

Un indio matando a un pakistaní al que no conocía, al que no había visto nunca, con el que no hay enemistad, y un pakistaní matando a un indio sin motivo alguno, que no le ha hecho ningún daño....

Si fueran un poco inteligentes, ¿serían capaces de hacerlo? ¿Sería capaz el indio o el pakistaní de hacerlo sin pensar en la mujer de este hombre que le espera en casa igual que su mujer le espera en casa, y sus hijos pequeños le esperan igual que sus hijos pequeños le esperan, y su anciana madre y su anciano padre que dependen de él igual que su madre y su padre dependen de él? ¿Sería capaz de cometer esta estupidez de matar o ser asesinado?

Si se permite que los soldados sean inteligentes, las guerras desaparecerán de la Tierra. Las guerras sólo pueden existir si los soldados están hechos de tal manera, condicionados de tal manera que pierdan toda inteligencia. Por eso hay que imponerles durante años un entrenamiento poco inteligente. Ahora el soldado sigue haciendo cosas que no tienen sentido durante años.

Se levanta temprano, tiene que ponerse en fila y empieza el desfile. Y "giro a la izquierda", y "giro a la derecha", y "sobre giro", y "adelante", y "atrás". ¿Para qué? Y durante horas.

En la Segunda Guerra Mundial reclutaron a un filósofo. Cuando el oficial al mando dijo: "¡Giro a la derecha!", todos giraron a la derecha menos el filósofo. El oficial al mando preguntó: "¿Por qué? ¿Por qué no giras a la derecha?".

Dijo: "¿Por qué debería volverme? No tengo nada que hacer allí; no veo la necesidad. Y creo que todas estas personas son tontas. Dices 'Gira a la derecha' y ya han girado. Tendrás que demostrarme cuál es su propósito. ¿Por qué debería girar a la derecha?"

El oficial al mando sabía que era un filósofo famoso. Dijo: "Este hombre no es adecuado para el ejército. Este tipo de persona no es necesaria". Incluso los demás soldados empezaron a pensar: "¡Es cierto! ¿Por qué? Sin duda somos tontos. Este hombre sólo dice: '¡Gira a la derecha!' y no tiene respuesta para ello ¡y nosotros giramos a la derecha!"

El oficial al mando pensó: "Este hombre creará problemas. No sólo será un problema para mí, incluso los demás empezarán a sacar ideas de él". Lo sacó y le dijo: "Esto no es para ti.

Ven a la cocina. Te daré otro trabajo, un trabajo sencillo que te vendrá bien". Así que le dio un montón de patatas y le dijo: "Tú ordénalas: las grandes a un lado, las pequeñas al otro".

Cuando llegó al cabo de una hora, el filósofo estaba sentado en silencio, en zazen, sentado en silencio, sin hacer nada. Ni siquiera había tocado una sola patata. El oficial al mando le dijo: "¿Ni siquiera puedes hacer eso?".

Me dijo: "Puedo hacerlo, pero hay un gran problema. Sí, hay unas cuantas patatas que son grandes y otras que son pequeñas, pero unas cuantas están en medio. Primero hay que decidir dónde van esas patatas intermedias. Si no está todo claro, no doy ningún paso. ¿Qué pasa con las patatas intermedias?".

Había que liberarlo. Este hombre no era para el ejército. De hecho, ningún hombre inteligente es para el ejército. Desfilando seis horas al día, girando a la derecha, girando a la izquierda, recibiendo órdenes de hacer cosas estúpidas y siguiendo esas órdenes... entonces un día el oficial al mando dice: "¡Disparad!" y ellos simplemente funcionan como máquinas.

Justo cuando giraban a izquierda y derecha disparan, sin pensar en lo que están haciendo: destruir la vida.

Un sannyasin necesita un tipo de coraje totalmente diferente. Esto no es coraje, esto es simplemente torpeza, estupidez -espesura de la cabeza y nada más. Su inteligencia ha sido completamente destruida, han sido condicionados para ser robots. Por eso todas las razas del ejército resultan ser muy poco inteligentes.

En la India, los punjabíes, en particular los sijs, los sardares, son el pueblo más belicoso, y también el más poco inteligente. Muy valientes, porque donde una persona inteligente se lo pensaría dos veces, ellos se lanzan; no se molestan. Basta con dar la orden y se lanzarán al fuego. Este tipo de coraje ha sido enseñado a la humanidad durante siglos. Este es un tipo equivocado de coraje. Cuando utilizo la palabra "coraje" lo hago con una connotación totalmente diferente, un significado diferente.

Leela, para mí coraje significa valentía para ser inteligente frente a esta multitud poco inteligente que te rodea. Coraje significa intrepidez. La sociedad intentará por todos los medios obligarte a seguir sus ideas. Es mejor sufrir que transigir, porque a través del sufrimiento nacerá tu alma.

Mediante el compromiso puedes salvar tu pellejo, pero perderás tu alma.

Coraje significa ser un individuo; no ser una oveja, sino ser un león. Valor significa la capacidad de afirmar: "Yo soy yo mismo, y mi vida es mi vida, y voy a vivirla a mi manera. No estoy aquí para vivir según los demás, y no permitiré que nadie me dicte cómo debo vivir, qué debo hacer. Viviré según mi luz cueste lo que cueste, aunque me extravíe". Es mejor ir al infierno por decisión propia que ir al cielo por orden de otro, porque entonces el cielo será sólo esclavitud.

Coraje significa valor para ser libre. Coraje significa libertad. Y si lo reduces a lo esencial, en realidad es morir al pasado. Si mueres al pasado, mueres a la tradición en la que has nacido, mueres a la religión en la que has nacido, mueres a la sociedad en la que has nacido, mueres a todo el pasado, mueres a la historia y al tiempo, y naces de nuevo: un nuevo ser humano que no pertenece a ninguna raza, a ningún país, a ninguna religión, sino que pertenece a Dios; una persona religiosa, pero no cristiana, ni hindú, ni mahometana.

La cuarta pregunta:
MAESTRO,
¿CUÁL ES SU NIVEL DE INGLÉS, BRITÁNICO O AMERICANO?
Sanjeeva,

CIERTAMENTE NO ES BRITÁNICO. Ser británico no es fácil. Hay que nacer británico al menos siete veces. Lleva mucho tiempo ser británico. Y tampoco es estadounidense porque no soy turista.

Sabes que ni siquiera salgo de mi habitación, ¿qué clase de americano puedo ser?

¿Y por qué mi inglés debería ser británico o americano? Mi inglés es MI inglés: ¡el inglés del Maestro!

Y este es un país democrático y la Constitución declara la libertad de expresión como uno de los derechos fundamentales. Yo hablo mi propia lengua. ¿Por qué debería hablar americano o inglés? De hecho, el inglés es demasiado estirado, es demasiado tenso, y el americano se ha vuelto demasiado pésimo, justo lo contrario; es una reacción.

"Mi hija, nacida en Estados Unidos, me dice: 'Sí, Popsi-wopsi, te entiendo, pero tendrás que darme algo de dinero para que pueda lucir ropa nueva en la fiesta de fin de curso, ¿entiendes?' "Así que investigo durante media hora para enterarme de que necesita dinero para comprarse un vestido nuevo para el baile del colegio.... Y está criticando mi dialecto", me decía su padre.

Ahora me resulta muy difícil de entender....

"Sí, Popsi-wopsi, te entiendo, pero tendrás que ponerme un poco de pan duro para que pueda lucir nuevos hilos en la redada del establecimiento, ¿entiendes?".

¡No me gusta nada! ¿Y por qué debería cavar? Nunca he hecho un trabajo así en toda mi vida.

Así que simplemente hablo de la manera que me sale, de la manera que me sale espontáneamente. Tendrás que ser un poco paciente conmigo

La quinta pregunta:

MAESTRO,

¿SE HA OLVIDADO POR COMPLETO DE NOSOTROS, LOS POBRES AUSTRALIANOS?

Shahida,

NO LO HE OLVIDADO. Estoy recopilando chistes sobre los australianos. Todo el mundo es bienvenido a enviarme chistes sobre australianos. Sólo tengo uno.

Un hombre entra en un pub de Londres y pide doce pintas de cerveza amarga. Las puso en una bandeja, las llevó fuera hasta un coche y las pasó por la ventanilla. Más tarde trajo de vuelta los vasos vacíos, compró otra ronda y los pasó al coche.

Curioso, el camarero salió con la siguiente ronda y, al mirar dentro del coche, vio a doce enanos retozando y bebiendo cerveza.

"¿Quiénes son?", preguntó.

"Oh", dijo el hombre, "¡sólo son australianos a los que se les ha quitado toda la mierda de encima!".

La sexta pregunta:

MAESTRO,

SIEMPRE HABLAS DE MAESTROS, Y TODOS ELLOS SON HOMBRES. ¿SIGNIFICA ESO QUE UNA MUJER NO PUEDE LLEGAR A SER MAESTRA?

Ananda Maite,

NO, ESO NO SIGNIFICA que una mujer no pueda convertirse en Maestra; muchas mujeres se han convertido en Maestras. Pero entonces hay un problema. El problema es: a menos que un hombre se convierta en Maestro no se le permite hablar por la esposa. Y no ha sido un Maestro durante miles de vidas, así que cuando se convierte en Maestro empieza a hablar. Y cuando una mujer se convierte en Maestra, se calla, está cansada. Durante miles de vidas ha estado hablando y hablando y hablando, ya ha hablado suficiente, así que se calla.

Ahora es muy difícil: ¿cómo saber de los Maestros silenciosos? A menos que hables nadie sabrá de ti. Si Buda no hubiera hablado, si no hubiera habido ningún dhammapada, entonces yo no habría hablado sobre sus sutras.

Un hombre se venga cuando se convierte en Maestro. Y, ¿lo ves? Siempre que hay un Maestro se reúnen para escucharle más mujeres que hombres. De hecho la proporción es: de cada cuatro, tres son mujeres, uno es un hombre. Esa era la proporción con los discípulos de Buda, esa era la proporción con los discípulos de Mahavira. Así que realmente se venga - ¡tantas mujeres! Y recuerda a todas esas esposas. Muchas de ellas pueden haber sido sus esposas en vidas pasadas. Esposas, madres, hijas, hermanas -

todas ellas lo han torturado. Ahora se dice a sí mismo: "¡Ahora es mi turno! Ahora nadie puede impedírmelo".

Pero las mujeres, cuando se convierten en maestras, se han quedado sin gasolina.

La séptima pregunta:

MAESTRO,

POR FAVOR, ANTES DE IRME DIME ALGO SIN PALABRAS.

Prem Patipada,

OK.

¿Lo entiendes? ¿Lo pillas?

No es difícil para mí, será difícil para ti.

Pero un poco más....

La octava pregunta:

MAESTRO,

¿CÓMO SE CAZA UN LEÓN EN RUSIA?

Prem Amir,

POR FAVOR, ¡NO HAGAS preguntas tan difíciles!

Detienen a un gato y lo torturan hasta que admite que es un león.

La novena pregunta:

MAESTRO, ¿CUÁL ES EL SECRETO DEL ÉXITO?

Dharmendra,

¿Me estás preguntando - un hombre que es un fracaso absoluto?

El secreto del éxito es la sinceridad. Una vez que puedes fingirlo, lo tienes hecho.

La décima pregunta:

MAESTRO,

¿CUÁL ES LA FORMA CRISTIANA CATÓLICA CORRECTA DE EVITAR LA EXPLOSIÓN DEMOGRÁFICA EN EL MUNDO?

Pragyan,

DEBERIAS IR AL VATICANO y preguntarle al Polaco. No soy católico, no soy Papa. Me creas problemas. Pero puedo sugerirte.... Esto es sólo un consejo:

Siembra tu avena salvaje el sábado por la noche y el domingo reza para que no haya cosecha.

Y la última pregunta:

MAESTRO,

¿QUÉ ES UNA MAMADA?

Muktananda,

¡IDIOTA! Ahora esta pregunta es justo la pregunta correcta de usted. Siempre supe que preguntarías algo realmente grande. En el momento en que te vi me di cuenta inmediatamente de que aquí hay un gran tonto, de ahí el nombre de Muktananda - aunque no te lo expliqué de esa manera. Doy bellas explicaciones sólo por cortesía. La verdad sólo se puede decir más tarde, cuando estés preparado.

Por ejemplo, ya conoces a nuestro gran guardián, Sant. Alguien me ha preguntado: "¿Por qué, Maestro, le has dado el nombre de Sant?". En hindi sant significa santo, la palabra inglesa "saint" viene de sant.

Pero en hindi también tenemos una hermosa expresión: ant sant. Ant sant significa "sin sentido". Así que cuando vi a Sant por primera vez, dije: "¡Aquí viene ant sant!". Pero ant tuve que dejarlo porque habría sido demasiado al principio. Así que le llamé Sant. Pero ahora se puede decir. No hay ningún problema.

Muktananda, inmediatamente vi al tonto en ti. Pero incluso yo no estaba tan seguro de que fueras un perfecto tonto. De lo contrario te hubiera llamado Paramahansa Muktananda. Paramahansa significa perfecto. Ahora mereces ser llamado Paramahansa Muktananda.

¿Qué clase de pregunta es ésta?

"Invita la casa", le dijo el italiano al camarero. "Me siento genial - acabo de tener mi primera mamada".

"¿Cómo fue?", preguntó el camarero.

"Está bien, supongo", dijo el italiano. "Pero sabía un poco raro."

Un valiente joven revolucionario irlandés llega a Londres para volar un autobús y se quema la boca con el tubo de escape.

Un enano italiano era muy famoso entre sus amigos por el tamaño de su polla. Una turista americana hambrienta de sexo oyó hablar de él y visitó su casa para ofrecerle veinte dólares por ver su enorme miembro.

Luigino accedió y se bajó la cremallera para mostrar su orgullo.

La estadounidense se quedó boquiabierta ante el espectáculo y preguntó vacilante: "¿Está bien si lo beso?".

"Por favor, señora", dijo el enano, "¡no más mamadas! Hace diez años medía dos metros con una polla diminuta. Mira lo que me han hecho todas estas mamadas".

Muktananda, nunca me hagas preguntas tan peligrosas. Se espera de ti que hagas preguntas espirituales, esotéricas, supramentales... y estás haciendo preguntas que ningún Buda tuvo que responder antes. Y no creo que nadie más en el futuro tenga que responderlas, ¡porque yo acabaré con todas!

La ley de la gracia

Pregunta 1
MAESTRO,
¿CUÁL ES EL SENTIDO DE LA EXISTENCIA?
Pravino,
EL SENTIDO ES UNA INVENCIÓN HUMANA. No hay sentido en la existencia misma, está más allá del sentido.

Tampoco carece de sentido porque una cosa sólo puede carecer de sentido si es posible que lo tenga. El sentido y el sinsentido son dos caras de la misma moneda. En lo que respecta a la existencia, el sentido es totalmente irrelevante, al igual que el sinsentido.

El hombre lleva siglos imponiendo un sentido a la existencia porque necesita agallas para vivir alegremente sin sentido. Necesita verdadera inteligencia para vivir en éxtasis sin ningún sentido. Las multitudes no tienen tanta inteligencia, necesitan alguna excusa. Por falsa que sea la excusa no importa - incluso una excusa falsa es lo suficientemente buena para ellos para vivir. Pero están absolutamente necesitados de un significado. Es la necesidad del hombre la que impone un sentido a la existencia. Cuanto más inmaduro es un hombre, mayor es su necesidad de sentido. A medida que madura, la necesidad disminuye.

Cuando el hombre alcanza realmente la mayoría de edad, no necesita ningún sentido. Simplemente se vive, sin ninguna otra razón; se vive por vivir. Entonces la existencia no es un medio para algo más, es bella como es; no cumple ningún propósito. De hecho, es porque no cumple ningún propósito por lo que es tan bella, tan absolutamente bella. No tiene utilidad, no está llena de mercancías, está llena de poesía. ¿Qué significado tiene un poema, qué finalidad? ¿Qué significado tiene una flor de rosa, para qué?

¿Qué significa una noche llena de estrellas? ¿Qué significa el amor? ¿Qué significa todo lo que te rodea? No tiene sentido. Y si necesitas un significado, lo proyectas. Entonces la existencia se convierte en una pantalla en la que proyectas tu significado.

Durante siglos la humanidad ha hecho eso y por eso ahora estamos sufriendo tremendamente. Ahora el hombre se ha vuelto más maduro; ya no es tan infantil como antes y puede ver que todas esas proyecciones no son más que proyecciones. Todos los significados están colapsando y ahora un gran caos es creado por el colapso de los significados en los que hemos creído durante miles de años. Una gran falta de sentido se siente en todo el mundo.

Todos los pensadores modernos, desde Soren Kierkegaard hasta Martin Heidegger, se ocupan de una sola cuestión: la cuestión del sentido. Y todos están convencidos de que la vida no tiene sentido. Pero entonces, ¿para qué vivir? Naturalmente, inevitablemente, surge la segunda pregunta: Si no hay sentido, ¿para qué vivir? Entonces, ¿por qué no suicidarse?

Marcel decía que la única cuestión filosófica importante es el suicidio. ¿Por qué seguir viviendo cuando no tiene sentido? Es pura cobardía vivir cuando no hay sentido. Y Marcel tiene cierta relevancia en el contexto de toda la historia humana del pensamiento, la filosofía, la religión. Todos los valores están desapareciendo y el hombre quiere cualquier cosa a la que aferrarse. Como los viejos dioses han fracasado, el hombre inventa nuevos dioses.

Ahora es difícil creer en la trinidad cristiana: Dios Padre, Cristo Hijo y el Espíritu Santo.

Es casi imposible que una persona contemporánea crea en estas tonterías. Pero cuando esta creencia desaparece se siente un vacío; empiezas a echar de menos algo. No se puede continuar con la antigua creencia y no se puede tolerar el vacío que queda. Entonces hay que sustituir algo, cualquier cosa sirve. Y hay muchos sustitutos.

Los comunistas han proporcionado su propia trinidad impía: Karl Marx, Friedrich Engels y Lenin. ¿Entiendes? La trinidad cristiana era toda masculina, la trinidad comunista también es toda masculina. No había ninguna mujer en la trinidad cristiana, no hay ninguna mujer en la trinidad comunista. Es una réplica, exactamente igual. Muchos teólogos han intentado meter a María, la madre de Cristo, en la trinidad por la puerta de atrás, pero todos han fracasado. Durante siglos, una y otra vez, se ha hecho el esfuerzo, pero no ha tenido éxito. Y lo mismo ha ocurrido con la trinidad comunista. Stalin intentó convertirse en una de las partes, pero el número mágico de tres no puede ser perturbado. Así que mientras vivía se impuso, se convirtió en uno; la trinidad dejó de ser trinidad, empezó a constar de cuatro personas. En el momento en que murió, la cuarta persona desapareció. Incluso su tumba fue retirada de la proximidad de la tumba de Lenin; ni siquiera podían tolerar su cadáver allí.

Mao Tse Tung intentó en China entrar en la trinidad; el día de su muerte fue eliminado.

Cuando los viejos dioses fallan se siente un gran vacío. No es casual que en este siglo Adolf Hitler, Joseph Stalin, Mao Tse Tung y gente como ellos se hicieran tan poderosos. Su poder no era suyo, su poder existía en el vacío que quedó en el corazón humano al desaparecer los viejos valores.

Y el hombre ha vivido tanto tiempo con un cierto sentido de la vida que se ha vuelto incapaz de vivir sin sentido. O se suicida o inventa un nuevo sentido.

Mi enfoque es totalmente distinto. No hay necesidad de suicidarse; eso es pura estupidez.

No hay necesidad de inventar ningún significado nuevo; eso es retroceder, es regresivo, es volver a ser inmaduro. Es una gran oportunidad la que está llamando a vuestras puertas. La humanidad en su conjunto ha llegado a un cierto punto de crecimiento a partir del cual es posible dar un salto cuántico. El hombre puede empezar a vivir sin ningún sentido y aun así vivir maravillosamente, aun así con una tremenda alegría.

Esa fue una de las mayores contribuciones de Gautam el Buda. Aún no se le ha comprendido, pero ha llegado su hora. Llegó un poco demasiado pronto -veinticinco siglos antes de su tiempo-, pero habla como un contemporáneo. Jesús habla el lenguaje antiguo, el lenguaje que los niños pueden entender. Y lo mismo ocurre con muchos otros: con Moisés, con Mahoma. Pero Buda habla el lenguaje de la madurez. Dice que no hay sentido en la vida y que no hay necesidad de ningún sentido. Deja el ansia y no intentes llenar este vacío. Este vacío es bueno, es saludable.

Permanece en este vacío, regocíjate en este vacío. No lo llenes de cosas innecesarias.

Tiene una pureza - este vacío que está siendo sentido ahora por mucha más gente de lo que nunca se sintió antes. Sólo de vez en cuando un hombre como Buda ha sentido que todos los ideales son falsos, invenciones imaginarias - juguetes para jugar, para mantener a los niños ocupados para que no hagan travesuras.

Templos, iglesias, mezquitas, gurudwaras, estos son lugares para mantener a los niños ocupados para que no creen ningún problema, para que no creen ninguna travesura. Son sedantes para que sigas durmiendo; son somníferos, tranquilizantes que te ayudan a seguir siendo no violento, a seguir siendo no destructivo, a seguir siendo pacífico, totalmente somnoliento; de lo contrario, hay peligro. No se puede confiar en ti, no se te puede permitir la libertad.

Estas son tus ataduras. Son prisiones que ustedes consideran templos, pero no lo son.

Y los dioses a los que adoras no son dioses; no son más que juguetes para mantenerte ocupado, para mantenerte asustado, para mantenerte atemorizado, para mantenerte codicioso. No te transforman; toda su función es servir al statu quo, servir a los intereses creados de la sociedad.

Buda dice: El vacío interior es tan hermoso, no lo llenes de basura, déjalo como está. Y en eso consiste la meditación, en eso consiste el Zen. Significa vivir desde el vacío, no pedirle nada a la vida, vivir momento a momento sin ninguna otra razón, simplemente disfrutar de estar vivo. Es más de lo que puedes pedir. ¿Qué más sentido necesitas? ¿No basta con respirar? ¿No es suficiente el gorjeo de los pájaros? ¿No basta con el verde, el rojo y el dorado de los árboles? ¿No basta esta vasta existencia con todo su esplendor? ¿Quieres algo de sentido?

Dice Yoka:

LA LUNA SE ELEVA SOBRE EL RÍO. EN LA ORILLA EL VIENTO JUEGA SUAVEMENTE EN LOS PINOS TODA LA NOCHE, PURO Y TRANQUILO. ¿QUÉ SIGNIFICA ESA SERENIDAD?

MIRA LOS PRECEPTOS DEL BUDA SOBRE LA NATURALEZA. LAS NIEBLAS DE INVIERNO Y OTOÑO, EL

ROCÍO, LAS NUBES, LAS NIEBLAS DE PRIMAVERA SON LA VERDADERA TÚNICA QUE CUBRE NUESTRO CUERPO.

¿QUÉ SIGNIFICA ESA SERENIDAD?

No hay sentido en absoluto, pero [...] permítame recordarle de nuevo que no estoy diciendo que la vida carezca de sentido. Estás tan obsesionado con el significado que en el momento en que digo que no hay significado, inmediatamente concluyes lo contrario. Inmediatamente algo dentro de ti dice: "Entonces no hay sentido en la vida, ¿eso significa que la vida no tiene sentido?". No estoy diciendo que la vida carezca de sentido, simplemente digo que el sentido es absolutamente irrelevante. La vida es más que significado, mucho más. Las máquinas tienen significado, las flores no lo tienen; significado significa utilidad. Un coche tiene sentido porque sirve para algo. Un tren tiene sentido, un avión tiene sentido; son utilitarios. Pero, ¿cuál es el significado de una hermosa puesta de sol y de las nubes que se tiñen de todos los colores del arco iris? ¿Cuál es su significado?

¿Qué significa el arco iris?

¿No puedes ver las cosas tal y como son? ¿No puedes ser simplemente un espejo sin proyectar ningún significado?

Si puedes ser sólo un espejo, no hay significado ni sinsentido. Te elevas por encima de ambos, te elevas por encima de la dualidad, y entonces hay una gran serenidad.

LA LUNA SE ELEVA SOBRE EL RÍO. EN LA ORILLA EL VIENTO JUEGA SUAVEMENTE EN LOS PINOS TODA LA NOCHE, PURO Y TRANQUILO. ¿QUÉ SIGNIFICA ESA SERENIDAD?

¡Y date cuenta ahora mismo! No pienses en ello. Si piensas, ya te has extraviado. Un solo pensamiento y estarás tan lejos de la verdad como puedas estar. Sólo tienes que verlo. No te estoy predicando una ideología determinada, no te estoy impartiendo ninguna información, no me preocupa ningún credo, simplemente estoy compartiendo mi visión. Por un momento, mira a través de mis ojos. Por un momento, siente a través de mi corazón. Deja que tus latidos sean rítmicos con los míos. Eso es satsang. Eso es comunión con el Maestro. Por un momento, respira conmigo. Por un momento desaparece, por un momento no pienses, por un momento olvida que eres. Sólo entonces serás capaz de comprender. Ver es comprender; no es cuestión de pensar.

Y una vez que te liberas del significado y del sinsentido, te liberas de todas las prisiones de creencias, ideologías, escrituras: hindú, mahometana, cristiana, jaina. De repente estás fuera de todas las prisiones; por primera vez estás bajo el cielo. Cuando estás completamente vacío, igual que el cielo está fuera de ti, infinito, hay un cielo dentro de ti tan infinito como el exterior. Y cuando no pides ningún significado, ambos cielos se encuentran, se funden en la unidad. Esa experiencia es Dios. Dios no es una persona, esa experiencia es Dios.

La segunda pregunta:

MAESTRO,

ES IMPOSIBLE ENCONTRAR CHISTES SOBRE LOS AUSSIES: SON TAN TIBIOS, TAN ABURRIDOS, TAN SIMPÁTICOS, QUE NUNCA OFENDEN A NADIE. NO HAY NINGÚN PERSONAJE DEL QUE BURLARSE. ¿TE HAS DADO CUENTA?

Prabhu Maya,

EN CIERTA PARTE TIENES RAZÓN: son tibios y son simpáticos. Y ciertamente la gente tibia es aburrida; para ser interesante se necesita cierta intensidad. La gente simpática es aburrida. Puedes tener gente agradable cerca sólo por un tiempo, no puedes vivir con gente agradable por mucho tiempo: te matarán de aburrimiento. No tienen nada de picante, no tienen nada de sal, no tienen nada de sabor, son insípidas. En ese sentido tienes razón. Pero eso basta para crear muchos chistes.

¡De hecho, es una tabla de saltar perfectamente hermosa, Prabhu Maya!

Un inglés decidió que quería ser irlandés. Después de mucho investigar, descubrió que la única manera de ser irlandés de verdad era extirparse la mitad del cerebro. Consiguió encontrar un cirujano que le operara, pero durante la operación el médico cometió un terrible error y le extirpó todo el cerebro.

Cuando el hombre despertó, el médico le dijo: "Lo siento mucho, he cometido un error. En vez de quitarte la mitad del cerebro, ¡te lo he quitado todo!".

A lo que el paciente respondió: "¡No te preocupes, cobber!".

Se había convertido en australiano.

Un joven australiano se casó.

"Mira, hijo", dijo su padre. "Cuando estés a solas esta noche con tu novia, quítale la ropa, quítate la ropa, ponle la mano en la barriga y dile: "¡Te quiero, cariño!"".

"Sí, papá", dijo el joven.

Cuando terminó el festín, llevó a su ansiosa novia a la habitación, atenuó las luces, se despojó de toda la ropa, se sentó desnudo a su lado, le puso la mano en el vientre y le dijo: "¡Te quiero, cariño!".

"¡Ah, más bajo, más bajo!", gimió la chica, dándole palmaditas en la mano.

"Mm", dice el australiano (más abajo), "¡Te quiero, te quiero!".

La tercera pregunta:

MAESTRO,

POR FAVOR, HABLEN DE RENDICIÓN Y OBEDIENCIA.

Mahasatva,

EN LA SUPERFICIE parecen iguales, pero son polos opuestos. El que se rinde no necesita ser obediente; la obediencia sólo es necesaria si no hay rendición. Estarás un poco desconcertado porque te han dicho, enseñado y condicionado que obediencia y rendición son sinónimos. Obediencia significa que no te has rendido, así que estás forzado a ser obediente - hay ego dentro de ti que estás reprimiendo, por lo tanto la obediencia es necesaria. En el ejercito la obediencia es necesaria, la obediencia tiene que ser impuesta. Hay que recompensar a los obedientes y castigar a los que no lo son. Poco a poco, todo el mundo se vuelve obediente.

Esto es sólo un reflejo condicionado. Esto es lo que hacen con las ratas en los laboratorios de psicología, así es como entrenan a las ratas. Los psicólogos no creen que haya ninguna diferencia entre las ratas y el hombre, y alrededor del noventa y nueve punto nueve por ciento de las personas tienen razón, no hay mucha diferencia.

Sólo de vez en cuando un Sócrates, un Zaratustra, un Lao Tzu, un Buda pueden no encajar en su idea, pero nunca se encuentran con gente así. E incluso si se topan con un Buda, no podrán convencerle de que vaya a su laboratorio para experimentar con él. Pueden hacerse con ratas, pueden hacerse con monos, pueden comprar seres humanos corrientes que estén dispuestos a experimentar con ellos si se les paga bien. Y se les puede enseñar cualquier cosa.

Por ejemplo, ahora Skinner y compañía proponen que no hace falta decir a la gente que fumar es malo o peligroso para la salud, no hace falta decirles que es pecado, inmoral; basta con darles unas cuantas descargas eléctricas. Cada vez que les entren ganas de fumar, en el momento en que saquen un cigarrillo del paquete, denles una descarga eléctrica para que les recorra un escalofrío por la espalda. Pronto la sola idea de fumar un cigarrillo será suficiente - no habrá necesidad de darles descargas eléctricas - recibirán la descarga; el cigarrillo se les caerá de las manos. Poco a poco, incluso las ganas desaparecerán.

Dicen: "Podemos condicionar a un hombre de la manera que queramos. No hay necesidad de seguir esos largos, viejos y podridos caminos de la predicación y la enseñanza moral que siguen sin surtir efecto. Nadie les tiene miedo". ¿Quién teme ahora al infierno? Puede que al principio fuera como una descarga eléctrica, pero ahora la gente se ha acostumbrado, se ha adaptado a la descarga, ahora el infierno no es una descarga en absoluto. Si alguien te dice: "No fumes cigarrillos, ¡irás al infierno!", no es un shock para ti. Pero hace cinco mil años era suficiente para darte un shock. La idea era la misma:

asustar a la gente.

La tecnología moderna lo hace más fácil; han encontrado atajos. Y piensan que no hay diferencia entre las ratas y el hombre porque las ratas aprenden de la misma manera. Castígalas y dejarán de hacer una cosa determinada, prémialas y empezarán a hacerla una y otra vez. Esa es la manera de crear obediencia. Así es como se crea en el ejército, así es como se crea en los scouts, así es como se crea en la policía. Así es como se impone a toda la sociedad.

La entrega es un fenómeno totalmente diferente. La entrega significa que estás profundamente enamorado y que ha surgido en ti una gran confianza, tanta confianza que no es cuestión de reprimirte.

Aquí sois sannyasins. No tengo nada con lo que recompensaros; de hecho, aquí tenéis que pasar por todo tipo de dificultades. Venís de países mucho mejores, mucho más avanzados, habéis tenido casas preciosas, habéis vivido más cómodamente, con todos los lujos, con todos los artilugios que la ciencia ha puesto a vuestra disposición. Nunca habríais pensado que tendríais que sufrir esta pesadilla en Poona: este calor, los mosquitos, las ratas, las cucarachas. En Occidente han desaparecido muchas cosas, pero aquí tienes que vivir en condiciones muy primitivas. Tienes que vivir casi dos mil años atrás.

No te ofrezco ninguna recompensa, tampoco te prometo ningún paraíso, porque te digo que abandones la idea misma del futuro, que vivas el momento. Y vivir el momento y en Poona... es arduo, es difícil.

¿Entonces por qué estás aquí? No te prometo nada en absoluto. Estás aquí por puro amor, te has enamorado de mí. No es una cuestión de obediencia. No se te obliga a ser obediente, no estás condicionado de ninguna manera a ser obediente.

El otro día Prem Zareen hizo una pregunta: "Maestro, dices: 'Doy libertad a mis sannyasins'. ¿Es esto aplicable también a sannyas?".

Ella quiere decir: ¿es libre de dejar sannyas? Sí, Zareen, te doy total libertad. Total significa total, sin ninguna excepción.

Si has tomado sannyas por amor, entonces no es cuestión de abandonarlo. Si sannyas ha sucedido realmente, entonces ¿cómo puedes dejarlo? No es algo que te hayas puesto a ti mismo, es algo que ha crecido en ti. Así como no puedes dejar tu corazón, ¿cómo puedes dejar tu sannyas? Si es tu corazon no puedes dejarlo. Por mi parte si, absolutamente si. Te doy total libertad, no hay duda, eres libre de dejar sannyas. Era tu libertad ser un sannyasin, es tu libertad no ser un sannyasin. Pero toda la cuestión pende de algo muy profundo: si sannyas ha sucedido por una aventura amorosa entonces es imposible abandonarlo aunque la libertad esté disponible. Pero si has tomado sannyas por otros motivos ulteriores, entonces por supuesto que puedes dejarlo. Y entonces es mejor dejarlo porque no ha sucedido en primer lugar. ¿Por qué llevar una carga innecesaria?

En resumen, si sannyas ha sucedido no puedes dejarlo; si puedes dejarlo, no había sucedido en primer lugar y entonces debes dejarlo. No sólo te doy la libertad de dejarlo, sino que te ayudaré a dejarlo porque no estoy a favor de que te cargues con nada que no esté creciendo en ti.

Ya estás demasiado agobiada, Zareen. Se te han impuesto mil y una cosas. Seré la última persona que te haga la vida más pesada.

Sannyas no es como un matrimonio concertado, es una relación amorosa. En una relación amorosa no hay posibilidad de divorcio porque nunca estamos casados, así que la cuestión del divorcio no se plantea en absoluto. Y si el amor es auténtico, si el amor existe de verdad, es para siempre, no tiene fin. Comienza pero nunca termina. Por eso puedo darte libertad total, porque no te impongo ninguna obediencia. Donde se impone obediencia no se puede dar libertad, porque si das libertad entonces la obediencia desaparecerá.

Aquí hay confianza, hay entrega, hay amor. Desde tu lado, confianza, entrega; desde mi lado, libertad. Del lado del discípulo, entrega, y del lado del Maestro, libertad.

Donde esta libertad y entrega se encuentran hay comunión, hay satsang. No es una cuestión de obediencia.

Cuando te digo algo y lo haces, lo haces por amor, no porque sea una orden y tengas que hacerlo. No se trata de forzarte a hacerlo. En la obediencia lo haces incluso contra ti mismo, incluso a pesar de ti mismo. En la entrega, el ego ya no está ahí para resistirse; el ego está ausente.

¿Qué ocurre cuando muevo la mano? ¿La mano me obedece o está totalmente entregada a mí? La mano está totalmente entregada a mí; no se trata de obedecerme. La mano ya no existe como entidad separada.

Zareen, en sannyas el discípulo desaparece, se convierte en parte del Maestro. Se convierte en sus manos, en sus ojos.

Ramakrishna se estaba muriendo. Tenía cáncer de garganta y en sus últimos días le resultaba imposible incluso beber agua.

Vivekananda le dijo: "Bhagwan, ¿no puedes pedirle a Dios que te haga un pequeño favor? Si simplemente le pides a Dios que al menos te permita comer y beber, seguro que lo hará. Se está convirtiendo en un sufrimiento demasiado grande para tu cuerpo, y no sólo para tu cuerpo sino para todos nosotros. No podemos comer porque sabemos que tú no puedes comer. Se nos ha hecho imposible beber porque sabemos que tú no puedes beber.

¿Cómo podemos beber? Así que si no te preocupas por ti, vale, pero piensa en nosotros: también sufrimos.

Sólo por nosotros, cierra los ojos y dile a Dios: 'Hazme un pequeño favor'".

Ramakrishna cerró los ojos, los abrió y se echó a reír. Dijo: "¡Tonto! Si escucho tu consejo Dios se reirá de mí. Se lo pedí a él....". Así era él. Él no había preguntado - no hay nadie a quien preguntar - esa era su manera. Él no lastimaría a Vivekananda. Él cerró sus ojos, él pudo incluso haber movido sus labios para demostrar a Vivekananda que él estaba rezando a Dios. Y entonces él abrió sus ojos y él dijo, "Dios se rió de mí y él dijo, 'Ramakrishna, ¿usted está escuchando a estos tontos? ¿Sigues sus consejos? ¿Son ellos tus discípulos o eres tú su discípulo? ¿Quién es quién? Has comido con esta garganta durante tantos años, ¿no puedes ahora comer y beber con las gargantas de tus discípulos?". Y Ramakrishna dijo: "Vivekananda, su argumento me atrae. Así que deja de torturarte, de sufrir, porque ahora que he perdido mi garganta, tengo que depender de vuestras gargantas. Come todo lo que puedas -un poco más de lo habitual, porque una parte tiene que ir para mí. Bebed un poco más de lo habitual, porque una parte también será para mí. Así que comed, bebed y regocijaos, porque Dios ha dicho: 'Ramakrishna, puedes comer a través de los cuerpos de tus discípulos. ¿Por qué depender de este cuerpo? Y este cuerpo se ha ido y se ha podrido'". "

Existe una cierta unidad invisible, una unidad orgánica, entre el Maestro y el discípulo.

Zareen, uno es libre, absolutamente libre conmigo. Si uno quiere dejar sannyas no debe pensarlo dos veces, simplemente debe dejarlo y olvidarse de todo. Si se puede abandonar, se debe abandonar; si no se puede abandonar, sólo entonces vale la pena. Te doy total libertad. Pero si hay entrega, no habrá ninguna diferencia; de hecho, la libertad total hará que tu entrega sea más fácil. Cuando alguien quiere imponerte algo, surge una resistencia natural. Es muy natural. Si estoy aquí para imponerte algo y hacerte obediente, entonces te resistirás; entonces es simplemente humano. Pero yo no estoy imponiendo nada.

Esa es la belleza de esta comuna. Es algo único que no ocurre en ningún otro lugar del mundo. En todas partes se impone la obediencia de maneras sutiles o ni siquiera tan sutiles, ya sea directa o indirectamente: "Haz esto, no hagas aquello". Se trata a la gente como esclavos, sin respeto.

Yo te respeto. Te amo mucho más de lo que tú puedas amarme, te respeto mucho más de lo que tú puedas respetarme, porque todo lo que tú puedas hacer será limitado y todo lo que yo pueda hacer será ilimitado.

Tus supuestos gurús y tus pseudo Maestros dependen de tu obediencia; te la imponen a la fuerza.

Y estás dispuesto por la sencilla razón de que cuando alguien está ahí para imponerte algo se convierte en una figura paterna para ti. Él asume la responsabilidad, tú no tienes por qué sentirte responsable de ti mismo. Necesitas depender de alguien y tienes que pagar el precio por ello Entonces siguen dándoos órdenes como si fuerais niños pequeños.

Un niño fue al colegio por primera vez y la maestra le preguntó: "¿Cómo te llamas?".

Dijo: "Johnny Don't".

El profesor dijo: "Nunca había oído un nombre así: ¿Johnny Don't?".

Me dijo: "Ese es mi nombre. Haga lo que haga, mi madre grita: 'Juanico, no', mi padre grita: 'Juanico, no'. Dondequiera que voy, alguien me grita: "¡Johnny, no! Así que asumo que este es mi nombre. Este debe ser mi nombre".

Y como desde el principio tu padre, tu madre, tus padres, tus maestros, tus sacerdotes, todos te enseñan: "Haz esto, no hagas aquello", todos crean cierta obediencia en ti. Te vuelves adicto a la obediencia; es una droga.

Así que cuando vengas a mí te gustará .... La gente no deja de preguntarme -yo nunca respondo a sus preguntas-: "Danos instrucciones detalladas sobre lo que debemos hacer y lo que no".

Queremos que nos des instrucciones claras". Te doy claridad, no instrucciones claras, porque mis instrucciones pueden ser correctas hoy y mañana pueden no serlo. Mis instrucciones pueden ser un obstáculo para tu crecimiento mañana porque nadie sabe el mañana, es impredecible. Así que te doy claridad para que puedas encontrar tu propio camino de vida hoy y mañana y pasado mañana. Estés donde estés, si tienes claridad, podrás encontrar tu camino.

Te doy libertad total. Comparto contigo mi luz, comparto contigo mi alegría, comparto contigo mi libertad. No quiero convertirme en modo alguno en una figura paterna para ti. Recuérdame siempre sólo como un amigo.

Tú me preguntas, Mahasatva: POR FAVOR, HABLA DE RENDICIÓN Y OBEDIENCIA.

La rendición se produce a través del amor, la confianza, la ausencia de ego; rendirse significa abandonar el ego.

La obediencia es un cultivo del ego, de podar el ego aquí y allá, de llevarlo a una cierta forma, a una cierta forma para que pueda coexistir con la sociedad, para que pueda coexistir con el orden de cosas ya establecido. La obediencia está al servicio del pasado, la entrega no está al servicio de nadie.

Rendirse es simplemente liberarse del ego. Y en el momento en que te liberas del ego, a tu vida le empiezan a crecer alas. El ego es pesado, es como una roca que cuelga de tu cuello. Te mantiene atado a la tierra, gravita hacia la tierra. Una vez que dejas caer el ego, de repente empiezas a elevarte: tu vida se convierte en un tremendo movimiento ascendente, te elevas. La entrega te hace ingrávido; te permite ir en contra de la gravitación. Otra ley de la vida empieza a funcionar:

la ley de la gracia.

Hay dos leyes. La ciencia conoce una ley: la ley de la gravitación, que todo cae hacia abajo.

La religión conoce otra ley: que todo asciende si estás dispuesto a dejar caer el ego.

Se dice de un místico Hassid, Zusya - que podría haber sido un Maestro Zen, que podría haber sido un Sufi.... De hecho, las personas iluminadas no pertenecen a ninguna tradición. Nacen en alguna parte, uno tiene que nacer en alguna parte, no se puede nacer en todas partes.... Así que fue una coincidencia que naciera judío en la tradición jasídica. Pero era un jasíd extraño. Los jasídicos son extraños, pero él era el más extraño; era muy imprevisible.

Yo al menos vengo aquí y te cuento un chiste para que te rías. Él era mucho más extraño: ¡simplemente venía aquí y empezaba a reírse! ¡Ni siquiera un chiste! A los hasídicos les encantan los chistes y las historias bonitas.

Una vez le preguntaron: "Zusya, ¿qué clase de jasid eres? Al menos cuenta algunos chistes, algunas historias.

Simplemente vienes y te echas a reír".

Me dijo: "Guardo todos mis chistes para Dios porque no tengo otra cosa. No sé rezar, no conozco ninguna escritura; estoy guardando algunos chistes bonitos para él. Y cuando Zusya muera, ¡ya verás!".

Y sucedió de verdad. Cuando murió hubo grandes truenos y la gente dijo: "¡Ha llegado, y Dios se ríe!".

Zusya se alojaba en una casa, en casa de un discípulo. La familia estaba un poco preocupada por el hombre porque sus costumbres eran extrañas: podía hacer cualquier cosa. En mitad de la noche podía empezar a reírse, podía despertar a los vecinos, podía montar una escena. Así que lo metieron en el sótano y cerraron la puerta con llave para que al menos ellos pudieran descansar y los vecinos también.

En mitad de la noche, de repente, oyeron risas en la terraza. No se lo podían creer.

Salieron corriendo y vieron a Zusya revolcándose en el tejado, riendo. Dijeron: "Zusya, ¿qué te pasa?".

Dijo: "¡Por eso me río! Estaba durmiendo en el sótano; ¡de repente empecé a subir hacia arriba!".

Pero simplemente estaba dejando claro que existe otra ley que no cree en los bloqueos y no cree en la caída hacia abajo. Sus palabras reales fueron: "De repente me encontré subiendo hacia arriba".

Esa es la ley de la gracia: ríndete, y de repente estás en una ley totalmente diferente; tu gestalt cambia, empiezas a elevarte hacia arriba. Y hay una gran risa en ti y toda la existencia ríe contigo.

Aquí no se trata de obediencia. "Obediencia" es una palabra fea.

La cuarta pregunta:

MAESTRO,

¡POR FAVOR, CUÉNTALE A UNA DAMA BRITÁNICA UN CHISTE DE DAMAS BRITÁNICAS PARA LOS QUE ESTAMOS APRENDIENDO A REÍRNOS DE NOSOTROS MISMOS!

Diane Ramsey,

A mitad de su crucero por el mundo, la dama inglesa asistió al baile del barco, se intoxicó un poco con champán y acabó acostándose con un apuesto camarero italiano. Pero al día siguiente, cuando el camarero se le acercó en el puente de mando, la dama inglesa lo mató.

"Eh, contessa mia", dijo el camarero, "¿te acuerdas de los buenos ratos que pasamos anoche?".

La dama inglesa levantó brevemente la vista de su partida de bridge. "En los círculos en los que me muevo, joven", dijo secamente, "¡acostarse con alguien no constituye una presentación!".

La quinta pregunta:

MAESTRO,

SIEMPRE ME PREOCUPA LO QUE LOS DEMÁS PIENSAN DE MÍ. ¿QUÉ DEBO HACER?

Gayatri,

NO HAY NINGUNA NECESIDAD de hacer nada, porque sé de esos otros - ¡están constantemente preocupados por lo que piensas de ellos!

La sexta pregunta:

MAESTRO, ¿ES CIERTO QUE LOS MANSOS HEREDARÁN LA TIERRA?

¡Rudresh, sí porque el resto de nosotros escapará a las estrellas!

La séptima pregunta:

MAESTRO, ¿QUIÉNES SON LOS MÁS RUIDOSOS MIENTRAS HACEN EL AMOR?

Amir,

¡dos esqueletos sobre un tejado de zinc!

La octava pregunta:

MAESTRO, GURDJIEFF TENIA UNA HERMOSA PIPA DE AGUA Y TAMPOCO ODIABA LOS CIGARRILLOS. TODA SU VIDA BAAL SHEM TUVO UNA PIPA DE ARCILLA EN LA BOCA. ¿DE VERDAD HAY QUE DEJAR DE FUMAR? Y SI ES ASÍ, ¿CÓMO ES QUE EL ÚNICO TEMPLO DEL ASHRAM ES EL TEMPLO HUMEANTE?

Anando,

TODO MI ESFUERZO AQUÍ consiste en transformar lo mundano en sagrado. Es una escuela alquímica:

transformamos los metales comunes en oro. Por eso el lugar donde se fuma se llama templo; es el único templo que tenemos.

No estoy en contra de fumar. Yo mismo no fumo porque ahora hay tanto humo en el aire que uno no necesita molestarse en llevar una pipa de arcilla o una pipa de agua en la mano; con el aire ordinario es suficiente, está tan contaminado.

De hecho, los ecologistas dicen que es una maravilla cómo sobrevive el hombre, porque hace sólo cincuenta años los científicos pensaban que si el aire se contaminaba tanto como se ha contaminado hoy en Nueva York, en Bombay, en Calcuta, en Londres, la gente moriría. Pero el hombre tiene una enorme capacidad para adaptarse a cualquier situación. Donde circulan tantos coches y trenes y aviones y hay fábricas y tanto humo, ya no hace falta llevar una pipa privada; simplemente respiras aire y ¡ya estás fumando!

Yo soy una persona perezosa; Gurdjieff no lo era, por eso solía llevar su hermosa pipa de agua. Y en los días de Baal Shem el aire no estaba tan contaminado. Si querías que algo de humo entrara en tus pulmones ¡tenías que hacer arreglos privados! Ahora es universal.

Y no estoy en contra porque como mucho te puede matar un poco antes. ¿Y qué? Si no vives ochenta años y sólo vives setenta y ocho, ¿importa? De hecho, el mundo está tan superpoblado que todo el mundo se alegrará de que te hayas ido. ¿Sabes cuánto celebramos cuando alguien se va? No celebramos nada de eso. Se crea un pequeño espacio.

Así que, Anando, puedes fumar todo lo que quieras. "La salud es simplemente la velocidad más lenta a la que uno puede morir".

¡Puedes ir un poco más rápido! Y en estos días de velocidad en los que todo va cada vez más deprisa, está pasado de moda seguir muriendo de forma saludable, seguir demorándose y demorándose. ¡La salud es el camino más largo! Pero al final hay que llegar a la tumba, y cuando hay atajos, los sabios siempre eligen los atajos. Así que no te preocupes.

En la nueva comuna vamos a hacer muchos templos y realmente vamos a hacerlos hermosos, porque cuando alguien tiene tanta prisa debemos hacer todos los arreglos que podamos, debemos darle toda la ayuda que podamos. Haremos templos hermosos, bien decorados, cómodos, lujosos, para que puedan descansar y fumar a gusto.

Si vives de forma inconsciente, no importa si vives hasta los setenta, ochenta, noventa o cien años. Vivir conscientemente, aunque sólo sea un momento, es suficiente.

Todo mi esfuerzo aquí es ayudarte a ser consciente. Incluso si por un solo momento en toda tu vida te vuelves absolutamente consciente, no volverás. Te habrás ido. Entonces te habrás ido realmente a la fuente universal.

Es uno de los nombres de Buda: Sugata. Sugata significa "bien ido", alguien que realmente se ha ido y no volverá.

Y si eres consciente, eres tú quien debe decidir si quieres vivir un poco más o un poco menos; nadie debe decidirlo por ti. ¿Y cómo puede decidirlo otra persona?

El gobierno de Morarji Desai intentaba imponer la prohibición en todo el país, ¡y el ochenta por ciento de los ministros de su gabinete eran borrachos! Y él mismo era peor que todos ellos: ¡bebía su propia orina! Prefiero beber vino. Si hay que elegir entre el vino y la orina, el vino parece mucho más estético, ¡y también es mucho más vegetariano! La orina parece ser un alimento para animales. Y piensa en todo el pasaje que recorre, el largo viaje que hace... ¡ahora el segundo paso después de eso no está muy lejos!

Cuando Indira se convirtió en Primera Ministra me preguntaba por qué no se mudaba a la casa del Primer Ministro, tardó dos meses en hacerlo. Pregunté: "¿Qué pasa?" Y me informaron de que estaba cambiando todos los azulejos de los baños porque... ¿quién sabe lo que estaba haciendo dentro del baño? Y toda la casa estaba siendo casi renovada. Había que limpiarlo todo, había que quitar todos los utensilios. ¿Quién sabe lo que estaba haciendo? Y en sus baños todo lo que se encontró fueron diferentes tipos de enemas. Dos meses se tardó en cambiar toda la casa, ¡debió apestar!

No estoy en contra de fumar ni de beber. De vez en cuando es muy bonito beber.

No hay necesidad de ser tan sobrehumano: ¡sé humano!

Eso es lo que me gusta más de Jesús que de Mahavira o Buda. Buda y Mahavira son demasiado abstractos, casi inhumanos; Jesús es muy humano. Él bebe y come y le encanta la fiesta. Y por la noche comen y beben y cotillean.

La nueva comuna no va a ser una comuna de ascetas - los ascetas son personas patológicas. Mis sannyasins no son ascetas, mis sannyasins aman la vida. Por supuesto, cuando vives conscientemente eres tú quien decide. Si quieres beber un poco de cerveza de vez en cuando no hay nada malo en ello, pero la decisión viene a través de tu propia consciencia. Si no quieres beber, no hay necesidad.

De hecho, no bebo por la sencilla razón de que el agua con gas ya me embriaga lo suficiente, así que no hay necesidad de mezclarla con whisky. ¿Por qué desperdiciar whisky? Lo guardo para otros. Siempre que Paritosh celebra su cumpleaños le envío una botella de whisky o brandy. Siempre que alguien trae brandy, lo guardo porque Paritosh lo necesitará pronto, ¡se acerca su cumpleaños! A mí me basta con un refresco.

La última pregunta:

MAESTRO,

POR FAVOR, SÓLO UN CHISTE MÁS SOBRE EL FENÓMENO DE LAS MAMADAS.

MUKTANANDA... perdón, Paramahansa Muktananda... Quiero decir, ¡hijo de puta! ¿Estás loco o algo así? ¿Por qué estás obsesionado con este gran fenómeno? Pero si quieres, ¡está bien!

George Stearman fue un hombre de negocios legendario, de gran éxito en Estados Unidos. Empezó como vendedor de máquinas de escribir para IBM y en diez años sus ventas y su liderazgo ejecutivo fueron tan sobresalientes que se convirtió en director de ventas de todos los productos de oficina y pequeños ordenadores para una zona de nueve estados, desde Texas hasta California. Cuando Xerox se expandió a los ordenadores, fue atraído a su sede corporativa en las afueras de Nueva York y en diez años de logros récord se convirtió en director nacional de ventas de Xerox. Con un puesto en el comité ejecutivo, lo único que le faltaba antes de la presidencia era un puesto en el consejo de administración.

Tenía una mujer preciosa, tres hijos en la universidad y una casa en Darien, Connecticut, que parecía Mount Vernon. Entonces, en Nochebuena, cuando todos los demás directores ejecutivos se habían ido de vacaciones a las Bahamas, Florida o Aspen, George fue a la oficina a cobrar su nómina de fin de año con la esperada gran prima. Cuando abrió la nómina, en lugar de una gran prima tenía un cheque de indemnización por despido. Le despidieron.

George se sintió totalmente destrozado, pero consiguió llegar a casa después de unos cuantos martinis. Cuando abrió la puerta, había una nota en el árbol de Navidad que decía: "George, estoy harta. Quiero el divorcio. Los niños y yo nos vamos".

A ciegas, regresó a la ciudad, se emborrachó a conciencia, subió en ascensor a lo alto del Empire State Building y estaba a punto de saltar cuando sintió un pequeño tirón en la pernera de su pantalón. Miró hacia atrás: allí estaba Papá Noel.

George dijo: "¡Santa, piérdete! ¡Lárgate! Lo he perdido todo. Mi trabajo está en la ruina y mi mujer y mis hijos me han abandonado".

Papá Noel respondió: "Espera, George, te concederé dos deseos si tú me concedes uno".

"Vale", dijo George, "quiero a mi mujer y a mis hijos".

"No hay problema", dijo Papá Noel, "en dos días estarán de vuelta".

"¡Genial!", exclamó George. "¿Y mi trabajo?"

"Bueno", dijo Papá Noel, "ha habido un juego de poder. Espera hasta Año Nuevo y serás el director de Xerox".

"¡Vaya!", dijo George, "¡Eso es genial! ¿Y qué puedo hacer por ti?"

"Bueno", dijo Papá Noel, bajándose la bragueta, "mi deseo es que me hagas una mamada".

"¡Qué!", gritó George. "¡Tengo cuarenta y cinco años y nunca he hecho una cosa así!".

"Bueno", dijo Papá Noel, "¡un trato es un trato!".

Cuando George terminó, Papá Noel se subió la cremallera. Al levantar la vista, George vio que por la cara de Papá Noel corrían lágrimas. "¿Qué le pasa?", preguntó.

Papá Noel miró a George y le dijo: "¡Es bastante conmovedor encontrar a un hombre de cuarenta años que aún cree en Papá Noel!".

El corazón siempre sabe

La primera pregunta:
MAESTRO,
EL BUDA DIJO,
"SI QUIERES VER, VE DE UNA VEZ. NO DEJES QUE LA MENTE ENTRE EN ELLO".
¿PUEDE DECIRNOS ALGO MÁS SOBRE "VER"?
Anand Deepesh,
VER ES UN ESTADO DE NO-MENTE un estado de no-pensamiento, un estado de conciencia pura, cuando simplemente reflejas lo que es sin ninguna interferencia, ningún juicio, ningún agrado, ningún desagrado; cuando no dices nada sobre ello, simplemente funcionas como un espejo.

Por eso Buda dice: "Si quieres ver, ve de inmediato", porque si empiezas a pensar ya has fallado. Ver de inmediato significa no traer la mente. La mente trae el tiempo, la mente trae el futuro, la mente trae el pasado. La mente empieza a comparar si está bien o mal. Compara con los viejos prejuicios - con el Gita, con el Corán, con la Biblia, con todos tus condicionamientos - o empieza a proyectarse en el futuro, en el mundo de los deseos: "Si creo en esto, ¿qué voy a conseguir?

¿Cuál será el logro?" En el momento en que la mente entra, trae todo el mundo del pasado y del futuro. De repente te encuentras en una confusión. Los recuerdos están ahí, los deseos están ahí, y lo que se te dijo se pierde en la confusión, en el ruido.

Buda dice: ¡Véanlo ahora mismo! Ni un solo momento de pensamiento.

Pensar significa faltar.

De ahí que ésta haya sido la práctica constante de Buda: siempre que un nuevo buscador acudía a él haciendo preguntas, inquiriendo sobre la verdad, Dios, la vida después de la muerte, él le decía: "Espera, no tengas prisa. Siéntate a mi lado durante al menos dos años sin preguntar nada. Si realmente quieres que te responda, olvida todas tus preguntas durante dos años. Si no quieres que te responda, estoy dispuesto a hacerlo ahora mismo. Pero tú no estás dispuesto a escuchar. Tu pregunta proviene de una locura interior.

Hay mil y una preguntas dentro pidiendo atención. Mientras yo respondo a tu pregunta tú estarás preparando otra nueva; no me estarás escuchando. Así que si realmente quieres que te responda, espera dos años. Siéntate en silencio a mi lado sin preguntar, simplemente observando lo que ocurre aquí.

"En estos dos años ocurrirán muchas cosas: verás florecer a mucha gente. Verás todo tipo de personas que vienen a mí: los curiosos que vienen con las manos vacías y se van con las manos vacías, los verdaderos buscadores que vienen con las manos vacías pero nunca se van con las manos vacías - se quedan, permanecen conmigo hasta que se realizan. Verás a los lentos que tardan mucho tiempo, un proceso gradual, y verás a los rápidos, los inteligentes que comprenden inmediatamente. Simplemente observa.

Camina conmigo de una aldea a otra, siéntate conmigo bajo este árbol y aquel otro, imprégnate de mi espíritu, siente mi silencio, mírame a los ojos, observa cómo camino, observa cómo me siento. Simplemente observa durante dos años y olvida todas tus preguntas, no formules ninguna pregunta, y después de dos años, si puedes cumplir esta condición, se te permitirá preguntar y yo te responderé. Y te prometo que cualquiera que sea la pregunta será resuelta, cualquiera que sea tu sed será saciada".

Había venido un gran filósofo, Maulingaputta, y estaba haciendo grandes preguntas filosóficas, por supuesto. Buda le escuchó: era muy famoso, muy conocido en todo el país. No había venido solo, sino con quinientos de sus discípulos. Estaban sentados detrás de él.

Buda escuchó pacientemente. Durante una hora estuvo preguntando esto y aquello: preguntas muy complicadas, preguntas complejas, preguntas sutiles. Entonces dijo: "Te he hecho tantas preguntas, pero no me has contestado". Buda dijo: "Mi forma de responder es que tendrás que esperar dos años conmigo Estas son las preguntas que has hecho a mucha gente. ¿Las has hecho o no antes de preguntarme a mí?".

Maulingaputta dijo: "Es cierto. He preguntado a Mahavira y me ha contestado inmediatamente. He preguntado a Sanjay Vilethiputta" -fue otro famoso maestro de aquellos días- "y él respondió inmediatamente. He preguntado a Ajit Keshkambli" -era un filósofo muy escéptico- "y se interesó mucho por mis preguntas. Y he preguntado a muchos otros. Hemos viajado por todo el país".

Buda dijo: "Has preguntado a tanta gente y todos te han respondido, pero ¿tienes tú las respuestas? Si las tienes, ¿para qué me haces perder el tiempo?".

Maulingaputta dijo: "Ellos han respondido, pero yo aún no he obtenido las respuestas. Mis preguntas siguen siendo las mismas. Sus respuestas no me han satisfecho".

Entonces Buda dijo: "Yo también puedo responder ahora mismo como ellos han respondido -tampoco te satisfará.

Ahora tienes que decidirte. Si realmente te interesa, arriesga dos años y siéntate en silencio a mi lado".

Maulingaputta esperó dos años, pero antes de decir: "Sí, estoy dispuesto a esperar", uno de los grandes discípulos de Buda, Manjushri, se echó a reír. Maulingaputta dijo: "¿Por qué se ríe como un loco este hombre?".

Buda dijo: "No está loco, es mi primer discípulo que se ha iluminado. Y sé por qué se ríe - puedes preguntárselo tú mismo".

Maulingaputta preguntó a Manjushri: "¿Por qué te ríes?".

Dijo: "¡Me río porque este Gautam Buda es tramposo! Me engañó de la misma manera.

Al escuchar lo que le está diciendo recordé mi propio viaje hasta él. Han pasado veinte años; de repente recordé -lo había olvidado por completo- que éstas eran también mis preguntas.

Es como si la historia se repitiera. Y es extraño que yo viniera con quinientos discípulos míos igual que has venido tú, y le preguntara a Buda y se me diera la misma respuesta: Espera dos años'. Esperé dos años, ¡y me estoy riendo! Me gustaría decirte esto como advertencia: si quieres preguntarle a este hombre, pregúntale ahora mismo, porque después de dos años no preguntarás y él no responderá".

Buda dijo: "Estaré dispuesto a responder, pero si tú mismo te niegas a preguntar, ¿qué puedo hacer? Mi promesa se mantendrá: soy un hombre de palabra".

Y la historia sucedió de la misma manera que Manjushri había predicho. Pasaron dos años-.

Maulingaputta lo había olvidado por completo, porque ¿quién recuerda el tiempo cuando se está con un hombre como Buda?

Sólo recuerdas el tiempo cuando eres desgraciado; cuando eres dichoso, el tiempo se olvida. El tiempo depende.... Si eres muy desgraciado, entonces una hora parece como si hubieran pasado muchos días. Si eres dichoso, entonces muchos días parecen como si sólo hubieran pasado unos momentos. Y si eres totalmente dichoso entonces el tiempo se detiene, entonces el tiempo desaparece, se evapora; entonces ya no hay tiempo. Entonces simplemente vives más allá del tiempo.

Pasaron dos años. Maulingaputta lo había olvidado, pero Buda se lo recordó. De repente, un día dijo: "Maulingaputta, han pasado dos años. Ya es hora de que hagas tus preguntas. Y yo estoy dispuesto a responder".

Y Maulingaputta se echó a reír. Buda dijo: "¡Te estás riendo como un loco! ¿Qué ha ocurrido? ¿Recuerdas la risa de Manjushri aquel día?".

Maulingaputta dijo: "Mis preguntas han decaído. No tengo nada que preguntar. Me he vuelto completamente silencioso.

No has respondido y sin embargo has respondido".

Esta es la verdadera respuesta. El verdadero Maestro mata tus preguntas de una manera tan sutil que nunca te das cuenta de ello; sin derramamiento de sangre va destruyendo tus preguntas. Poco a poco, poco a poco, te das cuenta de lo absurdo de todas tus preguntas. Poco a poco te das cuenta del misterio absoluto de la vida. La vida no es un problema, no puede reducirse a preguntas y no tiene respuesta. Es un misterio sin respuesta, insoluble. Hay que vivirla, hay que saborearla, hay que experimentarla. Y se experimenta en silencio.

De ahí que la meditación contenga todas las respuestas, porque la meditación es el arte de ir más allá de la mente.

Una vez que la mente se ha ido con todo su parloteo, eres capaz de ver, ver sucede. Y ver es transformación. Cuando puedes ver lo que es, toda tu vida se transforma. Ya no puedes vivir en contra de la existencia; es imposible. Empiezas a vivir en armonía con la existencia.

Sabiendo, viendo, ¿cómo puedes ir contra la ley última de la vida? Nadie es tan tonto. Vas contra ella porque no eres consciente de ella. Cuando eres consciente de ella, simplemente te conviertes en una parte armoniosa de ella; caes en la unidad orgánica de la existencia, desapareces como ego - la gota de rocío desaparece en el océano y se convierte en el océano. Y eso es la plenitud, y eso es la satisfacción, y eso es la dicha última, el nirvana.

La segunda pregunta:

MAESTRO,

TENGO CUATRO ESPECIALIDADES: DUERMO MUY PROFUNDAMENTE EN TU DISCURSO, COMO MUCHO CHOCOLATE Y HELADO, SOY UNA CHICA ALEMANA Y ESTOY TONTEANDO CON UN SWAMI INDIO. ¿PUEDO ILUMINARME?

Prem Gayano,

EL SUEÑO ES MUY ÚTIL. La iluminación está muy cerca del sueño. Patanjali ha definido exactamente el samadhi como el sueño con sólo una pequeña diferencia: que es un sueño consciente. El cuerpo duerme, la mente duerme, pero algo mucho más profundo en ti permanece despierto - en el centro mismo de tu ser, una llama de consciencia. Así que el sueño profundo no es algo de lo que debas preocuparte. Eso está muy bien. Y estos discursos son para eso. Sólo mantente alerta en tu interior. Si no escuchas mi discurso, no es para preocuparse; sólo mantente un poco alerta en tu interior. Y si mi discurso puede ayudarte a caer en un sueño profundo, al menos algo está sucediendo, estás en el camino correcto. Sólo un poco más profundo....

Y si comes mucho chocolate y helado está perfectamente bien porque puede que no vuelvas otra vez, así que acaba con ello. Come todo el chocolate y el helado que quieras, porque en la otra orilla no hay helado ni chocolate, ¡y te lo digo por experiencia propia! ¿Sabes lo desgraciado que me siento? Ahora me arrepiento - ¿por qué no comí chocolate y helado y todo tipo de cosas? Pero cuando estaba tan dormida como tú, Deeksha no estaba cerca.

Y no hay por qué preocuparse de que seas alemana. Si fueras californiana, habría problemas. Los alemanes son gente de un solo punto; van como flechas, directos al grano, no van en zig-zag. Esa no es su forma de ser. Una vez que han decidido algo, lo siguen hasta el final, pase lo que pase. No miran aquí y allá, no miran hacia atrás.

Por eso tengo tanta debilidad por los alemanes. Eso está perfectamente bien. Sólo que los californianos están en dificultades.

Una pegatina californiana para el parachoques: ADVERTENCIA: FRENO POR ALUCINACIONES.

En lo que respecta a la iluminación sólo hay que tener cuidado con las alucinaciones, porque uno puede alucinar que se ha iluminado. Muchos californianos ESTÁN alucinando. Ahora hay tanta gente iluminada en California como nunca ha habido en ninguna parte del mundo. En toda la historia de la humanidad no ha habido tanta gente iluminada como la que encontrarás en California. ¡Casi en cada casa encontrarás gente iluminada! Cualquiera puede alucinar. Así que estoy perfectamente feliz de que seas una chica alemana.

El único problema es que estás tonteando con un swami indio. Tengo que hacerte dos preguntas, Gayano. ¿Por casualidad este swami indio se llama Paramahansa Muktananda? ¡Entonces evita a este tipo! Y está tratando de ocultar su nombre, recuérdalo. No le dice su nombre a la gente.

Ahora todo el mundo pregunta por él: "¿Quién es ese Paramahansa Muktananda?". Hacer el tonto está bien, pero evita a este tipo porque con él no hay posibilidad de iluminación en absoluto. He conocido a personas que se han iluminado y sólo por estar con este hombre han vuelto a no iluminarse.

¿Cómo lo reconocerás? ¡Sigue riéndose como Jimmy Carter! Así que tienes que ver eso.

Y ahora, porque lo estoy diciendo, puede que intente ocultar incluso eso, así que puedes observarle por la noche cuando duerme porque entonces se olvida por completo, naturalmente. Tiene la cara, la misma cara diplomática, la misma cara estúpida de Jimmy Carter.

La Sra. Carter fue a una revisión al dentista.

"¿Cómo está la boca?", preguntó el dentista.

"Ah, está fuera jugando al golf este fin de semana", respondió ella.

Por lo demás todo va bien, Gayano. Si puedes ser consciente de este Paramahansa Muktananda, entonces todo va perfectamente bien para ti. Puedo garantizar tu iluminación.

La tercera pregunta:

MAESTRO,

TOMÉ SANNYAS POR RAZONES EQUIVOCADAS, NO DE CORAZÓN. HABÍA PENSADO: "YA QUE ESTOY JODIDO DE TODOS MODOS, MEJOR PRUEBO SANNYAS". PERO EL MISMO DÍA DESPUÉS DE DARSHAN TODO CAMBIÓ. AHORA TE SIENTO EN MI CORAZÓN CADA VEZ MÁS FUERTE. LLEVAR EL MALA YA NO ES UN SACRIFICIO SINO UNA GRACIA Y UN PLACER. INCLUSO ALGUNOS VIEJOS PROBLEMAS DESAPARECIERON. ¿CÓMO ES POSIBLE QUE EL MOMENTO EQUIVOCADO HAYA RESULTADO SER EL CORRECTO?

Uli,

TÚ NO ERES CONSCIENTE de tu propio corazón, eso es todo. Estabas pensando que no salía de tu corazón - tiene que haber salido de tu corazón, de lo contrario lo que ha sucedido habría sido imposible. Muchas personas no son conscientes de su corazón por la sencilla razón de que toda nuestra sociedad, cultura, educación, nos condicionan a pasar por alto el corazón; quieren que lleguemos a la cabeza lo antes posible. Intentan encontrar un atajo, y el corazón se queda a un lado. Tus energías se vuelven completamente ajenas al hecho de que hay un corazón latiendo dentro de ti. Y los fisiólogos siguen diciéndote que tu corazón no es más que una parte de tu fisiología. Sí, tienen razón. El corazón tiene dos aspectos: su aspecto exterior es parte de la fisiología, su aspecto interior es parte de tu espiritualidad. Los fisiólogos sólo se ocupan del aspecto exterior, pero el interior sigue funcionando. Aunque no seas consciente de ello, trabaja continuamente en ti; sigue influyendo en tu vida de muchas maneras.

Por eso muchas veces sientes que ha ocurrido algo que nunca quisiste que ocurriera. Te enamoras de una mujer; tu mente dice: "Es simplemente una locura. ¿Qué estoy haciendo?". Parece tan irracional: no apela a tu mente ni a tu razón. Sin embargo, algo más profundo que la mente tira de ti y no puedes resistirte. Te enamoras a pesar de toda tu racionalidad, tu mente, tu formación científica, tu pensamiento. Y la mente sigue diciendo: "¡Qué tontería estás haciendo! Esto no está bien. No deberías hacerlo". Puede encontrar mil y una excusas para no hacerlo. Pero algo mucho más poderoso, mucho más intrínseco, mucho más profundo está funcionando, y la mente se siente casi impotente. Entonces la mente es muy astuta - nunca acepta su derrota - dice: "Vale, vamos a intentarlo".

Eso es lo que te ha pasado a ti. Tu mente te dice: "Como de todas formas estoy jodido, mejor pruebo con sannyas". Algo profundo se removió, pero la mente no lo aceptará porque no quiere aceptar que haya algo más profundo que ella. No quiere aceptar su derrota.

He oído hablar de Mulla Nasruddin. Iba en su burro muy rápido; el burro casi corría. Y la gente le preguntaba: "Nasruddin, ¿adónde vas?". Pasaba por el mercado.

Dijo: "¡No me preguntes a mí, pregúntale al burro!".

Dijeron: "¡Esto es extraño!"

Nasruddin dijo: "No hay nada extraño. Este burro es tan testarudo que cada vez que intento dirigirlo me da tal pelea que no quiere ir por ese camino. Así que cuando estoy solo en el camino lo golpeo y lo llevo al lugar donde quiero ir, pero en un mercado la gente se reúne y una multitud empieza a reírse de mí: '¡Tu propio burro y tú no eres su dueño! Y cuanto más ve a la multitud, más terco se vuelve. Así que he aprendido una lección: cuando paso por el mercado, simplemente voy a donde él va. Fuera de la ciudad me ocupo del tonto, pero en el mercado dejo que me guíe. Así, al menos, doy a todo el pueblo la falsa impresión de que soy el amo".

Así es la mente.

Mulla Nasruddin le decía a su hijo: "¡Siéntate en silencio, no hagas ruido!".

Pero el hijo no escuchaba. Cuanto más le decía que se sentara en silencio, que no hiciera ruido y obedeciera a su padre, más rebelde se mostraba el niño.

Finalmente Nasruddin dijo: "¡Bien, ahora desobedéceme y déjame ver cómo puedes desobedecer esta orden!

Desobedéceme, ¡es mi orden! Y ahora déjame ver cómo puedes desobedecerme".

Esta es la estrategia de la mente; la mente lo sabe. Primero intenta dominar al corazón; si no puede, entonces se dice a sí misma: "Probemos, ¿qué tiene de malo? Hemos probado tantas cosas".

Pero, Uli, algo muy profundo de lo que no eres claramente consciente te empujaba hacia sannyas. Es una fuerza magnética. Ciertamente estás en ella a pesar de tu mente, pero no a pesar de tu corazón, de lo contrario lo que ha sucedido no habría sucedido en absoluto.

Tu dices: PERO EL MISMO DÍA DESPUÉS DE DARSHAN TODO CAMBIÓ.

Eso demuestra que el corazón floreció, floreció. Por primera vez se ha escuchado algo del corazón. Por primera vez le has dado una oportunidad. Por primera vez has escuchado al amor en lugar de a la lógica. Por primera vez has sido un poco poético y no sólo un pensador. Por primera vez has dejado de lado toda tu aritmética y has dado un salto hacia algo misterioso, incalculable. Por primera vez no has sido calculador.

Dices: AHORA TE SIENTO EN MI CORAZÓN CADA VEZ MÁS FUERTE.

La semilla debe haber estado ahí, pero no puedes verla. Cuando empieza a brotar, entonces puedes verla. Cuando las hojas empiezan a salir de la tierra, entonces se hace visible. Pero sin la semilla no pueden salir las hojas. Ahora estás viendo las hojas; retrospectivamente son prueba suficiente de que debe haber habido una semilla. Tú no eras consciente de ello; ahora esas hojas te hacen ser consciente de ello.

Pregunta 4:
LLEVAR EL MALA YA NO ES UN SACRIFICIO, SINO UNA GRACIA Y UN PLACER.

No sólo las hojas, sino también los capullos y las pequeñas flores están en camino.

Pregunta 5:
INCLUSO   ALGUNOS   VIEJOS   PROBLEMAS DESAPARECIERON.

Ese es el milagro del corazón: el corazón simplemente ayuda a deshacerse de esos problemas que la mente no puede resolver. La mente sigue y sigue moviéndose en círculos. El corazón simplemente da un salto fuera de esos círculos y de repente ha trascendido esos problemas que siempre te han torturado.

De repente ves que son irrelevantes, que no hay necesidad de resolverlos, que ni siquiera hay que molestarse por ellos, que no te conciernen, que no te pertenecen... como si una persona hubiera salido del sueño y los problemas a los que se enfrentaba en sueños se evaporaran, de repente ya no son relevantes. Eso es lo que ha ocurrido, Uli.

Ahora dices: INCLUSO ALGUNOS VIEJOS PROBLEMAS DESAPARECIERON. ¿CÓMO PUDO EL MOMENTO EQUIVOCADO RESULTAR SER EL CORRECTO?

Simplemente demuestra que no era el momento equivocado; era el momento adecuado, pero no eras consciente de ello. Ahora eres consciente de ello. Ahora profundiza conscientemente en ello. Si inconscientemente ha sucedido tanto, si sólo a tientas en la oscuridad ha sucedido tanto, si empiezas a moverte conscientemente, inmensa es la posibilidad de tu crecimiento, grande es la esperanza. Mayores flores están esperando. La primavera ha llegado, has visto las primeras flores; ahora pronto todos los árboles florecerán. Todo tu ser se convertirá en una fragancia.

Pero abandona esa idea de que has salido de una decisión equivocada; no era equivocada. Tu mente pensaba que estaba mal, pero tu corazón lo sabía mucho mejor. El corazón siempre sabe más que la mente.

La cuarta pregunta:
MAESTRO,
¿QUÉ SE LE DICE A UNA MENTE QUE SIGUE PENSANDO EN CUATRO IDIOMAS DIFERENTES? (PERSA, INGLÉS, FRANCÉS, ALEMÁN.)

Shraddes,

No importa si hablas una lengua o una docena de lenguas: es la misma mente. Todas esas lenguas estarán hablando la misma mente. Si un loco habla persa, ¿crees que será diferente que si habla inglés, francés o alemán? Un loco es un loco; en cualquier lengua estará loco.

Una persona iluminada es una persona iluminada; en cualquier idioma estará iluminada. Hable o no hable, sigue siendo el mismo. Por supuesto, cuatro idiomas lo harán un poco más complicado, pero el problema básico es el mismo. Tu mente es una, la enfermedad de tu mente es una. Puedes expresar esa enfermedad en cuatro idiomas, eso es todo; pero sólo la expresión será diferente, la raíz no puede ser diferente.

Cuando Johnny Fuckerfaster fue un día al colegio, la profesora decidió repasar el alfabeto. Les dijo a sus alumnos: "Voy a nombrar una letra del abecedario y vosotros me decís una palabra que empiece por esa letra".

Empezaremos por A".

Johnny Fuckerfaster levantó la mano gritando: "¡Lo sé, lo sé!".

La profesora sabía que Johnny tenía una mente sucia y pensó: "Dirá 'gilipollas' y avergonzará a la clase". Así que llamó a otro alumno que contestó: "Manzana". La profesora llamó a la letra "B" y de nuevo Juanico levantó la mano furioso y gritó: "¡Por favor, a mí, llámame, que lo sé!". La profesora imaginó que diría "bastardo", así que preguntó a otro niño por la respuesta. Éste contestó: "Chico". La maestra continuó con el alfabeto hasta que llegó a la letra "R". Para entonces, Juanico estaba dando saltos en su asiento y armando tal alboroto que la maestra ya no pudo evitarlo.

"¿Qué palabrota podría hacer con 'R'?", pensó. No se le ocurrió ninguna, así que llamó a Johnny.

"Rata...", dijo. La profesora soltó un enorme suspiro de alivio, luego sonrió y dijo: "¡Muy bien, Johnny! "

Luego Johnny añadió: "... ¡y tenía una puta cola así de larga y se cagó en el suelo!".

No puedes evitar tu mente; encontrará su camino. Cualquier idioma sirve: cuatro idiomas o cuarenta idiomas. Sí, es un poco más complicado, Shraddes, pero la mente es capaz, tan capaz que uno se estremece al pensar en su potencial.

La gente que entiende, que ha trabajado en el mecanismo interno de la mente, dice que una sola mente humana puede contener todas las bibliotecas del mundo; su capacidad es casi infinita. Pero si eres un tonto, aunque sepas todo lo que está escrito, aunque te conviertas en una Enciclopedia Británica andante, no habrá mucha diferencia; seguirás siendo un tonto. Claro que ahora tu necedad será una necedad un poco más decorada. Eso es lo que son los eruditos: tontos condecorados con grandes títulos, certificados, diplomas. Pueden fingir que saben -y pueden fingir con más lógica que nadie porque están bien informados-, pero en el fondo no hay más que la misma oscuridad, la misma inconsciencia.

Tú dirás: ¿QUÉ LE DICES A UNA MENTE QUE SIGUE PENSANDO EN CUATRO IDIOMAS DIFERENTES?

Es lo mismo: el pensamiento es el mismo, la enfermedad es la misma. Y el remedio no es diferente:

la meditación puede ayudarte a deshacerte de una lengua, puede ayudarte a deshacerte de cuatro lenguas o de cuatrocientas lenguas. La meditación te lleva a un espacio en el que la mente se queda atrás con todo su conocimiento. De repente empiezas a funcionar desde un estado de no-saber, de inocencia. Y esa inocencia es hermosa y fragante. Esa inocencia es la religión esencial.

La quinta pregunta:

MAESTRO, ¿POR QUÉ TENGO TANTO MIEDO A LA MUERTE?

Chinmayo,

SE TIENE MIEDO A LA MUERTE porque no se es consciente de lo que es la vida. Si sabes lo que es la vida, el miedo a la muerte desaparece por sí solo. La cuestión no es la muerte, sino la vida.

Porque no sabemos lo que es la vida, de ahí que tengamos miedo de que se acabe algún día. Ni siquiera hemos vivido. ¿Cómo puedes vivir sin saber lo que es? No has vivido ni has amado; simplemente has estado arrastrándote, vegetando. Y sabes que una cosa es cierta: la muerte se acerca cada día, a cada instante, de ahí el miedo. El miedo es natural porque la muerte te cerrará la puerta para siempre. Y sin saber lo que era la vida te la arrebatará. Se te dio una oportunidad, una gran oportunidad, y la desaprovechaste.

Sigues posponiendo para mañana. Dices: "Mañana voy a vivir". Pero simultáneamente, de lado a lado, hay un miedo: sabes: "Mañana, ¿quién sabe? Mañana quizá llegue la muerte, ¿y entonces qué?". Y has pospuesto la vida para mañana y ya no hay mañana, ¿entonces qué? Entonces surge el miedo. Y no sabes cómo vivir ahora mismo. Nadie te dice cómo vivir ahora mismo.

Los predicadores, los políticos, los padres, todos te hablan del mañana. Cuando eres niño te dicen: "Cuando seas joven sabrás lo que es la vida". Cuando eres joven te dicen: "Sois jóvenes tontos, la juventud es una tontería. Cuando seáis viejos, lo entenderéis". Y cuando eres viejo te dicen:

"Estás acabado. Ya no queda nada. Eres como un cartucho usado". Este es un mundo extraño.

En mi infancia, como ocurre en la vida de todo niño, solía hacer miles de preguntas a todos los mayores disponibles. Casi se convirtió en una tortura para ellos porque mis preguntas les resultaban embarazosas.

Así que la forma más fácil era: "Eres demasiado joven. Espera".

Uno de los amigos de mi padre era conocido en todo el pueblo como un sabio. Con mi padre solía ir a verle y yo era el que más le torturaba. Y él siempre me decía: "Espera, eres demasiado joven y tus preguntas son demasiado complicadas. Cuando seas un poco más adulto, entonces podrás entender".

Le pregunté: "Por favor, dame por escrito en qué año seré mayor. Entonces te haré estas preguntas. Porque esto tiene truco: cada vez que te lo pregunto -llevo preguntándotelo al menos cinco años- siempre me dices lo mismo: "Cuando seas mayor....". Puedes seguir diciéndomelo una y otra vez. Escríbelo en un papel y fírmalo".

Vi que le temblaba la mano. Le dije: "¿Por qué te tiembla la mano? ¿Por qué tienes miedo? Si sabes a qué edad una persona es capaz de comprender, escríbelo. Y si dices que a los veinte te lo preguntaré a los veintiuno, ¡te daré un año más!".

Así que escribió: "Veintiún años".

Así que dije: "Vale, vendré sólo cuando tenga veintidós años".

Debió de pensar: "Al menos el problema está resuelto de momento. ¿Quién sabe? Cuando tenga veintidós años....". Yo debía de tener entonces unos catorce años.

Cuando cumplí exactamente veintidós años llegué, y llegué con una multitud - había reunido a mucha gente. Dije: "Ven conmigo", y tenía su carta firmada. Le dije: "Esta es tu carta. Él me dijo: "¡Eres un incordio! ¿Por qué has reunido a toda esta gente?"

Le dije: "Sólo para atestiguar que me has estado engañando. Y no sólo tú me has estado engañando, esto ha estado ocurriendo en todo el mundo. Todas las personas mayores engañan a los jóvenes diciéndoles "Mañana", y el mañana nunca llega. Ahora tengo veintidós años y tú has escrito veintiuno. Te he dado un año más por si acaso no soy lo bastante inteligente y tardo un poco más en crecer. Pero ahora no me voy a ir, estaré aquí. Quiero que respondan a todas mis preguntas". Él dijo: "A decir verdad, no sé nada. Y, por favor, no me vuelvas a preguntar. Perdóneme. Tienes razón: te he estado mintiendo".

"¿Por qué le mentiste a un niño?" le pregunté. "¿Cómo pudiste mentir a un niño que te lo pedía con tanta inocencia, que confiaba en ti? - ¡y le engañaste! Tú no sabes si Dios existe o no y a mí me decías que Dios existe y que más adelante podría entenderlo. Y en ese mismo momento supe que ni siquiera tú lo entendías. No sabes nada de Dios, sólo repites como un loro".

Pero esta es la situación: los maestros no saben, los profesores no saben, los sacerdotes no saben. Sin saber, siguen fingiendo que saben. Y toda la estrategia consiste en un solo truco:

seguir posponiendo. "Tú también sabrás cuándo ha llegado el momento". Por supuesto que nunca es maduro - nunca creces. Y para cuando eres lo bastante mayor tienes que salvar tu propia cara, así que empiezas a decir las mismas cosas a tus hijos.

Si amas a tus hijos, si amas a tus hermanos menores, nunca les digas mentiras. ¡Toda tu religión consiste en mentiras! Sé sincero, diles: "No lo sé y estoy buscando". No lo dejes para mañana.

Toda nuestra vida es un aplazamiento, de ahí el miedo a la muerte: "Aún no he conocido y la muerte se acerca".

No eres sólo tú, Chinmayo, quien teme a la muerte.

Usted pregunta: ¿POR QUÉ TENGO TANTO MIEDO A LA MUERTE?

Todo el mundo tiene miedo a la muerte por la sencilla razón de que aún no hemos probado la vida. El hombre que sabe lo que es la vida nunca teme a la muerte; le da la bienvenida. Siempre que llega la muerte, la abraza, le da la bienvenida, la recibe como a una invitada. Para el hombre que no ha sabido lo que es la vida, la muerte es un enemigo; y para el hombre que sabe lo que es la vida, la muerte es el último crescendo de la vida.

Pero todo el mundo tiene miedo a la muerte; eso también es contagioso. Tus padres tienen miedo a la muerte, tus vecinos tienen miedo a la muerte. Los niños pequeños empiezan a contagiarse de este miedo constante que los rodea.

Todo el mundo tiene miedo a la muerte. La gente ni siquiera quiere hablar de la muerte.

En el mundo sólo ha habido dos tabúes: el sexo y la muerte. Es muy extraño por qué el sexo y la muerte han sido los dos tabúes de los que no se ha hablado, que se han evitado. Están profundamente relacionados. El sexo representa la vida, porque toda vida surge del sexo, y la muerte representa el final. Y ambos han sido tabú: no hablar de sexo y no hablar de muerte.

En el mundo sólo ha habido dos tipos de culturas. Una categoría consiste en las culturas para las que el sexo es tabú. Pueden hablar de la muerte, de hecho hablan demasiado de la muerte. Por ejemplo, en la India, escucha a los mahatmas, a los santos, y lo descubrirás. Nadie habla de sexo, todos hablan de la muerte - para asustarte, para crearte miedo, porque por miedo puedes ser esclavizado, por miedo puedes ser forzado a ser religioso, por miedo puedes ser forzado a inclinarte ante alguna estúpida idea de Dios, ante algún estúpido ídolo de Dios. ¡La gente adora cualquier cosa!

Simplemente pon una piedra delante de tu casa, píntala de rojo, y espera a un lado y verás. Dentro de una hora alguien pasará y se inclinará ante ella, pensando que es Hanumanji. Alguien más vendrá y pondrá dos flores allí y alguien más le seguirá con un coco. ¡Y este es el comienzo de un templo! Pronto descubrirás que allí ha surgido un templo.

La gente tiene tanto miedo que está dispuesta a doblegarse ante cualquier tontería, ante cualquier estupidez.

Llamamos a las personas religiosas "temerosas de Dios". De hecho, una persona religiosa nunca es temerosa de Dios; es ciertamente amante de Dios, pero nunca temerosa de Dios. El miedo no tiene cabida en la vida de un hombre religioso - amor y sólo amor. Y donde existe el amor, el miedo desaparece; y donde existe el miedo, el amor no tiene posibilidad de crecer.

En una sociedad como la India, la muerte no es tabú. Las escrituras indias están llenas de descripciones muy detalladas de la muerte. Describen con gusto lo fea que es la muerte. Describen tu cuerpo de formas tan feas y repugnantes que te sorprenderás de esta gente -¿por qué están tan interesados, tan obsesionados con todo lo que es repugnante y nauseabundo? - por la sencilla razón de que quieren que le tengas tanto miedo a la vida, que te vuelvas tan antagónico a la vida, tan negativo a la vida.... Destruyen tu amor por la vida, tu afirmación de la vida hablando de la muerte, haciendo que la muerte sea lo más grande posible y lo más oscura posible, representando la muerte con todos los colores más feos.

Y luego están las sociedades.... Por ejemplo, el cristianismo durante siglos ha sido una sociedad, una cultura contra el sexo; el sexo es el tabú. "No hables de sexo". De ahí la idea -una idea sin sentido- de que Jesús nació de una madre virgen. Tienen que crear esta ficción porque ¿cómo puede Jesús, un hombre de tal pureza, salir de la sexualidad? ¿Tanta pureza saliendo de tanta impureza? Imposible, ilógico. ¿Un loto saliendo del barro? Imposible. Pero, de hecho, todos los lotos salen del barro.

Jesús nace con la misma naturalidad con la que tú naces: ¡no es un bicho raro! No es anormal. Y toda esta tontería del Espíritu Santo, de que el Espíritu Santo deja embarazada a María.... ¡Ahora los fantasmas hacen el amor!

Hamid vigila cerca de mi habitación. Justo al otro lado de la cortina está de pie con un gran bastón. Un día le pregunté: "Hamid, ¿has visto al Espíritu Santo o no?".

Dijo: "¿Espíritu Santo?"

"Sí", le dije, "algún día vendrá, así que estate alerta -porque si el Espíritu Santo no viene a visitarme, ¿entonces adónde irá?".

Y un día Rajen estaba allí de pie y le dije: "¡Mantén tu báculo en la mano, de lo contrario el Espíritu Santo puede usar el báculo contra ti! En lugar de que este bastón sea una protección, ¡te golpeará la cabeza con tu propio bastón!".

Desde entonces ha dejado a su personal en algún sitio; yo ya no veo a su personal. Tal vez tenga miedo.... A veces uno no está tan atento, y mantener el bastón en la mano todo el tiempo... a veces uno también tiene que relajarse. Incluso los guardias tienen que irse a dormir. Y viene el Espíritu Santo y encuentra el bastón y ¡le da en la cabeza! Y si el Espíritu Santo puede dejar embarazada a una mujer, ¿qué no puede hacer? Puede hacer cualquier cosa, ¡incluso puede dejar embarazada a un hombre! Todo es posible; con el Espíritu Santo nada es imposible.

El sexo es un tabú para el cristianismo: "¡No hables de sexo!"

Ahora, después de Sigmund Freud, se ha roto el primer tabú; el sexo ya no es un tabú. Hemos cambiado a otro tabú; ahora la muerte se ha convertido en el tabú. Ahora no se habla de la muerte. Parece como si el hombre necesitara un tabú u otro. La sociedad victoriana era una sociedad arraigada en el tabú del sexo. Ahora la sociedad moderna, la sociedad occidental, está arraigada en el tabú de la muerte. No hables de la muerte en absoluto, olvídate de la muerte como si no ocurriera, al menos no te ocurre a ti, al menos no te ha ocurrido hasta ahora, así que ¿por qué preocuparse por ella? Olvídate de ella.

Hoy en día, cuando un hombre muere en Occidente, hay expertos en decorarlo. Puede que nunca haya estado tan guapo como después de morir: pintado y con las mejillas tan rojas como si acabara de llegar de pasar tres meses de vacaciones en Florida. Y tan sano, como si acabara de hacer ejercicio y ahora estuviera haciendo shravasan -la postura de la muerte-, sin estar realmente muerto. Hay que fingir que no está muerto. E incluso en la lápida está escrito: "No está muerto, sólo está dormido".

Y en todos los idiomas decimos... cuando alguien muere nadie dice que simplemente ha muerto.

Decimos "Se ha ido a Dios. Se ha convertido en amado de Dios. Dios le ha elegido y le ha llamado. Se ha ido al otro mundo. Se ha vuelto celestial".

Un hombre le decía al otro, su amigo: "Mi mujer es divina".

Y el otro dijo: "¡Pero mi mujer sigue viva!".

Hablas de la divinidad de las personas, etcétera, cuando están muertas.

Hubo un gran conflicto entre Voltaire y Rousseau; toda su vida estuvieron discutiendo.

Voltaire murió; alguien informó a Rousseau de que Voltaire había muerto. Él dijo: "¿De verdad? Era un gran hombre - ¡siempre que esté realmente muerto!". Si no está muerto, retirará sus palabras. Vivo, son enemigos; muerto, "Era un gran hombre". Así que pone una condición: siempre que esté realmente muerto, fue un gran hombre.

Una vez que un hombre muere, nadie habla en su contra, nadie dice nada en su contra. De repente se convierte en un santo, de repente es grande. Su lugar nunca volverá a llenarse, su lugar siempre permanecerá vacío. El mundo siempre le echará de menos; era tan esencial. Y nadie le había hecho caso mientras vivía. Son trucos, trucos para alejar a la muerte, para cerrar las puertas, para olvidarse de la muerte.

Una humanidad real no tendrá tabúes: ni tabú sobre el sexo, ni tabú sobre la muerte. La vida debe vivirse en su totalidad, y la muerte forma parte de la vida. Hay que vivir totalmente y hay que morir totalmente.

Y ese es mi mensaje para mis sannyasins, Chinmayo.

Usted pregunta: ¿POR QUÉ TENGO TANTO MIEDO A LA MUERTE?

Porque aún no vives totalmente. Vive totalmente y el miedo a la muerte desaparecerá. Y no estás solo; todo el mundo está en el mismo barco.

Era un típico club de hombres británico: humo de pipa suspendido en el aire, gruesos sillones de cuero, paneles de roble tallado.

El viejo coronel retirado relataba sus atrevidas hazañas en África. "¡Casi pierdo la vida por un león de melena negra una vez!"

"¿De verdad, señor?", dijo un joven oficial, fingiendo interés. "Cuéntenoslo".

"Bueno, amigo mío, allí estaba yo caminando por la parte más espesa de la selva del Congo con mi fiel portador de armas, Umbogo, cuando al otro lado de un pequeño claro vi al león más grande que jamás hayas visto. Tranquilo como un sándwich de pepino, le quité mi fiel rifle a Umbogo, apunté y apreté el gatillo. Sin inmutarme, se lo devolví y cogí un segundo rifle. Para entonces Umbogo ya se había ido y pensé que era mejor que yo también me fuera. Corrí tan rápido como pude, pero la bestia me seguía de cerca. Podía sentir su aliento en mi nuca y sabía que estaba a punto de abalanzarse, pero justo cuando iba a hacerlo, resbaló. Esto me dio una oportunidad y corrí tan rápido como pude. Pero pronto estaba de nuevo allí, con el aliento en mi nuca, a punto de abalanzarse, y de nuevo resbaló. Esto sucedió tres veces, y la tercera conseguí entrar en el viejo Land Rover y escapar".

"Qué increíble, señor", dijo el joven oficial. "Estoy seguro de que si hubiera sido yo me habría hecho un lío".

"¿Te has hecho un lío?", bramó el viejo coronel. "¿En qué crees que se estaba resbalando el león?"

La sexta pregunta:

MAESTRO,

¿QUÉ HACE PARA EJERCITARSE?

Anand Prachi,

Simplemente me cuento unos cuantos chistes muy buenos y luego me río a carcajadas y me revuelco por el suelo. No conozco otro ejercicio mejor. Pregúntale a Vivek, de vez en cuando me pilla rodando por el suelo.

El otro día me contaba estos chistes a mí mismo:

Richard Nixon desconfiaba de algunos de los políticos que le rodeaban, pensando que se estaba gestando una conspiración contra él.

Así que reunió a sus ayudantes más cercanos y se dirigieron a un pequeño pueblo en algún lugar de los Alpes para investigar el problema.

A la segunda mañana, Nixon abrió las persianas de la ventana de su habitación y allí, en la nieve, alguien había meado: "Nixon es un gilipollas". Perturbado por ello, Nixon puso a trabajar a sus forenses más inteligentes para encontrar al culpable.

Al cabo de 48 horas, le informaron: "Tenemos malas noticias. "Hemos analizado la orina y hemos descubierto que procedía de Henry Kissinger".

"¡Oh, no!", dijo Nixon.

"Pero hay noticias aún peores por venir, señor. ¡También hemos descubierto que es la letra de la Sra. Nixon!"

Richard Nixon, Henry Kissinger, un sacerdote católico y un hippie viajaban en un pequeño avión cuando se desprendió el tren de aterrizaje.

El piloto, presa del pánico, salió corriendo de la cabina. "Lo siento, chicos, este avión no va a sobrevivir.

Sólo hay cuatro paracaídas y como soy el capitán me toca uno".

Cogió un paracaídas y saltó.

Richard Nixon se levantó y dijo: "Soy el Presidente; la nación me necesita - perdón, caballeros....". Cogió un paracaídas y saltó.

Henry Kissinger saltó gritando: "¡Soy el hombre más inteligente del mundo! El mundo no puede permitirse semejante sacrificio". Cogió un paracaídas y saltó.

El sacerdote habló a continuación: "Hijo mío, aún eres joven - ¡toma la última!"

"No se preocupe, padre", dijo el hippie. "Hay un paracaídas para cada uno. 'El hombre más listo del mundo' acaba de coger mi mochila y ha saltado con ella".

La última pregunta:
MAESTRO,
¿EXISTEN REALMENTE LAS COINCIDENCIAS?
Prem Doug,

EL HOMBRE MIENTRAS ES INCONSCIENTE sólo vive en las coincidencias; su vida consiste sólo en coincidencias y nada más. La vida inconsciente es una vida accidental.

Sólo el hombre consciente va más allá de lo accidental y entra en lo intrínseco. El hombre consciente trasciende las casualidades. Sin ser totalmente consciente eres víctima de todo tipo de fuerzas desconocidas que te rodean. No sabes por qué te ocurren las cosas, por qué has hecho esto y por qué no aquello, por qué has elegido esto y por qué no aquello.

Cuando aprobé el bachillerato y entré en la universidad, quise rellenar el impreso, pero no llevaba pluma estilográfica. Así que le pregunté al siguiente estudiante que estaba rellenando su formulario: "¿Serías tan amable de darme tu estilográfica para que pueda rellenar mi formulario?".

Estaba muy contento y dispuesto. Me dijo: "Primero rellena tu formulario".

Rellené mi formulario. Le dije: "¿Por qué quiere que rellene mi formulario primero?".

Me dijo: "Porque no puedo decidir qué asignaturas cursar". Miró mi formulario y las asignaturas que yo había cursado las rellenó él.

Le dije: "¿Estás loco o qué?".

Dijo: "No importa. Para mí es lo mismo. Para mí es lo mismo leer filosofía, política o economía. Tuve que copiar el formulario de alguien; tú eres tan bueno como cualquiera". Y añadió: "De hecho, he aprobado todos mis exámenes copiando las respuestas de otras personas. No sé cómo he aprobado la matrícula". "

Ahora este hombre es profesor de filosofía. ¿Cómo lo llamarás? Sólo una coincidencia, accidental.

Yo podría haber llegado unos minutos tarde ese día y él nunca habría sido profesor de filosofía. Podría haber tenido una pluma estilográfica; nunca habría sido profesor de filosofía. Podría haber copiado de otra persona; entonces habría sido profesor de política o de economía o de quién sabe qué.

Un novelista judío escribe: "Mi padre viajaba en tren; el tren llegó tarde. Llegó en mitad de la noche a algún lugar de Rusia". Tenía hambre y frío; era una fría noche rusa, caía nieve. Se apresuró a averiguar si podía conseguir café o algo caliente para beber.

La dueña del restaurante estaba a punto de cerrar. Suplicó, dijo: "Sólo cinco minutos.

Dame dos tazas de café: estoy cansado y tengo hambre. Y si puedes darme algo de comer te lo agradeceré".

La mujer volvió a abrir la puerta -iba a cerrar-, le sirvió café y le dio algo de comer. Y, por supuesto, empezaron a hablar, y la mujer le preguntó de dónde venía -la conversación habitual con un desconocido-: "¿Y dónde te vas a alojar?". Y la mujer le dijo: "Menos mal que has llegado justo a tiempo, porque ahora todos los taxis se han ido, el tren llegaba muy tarde". Y no teníamos esperanzas: de este tren nunca viene nadie. Así que, por favor, venid en mi coche y os llevaré donde queráis".

El hombre dijo: "No sé adónde ir. Dime algún buen hotel".

La mujer dijo: "Hoteles hay, pero ninguno bueno. Y todos estarán cerrados. Será mejor que vengas conmigo y descanses en mi casa. Por la mañana podrás encontrar el hotel".

Y el hombre, por supuesto, aceptó muy agradecido. Y así es como comienza la historia. Se enamoran...

y luego puedes desarrollar toda la historia tú mismo.

Este novelista judío dice: "Si el tren no hubiera llegado tarde, yo no habría nacido. Si el tren hubiera llegado un poco más tarde, habría vuelto a perder el tren, no habría nacido. Si la mujer hubiera sido un poco dura de corazón y se hubiera negado a abrir de nuevo el restaurante, yo no habría nacido. Si la mujer hubiera dejado a mi padre en algún hotel, la historia habría terminado allí mismo. Pero él se quedó con la mujer; la mujer era viuda. Por la mañana le invitó a desayunar, y una cosa llevó a la otra.

Así es la vida ordinaria.

Prem Doug, el hombre inconsciente vive en las coincidencias; es accidental.

Vidhana me ha escrito: "Maestro, me gustaría que supieras que a veces la meditación puede ser muy peligrosa. Estaba haciendo una técnica de visualización: imaginando que era un árbol. Imaginaba qué tipo de raíces tenía, de qué color y textura era, qué tipo de hojas tenía, y allí estaba yo meciéndome con la brisa... cuando de repente vino un perro trotando y me meó en la pierna".

Ahora Vidhana piensa que el perro sabe que está visualizando, que está pensando que es un árbol. El perro debía de estar tan loco como tú, de lo contrario los perros no se dejan engañar tan fácilmente, ¡es muy difícil engañar a los perros!

Se dice que cuando Colón vio, al cabo de tres meses, las hojas, hojas verdes flotando en el océano, se sintió tremendamente feliz. Pero sus biógrafos dicen que eso no fue nada, ¡habría que haber visto a su perro!

¡Estaba saltando! Durante tres meses.... Piensa en el perro, pobre perro - sin árbol. ¡Eso es el celibato! ¡Si el perro fuera indio habría sido un mahatma!

Un negro, un árabe y un judío caminan juntos por el desierto. De repente aparece ante ellos una horrible bruja montada en un dragón. Mientras suplican por sus vidas, la bruja se ablanda.

"Vale", dice, "si la longitud de vuestras pollas, sumadas, mide exactamente un metro, os perdono la vida".

El negro se saca la polla: setenta y cinco centímetros. El árabe le mide la polla: veinticuatro centímetros y medio. Con manos temblorosas, el judío se quita los pantalones y qué alivio: exactamente medio centímetro. Mientras se separan alegremente de la bruja, el negro se jacta: "Ah, tienes suerte de haber tenido un negro contigo: ¡setenta y cinco centímetros!".

"Tonterías", dice el árabe. "¡Fue mi pinchazo, regalo de Alá, lo que nos salvó!".

"¡Eso es lo que tú crees!", dice el judío. "¿Qué habría pasado si ella no me hubiera excitado?".

Luz en la semilla

La primera pregunta:
MAESTRO,
¿CÓMO PUEDO CONVERTIRME EN UNA LUZ PARA MÍ MISMO?

Shraddho Yannis,

ÉSTAS FUERON LAS ÚLTIMAS PALABRAS de Gautam el Buda, su mensaje de despedida a sus discípulos:

"Sé una luz para ti mismo". Pero cuando dice: "Sé una luz para ti mismo", no quiere decir que te conviertas en una luz para ti mismo. Hay una gran diferencia entre ser y llegar a ser.

Llegar a ser es un proceso, ser es un descubrimiento. La semilla sólo parece convertirse en árbol, es una apariencia. La semilla ya tenía el árbol dentro de sí, era su propio ser. La semilla no se convierte en flores. Las flores estaban ahí sin manifestarse, ahora se manifiestan. No es una cuestión de convertirse, de lo contrario un guijarro podría convertirse en una flor. Pero eso no ocurre. Una roca no puede convertirse en una rosa; eso no sucede porque la roca no tiene potencial para ser una rosa. La semilla simplemente se descubre a sí misma al morir en la tierra: dejando caer su cáscara exterior, se revela en su realidad interior.

El hombre es una luz en la semilla. Ya sois Budas. No es que tengáis que convertiros en Budas, no es una cuestión de aprender, de conseguir, es sólo una cuestión de reconocimiento, es una cuestión de ir dentro de vosotros mismos y ver lo que hay ahí. Es autodescubrimiento.

Yannis, no debes convertirte en una luz para ti mismo, ya es así. Pero no entras, todo tu viaje es hacia fuera. Estamos siendo educados de tal manera que todos nos convertimos en extrovertidos. Nuestros ojos se centran en el exterior, siempre estamos buscando y buscando algún objetivo "allí".

lejos. Cuanto más lejos está el objetivo, más difícil le parece al ego. Cuanto más difícil es, más atractiva le parece. El ego existe a través de desafíos; quiere probarse a sí mismo. No le interesa lo simple, no le interesa lo ordinario, no le interesa lo natural, le interesa algo que no es ni natural, ni simple, ni ordinario. Su deseo es lo extraordinario. Y la realidad es muy ordinaria, es muy simple.

La realidad no está allí sino aquí, no entonces sino ahora, no fuera sino en el santuario más íntimo de tu ser. Sólo tienes que cerrar los ojos y mirar dentro.

Al principio es difícil porque los ojos sólo saben mirar hacia fuera. Se han acostumbrado tanto a mirar hacia fuera que, cuando los cierras, también siguen mirando hacia fuera: empiezan a soñar, a fantasear. Esos sueños no son más que reflejos del exterior.

Así que sólo en apariencia parece que estás con los ojos cerrados, tus ojos siguen abiertos al mundo exterior, no estás dentro. De hecho, todo meditador se encuentra con este extraño fenómeno: que siempre que cierras los ojos tu mente se vuelve más inquieta, tu mente se vuelve más loca.

Empieza a parlotear de forma alocada: pensamientos relevantes e irrelevantes se entrecruzan en tu ser. Nunca es así cuando miras hacia fuera. Y naturalmente te cansas, naturalmente piensas que es mejor permanecer ocupado en algo, en algún trabajo, en lugar de sentarte en silencio con los ojos cerrados, porque nada parece suceder excepto una larga procesión de pensamientos, deseos, recuerdos. Y siguen llegando, interminables.

Pero esto es sólo el principio. Sólo un poco de paciencia, sólo un poco de espera.... Si sigues mirando, observando estos pensamientos en silencio, sin juicio, sin antagonismo, sin deseo siquiera de detenerlos - como si no te preocuparan - despreocupado.... Del mismo modo que uno observa el tráfico en la carretera, o las nubes en el cielo, o un río fluyendo, tú simplemente observas tus pensamientos. Tú no eres esos pensamientos, tú eres el observador, recordando que "Yo soy el observador, no lo observado". No puedes ser el observado, no puedes ser el objeto de tu propia subjetividad. Tú eres tu subjetividad, tú eres el testigo, tú eres la consciencia. Recordarlo.... Toma un poco de tiempo, lentamente el viejo hábito muere. Muere con fuerza pero muere, ciertamente. Y el día que el tráfico se detiene, de repente estás lleno de luz. Siempre has estado lleno de luz, sólo que esos pensamientos no te permitían ver lo que eres.

Cuando todos los objetos han desaparecido, no hay nada más que ver, te reconoces por primera vez. Te reconoces por primera vez.

No es un devenir, es un descubrimiento del ser. La cáscara exterior de los pensamientos de la mente se cae, y has descubierto tus flores, has descubierto tu fragancia. Esta fragancia es libertad.

Por eso, Yannis, no preguntes: "¿Cómo puedo convertirme en una luz para mí mismo?". Ya eres una luz en ti mismo, sólo que no eres consciente de ello. Lo has olvidado, tienes que descubrirlo. Y el cómo descubrirlo es sencillo, muy sencillo: un simple proceso de observar tus pensamientos.

Para ayudar a este proceso, puedes empezar a mirar otras cosas también, porque el proceso de mirar es el mismo. Lo que observas no tiene importancia. Observa cualquier cosa y estarás aprendiendo a observar.

Escucha a los pájaros, es lo mismo. Un día podrás escuchar tus propios pensamientos. Los pájaros están un poco más lejos, tus pensamientos están un poco más cerca. En otoño, observa cómo caen las hojas secas de los árboles. Cualquier cosa te ayudará a estar atento. Caminando, observa tu propio caminar.

Buda solía decir a sus discípulos: Da cada paso con cuidado. Solía decir: Vigila tu respiración.

Y esa es una de las prácticas más significativas para observar, porque la respiración está ahí continuamente disponible durante veinticuatro horas al día, estés donde estés. Los pájaros pueden estar cantando un día, pueden no estar cantando otro día, pero la respiración siempre está ahí. Sentado, caminando, tumbado, siempre está ahí. Sigue observando la respiración que entra y la que sale.

No es que observar la respiración sea lo importante, lo importante es aprender a observar. Ve al río y observa el río. Siéntate en el mercado y observa a la gente pasar. Observa cualquier cosa, pero recuerda que eres un observador. No juzgues, no seas un juez. Una vez que empiezas a juzgar has olvidado que eres un observador, te has involucrado, has tomado partido, has elegido: "Estoy a favor de este pensamiento y estoy en contra de ese pensamiento". Una vez que eliges, te identificas. La vigilancia es el método para destruir toda identificación.

De ahí que Gurdjieff llamara a su proceso el proceso de no identificación. Es lo mismo, su palabra es diferente.

No te identifiques con nada, y poco a poco se aprende el arte supremo de la vigilancia.

En eso consiste la meditación. A través de la meditación uno descubre su propia luz. Esa luz que puedes llamar tu alma, tu yo, tu Dios -cualquiera que sea la palabra que elijas- o puedes permanecer simplemente en silencio porque no tiene nombre. Es una experiencia sin nombre, tremendamente bella, extática, totalmente silenciosa, pero que te da el sabor de la eternidad, de lo intemporal, de algo que está más allá de la muerte.

La segunda pregunta:

MAESTRO,

¿SÓLO ME RENDIRÉ CUANDO ESTÉ DISPUESTO A MORIR POR TI?

Veet Marc,

NO TE DIGO QUE MUERAS POR MÍ. Te digo todo lo contrario: que vivas para mí. La rendición sólo tendrá lugar cuando empieces a vivir para mí. No soy un adorador de la muerte, soy un adorador de la vida. No estoy aquí para enseñarte una especie de martirio. ¡Basta ya! Durante miles de años los estúpidos han sido sacrificados por los astutos. Alguien moría por el cristianismo, alguien moría por el mahometismo, alguien moría por el hinduismo.

Todo el mundo se moría -¡como si la muerte fuera el objetivo! - y a nadie se le enseñaba a vivir.

Vive para Dios, porque Dios es vida. Y, por supuesto, Dios también es muerte, pero la muerte sólo es bella cuando surge de una vida plena, cuando es un florecimiento último de la vida. Cuando la muerte es un sacrificio, es fea. Entonces mueres por alguna causa, por algún propósito, por algún interés creado. Entonces algún político astuto, algún sacerdote astuto te utiliza como medio para sus propios fines. Por supuesto que te hace promesas, de lo contrario, ¿cómo vas a sacrificar tu vida? Te lo promete todo, después de la muerte. Nadie sabe lo que pasa después de la muerte, así que es muy fácil prometer algo después de la muerte:

Te prometo todo antes de la muerte, no después. Esa es la forma de actuar de la gente astuta: prometerte algo después de la muerte. Te sacrificas ahora y las recompensas te serán dadas después de tu muerte. Ahora nadie sabe lo que pasa después de la muerte. Los mahometanos dicen que si mueres en una yihad, en una guerra religiosa, puedes ser un pecador pero irás directamente al cielo porque estás muriendo por la religión. La misma es la actitud de los cristianos y la misma es la actitud de todas las religiones.

¿Y a quién no le gustaría ir al cielo? Todos los placeres celestiales... y son eternos y esta vida es momentánea, esta vida se va a acabar de todas formas tarde o temprano. ¿Y de qué hay que preocuparse tanto en esta vida? Es fea, es dolorosa, es sufrimiento, es miseria. Esta misma gente ha hecho esta vida tan miserable que a cualquiera le gustaría morir.

Lo he oído:

Un político británico hablaba con Adolf Hitler justo antes de que empezara la Segunda Guerra Mundial. Había ido a persuadirle de que no entrara en esa guerra absurda: "No va a ayudar a nadie, será destructiva para todo el mundo".

Pero Adolf Hitler era inflexible. De hecho, pensó que la llegada de este diplomático simplemente demostraba la debilidad del pueblo inglés. Se empeñó en demostrar a este diplomático que "Vamos a luchar. Y será mejor y a vuestro favor si os rendís fácilmente, de lo contrario seréis innecesariamente masacrados, asesinados y destruidos."

Le mostró todos los avances científicos que habían hecho, que iban a utilizar en la guerra. Por supuesto que eran la potencia más superior de aquellos días; tenían la tecnología más desarrollada, en particular la tecnología bélica. Y luego, finalmente, para demostrar que "No sólo hay máquinas que son mucho más grandes y mejores que las que ustedes tienen, también tenemos hombres que están dispuestos a morir", para dejar el punto absolutamente claro, salió de su habitación con el diplomático.

Estaban en el cuarto piso de un edificio. Había tres guardias.

Ordenó al primer guardia que saltara por la ventana. El hombre saltó sin más. El diplomático británico se quedó atónito; no podía creer lo que veía. El hombre ni siquiera se lo pensó dos veces. Cuando Adolf Hitler dijo: "¡Salta!", saltó. No se preguntó por qué. No podía creer lo que veían sus ojos.

Y entonces le dijo al segundo: "¡Salta!", y el segundo hombre saltó. Para entonces el diplomático inglés se dio cuenta de lo que estaba ocurriendo:

dos vidas perdidas. Miró por la ventana; sus cuerpos estaban en pedazos, en fragmentos, esparcidos por toda la carretera.

Adolf Hitler vio que estaba impresionado, tremendamente impresionado. De hecho, estaba conmocionado; no podía creer un acto tan inhumano. Para atacar mientras el hierro estaba caliente ordenó al tercer hombre que saltara.

Para entonces, el diplomático ya estaba alerta. Saltó inmediatamente, agarró del brazo al tercer hombre y le dijo: "¿Estás loco o qué? ¿Por qué saltas? ¿Por qué tienes tantas ganas de morir? ¿No quieres vivir?"

El hombre le miró con ira y le dijo: "¿Llamas a esto vida? ¿Es vida? ¿Merece la pena vivir? ¡La muerte es mucho mejor! La vida es tan miserable - la muerte es un alivio. Suéltame la mano y déjame saltar".

Como la vida es tan miserable -y Adolf Hitler la había hecho miserable-, todo el mundo estaba dispuesto a morir.

Primero haz que la vida de la gente sea miserable, no les dejes disfrutar de la vida, destruye todas las raíces del disfrute, enséñales todo tipo de inhibiciones, diles que el sexo es pecado, que el amor es pecado, enséñales que beber, comer, estar alegre... estos son los objetivos de los feos materialistas. Diles que sean autodestructivos, prepáralos para una especie de estilo de vida masoquista en el que se conviertan en ascetas y se hagan expertos en torturarse a sí mismos; y entonces, naturalmente, querrán deshacerse de esta vida lo antes posible. Entonces es muy fácil persuadirles; de hecho no hay necesidad de persuadirles, ya están preparados, sólo esperan la oportunidad. Y siempre que surge una oportunidad tan grande de morir en una guerra religiosa, cuando el cielo está tan cerca y es tan fácil de conseguir, ¿quién querría desaprovecharla? Todo el mundo está dispuesto a morir.

No, esa no es mi idea de religión, Marc.

¿Lo sabías? Marc significa guerrero, soldado. Mitológicamente significa el dios de la guerra. Le he cambiado el nombre, pero al cambiarle el nombre no es tan fácil cambiarle a él. Le he dado el nombre de Veet Marc. Veet Marc significa ir más allá de la guerra, ir más allá de la lucha, ir más allá de la idea misma de lucha.

Pero pregunta: ¿SÓLO ME RENDIRÉ CUANDO ESTÉ DISPUESTO A MORIR POR TI?

Veet Marc, no quiero que nadie muera por mí, no soy un sádico. Quiero que vivas por mí. Quiero que florezcas por mí. Quiero que comas, bebas y te alegres por mí. Quiero que lo celebres por mí. Quiero que vivas tu vida tan plenamente como sea posible. Sí, la muerte llegará, pero cuando surge de una vida plena tiene una belleza propia. Entonces no es la muerte, en absoluto; es la puerta a lo divino. Pero no necesitas morir. Tu trabajo es vivir; esa es tu sadhana.

Esa es toda mi enseñanza: vivir, porque es la única forma de mostrar gratitud hacia Dios. Él te ha dado la vida y tú quieres morir. No hay razón por la que merezca la pena morir. Busca cualquier excusa para vivir y vive al máximo, vive al máximo; no vivas al mínimo.

Así es como vive la gente. La gente está viviendo sólo un porcentaje muy pequeño de su total, sólo un pequeño porcentaje de su potencial - no más del siete por ciento. Incluso los mayores genios no viven más del quince por ciento de su potencial, mientras que tú puedes vivir el cien por cien. Sólo de vez en cuando un Buda, un Krishna, un Cristo vive al cien por cien.

Si puedes vivir al cien por cien, si puedes quemar la antorcha de tu vida por los dos extremos juntos, simultáneamente, entonces estás rendido a mí. Rendirse a la vida es rendirse a mí. No me opongo a la vida, simplemente represento la vida, el amor, la risa.

Por supuesto, esto es mucho más difícil; eso lo sé. Morir es tan sencillo, es tan fácil; vivir es difícil, arduo. Morir no requiere mucha inteligencia. Cualquier tonto puede ser soldado -de hecho, sólo los tontos pueden ser soldados- y cualquiera puede suicidarse. ¿Qué inteligencia se necesita? Cualquier idiota puede hacerlo. Basta con saltar desde cualquier montaña, a cualquier río, a cualquier océano. O ahora existen procesos aún mejores y más sencillos: basta con tomar unos somníferos y morir en silencio. No hay necesidad de hacer mucho alboroto, porque incluso saltando desde la cima de la montaña puedes dudar, tendrás que tomar una decisión.

Tragar unas pastillas no es un gran problema; puedes hacerlo fácilmente. Puedes inyectarte veneno.

Morir no tiene ningún valor. Vivir es realmente aceptar un gran reto, momento a momento. Hay que vivir con mil y un problemas, a través de mil y un problemas y, sin embargo, hay que mantener la calma.

Ese es el camino de un sannyasin. Un sannyasin no es un soldado, así que no se espera que seáis mártires, se espera que seáis amantes de la vida. Y cuanto más amas la vida más cerca estás de Dios porque es su regalo. Destruir su regalo es feo, es irreligioso, es un pecado.

Veet Marc, aprende a vivir para mí. Te estoy encomendando una tarea mayor, lo sé. Y es un proceso que dura toda la vida; la muerte puede suceder en un solo momento. A menos que seas realmente desafortunado la muerte puede suceder en un solo momento.

Mulla Nasruddin quería suicidarse. Siendo un hombre de naturaleza muy calculadora hizo todos los arreglos posibles para que en caso de que un arreglo fallara, otro funcionara. Fue a la cima de una pequeña colina con una cuerda, queroseno, una caja de cerillas y una pistola. Encontró un lugar precioso: la rama de un árbol que colgaba justo encima del río desde lo alto de la colina. Se dispuso a colgarse del árbol. Cabía la posibilidad de que sólo con la cuerda muriera, pero si algo salía mal, tenía otras alternativas.

Entonces se ahorca. Antes de ahorcarse, se echa queroseno en el cuerpo, se ahorca y prende fuego a su ropa. Pero, ¿quién sabe? Así que, como precaución final, también se pega un tiro. La bala golpea la cuerda, él cae al río, el río apaga el fuego.

Al día siguiente me lo encontré en el mercado y le dije: "Nasruddin, ¿qué ha pasado?".

Me dijo: "¡Fue pura suerte!". Contó toda la historia y yo dije: "¡Esto es realmente increíble! Habías hecho tantos preparativos".

Dijo: "Sí, había hecho muchos preparativos. Si no hubiera sabido nadar, habría muerto". Pero sabía nadar, ¡así que sigue vivo!

A menos que ocurra algo así -lo que es muy raro-, a menos que toda la existencia conspire contra ti, puedes suicidarte muy fácilmente. Pero vivir es un proceso largo. Necesitará agallas, no estupidez; necesitará inteligencia.

Cuanto más inteligente seas, más profunda será la calidad de tu vida, más alto será el valor de tu vida. Cuanto más meditativo seas, más capaz serás de saber lo que es realmente la vida. No es otra cosa que Dios manifestado. Destruir esto por cualquier razón está mal, es un pecado. Así que recuérdalo.

No estás aquí para morir por mí, estás aquí para aprender a vivir. Que la muerte venga como recompensa final de la vida. Y si has vivido correctamente serás capaz de vivir también a través de la muerte, serás capaz de vivir también la muerte. Y ésa es la experiencia más hermosa, porque es viviendo la propia muerte como uno trasciende la muerte y se hace uno con lo eterno.

La tercera pregunta:

MAESTRO,

SIGO SIN ACEPTARME. ¿POR QUÉ NO?

Anand Leena,

ES PORQUE ESTÁIS CONDICIONADOS a ser perfeccionistas, y la perfección es un ideal tan grande que todo el mundo se queda corto. Entonces surge la condena, la autocondena. Estos son los trucos que les han jugado -cuídense de estos trucos. Ya es hora de que el hombre sea lo suficientemente maduro como para saber que la imperfección es el camino de la vida. Todo es imperfecto, y es hermoso que las cosas sean imperfectas. Si todo fuera perfecto y todo el mundo fuera perfecto, la vida sería tan monótona y aburrida que sería imposible tolerarla ni un solo momento.

Estoy perfectamente de acuerdo con Bertrand Russell. Él solía decir que no quería ir al cielo -en broma, con humor, porque de hecho nunca creyó que existieran ni el cielo ni el infierno. Pero solía decir: "Aunque exista el cielo, preferiría el infierno, porque en el infierno encontrarás buena compañía".

En el cielo estarás aburrido, completamente aburrido. Piensa que vivirás con los santos toda la eternidad.

Mahatma Gandhi sentado a un lado y tantos santos, jaina, hindú, mahometano, cristiano, budista, ¡y sólo para vivir con ellos! ¡Ni siquiera saben jugar al póker, ni siquiera beben cerveza! ¿Cerveza? Ni siquiera estarán dispuestos a beber Coca-Cola, ¡porque contiene cocaína! Y fumar, por supuesto, no es posible en el cielo, porque los cigarrillos contienen nicotina. De hecho, la vida será tan imposible con estos santos. Y nunca se reirán: la risa es para los seres humanos imperfectos.

Los cristianos dicen que Jesús nunca se rió. Si los cristianos tienen razón, entonces Jesús debía de estar totalmente equivocado. Pero yo sé que no tienen razón. Jesús debió reír, debió hacerlo - toda su vida lo dice. Disfrutaba de las pequeñas cosas de la vida; incluso disfrutaba bebiendo vino. Ahora no creo que sus santos le permitan entrar en el cielo; le llamarán borracho y le echarán. Y vivía con borrachos, jugadores y prostitutas. Tus santos se enfadarán mucho. Los rabinos que crucificaron a Jesús podrán entrar en el cielo, pero no Jesús. Es demasiado humano, demasiado vivo, demasiado imperfecto.

Bertrand Russell tiene razón cuando dice que en el cielo no vas a encontrar buena compañía. Verás caras tristes, caras largas, todo el mundo casi muerto. ¿Y qué hará esa gente allí? Nada de cotilleos, ni siquiera podrán sermonear porque ¿a quién van a sermonear? ¡Todos son sermoneadores! No puedes encontrar discípulos en el cielo, ¡todos son Maestros! Y los Jainas dicen que ninguna mujer ha entrado en el cielo. ¿Ahora ves el aburrimiento total? ¡Sólo estos santos feos y medio hambrientos y ni una sola mujer! Será como un desierto sin ningún oasis.

¿Has visto? Si una docena de hombres están sentados en una habitación, está llena de una cierta vibración. Y si entra una mujer guapa, la vibración cambia inmediatamente. El desierto ya no es un desierto; ha entrado un oasis. Todos cobran vida, ¡sus kundalinis empiezan a elevarse! Los que se habían dormido se despiertan. Los budas siguen diciendo: "¡Despierta!" y no escuchan. Pero basta con dejar entrar a Sophia Loren e inmediatamente todos los santos están vivos, despiertos, ¡plenamente despiertos!

Pero los jainas dicen que ninguna mujer puede entrar en el cielo. Si una mujer es religiosa y espiritual nacerá en su próxima vida como un hombre y entonces podrá ir al cielo, pero sólo desde el cuerpo de un hombre, nunca desde el cuerpo de una mujer. ¡Como si las almas también fueran masculinas y femeninas! ¡Como si los cuerpos también fueran al cielo!

¿Qué clase de estupidez es ésta? Pero el miedo.... Una mujer puede crear una perturbación y, naturalmente, si durante siglos ninguna mujer ha entrado en el cielo y de repente entra una mujer, habrá una gran conmoción, habrá una gran perturbación, un caos y estallará una gran lucha. Y todos los santos se lanzarán al cuello de los demás: ¡una yihad, una guerra religiosa por la mujer! Todos estarán dispuestos a morir.

Os han dicho que seáis perfeccionistas. Por eso, Leena, surge este problema. No es sólo tu problema, es el problema de todos.

Pero recuerda algunas cosas. Primero: Todo mal es vitalidad potencial que necesita transformación.

Incluso el mal debe aceptarse porque el mal es vitalidad potencial que necesita transformación. La ira es vitalidad potencial: acéptala. No estoy diciendo que debas seguir enfadado; es a través de la aceptación como puedes transformar la ira en compasión. Es la misma energía que se convierte en compasión. No estoy diciendo que permanezcas sexual toda tu vida, pero es la energía del sexo la que se convierte en amor y es la energía del amor la que se convierte en oración. Continúa transformándola. Pero si la rechazas desde el principio, ¿cómo vas a transformarla? Si la condenas, creas una barrera entre tú y tu propia energía; ahora no hay transformación posible. Te vuelves antagonista, te divides. Estás dividido, en constante conflicto contigo mismo. Tu vida se convierte en un puro despilfarro.

Y sé que cometes muchos errores, pero errar es humano. No hay nada de qué preocuparse, nada por lo que hacer tanto alboroto. Así se aprende, así se madura.

El hombre que nunca comete errores tampoco crece. Es extraviándose como se aprende.

Por eso, Leena, aprende a perdonarte una y otra y otra y otra vez, porque la vida es un crecimiento constante. Tendrás que perdonarte miles de veces. Y si no puedes perdonarte a ti misma, ¿quién va a perdonarte a ti? Pero te han enseñado valores erróneos, ideales equivocados y pesan sobre tu cabeza. No te preocupes por las cosas pequeñas, disfrútalas. Todo el mundo miente, engaña, finge - sí, tú también, y sin duda yo mismo. Así que no te preocupes en absoluto.

Incluso los Budas tienen que crear falsos artificios. Tengo que engañarte para que entres en cosas en las que no entrarías de ninguna otra manera. Tengo que crear dispositivos. Todos los dispositivos son falsos; tienen que ser falsos porque tus enfermedades son falsas.

Por ejemplo, estás sufriendo por el ego; ahora te digo: "Ríndete". En primer lugar el ego es una entidad falsa, no hay ego en absoluto. Simplemente estás soñando, te lo estás inventando. Pero, ¿qué hacer? Lo has convertido en algo tan grande que te digo: "Por favor, entrégamelo". En lugar de decirte que no existe -no lo entenderás ahora-, es mejor decirte: "Entrégamelo, ríndete".

Y te sientes bien porque al menos puedes hacer algo con tu ego: puedes rendirte. Apela a tu lógica.

Es como la homeopatía: la enfermedad es falsa, la medicina es falsa -sólo píldoras de azúcar, nada de qué preocuparse. Siempre que padezcas enfermedades falsas -y recuerda, de cien, casi el setenta y cinco por ciento son falsas-, en lugar de torturar a mis doctores en el Centro Médico, acude a Narendra Bodhisattva. Él es el homeópata, ¡aunque no ha sido capaz de curar su propio dolor de cabeza! Ha sufrido de dolores de cabeza toda su vida. Y no podrá curarse a sí mismo -esa es la dificultad- porque sabe que todas esas píldoras no son más que pastillas de azúcar, pero ayuda a los demás. Ha ayudado a mucha gente, ha curado los dolores de cabeza de mucha gente, y se siente desconcertado: "¿Qué pasa? ¿Por qué no puedo curar mi propio dolor de cabeza?".

Ésa es la dificultad con las medicinas falsas: si las conoces, son inútiles. Pero otras las puedes curar fácilmente. Por eso hay tantas "pathies". Excepto la alopatía, todas las "pathies" son más o menos psicológicas. Pero tienen un gran atractivo por la sencilla razón de que si vas al alópata y tu enfermedad es falsa te dirá: "Todo está en tu mente". Eso no sienta bien: "¿Todo está en mi mente?".

No te gusta nada esa idea. Inmediatamente empiezas a buscar algún médico ayurvédico. Y son gente inteligente, tienen que ser muy inteligentes. Empiezas a buscar algún homeópata, algún naturópata, y hay cientos de "pathies" disponibles. Y todos los "pathies" funcionan, todos ayudan, así que en lo que a ayuda se refiere, todos son útiles.

Si vas al médico ayurvédico nunca te dirá que está en tu mente, nunca. Hablará mucho sobre tu enfermedad, analizará la enfermedad. Incluso puede ir a tus vidas pasadas, puede mirar tu mano, puede leer las líneas, incluso puede pedirte que traigas tu carta natal. Ahora este hombre parece saber lo que hace, y ese tonto médico alópata, simplemente decía: "Está en tu cabeza". Ahora está inflando tu ego. Te está diciendo que tu enfermedad es realmente muy peligrosa y que necesita un largo tratamiento y un tratamiento muy cuidadoso y que necesitas un verdadero genio de la medicina - y ahora has venido a la persona adecuada. Y él podrá ayudarte. Te dará todo tipo de cosas que en realidad no tienen ningún valor, ningún valor medicinal. Pero si empiezas a creer en él.... Si vas al homeópata, te preguntará toda la historia de tu vida y te dará tres horas.

Ahora bien, las personas que padecen enfermedades falsas también sufren por hablar de sus enfermedades; les gusta mucho hablar de sus enfermedades. Magnifican sus enfermedades, las hacen tan grandes como sea posible. No tienen nada más de lo que presumir, pero tienen grandes enfermedades, grandes enfermedades. Y el homeópata refuerza su ego.

Conocí a un médico homeópata muy famoso, un tal Dr. Mukerji. Era un homeópata famoso en toda la India. Durante tres días te hablaba de tus enfermedades pasadas, desde tu infancia, cuando tenías tres años, hasta donde pudieras recordar, y lo anotaba todo. Y tú sólo tienes dolor de cabeza. Y volvía a los tres años, porque decía que la historia empieza ahí. "Ninguna enfermedad es un fenómeno separado, es una continuidad". Y parece lógico: "Todo está relacionado con todo lo demás, nada es discontinuo. Todo se relaciona con todo lo demás, así que a menos que vayamos a las raíces...." Decía: "No toco las hojas, voy a las raíces".

Una vez llevé a mi padre con él. A mi padre le interesaba mucho la homeopatía, tanto que cuando empezaba a hablar de su infancia empezaba a hablar de la infancia de su abuelo; siempre partía de ahí.

El Dr. Mukerji parecía un poco preocupado. Yo me reí. Le dije: "¡Ahora tienes al paciente adecuado! Ahora lo sabrá: ¡tres días no bastan!".

Mi padre siempre solía empezar por las enfermedades de su abuelo, luego las de su padre y después las suyas. ¡Tardaba casi diez días!

El Dr. Mukerji se reunió conmigo un día en el jardín. Me dijo: "¡Estoy cansado! Por favor, lleva a tu padre a otro médico, es una persona muy peligrosa. Nunca me he encontrado con una persona así, pero no puedo decirle nada porque sigue exactamente el principio homeopático. Y si las enfermedades de la vida de un hombre están conectadas, entonces ciertamente las enfermedades del hijo están conectadas con las enfermedades del padre y las del padre con las del abuelo".

Le dije: "¡Deberías alegrarte de que no sepa nada de sus otros antepasados, de que sólo conozca hasta su abuelo! Si no, habría tardado años en llegar primero a su propia enfermedad". ¿Y cuál era su enfermedad? Estuvo sufriendo durante dos o tres días de un malestar estomacal.

Y yo sabía cuál era la razón: siempre que comía pepinos sufría. Esa era la sencilla razón: ¡los pepinos, nada más! No hacía falta ir a ver al padre y al abuelo.

Y le dije a Mukerji: "Ahora ya sabes que tu principio homeopático puede ser peligroso. Tú eres un médico homeópata y él es un paciente homeópata: ¡ten paciencia! Escúchale en silencio. Por eso te lo he traído, ¡te pondrá en su sitio! Su problema es muy simple, no tiene nada que ver con ninguna enfermedad; sólo ha comido pepinos y siempre le dan dolor de estómago. Así de sencillo".

La homeopatía te ayuda porque acepta tus enfermedades muy seriamente y eso es lo que quieres realmente, eso es exactamente lo que deseas: quieres atención, y un médico que te escuche en silencio....

Ese es todo el secreto del psicoanálisis, en particular del psicoanálisis freudiano: ayuda al paciente sin hacer nada; el psicoterapeuta se limita a escuchar. El paciente sigue hablando durante meses, incluso años, y el médico tiene que ser muy paciente y limitarse a escuchar. Que escuche o no, eso no importa; al menos tiene que fingir que escucha con mucha atención, y eso ayuda.

Los Budas han ideado muchos métodos falsos. De hecho, todos los métodos están destinados a ser falsos porque tus enfermedades espirituales son todas falsas, porque tu ser espiritual nunca puede estar enfermo; es sólo tu creencia.

Y tu creencia tiene que ser destruida por algo que pueda atraerte en la mente en la que estás ahora mismo.

Leena, no te preocupes.

Tú dices: TODAVÍA NO ME ACEPTO.

¿Por qué? ¿Qué has hecho? Algunos errores aquí y allá. Tal vez mentiste una vez a alguien, tal vez engañaste a alguien. ¿Y qué? La vida es un drama y todos somos actores. Y un poco de engaño está perfectamente bien: hace que la vida sea un poco más jugosa, le da un poco de sabor. Por lo demás, todo el mundo dice la verdad....

Eso les pasa a algunos tontos que pasan por Encounter y Gestalt - esto pasa. Empiezan a decir la verdad a cualquiera. La gente estúpida es gente estúpida - no entenderán nada.

Me escriben: "Maestro, ahora estoy en problemas. He pasado por Encuentro y he aprendido que uno tiene que ser auténtico y tiene que ser verdadero. Así que le he dicho a mi mujer que muchas veces tengo ganas de irme con alguna mujer. Ahora hay grandes problemas: mi vida se ha convertido en una pesadilla. Discutimos continuamente. Antes de este Encuentro todo iba sobre ruedas. Ahora el Encuentro ha terminado, Teertha se ha ido, ¡pero con mi mujer el Encuentro continúa! Y ahora parece que no tiene fin. ¿Qué debo hacer ahora?"

No hace falta ser tan necio. En un grupo de Encuentro sé auténtico - ¡incluso si tienes que mentir, miente y sé auténtico! Si no sabes ser auténtico, finge ser auténtico, disfruta siendo auténtico. Pero no lleves esta tontería a todas partes y no te crees problemas.

Piénsalo: si durante veinticuatro horas todo el mundo en la tierra decide decir la verdad exacta, no habrá mundo - ¡acabado! Sólo piensa en tu mente: veinticuatro horas... todo el mundo diciendo la verdad exacta y nada más... nadie será amigo tuyo; no encontrarás dos amigos en todo el mundo.

Todas las parejas se divorciarán. Los hijos dejarán a sus padres, los padres dejarán a sus hijos. Todo estará acabado. No vendrán clientes a ninguna tienda. El mundo se detendrá inmediatamente: ¡el nirvana para todo el mundo de un solo golpe!

Este mundo también necesita algunas mentiras. Facilitan la vida, ayudan. Las mentiras son como lubricantes.

Leena, empieza a aceptarte como eres. Y observa, mantente alerta. Por supuesto, el noventa por ciento se transformará, ¡y el diez por ciento se volverá más hábil!

La cuarta pregunta:
MAESTRO,
¿CUÁNTAS BRITÁNICAS HAY AQUÍ?
Yatra,
FORTUNATELY NO MUCHO - solamente tres. Una es Prem Lisa, pero es nueva, muy nueva, y espero que se derrita. Se ofende mucho; cada vez que digo algo -cariñosamente- contra los británicos, se ofende.

El otro día me escribió: "Maestro, claro que los australianos son buena gente. Al principio fueron elegidos por algunos de los mejores jueces ingleses".

Los jueces nunca son gente muy agradable. Sócrates fue condenado a muerte por jueces griegos muy agradables. Jesús también fue condenado por jueces muy agradables - los más altos rabinos y los más grandes magistrados romanos y el gobernador - gente muy culta, bien educada.

Y Jesús mismo era inculto, sin educación, sólo el hijo de un carpintero; pertenecía al proletariado. Poncio Pilato pertenecía ciertamente a los estratos más altos de la sociedad, pero ¿crees que sólo porque Pilato pertenecía a los estratos más altos de la sociedad, era uno de los mejores gobernadores romanos, tenía razón y Jesús estaba equivocado? que Sócrates estaba equivocado y los jueces, que eran ciertamente los mejores jueces de aquellos días en Atenas.... Y ninguna ciudad ha visto tanta cultura, tanta sofisticación como Atenas. Pero, ¿quién tenía razón?

Si me preguntan mi preferencia, siempre estoy por los pobres criminales y pecadores antes que por los santos y por los jueces.

Sí, es cierto que los primeros que llegaron a Australia eran delincuentes, pero lo mismo ocurrió con Estados Unidos.

Los primeros que llegaron a América eran criminales, pecadores, porque los pecadores y los criminales son gente más valiente, aventurera. No eran burgueses. La burguesía nunca es valiente y los jueces siempre están al servicio de los intereses creados.

¿Y quién sabe realmente lo que está bien y lo que está mal?

Una vez Lao Tzu fue nombrado magistrado. Sabiendo que era uno de los hombres más sabios del país, el emperador chino lo nombró magistrado. Quería escapar, quería ser olvidado, pero el emperador insistió mucho. Le dijo: "No. Tú eres el hombre más sabio, debes ser mi mayor magistrado".

Dijo: "De acuerdo". El primer caso llegó a los tribunales: un ladrón había sido sorprendido in fraganti. Y Lao Tzu le dio seis meses de cárcel y también le dio seis meses de cárcel al hombre rico al que le había robado.

El rico le dijo: "¿Estás en tus cabales? ¿Seis meses de cárcel también para mí? ¿Para qué?"

Lao Tzu dijo: "De hecho, estoy siendo muy indulgente contigo: deberías ir un año a la cárcel. Has acumulado toda la riqueza de la ciudad, eres el criminal original. Este hombre es el segundo. Si tú no hubieras acumulado toda la riqueza, él no habría tenido necesidad de robar.

Tú has creado la necesidad de robar. De hecho, ¡tú eres el culpable!".

El rico fue a ver al emperador. Le dijo: "¿Qué tontería es ésta? ¿Has oído hablar de esto antes? ¿Hay algún precedente?"

Y el rey también estaba preocupado porque si este hombre rico era un criminal, entonces ¿qué pasaba con el emperador?

Inmediatamente relevó a Lao Tzu de sus funciones. Dijo: "Puede que seas un hombre sabio, pero no eres necesario. No puedes ser juez. Un juez tiene que seguir las reglas".

Lao Tzu dijo: "Estoy siguiendo la ley última".

El rey dijo: "No hay cuestión de ley última. La ley que yo he decidido, esa tiene que ser seguida".

Lao Tzu dijo: "Tu ley no tiene sentido. Yo sigo el Tao. Tú también eres uno de los criminales".

¿Quiénes eran esos jueces? ¿A quién servían? ¿A quién representaban? Representaban a los intereses creados.

Pero Lisa se enfadó. Es una señora británica. Incluso en el discurso se sienta con gafas de sol oscuras. Ni siquiera puedo ver su expresión, sus ojos - imposible. ¡Es muy británico!

Aquí no hacen falta gafas de sol. En realidad ya está demasiado oscuro; es difícil ver. La gente me escribe: "Maestro, no podemos verte. ¿Deberíamos empezar a llevar gafas?". Y Lisa lleva gafas de sol oscuras; es imposible verle los ojos. Eso es muy diplomático y muy británico. Pero se derretirá - ha caído en mi trampa, ahora no hay salida. Llevará tiempo. Es difícil para una dama britanica derretirse y convertirse en sannyasin. Es un gran cambio, una gran transformación.

¡Y la segunda dama británica es Somendra! La segunda dama británica no tiene forma de dama, pero yo no miro la forma, miro lo informe. Es la primera vez que se ríe; de lo contrario, yo sigo contando chistes y él sigue mirando al suelo.

Y la tercera señora británica todavía no es sannyasin, así que no puedo decirte su nombre, pero lleva aquí siete meses pensando si tomar sannyas o no, ser o no ser. ¡Parece muy Shakespeariano! Siete meses... ¡y no creo que ni siquiera siete años sean suficientes! No puedo decirte su nombre porque a menos que alguien se convierta en sannyasin sigo siendo muy educado, muy británico con los no sannyasin, muy amanerado. Hablo del clima y del tiempo, etcétera, no hablo de asuntos verdaderos. Una vez que te conviertes en sannyasin empiezo a mostrar mis verdaderos colores. Así que estoy esperando. Pero ella también está tardando tanto, que incluso mi paciencia está llegando a un punto... incluso yo he empezado a dudar de si puedo esperar más. ¿Debería abandonar la idea?

Varios miles de aficionados acudieron a ver el partido entre elefantes e insectos.

Durante la primera parte, el equipo de los insectos salió al campo con sólo diez miembros y el partido fue un matadero. Cuando sonó el silbato del descanso, los elefantes ganaban por diez goles a cero.

Cuando se reanudó la segunda parte del partido, el undécimo miembro del equipo de insectos -un ciempiés- saltó al campo y todo el partido cambió por completo. El ciempiés atravesó la defensa de los elefantes una y otra vez. Cuando sonó el pitido final, los insectos habían ganado por trescientos noventa y nueve goles a diez. Cuando los jugadores abandonaron el campo, el capitán de los elefantes se acercó al capitán de los insectos.

"¿Cómo es que no sacasteis a vuestro jugador estrella en la primera parte?", preguntó.

"Ah, bueno", explicó el capitán de los insectos, "¡tanto tarda en ponerse las botas!".

Así que estoy esperando. Esta señora parece un ciempiés, ¡un ciempiés británico! Se está preparando, preparando, preparando.... Sigue escribiéndome: "¿Qué hacer? ¿Debo tomar sannyas o no?". Y yo no puedo decirle: "Toma", porque es algo muy arriesgado, no quiero asumir la responsabilidad. Si un británico viene por su cuenta, está bien. Porque no es un trabajo fácil - incluso después de sannyas va a ser una cosa difícil. Si se necesitan siete meses incluso para decidir si se toma sannyas o no, ¿cuántos años se necesitarán para ser realmente uno conmigo, para estar en sintonía conmigo, para comprender el humor, la risa, la alegría, la dicha, la música, la poesía que prevalece aquí?

La quinta pregunta:

MAESTRO,

¿UTILIZAS TU MENTE CUANDO HABLAS EN DISCURSO?

Prashant,

¿QUÉ DISCURSO? ¿Llamas a esto discurso? ¿Y qué mente? Uno puede ver fácilmente que todo lo que digo es absolutamente sin sentido. Soy un loco. ¿Qué mente?

Un loco llegó a casa de otro loco y llamó a la puerta. El hombre abrió la ventana desde arriba y gritó: "¡No estoy en casa!". El loco de abajo miró hacia arriba y dijo: "¡Pues entonces me alegro de no haber venido!".

Y la última pregunta:

MAESTRO,

¿PODRÍA CONTAR ALGUNOS CHISTES SOBRE LOS PORTUGUESES? LOS POBRES SANNYASINS PORTUGUESES NOS SENTIMOS COMPLETAMENTE IGNORADOS POR USTED.

Dhyano,

A PARTIR DE HOY no será así.

Una noche, tarde, Manuel, tambaleándose borracho hacia su casa, pasó por un cementerio, tropezó y cayó al suelo.

Justo delante de sus narices vio una mano que salía de una tumba y una voz que gritaba: "¡Ayudadme! ¡Ayudadme!

¡Déjame salir, estoy vivo!

El portugués, cubriendo temblorosamente la mano con tierra, respondió: "No, no estás vivo, ¡sólo mal enterrado!".

Un grupo de granujas portugueses entra en un banco.

"¡Manos arriba todo el mundo!", grita Joachim, el jefe. "¡Esto es un atraco! Manuel, encierra a todo el mundo en los baños. Antonio, ¡trae aquí al encargado!"

El encargado es llevado tembloroso ante Joachim, que le pide la llave de la caja fuerte.

"¡Por favor, por el amor de Dios, no me mate! Me he dejado la llave en casa", grita el encargado.

"No te preocupes, tío", responde Joachim. "Hoy sólo es el ensayo, ¡mañana es la verdad!".

Un portugués entra en un hospital y dice: "Doctor, quiero que me extirpen los testículos".

Sorprendido, el médico le pregunta: "¿De verdad ha meditado a fondo esta decisión?".

"Sí, doctor, realmente lo he decidido. Quiero que me extirpen los testículos".

Así que el médico le opera.

Semanas después, totalmente recuperado, Manuel visita a su amigo, que le pregunta: "Bueno, Manuel, ¿has seguido mi consejo? ¿Te has extirpado las amígdalas?".

"¡Dios mío!", grita Manuel. "¿Era 'amígdalas'?"

Un portugués viajaba en su primer vuelo: de Río a Lisboa.

Cuando el avión estaba listo para despegar, la voz del piloto sonó por los altavoces: "Señoras y señores, bienvenidos a bordo de nuestro Jumbo Boeing 747. Nuestro avión está dotado del equipamiento más moderno y sofisticado para su comodidad y seguridad. Tenemos trescientos ochenta pasajeros a bordo, una tripulación de veinticinco personas y treinta toneladas de carga. Disponemos de dos cocinas superequipadas con capacidad para quinientas comidas, dos bares, doce aseos, una sala de juego, dos salas de cine con doscientas butacas, un televisor para cada pasajero y, en el piso superior, una discoteca con una orquesta de veinte músicos.

"Ahora, por favor, abróchense los cinturones, apaguen los cigarrillos y recen sus oraciones: ¡estamos intentando despegar con toda esta chatarra!".

Manuel y Joaquim estaban cazando en la selva amazónica cuando, de repente, apareció un animal salvaje.

Asustados, empezaron a huir, pero el animal les seguía. Finalmente Manuel se subió a un árbol mientras Joaquim empezó a correr alrededor del árbol.

Desde lo alto del árbol, Manuel gritó: "¡Aie, Joaquim, la bestia está casi sobre ti!".

"No te preocupes, Manuel", respondió Joaquim, "¡le llevo dos asaltos de ventaja!".

No abandones la existencia

La primera pregunta:

MAESTRO,

¿NO ES NECESARIO DESEAR, ANHELAR Y BUSCAR LA VERDAD Y EVITAR LO FALSO, BUSCAR LA VERDAD Y RENUNCIAR A LO FALSO?

Divyananda,

NO HAY MANERA DE BUSCAR LA VERDAD porque la verdad no está lejos. La verdad no está "ahí" en alguna parte para que tengas que ir a ella, para que tengas que alcanzarla; la verdad no hay que buscarla porque la verdad es el ser mismo del buscador. ¿Cómo puedes buscar al buscador? ¿Cómo puedes conocer al conocedor? Eso es imposible. No puedes encontrarte contigo mismo. Tú eres la verdad.

Por lo tanto, toda búsqueda es inútil, pero sólo se aprende a través de la búsqueda. Uno aprende este hecho tremendamente importante, que toda búsqueda es inútil, sólo a través de la búsqueda; no hay otra manera de aprenderlo. Buscas y fracasas, vuelves a buscar y fracasas; poco a poco te das cuenta de que la propia búsqueda es la causa de la falta. Entonces la búsqueda cae por sí misma. Y cuando no hay anhelo, ni deseo, cuando estás completamente en silencio, cuando la propia mente del triunfador ha desaparecido, te sorprendes de que lo que has estado buscando todo el tiempo ha estado siempre contigo.

Dice Yoka:

NO ES NECESARIO BUSCAR LA VERDAD NI EVITAR LA ILUSIÓN.

¿Por qué? - Porque buscarlo es empezar en una dirección equivocada y evitar la ilusión es una tontería porque ilusión significa lo que no es. ¿Cómo puedes evitar lo que no es y cómo puedes buscar lo que es? Lo que es es, y lo que no es NO ES Yoka también dice:

SABEMOS QUE AMBOS ESTÁN COMPRENDIDOS EN LA VACUIDAD, QUE NO TIENEN FORMA NI LÍMITES. LA NO-FORMA NO ES NI VACÍA NI NO-VACÍA. ES LA VERDADERA REALIDAD DE BUDA.

Simplemente hay que estar completamente vacío. Y cuando digo "completamente vacío" quiero decir que uno no sólo tiene que estar vacío "completamente vacío" significa vacío de todo y también vacío de vacío. De lo contrario, la mente es tan astuta que puede aferrarse a una nueva idea del vacío.

Un discípulo de Yoka acudía una y otra vez a él, llevándole sus experiencias que estaban ocurriendo en su meditación profunda, y Yoka le pegaba. Dijera lo que dijera sería golpeado, independientemente de lo que dijera. Traía experiencias hermosas: el ascenso de la kundalini, una gran experiencia de luz, una hermosa fragancia interior, el sonido de una mano aplaudiendo -todo lo que había oído que la gente había logrado a través de la meditación lo traía-, pero era golpeado una y otra vez.

Un día llegó con absoluta confianza: "Ahora el Maestro va a aceptar mi experiencia, a reconocerla: ha llegado el momento", porque ese día iba a decir: "He alcanzado el vacío".

Eso es lo máximo. ¿Qué más puede haber? ¿Qué puede haber más allá del vacío? Estaba muy contento porque por primera vez no le iban a pegar, pero antes incluso de que hablara, el Maestro le pegó.

Dijo: "¡Esto es demasiado! Ni siquiera he pronunciado una sola palabra".

Yoka dijo: "No importa lo que digas, no importa si lo dices o no: lo sé. Supe en el momento en que entraste en la habitación que estabas de nuevo aquí con alguna idea tonta".

Me dijo: "Pero señor, debería haberme escuchado. No es una idea tonta, ¡es la experiencia de todos los Budas!".

Yoka dijo: "Sí, eso dices. Parece que tienes ganas de otro golpe".

Y el discípulo dijo: "¡Señor, he experimentado el vacío!".

Yoka se rió, le golpeó y le dijo: "¡Tíralo! Todo son tonterías".

El discípulo dijo: "¿Cómo puedo arrojar el vacío? Puedo arrojar todo lo demás". Esa fue la primera vez que discutió con el Maestro; obviamente, su argumento parece lógico. Puedes arrojar la experiencia de la luz porque tú eres quien la experimenta. Puedes arrojar la experiencia de la energía, porque tú eres el experimentador. Cualquier experiencia puede ser arrojada, pero ¿cómo puedes arrojar la experiencia del vacío? No hay nada que arrojar.

El discípulo dijo: "¿Cómo puedo arrojar el vacío?".

Entonces el Maestro le golpeó con fuerza y le dijo: "Entonces llévatelo, pero haz algo. O tíralo o llévalo fuera".

Y el discípulo dijo: "¿Qué me pides? No puedo llevarlo porque sólo está vacío, y tampoco puedo tirarlo".

El Maestro dijo: "Ahora te estás aferrando a la idea del vacío. Esto no es el vacío, no es el verdadero vacío. Ahora estás lleno de la idea del vacío. Antes era luz, antes era energía, antes era fragancia, ahora es vacío. No son más que etiquetas que cambian. Y a menos que tires esto también no estarás verdaderamente vacío. Una persona verdaderamente vacía no está ni vacía ni no vacía. No hay nada que experimentar, ni siquiera el vacío. Y en ese estado de silencio cuando no hay nada que experimentar -ningún objeto, ningún contenido, sino sólo conciencia, sólo el observador y nada que observar sólo el vidente y nada que ver- uno alcanza la verdad."

Dice Yoka:

NUESTRO ESPIRITU ES COMO UN ESPEJO CLARO ASI REFLEJA EL UNIVERSO ARMONIOSAMENTE NUESTRO ESPIRITU Y EL UNIVERSO SON UNO.

Una vez que estás completamente vacío eres un espejo. No sólo eres consciente de tu verdad interior, sino de la verdad de toda la existencia. Y no son dos; son dos aspectos del mismo fenómeno, dos caras de la misma moneda: lo exterior y lo interior.

SURGEN TODO TIPO DE PROBLEMAS SI ABANDONAMOS LA EXISTENCIA PARA OBTENER EL VACÍO; ESO TAMBIÉN ES ENFERMEDAD.

Escucha estas palabras tremendamente significativas de Yoka. Yoka es uno de los grandes Maestros Zen. Él dice:

SURGEN TODO TIPO DE PROBLEMAS SI ABANDONAMOS LA EXISTENCIA PARA OBTENER EL VACÍO; ESO TAMBIÉN ES ENFERMEDAD. ES COMO ARROJARSE AL FUEGO PARA NO AHOGARSE.

No abandones la existencia. No abandones la existencia ordinaria en ningún esfuerzo por alguna verdad ilusoria, por algún anhelo ilusorio de Dios. Deja eso para los tontos. La persona inteligente simplemente vive momento a momento sin deseo de buscar nada, sin expectativa de encontrar nada. Simplemente vive momento a momento, alegremente. Su vida es muy ordinaria; no tiene ningún deseo de ser extraordinario. No desea ser un Buda, por eso es un Buda. No desea ser extraordinario, por eso es extraordinario. Porque toda persona ordinaria tiene el deseo de ser extraordinaria; sólo las personas extraordinarias no tienen ese deseo.

SI INTENTAMOS CAPTAR LA VERDAD O SI DESEAMOS ESCAPAR DEL ERROR Y LA ILUSIÓN, PRACTICAMOS LA DISCRIMINACIÓN, UNA ACTITUD ARTIFICIAL Y ERRÓNEA.

Una vez que dices: "Esto es verdad y aquello es mentira", has empezado a discriminar, y discriminar es la enfermedad de la mente. Esa es la función de la mente: discriminar. "Esto está bien, aquello está mal. Esto es verdad, esto es mentira. Esto es mundano, esto es espiritual. Esto es materialista, esto es religioso". Una vez que empiezas a discriminar no hay fin y estás en las garras de la mente.

Deja de discriminar y estarás fuera de las garras de la mente. Salir de las garras de la mente es ser libre, es saber lo que es la libertad.

LA MAYORÍA DE LOS HOMBRES OLVIDAN EL TESORO DEL ESPÍRITU, TIENEN QUE RECURRIR AL PENSAMIENTO DUALISTA Y ABANDONAN LA VERDADERA NATURALEZA DEL ESPÍRITU. PARA PASAR LA BARRERA DEL ZEN MEDIANTE ZAZEN, DEBEMOS ACABAR CON LA RAZÓN, EL CONOCIMIENTO, LA ILUSIÓN. ENTONCES ALCANZAREMOS LA SABIDURÍA SUPREMA Y ENTRAREMOS EN EL PALACIO DEL NIRVANA.

NIRVANA NO ESTÁ en otra parte; es tu espacio interior. Simplemente sal de las garras de la mente.

Tu mente es como un pulpo: si de alguna manera te liberas de una de las patas del pulpo, hay otras patas. Hay patas burdas y hay patas sutiles, y para cuando empiezas a liberarte de las otras patas te estás enredando en otras patas. Y así sucesivamente.

El hombre que huye del mundo, ¿qué dice? En Oriente, durante miles de años, la gente ha renunciado al mundo porque dicen que es ilusión. Si realmente comprendes que es ilusión, entonces ¿a qué hay que renunciar?

Estos tontos incluso vienen a mí y me preguntan: "¿Qué tipo de sannyas estás enseñando a la gente?

Sannyas significa renuncia. Deberían abandonar el mundo, pero viven en el mundo. No sólo viven en el mundo, ¡viven más profunda y totalmente en el mundo que otras personas mundanas!

¿Qué clase de sannyas es éste?". Piensan que estoy enseñando un tipo equivocado de sannyas.

Estoy enseñando el sannyas definitivo, no el equivocado, sino por primera vez el correcto. El tipo equivocado ha prevalecido durante mucho tiempo, durante siglos. Mira la estupidez de todo esto: llamas a algo ilusorio y luego escapas de ello. Si es ilusorio, no hay necesidad de escapar. Debería ser tan sencillo. Si es real, ¿por qué escapar? Si es real, ¿cómo puedes escapar?

Nadie renuncia a sus sueños. O renuncias a ellos cada mañana cuando te despiertas: "Renuncio a todos mis sueños. Renuncio a todos los tesoros que tenía en mis sueños. Renuncio al reino de mis sueños"? Si renuncias a ellos, la gente se reirá de ti, ¡te has vuelto loco! Los sueños son sueños.

Y estas personas supuestamente espirituales han estado diciendo al mundo que el mundo es un sueño, que renuncie a él. Qué descaro, llamarlo sueño y al mismo tiempo decir: "¡Renuncia a él! O no es un sueño o es un sueño, asegúrate de lo que es. Y en cualquier caso no se puede renunciar a él. Si es un sueño no tiene sentido renunciar; si es una realidad, ¿cómo puedes renunciar a la realidad? - porque la realidad es sinonimo de Dios.

Por eso enseño: ¡Alégrate! No hay necesidad de renunciar a nada, no hay nada a lo que renunciar.

Alégrate, ¡y alégrate aún más! Alégrate de forma multidimensional. Baila, canta, alégrate. Deja que la risa sea tu vida, deja que el amor sea tu vida. Esa es la única forma verdadera de saber lo que es.

La segunda pregunta:
MAESTRO,
GRAN PARTE DE MI MENTE CATÓLICA SE HA TENSADO CON STR4UGGLE DE PODER, APROBACIÓN, AMOR, SEXC. LA MEDITACIÓN SUSCITA FRUSTRACIÓN. ¿QUÉ ES "SÓLO MIRAR"?

Prem Nisang,

LA MENTE, CUALQUIER TIPO DE MENTE -católica o comunista, judía o jaina- es la misma. La mente es una enfermedad, y cada mente crea una prisión a tu alrededor. Hay diferentes tipos de prisiones; su arquitectura es diferente, están hechas de diferentes materiales. Algunas están hechas de piedras, otras de ladrillos, otras de madera, y así sucesivamente, pero no importa - el material no es importante - estás encarcelado. Una mente católica tiene conceptos diferentes, una mente hindú está arraigada en una ideología diferente, pero toda mente necesita una ideología. Incluso el ateo vive en una prisión aunque no crea en Dios. Piensa que es un incrédulo, pero no lo es. Su incredulidad es su creencia.

Descree fanáticamente, del mismo modo fanático que creen los creyentes, a veces incluso más fanáticamente porque la gente que cree en Dios sólo se acuerda de Dios de vez en cuando, quizá los domingos -es una religión dominical-, pero el ateo discute continuamente contra Dios; se acuerda de Dios continuamente.

Hay una historia muy hermosa en las escrituras indias:

Cuando Narda, un devoto, un gran devoto, se estaba muriendo, Dios se le apareció. Esas cosas solían ocurrir en el pasado; ya no ocurren. Y Dios le preguntó qué le gustaría, si tenía algún deseo que cumplir en la otra vida.

Dijo: "Sí, quiero nacer ateo".

Hasta Dios se quedó perplejo. Recuerda que esas cosas solían ocurrir en el pasado; ahora ya no ocurren. Dios dijo: "¿Qué? ¿Quieres ser ateo? ¿Tan gran devoto, tan creyente, tan religioso que ha estado cantando y cantando mi nombre?".

Narda dijo: "Sí, porque aunque soy un devoto, continuamente te olvido, pero he visto a ateos que nunca te olvidan. Por eso quiero ser atea la próxima vez: para poder recordarte continuamente. No quiero olvidarte ni un solo momento. Ahora sólo eres uno de los elementos de mi mente, pero para el ateo pareces ser todo su corazón: aunque te niegue, te recuerda. Así que sólo dame una bendición: que nazca ateo para que pueda hablar de ti continuamente".

Esta historia es preciosa. Dice de forma muy simbólica que el ateo y el teísta no están en barcos diferentes.

El comunista sigue argumentando contra Dios. Ahora no tiene nada que ver con Dios, nada que ver con Dios. ¿Qué tenía que ver Karl Marx con Dios? Dios no tiene nada que ver con la economía, no es una teoría económica ni nada por el estilo. Pero Marx estaba obsesionado, continuamente obsesionado: una y otra vez llegó a negar a Dios, como si Dios le persiguiera.

Todos ellos son fanáticos; creyentes, no creyentes, hindúes, mahometanos, cristianos: todos son fanáticos.

Y el fanático nunca mira los hechos, por eso es un fanático. El credo del fanático es:'Nosotros tenemos razón y no te distraigas con los hechos; digan lo que digan los hechos, seguro que están equivocados".

El credo del fanático es: "Ya hemos concluido lo que es verdad; ahora los hechos tienen que encajar con nuestro credo, y no al revés".

Y todas estas supuestas ideologías han creado gente muy lisiada, Nisang. Por supuesto, la mente católica es una de las mentes más lisiadas y paralizadas del mundo, porque es represiva, y siempre que reprimes algo te vuelves feo. Lo que se reprime permanece ahí. No sólo permanece ahí, sino que se vuelve cada día más y más poderoso; acumula energía. Si lo expresas, se evapora.

Por ejemplo, un hombre que se enfada de forma ordinaria, como todo el mundo -si le insultas, se enfada-, no es una persona peligrosa porque nunca acumulará tanta ira como para resultar peligroso. Pero un hombre que sigue reprimiendo su ira está sentado sobre un volcán; cualquier día el volcán puede entrar en erupción -o se va a suicidar o va a asesinar-, menos que eso no servirá.

Es a causa de las religiones represivas que existe tanta pornografía en el mundo. La pornografía existe por los curas, no por los PLAYBOYS. De hecho, los PLAYBOYS son sólo subproductos de los curas. Existe tanta pornografía simplemente porque se ha reprimido tanto sexo; quiere encontrar alguna forma, alguna salida. Y una vez que reprimes el sexo, empieza a encontrar formas pervertidas. Puede convertirse en un viaje político - es sexualidad, nada más, sexualidad reprimida.

Por eso, en todos los ejércitos del mundo, el sexo está reprimido. Y los soldados estadounidenses se han visto continuamente en dificultades por la sencilla razón de que es la primera vez que a cualquier ejército se le permite cierta salida sexual. Los soldados estadounidenses no pueden ganar; su derrota es segura. Hagan lo que hagan, vayan donde vayan, serán derrotados por la sencilla razón de que los soldados estadounidenses son un fenómeno nuevo en el mundo: no son sexualmente represivos. No pueden ganar a los rusos, ni siquiera pudieron ganar a los vietnamitas. Los pobres vietnamitas derrotaron a una de las mayores potencias mundiales que han existido en toda la historia del hombre por la sencilla razón de que si el sexo está reprimido entonces un hombre es muy peligroso, realmente peligroso - está hirviendo por dentro. Quiere pegar fuerte, quiere ser violento.

Y la persona que está sexualmente satisfecha no está realmente interesada en matar. De hecho, todas las encuestas de los ejércitos americanos muestran que al menos el treinta por ciento de los soldados no usaron sus armas en la guerra; el treinta por ciento es un gran porcentaje. Y si el treinta por ciento de los soldados no usan sus armas en absoluto, simplemente van todos los días al frente y vuelven sin matar a nadie, ¿cómo van a ganar? No les interesa matar, no hay deseo de matar.

El asesinato sólo surge si el sexo está muy reprimido. Es un hecho extraño que siempre que una sociedad ha sido próspera, rica, sexualmente libre, fue destruida por sociedades pobres, atrasadas, represivas. Ese fue el destino de la civilización griega, ese fue el destino de la civilización romana, ese fue el destino de la civilización hindú, y ese va a ser el destino de la civilización americana. Es muy extraño que cuanto más evolucionada es una sociedad más vulnerable es a ser destruida fácilmente por las menos evolucionadas, porque las menos evolucionadas son más represivas - son más tontas, son más estúpidas; siguen escuchando a los curas.

Ahora bien, las personas del tipo del ayatolá Jomeini no pueden tener ninguna influencia en un país avanzado y culto, pero tienen un poder tremendo en Irán. Los Mullas de Irán son las personas más poderosas allí. Y el ayatolá no es más que un loco. Pero ese loco se ha vuelto poderoso. Ahora está haciendo todo tipo de cosas. Matan a la gente, la masacran continuamente en nombre de la justicia islámica, como si la justicia también pudiera ser islámica, cristiana e hindú.

Hace sólo unos días Pakistán decidió que las mujeres no podrán participar en ningún deporte con los hombres porque eso va contra el Islam. La mujer tiene que ir completamente cubierta. Ahora no puede jugar al hockey si va completamente cubierta con un velo negro con sólo dos agujeros por los que pueden ver sus ojos.

¡Habrá que evolucionar un tipo de hockey muy extraño! Y entonces corren, y corriendo, sus cuerpos se balancean y sus pechos saltan; ¡eso va contra el Islam! Así que en Pakistán ya no pueden participar -¡estamos en el siglo XX! - sólo pueden jugar con jugadoras y los espectadores también sólo pueden ser mujeres. E incluso entonces tienen que usar ropa que les cubra el cuerpo: tienen que usar ropa punjabi, chalwah y kurta, para que todo su cuerpo esté cubierto. No pueden jugar al tenis en calzoncillos porque se les verían las piernas y eso va contra el Islam.

Estas son las personas tontas, pero estas personas tontas son personas peligrosas. Pueden derrotar a cualquiera porque reprimirán tanto la sexualidad, reprimirán tanta energía, que estará lista para explotar. Cualquier excusa será suficiente. Estas son las personas responsables de todas las violaciones en el mundo.

Esta es la experiencia de mis mujeres sannyasins en la India. Me quieren mucho, por eso están aquí y sufren tanto. Es realmente un sacrificio estar aquí porque dondequiera que vayan serán observadas por los llamados hindúes cultos y religiosos con ojos tan codiciosos, como si estas personas sólo estuvieran allí para destrozarlas. Y siempre que tienen alguna oportunidad les pegan, les empujan, les hacen cualquier cosa fea que puedan hacer. Han abusado de mujeres, las han violado. Y estos son los grandes hindúes, los grandes religiosos, los grandes espirituales del mundo. Pero es natural; no veo ninguna contradicción. Esto es represión: cualquier oportunidad y sale a la superficie.

Dos monjas salen del convento en dirección a la ciudad para hacer unas compras. Para ahorrar tiempo, deciden tomar un atajo por un bosque desierto y poco iluminado. Mientras estaban en el bosque, las dos monjas fueron violadas.

"¡Oh, no! ¿Cómo vamos a explicarle a la Madre Superiora que ambos fuimos violados dos veces?".

"Un momento", replicó la otra monja, "¡sólo nos violaron una vez!".

"Sí, lo sé, pero vamos a volver por ahí, ¿no?".

Hay violadores y hay mujeres que esperan a esos violadores.

Nisang, me preguntas: GRAN PARTE DE MI MENTE CATÓLICA HA SIDO TENSE....

No puede ser de otra manera. Tendrás que dejarlo, con raíz y todo. No puedes salvar nada. No intentes salvar nada porque está todo contaminado.

Tú dirás: Es TENSE CON LUCHA POR EL PODER....

Es inevitable. Si el sexo es reprimido comienza a moverse hacia otras dimensiones. Se convierte en un gran deseo de poder. Si se reprime el sexo, se empieza a pedir aprobación; eso es un pobre sustituto del amor, del aprecio. Y ahora que estás aquí te estás dando cuenta de que hay una gran necesidad de amor, pero tienes miedo - tu mente católica está en contra del amor. La mente católica dice: "Ama sólo a Dios".

¿Cómo puedes amar a Dios? Eso no tiene sentido. Tienes que amar a los seres humanos; esa es la única manera de amar a Dios. Amar incondicionalmente, amar sin exigencias. Pero tienes que amar a la gente que te rodea: son las formas disponibles de Dios; no puedes amar lo que no tiene forma. "Ama a Dios", dicen, "y evita al hombre". Ahora enseñan a las monjas: "Ama a Cristo"; a las monjas las llaman "novias de Cristo". ¡Qué tontería! El pobre hombre nunca estuvo casado, ¡y ahora tantas monjas están casadas con el pobre hombre! ¡Novias de Cristo! Y entonces, claro, empiezan a imaginar, a proyectar, y entonces su mente empieza a jugarles malas pasadas.

Si investigas la historia de los monasterios y conventos en la Edad Media te sorprenderás.

Constan miles de casos de monjas violadas por el diablo y sus discípulos; no sólo eso, las monjas incluso solían quedarse falsamente embarazadas. ¡Qué imaginación! Cuando una mujer imagina, puede imaginar cosas extravagantes. Los hombres no son tan capaces de imaginar, pero las mujeres sí.

Las mujeres confesaban en los tribunales. ¿Y qué hacían estos tribunales? Estos tribunales estaban formados por obispos, arzobispos, papas. Estos tribunales indagaban en los detalles; de hecho, disfrutaban al máximo con los detalles de cómo el diablo hacía el amor con las monjas. Si entras en los detalles los encontrarás más pornográficos, más obscenos que cualquier cosa jamás escrita. Y tuvieron que confesar y confesaron cosas extrañas: que el diablo venía por la noche y les hacía el amor, y ellas eran absolutamente incapaces, incapaces... no podían hacer otra cosa. ¿Qué podían hacer cuando el diablo venía y se apoderaba de ellos?

De los monasterios surgieron todo tipo de perversiones sexuales. El sexo nunca se habría pervertido si no fuera por los monasterios y los conventos. Y el mundo entero está dominado por un tipo u otro de represión.

Nisang, tienes que dejar toda esta mente.

Tú dices: LA MEDITACIÓN SUSCITA FRUSTRACIÓN.

Te provocará frustración. No tiene nada que ver con la meditación; la meditación simplemente te trae tu realidad y ese encuentro es frustrante. Al ver la fealdad de tu propia mente te sientes frustrado. Pero no te preocupes. La meditación está sacando a la luz todo lo que está reprimido en ti; tendrás que atravesarlo. Si sabes lo que hay, puedes dejarlo; si no lo sabes, ¿cómo puedes dejarlo? Antes de dejar algo, hay que conocerlo, comprenderlo bien. De hecho, comprenderlo perfectamente es la única manera de dejarlo.

Y el día que abandonas tu mente in toto te liberas de los sacerdotes. Los sacerdotes son las personas más astutas del mundo y también las más tontas, porque sólo las personas tontas son astutas. Las personas inteligentes nunca son astutas; no necesitan ser astutas: la inteligencia es suficiente. Cuando no eres inteligente tienes que ser astuto como sustituto; tienes que aprender los caminos de la astucia.

Pero recuerda, todos estos sacerdotes - católicos o protestantes, hindúes o mahometanos - todos estos ayatolás y todos estos mullas y todos estos expertos son gente estúpida pero han dominado a la humanidad y han reducido a toda la humanidad a una gran masa de estupidez. ¡Fuera de ahí!

La meditación está destinada a remover todo esto que te han hecho durante siglos, pero eso no se puede evitar. Si quieres evitarlo, seguirás siendo el mismo. Tendrás que pasar por este dolor de ver todas estas cosas feas que hay en ti. Pero es mejor ver y pasar por ello para llegar a tu núcleo más íntimo para que puedas encontrar tu propia inteligencia intrínseca, para que puedas encontrar tu propia conciencia perdida.

Una vez liberado de los sacerdotes te liberas de la estupidez. Entonces no eres católico ni cristiano ni hindú ni mahometano; entonces eres simplemente un ser humano, y entonces surge en ti una gran belleza.

Un sacerdote católico entró en una tienda de animales para comprar un loro. Le enseñaron uno especialmente bonito que le gustó mucho, pero le extrañaron las dos cuerdas que tenía atadas a las patas.

¿Para qué sirven?", preguntó al encargado de la tienda de animales.

"Ah, bueno, padre", fue la respuesta, "esa es una característica muy inusual de este loro en particular. Verá, es un loro amaestrado, padre; solía estar en un circo. Si tiras de la cuerda de su pata izquierda, dice "¡Hola!", y si tiras de la cuerda de su pata derecha, dice "¡Adiós! "

"¿Y qué pasa si tiro de los dos hilos a la vez?".

"¡Me caigo de la percha, tonto!", chilló el loro.

Incluso los loros son mucho más inteligentes que tus curas, que tus políticos, que la gente que te ha estado dominando.

Nisang, deshazte de ellos.

La meditación es un proceso de deshacerse de todo el pasado, de deshacerse de todas las enfermedades, de deshacerse de todo el pus que se ha acumulado en ti. Es doloroso, pero es limpiador, y no hay otra manera de limpiarte.

La tercera pregunta:

MAESTRO,

SE QUE HAS DEJADO A UNA BRITANICA FUERA DE TU CUENTA. ¿POR QUÉ?

Vivek,

SÍ YO TAMBIÉN SOY CONSCIENTE de que he dejado a una persona fuera de la cuenta y creo que todos los demás también son conscientes de ello. Esa persona es "Proper" Sagar. Pero tuve que dejarlo fuera, ¡es demasiado correcto! Es una categoría en sí mismo; no se le puede poner con los demás. Además, es todo un caballero.

Somendra puedo contarlo con señoras - es un fenómeno energético, ¡un tipo Espíritu Santo! Ahora nadie sabe quién es el Espíritu Santo, hombre o mujer; puedes ponerlo aquí o allá. Así que Somendra se puede contar en cualquier lugar. Pero Sagar es un caballero británico demasiado correcto, por eso lo dejé fuera. Y, además, pensé que no hacía falta decir su nombre: todo el mundo lo sabe de todos modos. En segundo lugar:

¡aunque lo hubiera contado se habría perdido el chiste!

Mulla Nasruddin fue llevado ante el tribunal. Se le acusó de contar un chiste a su mujer. Cuando ella oyó el chiste, dice el informe policial, estalló en carcajadas y se rió tanto que murió.

"No me lo creo", dijo el juez, que era un inglés como Dios manda. "¡Cuente el chiste!"

Mulla intentó negarse, pero el inglés insistió: "¡Cuenta el chiste! Te lo ordeno".

Así que contó el chiste y todo el mundo estalló en carcajadas, y uno a uno todos murieron de risa - ¡excepto el inglés, que murió una semana después!

La cuarta pregunta:

MAESTRO,

CREO QUE USTED ES UNO DE LOS HOMBRES MÁS GRANDES QUE HAN EXISTIDO. ¿ESTOY EN LO CIERTO?

Gitananda,

ESTÁS ABSOLUTAMENTE EQUIVOCADO: no hay grandes hombres. Si tienes un héroe, vuelve a mirarlo: te has disminuido a ti mismo de alguna manera.

¡Esta es la verdad! Esta es la verdad. No hay significados ocultos.

Soy un hombre corriente, como tú y como todo el mundo. La diferencia no es que yo sea grande y tú no, la diferencia es que yo estoy despierto y tú estás dormido. Pero eso no te hace pequeño, eso tampoco me hace grande. Nadie es grande. Hay que dejar de lado toda esta tontería.

No empieces a verme como un héroe. Todavía estoy vivo. Puedes hacer lo que quieras cuando esté muerto porque entonces no podré impedírtelo, ¡pero ahora mismo no permitiré esas cosas!

La quinta pregunta:

MAESTRO,

¿TENÍAN GAUTAM EL BUDA Y JESÚS EL CRISTO ALGUNA IDEA DE QUE USTED ESTARÍA AQUÍ UN DÍA EN LA TIERRA?

Yogesh,

Sospecho que sí. Gautam el Buda solía decir que después de veinticinco siglos surgiría un hombre despierto cuyo nombre sería Maitreya; Maitreya significa el amigo. Ahora bien, durante veinticinco siglos se ha pensado que éste sería el nombre de la persona despierta, pero mi propia interpretación es que Buda no está hablando del nombre, sino de la cualidad de la persona. Está diciendo que él será el primer Maestro que será el amigo, que no pretenderá ser el Maestro, que simplemente dirá: "Soy tu amigo".

Y eso es lo que te estoy diciendo: Soy su amigo. Por eso digo que sospecho que pudo tener alguna idea.

Pero Jesús ciertamente tenía una idea muy clara sobre mí, porque hay una antigua historia.... Puede que no la hayas oído porque ha sido susurrada de Maestro a discípulo en la más profunda intimidad, y se ha mantenido privada hasta ahora. Por primera vez os la cuento.

Era la Última Cena y Jesús hablaba a sus discípulos: "Tú, Pedro, serás el fundador de mi Iglesia. Tú, Andrés, llevarás mi Evangelio a todos los rincones de la tierra. Tú, Juan, irás y curarás a los enfermos y darás de comer a los pobres. Tú, Tomás, escribirás un evangelio para que el Maestro hable de él dentro de dos mil años. Y tú, Judas, pagarás la cuenta, ¡ya que nadie más tiene dinero!".

La sexta pregunta:
DEAR-A MAESTRO-A,
ME GUSTA MUCHO.
ERA-UN LEJANO-UN.
¿PUEDES ECHARNOS UN POCO MÁS?
¡ESTÁS FUERA DE LA VISTA!
¡MUCHAS GRACIAS!
P.S.-A: YA VES-A, SOY-UN-AMERICANO-ITALIANO-¡UN VERDADERO DESASTRE-A!

Prem Patipada,
LO SÉ, porque justo el otro día alguien hablaba de ti.

Un swami le decía a otro: "¡Chico, es una chica muy explosiva!".

"¿Chica explosiva?"

"¡Sí, peligroso cuando se deja caer!"

Italiano y americano: la combinación más peligrosa.

"Esa no era tu hija gritando", le dijo el italiano al padre de la cachonda cuando bajó al salón con una escopeta cargada. "¡He sido yo!"

¿Lo has entendido? Déjame que te lo repita: "Esa no era tu hija gritando", le dijo el italiano al padre de la tía cachonda cuando bajó al salón con una escopeta cargada, "¡Era yo!".

Un inglés se sienta junto a una bella italiana rubia en un pub. Después de unas copas, ella le dice al inglés: "Amore, te quiero".

"Yo también te quiero", responde vacilante y un poco avergonzado.

"Os quiero a los tres", dice la italiana.

Una semana antes de la boda, la joven italiana acudió a su madre llorando. "Tengo tanto miedo de casarme", le dijo. "Tengo miedo de no ser capaz de complacer a mi amor".

Su madre, que quería hacer más llevaderas las pruebas de la niña, se comprometió a explicarle los secretos de la vida matrimonial. Con cierta vacilación, empezó a explicarle a la niña lo que tendría que pasar.

"Oh, eso no me molesta, madre", dijo la hija. "¡Puedo follar muy bien, pero no sé cocinar!".

Roberto y su exagerada esposa estaban sentados en las gradas esperando a que empezara el partido de fútbol.

Un amigo se acercó, dijo: "Hola, Roberto", dio un pequeño apretón a los pechos de su mujer y se marchó.

Unos minutos después, otro tipo se acercó, dijo: "Hola, Roberto", acarició los pechos de la mujer y siguió caminando. Esta extraña secuencia de acontecimientos se prolongó durante algún tiempo.

Finalmente, un hombre sentado junto a Roberto tomó la palabra: "Escucha, amigo, no es asunto mío, pero ¿no es un poco extraño? Pasaron al menos doce tipos, te saludaron y luego agarraron a tu mujer por los pechos.
¿Cuál es la historia?"

Roberto le miró y gimió: "¿Qué-puedo-hacer? Si-a la dejo-a en casa, ¡se-a acuesta-a con-a todo el mundo!".

Capucha callejera: "¿Quieres un poco de acción, cariño?"

Chica italiana: "¿Cómo te atreves a hablarle así a una chica extraña? Una chica extraña que vive en el 22 de Mulberry Street, teléfono, Algonquin 55857".

Patipada, ¿te parece bien o quieres más?

Me alegro. Me alegro de que estéis disfrutando juntos de los dos mundos, el italiano y el americano, sois doblemente bendecidos.

Patipada es realmente una mujer hermosa, muy valiente; quiere, y también sabe, vivir peligrosamente. Y siempre me gustan las personas que quieren y están dispuestas a vivir peligrosamente. Patipada es casi una loca, pero si una mujer es una mujer de verdad, ¡está un poco loca! Si no está un poco loca, es fría, está medio muerta.

Por eso bromeo tanto con las inglesas: están medio muertas. ¡Las italianas están tan vivas! Durante siglos, Italia ha sido afortunada en cierto modo. Desde los tiempos del Imperio Romano, Italia es el único país que nunca ha sido muy represivo. Los romanos nunca fueron gente espiritual falsa, nunca; ni por un solo periodo se convirtieron en la llamada gente santa. Eran gente muy terrenal y eso ha permanecido en la sangre italiana incluso ahora. Ni siquiera la Iglesia católica ha podido corromperlos mucho, aunque el Vaticano esté ahí. Pero los italianos son incorruptibles: ¡corrompen al Papa!

Me gusta esa cualidad de la tierra, ese olor a tierra que da vida a las personas.

He elegido a algunas italianas como mis médiums. Ahora muchas mujeres feas, de pecho plano, siguen escribiéndome cartas. Ha alcanzado proporciones epidémicas: "Maestro, parece que nunca podremos ser tus médiums: ¡somos feas y tenemos el pecho plano!".

No te preocupes. Tendrás tu recompensa en el otro mundo. No puedes tener los dos mundos. ¡Para ser una médium una mujer al menos tiene que parecer una mujer! El día que empiece a elegir mujeres de pecho plano, ¿por qué no elegir hombres? ¿Qué tienen de malo? Sólo un poco de diferencia - una diferencia de pequeñas tetas y bits Así que por favor deje de escribir tales cartas a mí. Puede que sea un iluminado, pero no lo soy tanto, ¡todavía tengo algo de sentido estético! ¡Cuando elijo a una mujer, elijo a una mujer!

¡Al menos debería parecer una mujer! Y tengo que ver a esos médiums todos los días.... Y ya he terminado con todos mis karmas así que no estoy dispuesta a sufrir más - ¡basta ya! He sufrido mucho en mis vidas pasadas - he sufrido muchas mujeres de pecho plano.

Pero debes alegrarte de que intentaré por todos los medios que te ilumines en esta vida para que no tengas que venir otra vez a torturar a la gente. Te enviaré a la otra orilla, ¡deja que los santos sufran! Así que en ese sentido eres afortunado. Puede que mis médiums tengan que volver -puede que algún otro iluminado los necesite-, pero tú, ten por seguro que ésta es tu última vida. Voy a acabar contigo. Así que alégrate por ello. Y serás inmensamente recompensado en el otro mundo.

Por eso Jesús sigue diciendo.... Mira sus Bienaventuranzas. Nunca dijo: "Bienaventurados los ricos", dijo: "Bienaventurados los pobres". ¿Por qué? Porque los pobres necesitan consuelo. Nunca dijo: "Bienaventurados los triunfadores", sino: "Bienaventurados los mansos". Esos mansos, los pobres, necesitan consuelo - ellos heredarán el reino de Dios.

Y yo os digo: Bienaventurados los de pecho plano, porque de ellos es el reino de Dios... pero, por favor, ¡dejad la tierra en paz!

La séptima pregunta:

MAESTRO,

¿QUÉ ES LA REENCARNACIÓN?

Sangeet,

LES CONTARÉ una pequeña historia que explicará mi actitud hacia la reencarnación.

Surmano explica al rabino la teoría de la reencarnación: "Digamos, su santidad, que usted muere mañana. Al cabo de unos días florece una flor en tu tumba. Viene una vaca y se come la flor. A la mañana siguiente la vaca caga bien. Salgo a pasear, veo la caca y digo: "¡Ah, su santidad, no ha cambiado nada!"

La octava pregunta:

MAESTRO, ¿QUÉ TAL UNOS BUENOS CHISTES DE JUDÍOS? ¡ME ENCANTA REIRME DE MI MISMO!

Anand Sudharka,

DOS EMPRESARIOS JUDÍOS descansaban una tarde en Harlem cuando uno le dijo al otro: "Nos olvidamos de cerrar la caja fuerte".

"¿Qué importa?", preguntó su compañero. "Los dos estamos aquí, ¿no?"

Un grupo de amigos judíos discute si hubiera sido mejor no haber nacido.

"Claro que sí", dice uno de ellos, "pero ¿cuántos de nosotros tenemos esa suerte?".

Es un poco sutil. Te llevará siete días.

Dos judíos paseaban por un campo de concentración. Uno de ellos preguntó: "Oye, Moshé, ¿sabes qué hora es?".

"¿Por qué?", respondió el segundo. "¿Tienes que ir a algún sitio?"

Un escocés, un inglés y un judío fueron a comer a un sitio caro, en algún lugar de Londres.

Se oyó decir al escocés al final de la velada: "Está bien, muchachos, esta noche pago yo".

Al día siguiente los titulares de los periódicos decían: "Ventrílocuo judío hallado muerto fuera de un restaurante".

Y la última:

Un hombre que viaja en tren está leyendo una novela; sentada a su lado hay una mujer joven.

"¡Eh, judío!", dice la mujer. "¿Qué hora es?".

El hombre se sorprende, pero no contesta.

Un minuto después vuelve a preguntar: "¡Eh, judío! ¿Qué hora es?"

No hay respuesta. Así que pregunta cinco veces más.

Finalmente, el hombre se enfada y le dice: "Mi reloj está en mi bolsillo. Echa un vistazo y mira qué hora es".

"¿Cómo puedo ver dentro de tus bolsillos?", pregunta.

"¿Cómo descubriste que era judío?", responde.

La novena pregunta:

MAESTRO,

LLEVO OCHO AÑOS EN EL ESTE Y CADA VEZ ME DA MÁS PEREZA. ¿POR QUÉ?

Anand Premda,

NO HAY DE QUÉ PREOCUPARSE: ¡sólo estás contrayendo la enfermedad local!

Y la última pregunta:

MAESTRO,

¿POR QUÉ TENGO MIEDO DE HACER MIS VERDADERAS PREGUNTAS?

Avinash,

TODO EL MUNDO TIENE MIEDO DE PLANTEARSE las verdaderas preguntas. Por eso la gente hace preguntas metafísicas, preguntas filosóficas -preguntas sobre Dios, la creación, la vida después de la muerte, la reencarnación-, porque estas preguntas no están relacionadas de ninguna manera contigo; tú permaneces fuera.

Hacer una pregunta real es peligroso porque cuando haces una pregunta real tienes que enfrentarte a mí directamente y tienes que afrontar las consecuencias. No soy un hombre predecible; nunca se sabe lo que voy a decir. Nunca se sabe si voy a pegarte o a darte una palmadita; nunca puedes estar seguro. Y para hacer una pregunta de verdad hay que tener el valor de abrir el corazón, de mostrar las heridas, de mostrar dónde duele. Nadie quiere mostrar sus heridas, nadie quiere mostrar sus lágrimas, y todo el mundo está lleno de lágrimas y lleno de heridas, y todo el mundo finge que es feliz.

Le preguntas a cualquiera: "¿Cómo estás?" y te dice: "¡Precioso! Perfectamente bien!" y nadie está bien y nadie está en un estado hermoso. Pero la gente tiene que mantener la cara.

Hacerme una pregunta ante tres mil personas significa exponerte. Es estar desnudo, espiritualmente desnudo. Es fácil estar desnudo físicamente -eso no es gran cosa, uno puede quitarse la ropa muy fácilmente- pero para estar desnudo espiritualmente se necesita un tremendo coraje. Uno tiene que ser un atrevido porque es como dejar caer la piel, mostrar el esqueleto, es como mostrar toda la fealdad; y nadie quiere estar expuesto.

Todos nos cubrimos el rostro con máscaras, hermosas máscaras. El rostro original nunca se le ha mostrado a nadie; tú mismo has olvidado cuál es tu rostro original. De hecho, cuando busques las verdaderas preguntas, primero te encontrarás con preguntas irreales, mil y una preguntas irreales. A menos que seas muy persistente y sigas escarbando y sigas lanzando las preguntas irreales.... Cuando la mente diga: "Pregunta quién creó el mundo", si eres un buscador real dirás: "¡Qué tontería! ¿Qué más da? Cualquiera sirve. La cuestión es que el mundo está ahí. X lo creó, Y lo creó, Z lo creó, ¿qué importa? Y si alguien lo creó o no lo creó, eso también es irrelevante. Esta pregunta no tiene sentido y no va a afectar a mi vida. Si Dios lo creó, ¿qué importa?

O si, como dicen los budistas y los jainistas, nadie lo creó, ¿y qué? Los jainas y los budistas viven de la misma manera que los hindúes y los mahometanos y los cristianos, de la misma manera estúpida; no hay ninguna diferencia en sus vidas."

Cualquier pregunta es irreal si no supone una diferencia en tu vida, pero es fácil hacer este tipo de preguntas. En primer lugar, demuestra tu conocimiento, que eres un gran estudiante de metafísica, filosofía, religión; demuestra que conoces las escrituras.

La gente sigue escribiéndome: "Krishna ha dicho esto en el Gita, ¿qué quiere decir?". Lo que quiera decir no va a afectar a tu vida. Y hay mil comentarios ya disponibles; si no están haciendo ninguna diferencia - y los mil comentarios son inútiles - entonces mi declaración va a ser la misma: no va a afectar tu vida.

Una vez estaba dando una charla sobre Mahavira, el teerthankara jaina, y un erudito jaina, un erudito muy famoso cuyos libros había leído y cuya erudición siempre había apreciado, se levantó. Yo no sabía que se trataba del hombre que había escrito tantos libros, al que yo siempre había apreciado.

Y preguntó: "Sólo tengo una pregunta. Buda y Mahavira eran contemporáneos. ¿Quién era mayor en edad? - porque durante casi cincuenta años he estado trabajando en ello, pero aún no se ha llegado a una decisión concluyente. Hay razones para suponer que Buda era mayor y hay razones para suponer que Mahavira era mayor".

Miré al hombre durante unos instantes. Se hizo un silencio absoluto. El becario empezó a sentirse un poco avergonzado: ¿por qué le miraba de aquella manera? "¿He preguntado algo malo?". Y entonces dijo: "¿Por qué me mira de una forma tan extraña? ¿He preguntado algo malo?".

dijo, "No sólo equivocado - ¡has desperdiciado toda tu vida! ¡Cincuenta años! ¿Qué más da? Si Buda era mayor, ¿y qué? Si Mahavira era mayor, ¿y qué? No afecta a su filosofía, no afecta a su enfoque de la vida. Tampoco te afectará a ti. ¿Por qué has malgastado tus cincuenta años?

Parece que sólo eres un maldito tonto".

Alguien, el hombre que presidía, me dio un codazo y me dijo: "¿Sabes quién es? Es un erudito jaina muy famoso". Y me dijo su nombre.

Le dije: "Entonces le pegaré aún más fuerte, porque siempre he apreciado sus libros, ¡pero este hombre es estúpido! ¿Cómo ha conseguido escribir libros tan buenos? Debe de funcionar como un bioordenador, porque mirándole, viéndole, escuchando su pregunta... y dice cincuenta años y casi está presumiendo de haber dedicado tanto tiempo a una cuestión tan importante". Hacía gala de su erudición.

Es fácil hacer preguntas metafísicas, filosóficas; muestra tu conocimiento, muestra tu ego, tu orgullo. Pero cuando haces una pregunta real puede doler, puede exponerte, puede mostrar tu ignorancia. Está destinado a mostrar tu ignorancia, no sólo tu ignorancia, está destinado a mostrar tu locura, está destinado a mostrar tu esquizofrenia, está destinado a mostrar tu neurosis.

Por eso, Avinash. Y tú eres indio, y los indios son superegoístas. No tienen nada más de lo que presumir. No tienen dinero, no tienen poder, no tienen tecnología, no tienen ciencia; no tienen nada más. Sólo tienen una cosa: esa actitud egoísta de "más santo que tú". Así que los indios tienen mucho miedo de hacer preguntas de verdad; nunca hacen preguntas de verdad. Nunca me he encontrado con indios que hagan preguntas de verdad, nunca se exponen. Aunque se estén volviendo locos, intentan disimularlo de alguna forma bonita.

El otro día recibí una carta que decía que una mujer se había vuelto un poco loca. Pero la gente que había escrito, no escribía que se hubiera vuelto loca o enloquecida, escribía: "Se está comportando como Ramakrishna, como Meera, así que, Maestro, sólo tú puedes ayudar".

Hace unos días llamaron por teléfono. Les dieron el mensaje: "Llévala al psiquiatra de allí".

Ahora ha llegado una carta muy enfadada: "Si estás aquí, ¿por qué debemos llevarla a un psiquiatra?

No está loca, ¡está en un estado muy elevado! E ir al psiquiatra puede ser peligroso porque le dará un tratamiento de choque o tranquilizantes. Puede bajarla a la tierra, devolverla a su ordinariez, y ella está volando muy alto. Sólo tú puedes entenderlo".

Ahora esa mujer está simplemente loca - conozco a esa mujer. Unos días antes de que ella estuviera aquí y cuando estuvo aquí, y vino a tocarme los pies, sentí que esa mujer podía volverse loca en cualquier momento.

Pero en la India, si te vuelves loco, te conviertes en un místico, no en un loco. En Occidente es justo al revés: ¡si te conviertes en un místico te meten inmediatamente en un manicomio! A los indios no les gusta esta idea de que está loca.

A nadie le gusta contar sus verdaderos problemas. Ningún indio hablará de sus fantasías sexuales. Vendrá y preguntará: "¿Cómo alcanzar el celibato, BRAHMACHARYA?". En realidad está sufriendo de sexualidad, pero no quiere hablar de ello. Y entonces la gente tiene miedo de que los demás se rían. Y eso es lo que sucede en un mundo ordinario.

Este no es un lugar ordinario, Avinash. Nadie se va a reír de ti. La gente tendrá toda la compasión contigo si tu problema es real; de hecho, serán más compasivos contigo si tu problema es real. Pero la gente esconde sus verdaderos problemas. Y es cierto en lo que respecta al mundo exterior: si le cuentas al mundo exterior tus problemas reales, la gente empezará a reírse de ti.

No sentirán compasión, te convertirán en el hazmerreír. Pero aquí no. Aquí tenemos tantas otras cosas de las que reírnos. Os doy tantas oportunidades de reíros que a nadie le sobra la risa para vuestros problemas reales. Por eso sigo contando tantos chistes: para que cuando surjan los problemas reales la gente pueda tener compasión de vosotros. En el mundo exterior sucede así, pero éste es un lugar muy especial.

Un hombre entró en la consulta del médico vestido con una bata. Sorprendido, el médico le preguntó: "¿Por qué lleva bata?".

"Ah, has visto el problema enseguida", dijo el paciente. "Tengo una bola enorme y no puedo llevar pantalones".

"Vale", dijo el médico, "déjame examinarlo".

"¡No, doc, te reirás de mí!"

"Muéstrame", dijo el doctor.

"Sé que te reirás".

"No, no lo haré."

"¿Lo prometes?"

"¡Promételo!"

El hombre se levanta la bata y deja al descubierto su pierna izquierda. El médico, al ver la bola de gran tamaño que cuelga hasta la rodilla del hombre, se olvida de sí mismo y ruge a carcajadas.

"¡Hijo de puta!", grita el paciente. "¡Prometiste que no te reirías! ¡Ahora no te voy a enseñar la grande!

Tan perdido y tan en casa

La primera pregunta

MAESTRO,

¿CÓMO ES QUE ME SIENTO TAN A GUSTO Y TAN PERDIDO EN ESTE CAMPO BÚDICO?

Deva Kamma,

NO HAY CONTRADICCIÓN EN ELLO; es como debe ser. Estar perdido, completamente perdido, es estar en casa. El hombre vive normalmente como un ego, separado del todo, como una isla, con una identidad definida - el nombre, la forma; él es alguien. Y durante toda nuestra vida nos esforzamos por seguir definiéndonos a nosotros mismos, quiénes somos, por la sencilla razón de que no sabemos quiénes somos. Así que creamos una identidad artificial, arbitraria; eso es el ego.

Cuando entras en una relación de amor con un Maestro -eso es entrar en un Campo Búdico- empiezas a perder tu antigua identidad, tu definición se vuelve borrosa. Era arbitraria de todos modos, pero empieza a fundirse; tus límites empiezan a fundirse con lo ilimitado. Ya no eres alguien; empiezas a convertirte en un don nadie, en la nada.

De ahí el sentimiento de estar perdido, porque te estás perdiendo tus antiguos juegos, viajes; te estás perdiendo tus antiguas miserias, tus llamados antiguos placeres; te estás perdiendo todo lo que habías conocido antes como parte de tu ser. Un nuevo ser está surgiendo, un ser que no está aislado del todo, no encapsulado sino uno con el todo - una ola que es parte del océano. Sigue siendo una ola, pero ahora se está produciendo una profunda comprensión de que "no estoy separado", de que "no necesito preocuparme por mí mismo", de que "he sido antes de nacer y seré después de morir". Esto de ser una onda es sólo una fase, un fenómeno momentáneo.

Es sólo una cuestión de forma; en el fondo soy uno con el océano sin forma, soy oceánico".

Esta es la experiencia, Deva Kamma, que te está sucediendo; de ahí que te sientas perdido -perdido si la comparas con tu antigua identidad. Y la comparación viene naturalmente porque lo viejo es bien conocido.

Puede que durante muchas vidas lo hayas decorado, mantenido, alimentado, nutrido. Es un hábito antiguo, casi perenne; has olvidado cuándo empezó. Es tan antiguo como la propia creación; ha calado muy hondo, sus raíces han calado muy hondo. Ahora todo eso está cambiando. Lo viejo está muriendo, y tú sólo conoces lo viejo, por lo que sentirás como si estuviera ocurriendo una muerte.

Pero si te fijas en lo nuevo, que es muy fresco, como una brisa, como una gota de rocío, como el capullo recién abierto de una rosa, muy fresco.... Aún no eres plenamente consciente de ello; es tan nuevo, que necesitarás un poco de tiempo para introducirte en él, para familiarizarte con él. Pero está ocurriendo porque ambos procesos suceden simultáneamente. La muerte de lo viejo y el nacimiento de lo nuevo son dos caras de la misma moneda.

Si empiezas a mirar lo nuevo, te sentirás como en casa. Eso también está ocurriendo: de una manera muy vaga también te estás dando cuenta de ello. Poco a poco, lo nuevo se irá asentando; lo viejo será sólo un recuerdo, un recuerdo que se desvanece, un sueño que soñaste mientras dormías, algo que no te había sucedido a ti, quizá lo habías visto en una película o leído en una novela; era la historia de otra persona. Y poco a poco se alejará tanto de ti que te resultará difícil incluso recordarlo. Entonces la discontinuidad se ha producido totalmente. Tu cordón umbilical se ha cortado; estás realmente fuera del útero del pasado. Has empezado a respirar por ti mismo, de una manera nueva, como un don nadie.

Es extraño ser impersonal, pero ser impersonal es la única forma de ser universal. No ser es la única manera de ser. El dilema de Shakespeare, "Ser o no ser..." no puede ser resuelto por la filosofía, sólo puede ser resuelto por la meditación, porque en la meditación el no ser te prepara el camino para ser. No es cuestión de elegir -no necesitas elegir entre las dos cosas, no es cuestión de lo uno o lo otro-, no ser es el camino para que seas. Si eliges no ser, también habrás elegido lo otro: si eliges ser, tendrás que pasar por el proceso del no-ser.

La meditación es un proceso de muerte, de no-ser, de convertirse en nada por voluntad propia, de desaparecer en el todo, en la armonía del todo. Pero es un milagro, la mayor experiencia paradójica de la vida. No hay contradicción en ello, pero hay paradoja. Visto desde el punto de vista intelectual, hay una paradoja.

Tú preguntas: ¿CÓMO ES QUE ME SIENTO TAN EN CASA Y TAN PERDIDO EN ESTE BUDDHAFIELD?

Así es como sucede, así es como sucede. Ese es el camino de la ley última - ais dhammo sanantano. Si le hubieras preguntado a Buda te hubiera dicho: Suchness, tathata. Así es como funciona la ley universal: desapareces y apareces por primera vez. Pero apareces de una manera nueva, no como una persona, no como un nombre, no como una forma, no como una identidad separada, sino como una unidad total con el todo, al unísono con el todo.

Eso es lo que está ocurriendo aquí. Poco a poco las energías de los sannyasins se están fundiendo y fusionando y convirtiéndose en una. Miles de mis sannyasins están funcionando en una especie de orquesta profunda; ya no tocan solos. Se han ahogado en este Campo de Buda.

Se necesitan agallas, valor, inteligencia y conciencia para pasar de lo conocido a lo desconocido, para adentrarse en mares inexplorados.

Deva Kamma, has dejado esta orilla. Tu pequeño barco se mueve hacia lo desconocido. Nunca mires atrás. La vieja orilla te llamará, intentará seducirte, te hará muchas promesas, pero recuerda, nunca ha cumplido ninguna promesa. Y has vivido en esta orilla tanto tiempo; no olvides la miseria, el dolor, la angustia, la pesadilla que ha sido para ti durante años.

Ahora sigue adelante. No mires atrás, mira adelante. Y busca siempre lo nuevo, lo frágil, lo que acaba de llegar a la escena. Necesitarás estar alerta para reconocerlo.

La segunda pregunta:

MAESTRO,

SÓLO LLEVO TRES DÍAS COMO SANNYASIN Y YA HE EMPEZADO A SENTIR ANTIPATÍA POR LOS NO SANNYASINS. ¿QUÉ ESTÁ OCURRIENDO?

Dhyanananda,

ASÍ NACE EL FANATISMO. Así han vivido cristianos, mahometanos e hindúes durante siglos. Así es como funciona la mente tonta: ten cuidado con ella. Ser un sannyasin no significa que te tengan que caer mal los no sannyasins. Nunca mires a nadie como un no-sannyasin, siempre mira a los no-sannyasins como sannyasins potenciales. Todos son sannyasins potenciales, ¡hace tres días tú eras un no-sannyasin! Ámalos más porque con tu amor puedes ayudar a que su potencial se realice. Si no te gustan te convertirás en la causa de que no se conviertan en sannyasins. Ayúdalos.

Esta no es la manera, pero así es como funciona la mente. Puedo entenderlo. La mente es tan fea que inmediatamente empieza a crear nuevos viajes para el ego; incluso sannyas puede convertirse en un viaje para el ego. "Ahora soy un sannyasin, soy especial. ¿Y los no sannyasins? Son gente estúpida". Y hace sólo tres días eras un no-sannyasin, ¡hace sólo tres días! Pero no importa si son tres días o tres años, es lo mismo. Incluso después de tres minutos la mente empieza a dar vueltas y a tejer.

Empieza a caminar de otra manera, a mirar a los demás con condenación, con esa mirada antigua de "más santo que tú".

Rastus estaba cansado de ser negro. Un día encontró un anuncio en el periódico local que decía: "Super Omo crema especial para blanquear la piel: ¡hace la piel más blanca que el blanco!".

Muy emocionado, compró un paquete y se fue a casa. Se dio un baño y se frotó con el producto. Cuando terminó, se miró al espejo y vio que su piel parecía la de un hombre blanco.

Extasiado, corrió a enseñárselo a su mujer, que no tardó en meterse ella también en la bañera. Ella también se puso muy contenta cuando salió con el aspecto de una dama blanca.

Encontraron a su hijo pequeño y le dijeron: "¡Eh, chico: esta es tu oportunidad de convertirte en un chico blanco!".

"¡Pero yo no quiero ser blanco!", exclamó. "Soy feliz como soy: ¡soy feliz siendo negro!".

Rastus se volvió hacia su mujer y le dijo: "¡Sabes, llevo siendo blanco sólo una hora y ya me están echando mierda estos negros!".

Cuidado con esta mente. Estos son los caminos de la mente. Un sannyasin tiene que abandonar la mente. Tienes que estar alerta sobre las formas en que el ego se apodera de ti. No debes volverte más santo que los demás; al contrario, sannyas significa simplemente una iniciación a ser ordinario.

Al Papa me dirijo como Su Santidad, al Shankaracharya me dirijo como Su Divinidad, al fundador del Movimiento Hare Krishna me dirijo como Su Divina Gracia. Debes recordar que yo me dirijo a ti como Tu Santa Ordinariez. No hay nada más hermoso que ser ordinario. En el momento en que estás dispuesto a ser ordinario te vuelves divino; esa es la única manera de volverse divino.

Dios es muy ordinario. Si no fuera ordinario no se convertiría en las rocas, no se convertiría en los árboles, no se convertiría en los animales, no se convertiría en seres humanos; no descendería a estados tan inferiores. Pero es tan ordinario... y está tan contento de ser un pez o incluso de ser una cucaracha o un escarabajo.

Lo he oído:

George Harrison paseaba por el jardín y se cruzó con un escarabajo y le dijo: "Oye, escarabajo, ¿sabes? Debes estar contento de que hayamos llamado a nuestro grupo The Beatles, ¡hemos llamado a nuestro grupo por tu nombre!".

El escarabajo miró a Harrison y le dijo: "¿Llamas Eric a tu grupo? ¡Yo me llamo Eric! No soy un escarabajo cualquiera".

Nadie es corriente, salvo muy pocas personas: un Buda, un Jesús, un Zaratustra. Estas personas son corrientes; tienen el valor de ser corrientes. En ese mismo coraje alcanzan la profundidad última del ser y de la existencia.

Mis sannyasins tienen que reunir ese valor para ser nadies; a eso me refiero con ser ordinarios.

Todo nuestro esfuerzo aquí es transformar lo mundano en sagrado. No queremos crear una brecha entre lo mundano y lo sagrado; así ha sido durante siglos: la brecha. Esa brecha ha creado una humanidad esquizofrénica.

Las personas se encuentran constantemente en un estado de tensión. Lo mundano les tira hacia un lado y lo sagrado hacia el opuesto. Si optan por lo mundano, se sienten culpables. Si te gusta comer, beber y divertirte, te sientes culpable: estás haciendo algo mal. Si dejas de comer, beber y divertirte y te conviertes en un asceta, empiezas a sentirte muy ansioso, muy preocupado, porque vas en contra de la naturaleza. Empiezas a pensar: "¿Qué me estoy haciendo? Y entonces tienes que reprimirte constantemente. Tienes que evitar el mundo, tienes que escapar a un monasterio o al Himalaya. Y cada pequeña cosa te crea un problema. En lugar de resolver tus problemas, has creado mil y un problemas.

Vuestros supuestos santos sólo viven en problemas; todo es un problema. Comer es un problema, hacen tanto alboroto al respecto. Comerán esto y no comerán aquello. El monje Jaina no puede comer las pobres patatas. ¿Qué tienen de malo las patatas? ¿Qué tienen de malo las patatas? Parecen tan inocentes, uno nunca ha oído nada malo sobre ellas, nunca han hecho nada malo a nadie. Pero un monje Jaina no puede comer patatas. Está prohibido en sus escrituras porque crecen bajo tierra, no crecen a la luz del sol, así que algo va mal con ellas. Crecen en la oscuridad; comerlas creará oscuridad en ti, ¿sabes? Y tienes que ser una luz para ti mismo. Así que todo lo que crece bajo tierra está prohibido, zanahorias y todo lo que crece bajo tierra. No creen en las cosas subterráneas.

Creo firmemente en las cosas subterráneas porque son muy revolucionarias. Si las comes, te ayudarán a pasar a la clandestinidad. Y al final todo el mundo tiene que pasar a la clandestinidad, así que ¿por qué no prepararse?

Una vez viajaba con un monje hindú. No quería beber leche de búfala. ¿Por qué? - Porque las escrituras hindúes dicen que la leche de búfalo crea pereza. ¡Como si los hindúes pudieran ser más perezosos! Y aquel santo hindú no hacía nada, así que le dije: "No veo qué problema habrá, tú no haces nada en absoluto. La leche de búfalo no puede hacerte daño - ya eres perezoso, así que ¿por qué preocuparse por ello?".

No sólo eso, sino que sólo solía beber la leche de una vaca blanca. Le dije: "¿Qué les pasa a las vacas negras?".

"El negro es un color maligno".

Le dije al santo. "Entonces deberíamos separarnos; no podemos viajar juntos, ni siquiera un momento. Eres la persona más estúpida que he conocido, porque incluso de una vaca negra la leche es blanca, ¡la leche no se vuelve negra! Si la leche se volviera negra tal vez tu idea hubiera tenido algún sentido".

Pero no quiso escuchar.

Y sólo tomará leche caliente inmediatamente de la vaca, no calentada en la estufa o en el fuego. Había que ordeñar la vaca justo delante de él para que pudiera beberla caliente de la propia vaca. Le dije: "¿Por qué no haces lo que hacen los niños? Bebe de las tetas. Así estará aún más caliente. Incluso ordeñándola y luego llevándotela a ti.... Y no hace tanto calor que se mantiene realmente caliente. Bebe directamente de las tetas de la vaca".

Me dijo: "¿Qué estás diciendo?".

Le dije: "¡Sí, eso te convertirá en un santo mucho más grande!".

Pero estos tontos son adorados por la gente.

Sólo comería comida preparada por una chica virgen, si no, no. ¿Cómo se ve afectada la comida? Ya sea preparada por una chica virgen o por una no virgen, ¿cómo se ve afectada la comida? Él dijo: "Hay vibraciones sutiles".

Le dije: "Sólo puedo confiar en ti..... Te traeré dos, tres thalis preparados para ti, uno por una chica virgen, otro por una mujer casada y con hijos, y el tercero por una prostituta, y tú sólo muéstrame cuál pertenece a quién sólo por su vibración. Si no sabes juzgar, déjate de tonterías.

No digas tonterías. ¿De qué vibraciones estás hablando?"

Deberías abandonar esa idea de que sólo los hippies hablan de vibraciones; los santos indios llevan hablando de ellas al menos cinco mil años.

Ahora estaba perdido; no podía distinguir. Así que le dije: "Entonces déjalo, no sabes lo que son las vibraciones. Sólo hablas cualquier jerga estúpida. Puede impresionar a la gente tonta, pero ¿de qué vibraciones estás hablando?".

A los santos hindúes, jainistas y monjes budistas no se les permite sentarse en un lugar donde acaba de sentarse una mujer. Tiene que transcurrir cierto tiempo; después pueden sentarse, porque ese lugar sigue irradiando vibraciones sexuales de la mujer. Esta gente está completamente loca.

Pero estas son las formas del ego para hacer la demarcación de que son especiales, espirituales; no son ordinarios, mundanos, mundanos. De lo contrario, ¿cómo hacer una discriminación? ¿Cómo condenar a la gente corriente? Tienes que crear algo; cualquier cosa servirá.

Los monjes jaina se arrancan el pelo; no pueden afeitarse, no pueden usar tijeras. ¡Como si las tijeras fueran una gran tecnología! Evitan la tecnología, como si una cuchilla fuera una gran tecnología. Se arrancan el pelo. ¡Totalmente estúpidos! Pero miles de personas se reúnen para verles arrancarse el pelo porque están llevando a cabo una gran austeridad. Haz cualquier cosa estúpida, pero haz algo que no sea natural y la gente empezará a adorarte.

Los monjes cristianos solían flagelarse cada mañana. Había sectas de monjes cristianos que se flagelaban cada mañana. Sus cuerpos sangraban continuamente, tenían heridas por todas partes, desde los pies hasta la cabeza. Y el hombre que más se flagelaba era considerado el mayor santo. Y la gente se reunia para mirar y contar quien se flagelaba mas, quien sangraba mas. Ahora bien, estas personas que se flagelaban eran masoquistas y las personas que se habían reunido para verlas eran sádicas. Ambos estaban enfermos, eran patológicos, pero esta patología ha persistido.

Todo mi trabajo aquí es eliminar esta división entre lo mundano y lo sagrado. Quiero que vivas una vida muy ordinaria para que no tengas que hacer ningún viaje del ego.

Recuerda, Dhyanananda, tres días o tres años o treinta años, todo es lo mismo; el tiempo no hace ninguna diferencia. Sé consciente del hecho de que el ego es muy astuto y tratará de encontrar maneras de hincharte. Ésta es una manera muy sencilla: no gustar a los no-sannyasins. Inmediatamente tú eres especial y ellos son gente corriente, ellos no comprenden y tú comprendes.

Todos son personas con potencial. Ámalos, ayúdales, respétalos. Es su decisión ser sannyasin o no serlo; es su libertad, es tu libertad. Y la libertad debe ser respetada.

La tercera pregunta:

MAESTRO,

¿PUEDES DARME UN NUEVO KOAN ZEN PARA MEDITAR PORQUE PARA TODOS LOS ANTIGUOS PUEDO ENCONTRAR LAS RESPUESTAS EN LAS ESCRITURAS ZEN?

Nartan,

OK. Justo el otro día un joven alemán tomó sannyas. Era un hombre de sentimientos profundos, un hombre de corazón. Estaba sollozando de alegría. Le pregunté: "¿Cuánto tiempo vas a quedarte?"

Dijo: "Maestro, para siempre".

Le dije: "Cuando vengas la próxima vez, quédate un poco más".

Ahora, Nartan, medita sobre ello. ¡Esto es un koan Zen! Y no encontrarás la respuesta en ninguna escritura; ¡ni siquiera yo conozco la respuesta!

La cuarta pregunta:

MAESTRO,

¿POR QUÉ HABLAS TANTO DE TETAS?

Prem Chinmaya,

Sé que es un tema delicado, pero ya me conoces, ¡y eso lo explica todo!

La quinta pregunta:

¿SON LOS NIÑOS REALMENTE TAN INTELIGENTES, MAESTRO, COMO SIEMPRE DICES QUE SON?

SON MUCHO MÁS INTELIGENTES de lo que yo digo. Todo niño nace absolutamente inteligente porque no hay nada que distraiga su inteligencia. No tiene prejuicios que le hagan poco inteligente, no tiene información que le haga poco inteligente, aún no tiene conocimiento. Aunque quiera, no puede funcionar con conocimiento. ¿Cómo puede ser estúpido?

La estupidez necesita algunas cualificaciones. Hay que ir a la escuela, al colegio, a la universidad.

La estupidez necesita unos cuantos títulos: hay que tener M.A.s, M.Sc.s, Ph.D.s, D.Litt.s. La estupidez depende del conocimiento: cuanto más informado se está, menos inteligencia se necesita porque el conocimiento empieza a funcionar como sustituto. Se puede depender del conocimiento. ¿Para qué molestarse? - basta con mirar en la memoria y la respuesta está ahí.

Pero el niño no tiene memoria, no tiene una respuesta preparada. Cuando surge un problema, tiene que enfrentarse a él. Tiene que responder, no puede reaccionar. Y ser receptivo es ser inteligente. Funciona desde el desconocimiento. Por eso digo que todos los niños nacen inteligentes.

Pero casi todo el mundo muere estúpido porque toda esta vida está estructurada de tal manera que es imposible seguir siendo inteligente, casi imposible. La trampa es tal que sólo muy pocas personas han podido escapar de ella. Y la trampa te da todo tipo de comodidades, conveniencias. Está apoyada por el gobierno, por la religión, por la sociedad; tiene todos los apoyos.

El día que renuncié a mi puesto de profesor en una universidad quemé todos mis certificados. Un amigo que vivía conmigo me dijo: "¿Qué haces? Si has dimitido.... No estoy de acuerdo en que hayas hecho lo correcto, pero quemar tus certificados es absolutamente innecesario. Puede que algún día los necesites; consérvalos. ¿Qué hay de malo en conservarlos? Tienes una biblioteca tan grande que no ocuparán mucho espacio, con un pequeño archivo será suficiente. Y si no puedes quedártelos, me los quedaré yo; dámelos. Algún día puede que los necesites".

Dije: "He terminado con toda esta estupidez. Quiero quemar todos los puentes. Y nunca los necesitaré porque nunca miro atrás y nunca vuelvo atrás. He terminado con ello. Todo eran tonterías y ya he estado bastante en ellas".

Pero yo no había transigido con ningún interés creado; por eso tuve que dimitir: porque no estaba enseñando lo que debía enseñar. De hecho, hacía justo lo contrario. Llegaron tantas quejas contra mí al Vicerrector que finalmente se armó de valor y me llamó. No solía llamarme porque llamarme era un encuentro. Finalmente me llamó y me dijo: "Mira, todas estas quejas están aquí".

Le dije: "No hay necesidad de molestarse por las quejas, aquí está mi dimisión".

Me dijo: "¿Qué estás diciendo? No estoy diciendo que debas dimitir".

Le dije: "Usted no lo dice, pero yo dimito porque sólo puedo hacer las cosas que quiero hacer. Si se me impone algo, si se me presiona de alguna manera, no voy a estar aquí ni un solo momento. Esta es mi dimisión y no volveré a entrar en este edificio".

No se lo podía creer. Salí de su despacho y vino corriendo detrás de mí. Cuando estaba entrando en mi coche, me dijo: "¡Espera! ¿Por qué tanta prisa? Reflexiona".

Le dije: "Nunca reflexiono sobre nada. Estaba haciendo lo correcto. Y si hay quejas -y por supuesto sé que las hay- debe haberlas, porque no estoy enseñando lo que vuestro estúpido programa de estudios me obliga a enseñar, estoy enseñando otra cosa. No hablo de filosofía, hablo contra la filosofía, porque para mí todo el proyecto de la filosofía es un estúpido ejercicio de futilidad. No ha aportado ni una sola conclusión a la humanidad. Ha sido un largo, largo viaje innecesario y un despilfarro. Es hora de que abandonemos el tema por completo. O se es científico o se es místico; no hay otro camino. Un científico experimenta con objetos y el místico experimenta con su subjetividad. Ambos son científicos en cierto modo: uno es de lo externo, el otro es de lo interno. Y el filósofo no está en ninguna parte; está en un limbo. No es ni hombre ni mujer, no está ni aquí ni allí. Es impotente, por eso no ha podido aportar nada. Así que no puedo enseñar filosofía, seguiré saboteándola. Estaba esperando: en cuanto me llamaran, tenía que dimitir inmediatamente".

Fue muy difícil salir de allí porque todos mis amigos vinieron a persuadirme, los profesores vinieron a persuadirme, todos mis familiares intentaron persuadirme: "¿Qué estás haciendo?" Incluso el Ministro de Educación me telefoneó: "No hagas tal cosa. Sé que tus costumbres son un poco extrañas, pero lo toleraremos. Continúa. No tomes nota de las quejas. A mí también me han llegado quejas, pero no les hago caso. No queremos perderte".

Le dije: "No se trata de eso. Una vez que he terminado con algo, he terminado con ello. Ahora ninguna presión puede hacerme volver".

Me resultaba muy difícil ir a la escuela porque veía la estupidez de los profesores. Se enfadaban y pensaban que yo quería hacer travesuras. No lo hacía, simplemente intentaba demostrarles que lo que enseñaban eran tonterías. No tenía nada que ver con la vida.

Mi profesor de geografía solía hablar de lugares. Yo le decía: "Nunca voy a visitar esos lugares, así que ¿para qué voy a recordarlos? ¿Cómo voy a preocuparme por Constantinopla o Tombuctú?

¡Si son o no son es irrelevante! Todo lo que quiero saber es dónde estoy ahora mismo, ¡dímelo tú!".

Estaba casi mudo. Dijo: "¿Dónde estás ahora... ? Ningún alumno me lo ha preguntado nunca, ¡y llevo toda la vida enseñando geografía!".

Le dije: "Entonces nunca has tenido un solo alumno. Quiero saber dónde estoy ahora. Toda mi preocupación es ahora y aquí".

Mi profesor de historia me enseñaba reyes estúpidos y sus nombres y yo decía: "No voy a memorizarlos. ¿Por qué? ¿Qué han hecho por mí? Ni siquiera sabían mi nombre, así que ¿por qué debería recordar sus nombres? Debería ser un toma y daca. Ahora este Nadir Shah y este Tamburlaine y este Genghis Khan, ¿qué han hecho?".

Pero así seguimos imponiendo información estúpida e innecesaria. Y la carga se hace más pesada.

La persona que lleva la mayor carga gana las mayores recompensas; naturalmente, cuando la estupidez es recompensada te conformas con ella. La inteligencia se castiga.

Me castigaron mucho, no os podéis imaginar cuánto me castigaron. Desde la escuela primaria hasta la universidad me castigaban continuamente y nunca nadie supo decirme por qué me castigaban. Casi siempre me quedaba de pie fuera de clase; era muy raro que me sentara dentro. Pero ese ejercicio me ha ayudado: He hecho tanto ejercicio caminando fuera del aula que ahora no necesito hacer nada. Ya he hecho suficiente.

Cuando mi director venía a hacer la ronda, yo era la única persona que siempre andaba por el pasillo. Cuando no me veía, venía a mi clase y me decía: "¿Qué pasa? ¿Qué haces dentro?".

Le dije: "No lo sé. Yo mismo estoy desconcertado porque una sola pregunta y el profesor dirá: '¡Sal tú! Si no dejas de preguntar, no puedes entrar'". "Y fue una buena excusa para mí estar fuera al aire libre. Y era tan hermoso estar afuera con los pájaros y con los árboles. Así que siempre que quería salir, me bastaba una pregunta, cualquier pregunta, ¡cualquier pregunta que no tuviera respuesta!

Me echaron de un colegio, me expulsaron de esta universidad y de aquella otra. Una universidad me aceptó, pero aceptó con la condición de que no hiciera preguntas.

Le dije: "Puedo aceptarlo, pero entonces tienes que hacer una cosa: que no tenga que ir a las clases, porque si estoy en clase y el profesor dice alguna estupidez, no podré resistirme -la tentación será demasiado grande- y habrá una discusión y me olvidaré por completo de la promesa que he hecho de no hacer preguntas. Así que tiene que darme permiso para que no tenga que asistir a clase y también para que me dé permiso para presentarme al examen sin cumplir el requisito absolutamente necesario de estar en clase al menos el setenta y cinco por ciento del tiempo".

Él dijo: "Esa es mi promesa".

Y yo era tan feliz. Durante dos años no fui nunca a la facultad, sólo venía cuando había exámenes.

Y el director le dijo: "¡Eres un hombre extraño! Pensaba que no vendrías de vez en cuando, ¡pero hace dos años que no te veo en absoluto!".

Incluso enviaba mis honorarios por correo porque decía: "Incluso con el jefe de personal, dando los honorarios o saludando, ¡puede pasar algo! Puede que pregunte: "¿Cómo estás?", y ya está bien. Ya me conoce. Basta con que pregunte: "¿Cómo está?", y entonces continúo durante noventa minutos. Y esa ha sido mi práctica habitual".

Así que evité todo contacto para cumplir mi promesa, pero ha sido una bendición.

Los niños son ciertamente inteligentes, Priya, muy inteligentes.

Se oyó a un niño decir a otro: "¡Si hubiera sabido lo problemáticos que son los padres, nunca habría tenido ninguno!".

"¿Qué te ha parecido el nuevo predicador, hijo?", preguntó la madre.

"No me gusta mucho. Predicaba tanto que no podía mantenerme despierto y gritaba tan fuerte que no podía dormir".

Un niño pierde a su madre en unos grandes almacenes. Un joven que trabajaba allí ve al niño llorando y le pregunta: "¿Qué te pasa?".

"He perdido a mi madre", murmura el niño entre lágrimas.

"¿Qué aspecto tiene?", pregunta el hombre.

"Parece una mujer sin mí".

Un niño de seis años fue reprendido por su profesor de la Escuela Dominical: "No has dado más que problemas, ¡eres un niño malcriado!".

El niño se irguió hasta su metro de estatura y contestó: "Eso no es cierto. Soy tan buen chico: ¡Dios me hizo y no hizo ninguna basura!".

"Tuve un sueño divertido anoche, mamá."

"¿Lo hiciste?"

"¡Soñé que estaba despierto, pero al despertar descubrí que estaba dormido!".

Dos niños pequeños se balanceaban juntos en una verja, pasando el tiempo. En el curso de su conversación, uno preguntó al otro: "¿Cuántos años tienes?".

"No lo sé", dijo el otro.

"¿Quieres decir que no sabes cuántos años tienes?"

"No."

"¿Te molestan las mujeres?"

"No."

"En ese caso sois cuatro", observó su compañero.

Un niño llega un día del colegio y dice: "¡Eh, mamá, acabo de ver un gato chato!".

"Oh", dice su madre. "¿Cómo sabías que estaba pinchado?". "¡Porque había otro gato bombeándolo!".

"Papá", dijo el pequeño Johnny, "¿cómo vienen los bebés al mundo?". "Los trae la cigüeña, hijo". "¡Eh, papá, no me digas que lo has hecho con una cigüeña!".

La sexta pregunta:

MAESTRO,

TARDASTE SETECIENTOS AÑOS EN LLEGAR AQUÍ. ¿QUÉ PASÓ?

Devaprem,

¿No conoces los trenes indios?

La séptima pregunta:

MAESTRO,

VOY A DECIR LA VERDAD SOY UNA DAMA BRITÁNICA: MI BISABUELO FUE GOBERNADOR DE DELHI Y MI TÍO ABUELO FUE PRIMER MINISTRO DE CACHEMIRA. SÉ QUE HAY MUY POCAS ESPERANZAS PARA MÍ, PERO ¿NO ES POSIBLE DESAFIAR LAS LEYES DE LA NATURALEZA Y CAERLE BIEN A PESAR DE ESTA DESAFORTUNADA HERENCIA?

Anand Anupam,

NO TE PREOCUPES - ¡la verdad libera! Has confesado el pecado. Esa es la belleza de la confesión; ahora no hay preocupación.

Heinrich Heine se estaba muriendo y estas fueron sus últimas palabras: "Dios me perdonará - es su rasgo".

Así que no te preocupes. Aunque seas británico, Dios te va a perdonar. Lo único que hace falta es que te confieses. Y no te tomes en serio mis bromas. Los británicos son gente hermosa - me encantan.

La octava pregunta:

MAESTRO,

NO PUEDO CONTROLARME CUANDO ME INSULTAN. ¿QUÉ DEBO HACER?

Dheeresh,

TÍTULO POR TÍTULO - hasta que te ilumines. Y hazlo rápido, porque una vez que te has iluminado es muy difícil hacer algo. Cuando alguien te insulta, alguien te insulta. Simplemente tienes que aceptarlo: ais dhammo sanantano. Así que cualquier cosa que quieras hacer, hazla ahora mismo, termínala, porque aquí pronto te iluminarás; no está muy lejos.

Y es natural que cuando alguien te insulta no puedas controlarte. Nunca te he dicho que te controles porque el control no sirve de nada. Si controlas reprimes; control es otro nombre para la represión. Si puedes vigilar, vigila; de lo contrario, si hay que elegir entre la represión y la indulgencia, prefiere la indulgencia a la represión porque la indulgencia te enseñará una lección. La represión no te enseñará nada. Y tú no eres una máquina, eres un hombre.

Advertencia en el año 2000: debido a la escasez de robots, algunos de nuestros camareros son humanos y reaccionarán de forma impredecible cuando se les insulte.

No eres un robot, así que es natural. Es mejor reaccionar de verdad. Pero recuerda una cosa: eres libre de hacer lo que quieras; sólo tienes que atenerte a las consecuencias, porque no digo que no recibas golpes de vuelta. Así que primero mira quién es el otro, ten un poco de cuidado. Y estás vivo, aún no estás muerto. Una vez que estés iluminado estarás casi muerto - vivo en la otra orilla, muerto en esta orilla. Así que antes de que ocurra esa calamidad disfruta haciendo lo que puedas.

Mulla Nasruddin estudiaba electricidad. Para mostrar a la clase sus usos prácticos, el profesor ordenó que cada alumno llevara a clase al día siguiente alguna herramienta eléctrica.

A la mañana siguiente, la clase organizó una pequeña exposición: bombillas eléctricas, planchas, un secador de pelo, un horno....

Cuando Mulla llegó, estaba sudando y llevaba un gran pulmón artificial a la espalda.

"Mulla", dijo el profesor, "¿de dónde has sacado ese pulmón eléctrico?".

"Se lo quité al abuelo, maestro".

"¿Y no le importó?", gritó.

"No lo creo, profesor. Acaba de decir,'Hrrr....'"

Así que antes de que eso ocurra no intentes controlar, haz algo: no hay nada de qué preocuparse.

Acepta tu humanidad, forma parte de ti. Si alguien te insulta, te está retando a una pelea, ¡así que dale una buena pelea! Si ves que es demasiado grande, medita: ¿qué otra cosa se puede hacer?

La novena pregunta:

MAESTRO,

SOY MATEMÁTICO. ¿PUEDO CONVERTIRME TAMBIÉN EN SANNYASIN?

Dharmavir,

NO VEO que haya ninguna dificultad - puedes ser un sannyasin. Por supuesto que tendrás que aprender algo más que matemáticas - tendrás que aprender un poco de poesía, un poco de música, un poco de danza.

Tendrás que ir más allá de la mente calculadora. Tendrás que dar un pequeño salto a lo ilógico, a lo paradójico. Y, por supuesto, los hábitos son difíciles de perder, así que comprendo tu problema.

Las matematicas son pura logica, no es otra cosa que logica, y sannyas es muy ilogico - o si te gustan las palabras grandes, entonces es supralogico. Pero eso es sólo una palabra; el hecho es que es ilógico. Así que si estás dispuesto a ir un poco más allá de los límites de la lógica, entonces eres bienvenido. Será un poco difícil, pero no imposible.

Aquí hay matemáticos, aquí hay científicos cuya vida entera estuvo dedicada a alguna metodología lógica, pero ahora se han movido, se han movido más allá de ella. Y sólo pueden ir más allá si sienten un profundo deseo de saber si hay algo más que la aritmética o si eso es todo. Si realmente eres un explorador, si tienes alguna aventura en tu vida, entonces no hay problema.

Puedo entender tu pregunta. Puede que seas demasiado adicto a tus matemáticas; entonces habrá dificultades. Todas las adicciones crean dificultades, y éstas son adicciones profundas. Si eres adicto a alguna droga no es tan difícil. En seis semanas puedes ser hospitalizado, tratado, y puedes salir de ello. Pero si eres adicto a la lógica puede llevar mucho tiempo. Y a menos que decidas con todo tu ser salir de ella puede que no haya posibilidad de que nadie más te saque de ella.

Un matemático va al prostíbulo. Muy excitado, elige a la chica más guapa y se va con ella a una habitación.

"¡Dicen que las chicas de la capital hacéis cosas increíbles en la cama!".

"¡Sí, claro que sí!", respondió.

"¡Entonces, quiero una de tus especialidades!"

"Tengo uno que te va a encantar - ¡ven aquí! ¡Hagamos un sesenta y nueve!"

Eso atrajo al matemático: sesenta y nueve. Inmediatamente entendió el lenguaje - sesenta y nueve, eso entra dentro de su mundo. Así que se meten en la cama y la mujer lo hace muy bien. A él le encanta.

Cuando terminan, cae de lado, respira hondo y dice: "¡Esto es demasiado! Creo que voy a dejar los otros sesenta y ocho".

Pero un matemático es un matemático: sigue calculando.

Si sigues siendo calculador.... Puedes convertirte en sannyasin y seguir siendo calculador: "¿Qué está pasando? ¿Qué no está sucediendo? ¿Cuántos días he estado meditando? ¿Cuántas horas he meditado? ¿Y cuál es el resultado? ¿Cuál es el resultado? ¿Merece la pena?". Habrá que dejar de lado todas estas cosas.

La meditación es el mundo de los amantes; no el mundo del cálculo, sino el mundo del amor. Si te has enamorado de mí, eres bienvenido.

Usted dice: SOY MATEMÁTICO. ¿PUEDO TAMBIÉN CONVERTIRME EN SANNYASIN?

Dharmavir, sí. Pero mi sensación es que el problema vendrá de otra parte - tú también eres indio. Ser indio y ser mi sannyasin, eso es mucho más difícil que ser matemático y ser mi sannyasin. El indio ha vivido con una idea de sannyas durante al menos diez mil años, y yo estoy poniendo las cosas completamente en un caos, estoy poniendo las cosas patas arriba.

Mi sannyas no es el sannyas que tú siempre has entendido; es totalmente diferente. Lo llamo sannyas sólo para confundirte. Podría haberle dado un nuevo nombre, pero no es mi forma de actuar; ¡me nutro de vuestra confusión, de vuestro caos! Todo mi esfuerzo consiste en sabotear todos los patrones, todos los patrones de pensamiento.

Por eso elegí el color naranja; podría haber elegido cualquier color. De hecho, el mejor color que habría encajado con mi idea de sannyas habría sido un vestido arco iris -los siete colores- porque mi sannyas es un fenómeno arco iris, multidimensional. Eso habría estado absolutamente en sintonía con mi idea de sannyas, pero lo sacrifiqué. Tengo que destruir esta idea hindú de sannyas. Tengo que crear tanta gente naranja que los antiguos santos y sannyasins se pierdan - ¡nadie sabe quién es quién!

Tu condición de indio puede crear algunos problemas. Matemáticas que has aprendido sólo en esta vida, pero ser indio puede ser parte de tu herencia colectiva, puede ser parte de tu inconsciencia colectiva. Así que cuando los indios se convierten en sannyasins vienen con conclusiones a priori, expectativas, y cuando no encuentran esas expectativas aquí se sienten muy perturbados.

Me gustaría que estuvieras alerta desde el principio de que esta es una visión totalmente nueva de sannyas. El antiguo sannyas era renuncia, mi sannyas es regocijo. El antiguo sannyas era de otra palabra, mi sannyas contiene ambos mundos; no es unidimensional. No condena este mundo, hace de este mundo el fundamento del otro. El antiguo sannyas era espiritualista, mi sannyas no es espiritualista y contra el materialismo, mi sannyas es materialista-espiritualista. Mi sannyas no es anticientífico, contiene ciencia en él - es lo suficientemente vasto como para contenerla. Va mucho más allá de ella, pero no está en contra de ella.

Un árabe, perdido con su camello en el desierto, se sentía muy cachondo. Finalmente agarró al camello e intentó hacerle el amor. Pero cada vez que lo intentaba, el camello se apartaba y el árabe fallaba.

Tras un mes de vagar por el desierto, se topó con un camino que conducía a una ciudad al borde del desierto. Allí, sollozando, estaba sentada una atractiva joven junto a su carro roto.

Al verle, la joven le rogó que arreglara su carro, prometiéndole que no se arrepentiría si la ayudaba.

"Ah, mi dulce salvador", dijo ella al terminar, "¡ven a mí y te recompensaré!".

"Gracias, señora", respondió el árabe. "¿Podría sostenerme este camello un momento?"

La décima pregunta:

MAESTRO,

¿EXISTE EL VERDADERO MATRIMONIO?

Sugata,

¿NUNCA LO HABÍAS OÍDO - matrimonio real? Hay espejismos reales, ¡pero no matrimonio real! Si es real no hay necesidad de matrimonio. La necesidad misma del matrimonio surge porque hay miedo. Si amas a una persona, amas a una persona; puedes estar junto a esa persona. Pero constantemente existe el temor de que la otra persona pueda dejarte, y la otra persona también teme que tú puedas dejarla.

Para que el futuro esté garantizado, para que tú no puedas irte, para que el otro no pueda irse -fácilmente al menos- se inventó el matrimonio.

El matrimonio se inventó sólo porque faltaba el amor. Y si falta el amor, ¿cómo puede ser real el matrimonio? No hay necesidad de matrimonio; si hay amor, el matrimonio es un fenómeno innecesario.

En un mundo mejor, donde la gente será más madura, estarán juntos porque se aman y se mantendrán libres porque, nunca se sabe, el amor puede desaparecer.

Y eso no significa que el amor fuera irreal y que por eso desapareciera. Esa también es una idea muy equivocada que ha prevalecido durante siglos. Hemos estado obsesionados por ideas erróneas que están creando muchos problemas en nuestras vidas, y aún así no podemos ver que son erróneas porque son muy antiguas y estamos muy condicionados a ellas. Si el amor desaparece, empezamos a pensar que no era real.

De hecho, una flor de verdad está destinada a desaparecer al atardecer; sólo la flor de rosa de plástico no desaparecerá. La verdadera flor de rosa florece, se abre, baila con el viento, la lluvia y el sol, y al atardecer desaparece. Eso no significa que fuera irreal; de hecho, era tan real que por eso aparecía y desaparecía. La flor de plástico es tan irreal que no aparece ni desaparece, permanece; es mucho más permanente.

El matrimonio es como una flor de plástico; el amor es una rosa de verdad. Y la gente es tan cobarde que no quiere vivir con rosas de verdad. Anhelan tanto la seguridad, la protección, las garantías, la permanencia, que no están dispuestos a arriesgarse con las rosas de verdad y compran flores de plástico. Por supuesto, esas flores de plástico no pueden satisfacerles: seguirán siendo desgraciados.

Hace apenas un mes Sagarpriya me escribió: "Maestro, ¿qué ha pasado? Llevo aquí dos años y medio, ¿ha pasado algo porque Bindu y yo seguimos juntos?". No respondí a su pregunta porque temía que si la contestaba algo pasaría inmediatamente. Así que me callé, y así ha sido. Ahora puedo responder porque ahora no se me considerará responsable de ello. Ahora Bindu quiere escapar, pero Sagarpriya no le va a dejar tan fácilmente. Sólo para escapar de Sagarpriya quiere ir por unas semanas a América. Ahora Sagarpriya lo está siguiendo; ella también quiere ir con él.

No nos dejamos libertad, nos aferramos hasta el final. Lo intentamos de todas las formas posibles. Incluso cuando todo desaparece, seguimos aferrándonos, seguimos esperando contra toda esperanza. Y cuanto más nos aferramos, más destruimos la posibilidad de que el amor vuelva a renovarse.

Ahora si Sagarpriya puede permitir a Bindu ir y estar allí solo durante unas semanas.... Él necesita su propio espacio - todo el mundo lo necesita de vez en cuando porque el amor por sí solo no es suficiente. El amor es hermoso, pero la meditación es mucho más importante. Y la meditación necesita una profunda soledad; nadie debe interferir.

Y sólo los amantes pueden interferir en la meditación porque sólo los amantes están muy cerca. El mercado no interfiere, las personas que no están relacionadas contigo no pueden interferir, pero las personas que están muy cerca, muy íntimas, pueden ser una verdadera perturbación. No te dejan ningún espacio, y si quieres estar solo enseguida empiezan a sentir que se les rechaza. Tú simplemente quieres tu propio espacio, y todo el mundo tiene una necesidad, una tremenda necesidad de tener su propio espacio.

Pero ahora Sagarpriya le seguirá; si hay alguna posibilidad destruirá incluso eso. Lo mejor es dejarlo ir, despedirse de él de una manera agradable, hermosa, humana, sin rencor, sin quejas, sin peleas. Si te peleas demasiado, si armas tanto alboroto, entonces la gente empezará a comprometerse, pero el compromiso no puede satisfacerte.

Y recuerda, los hombres están tan torturados en el mundo exterior, en la oficina, en la fábrica, en la tienda, en todas partes, que al menos en casa quieren paz. Por su paz hacen concesiones. De ahí que casi todos los maridos se conviertan en calzonazos. Y el problema es que ninguna mujer puede amar a un marido calzonazos, ¡y todas las mujeres tratan de calzonazos a sus maridos! Así es como creamos miseria.

En primer lugar, el matrimonio es un error. El matrimonio significa aferrarse, aferrarse legalmente; tienes apoyo legal.

Puedes obligar a la persona a ir a los tribunales, puedes crearle tantos problemas económicos que pensará: "Es mejor tolerar lo que sea. Y sea como sea me he acostumbrado a ello. Toléralo". Es sólo cuestión de unas horas por la noche y luego se escapa por la mañana y encuentra mil y una excusas a lo largo del tiempo en la oficina, una fiesta en algún sitio, o cualquier otra cosa. Se hace rotario, se hace miembro del Club de Leones; encuentra formas y maneras de evadirse. Empieza a beber, de modo que cuando llega a casa está tan borracho que no puede oír lo que dice la mujer, no sabe lo que le están haciendo. ¿Pero cómo puedes amar a una persona así? Odias a esa persona, pero así es como la creas.

Y el hombre también se aferra. Esto es una cosa muy extraña: en cada pareja uno es siempre un clinger.

Esta es mi experiencia con miles de parejas. Parece que uno tiene que ser un aferrado, cualquiera de los dos sirve, ya sea la esposa o el esposo, uno tiene que ser un aferrado. El que se aferra es desgraciado y el otro es desgraciado porque ha perdido su libertad, y no se puede ser feliz con una persona que ha perdido su libertad.

El amor es el encuentro de dos individuos libres; no es un matrimonio. El amor no necesita el matrimonio. Y si el amor desaparece -lo que es mucho más posible que permanecer-, eso no significa que fuera irreal.

Cuanto más real sea, más rápido desaparecerá. Cuanto más intenso sea, más rápido desaparecerá porque te dará tal éxtasis. Y esos picos no se pueden alcanzar todos los días; está destinado a desaparecer.

Pero el hombre no quiere picos de alegría; más bien quiere una vida suave, cómoda, conveniente, burguesa, que casi no es vida en absoluto, sino sólo vegetar. Así que la gente vegeta junta: ¡coles y coliflores vegetan juntas!

No hay matrimonio real, Sugata, sólo hay amor real. Todos los matrimonios son irreales. Pero para vivir un amor real se necesita un corazón realmente valiente. Necesita que vivas momento a momento y que permanezcas abierto al mañana - cualquier sorpresa que traiga, la trae y tú la aceptas.

Aunque tu amante se vaya tienes que tener el valor suficiente para darle una hermosa despedida. Tan bonito como decir hola tienes que decir adiós también, porque te ha dado tales momentos de alegría que tienes que estarle agradecido.

La undécima pregunta:

MAESTRO,

¿QUÉ SE DICE DEL DIVORCIO?

Mahesh,

ALGÚN GRAN FILÓSOFO dijo sobre el divorcio -olvido el nombre del filósofo, de hecho olvido lo que dijo- pero yo digo que el divorcio es inútil. Te casas por falta de juicio, te divorcias por falta de paciencia, luego te vuelves a casar por falta de memoria.

De hecho, el matrimonio es un error. Una vez que el matrimonio desaparezca del mundo, ¡el divorcio desaparecerá por sí mismo! Estoy en contra del divorcio, quiero que el divorcio desaparezca absolutamente del mundo; pero la única manera de hacerlo es destruir completamente el matrimonio.

La última pregunta:

MAESTRO,

REÍR ESTA MAÑANA HA SIDO MUY PLACENTERO. ME SENTIA COMO UN BEBE CON EL QUE JUEGAN Y LE HACEN COSQUILLAS. POR FAVOR, HAZME MÁS COSQUILLAS.

Deva Eva,

EL COCHE DEL VENDEDOR VIAJERO se averió en un solitario camino rural justo antes del anochecer, y al no poder repararlo, el vendedor se dirigió a la granja más cercana para pedir refugio para pasar la noche.

El granjero dijo que de acuerdo, pero como sólo había una cama, el vendedor tendría que compartirla con el granjero y su joven y guapa esposa.

En mitad de la noche, el vendedor, excitado, empezó a hacerle el amor a la mujer. Ella le dijo: "Vale, pero por favor, comprueba si mi marido está dormido: arráncale un pelo del pecho para comprobarlo".

El vendedor lo hizo y el granjero siguió durmiendo.

Algún tiempo después, sintiéndome de nuevo cachonda, ocurrió lo mismo: otro pelo, más hacer el amor. Y luego una tercera vez.

Pero esta vez el granjero explotó.

"Mira", gritó, "¡está bien que te folles a mi mujer, pero deja de llevar la cuenta de mi pecho!".

Un italiano que llega a Australia por primera vez consigue trabajo en una granja. El primer día, la mujer del granjero se queja de que el nuevo trabajador ha estado persiguiendo a sus gallinas por el patio. El granjero le dice que es nuevo y que le dé una oportunidad.

Pero más tarde se indigna aún más cuando le ve bebiendo su propia orina. El granjero intenta consolarla diciéndole que es un buen trabajador y que probablemente eso sea normal en Italia.

Pero más tarde el granjero ve al italiano con la cabeza justo al lado del culo de su toro premiado mientras está cagando. Esto es demasiado para el granjero. Corre hacia el italiano y le grita: "¿Qué demonios haces? Primero persigues a mis gallinas, luego te bebes tu propia orina y ahora ¿qué haces con mi toro?".

El italiano dice: "¡Pero mis amigos me dicen que cuando llegue a Australia tengo que perseguir a las chicas, beber mucha orina y escuchar todas las gilipolleces!".

Todas las lunas en la luna única

La primera pregunta:

MAESTRO,

NO PUEDO ENTENDER LA FILOSOFÍA DEL ZEN. ¿QUÉ DEBO HACER PARA ENTENDERLA?

Baula,

EL ZEN NO ES UNA FILOSOFÍA EN ABSOLUTO. Abordar el zen como si fuera una filosofía es empezar mal desde el principio. Una filosofía es algo de la mente; el zen está totalmente más allá de la mente. El Zen es el proceso de ir por encima de la mente, lejos de la mente; es el proceso de trascendencia, de sobrepasar la mente. No puedes entenderlo con la mente; la mente no tiene ninguna función en él.

El Zen es un estado de no-mente; eso hay que recordarlo. No es Vedanta. El Vedanta es una filosofía; puedes entenderla perfectamente. El zen ni siquiera es budismo; el budismo también es una filosofía.

El zen es un florecimiento muy raro -es una de las cosas más extrañas que han ocurrido en la historia de la conciencia-, es el encuentro de la experiencia de Buda y la experiencia de Lao Tzu. Buda, después de todo, formaba parte de la herencia india: hablaba el lenguaje de la filosofía; es perfectamente claro, se le puede entender. De hecho, evitaba todas las cuestiones metafísicas; era muy sencillo, claro, lógico. Pero su experiencia no era de la mente. Intentaba destruir tu filosofía proporcionándote una filosofía negativa. Igual que puedes quitarte una espina del pie con otra espina, el esfuerzo de Buda consistía en quitar la filosofía de tu mente con otra filosofía. Una vez que te hayas quitado la primera espina, podrás deshacerte de ambas y estarás más allá de la mente.

Pero cuando las enseñanzas de Buda llegaron a China ocurrió algo tremendamente hermoso: se produjo un mestizaje. En China, Lao Tzu ha dado su experiencia del Tao de una manera totalmente no filosófica, de una manera muy absurda, de una manera muy ilógica. Pero cuando los meditadores budistas, los místicos budistas, se encontraron con los místicos taoístas, inmediatamente pudieron entenderse de corazón a corazón, no de mente a mente. Podían sentir la misma vibración, podían ver que se había abierto el mismo mundo interior, podían oler la misma fragancia. Y se acercaron, y al acercarse, a través de sus encuentros y fusiones, algo nuevo empezó a crecer; eso es el Zen. Tiene tanto la belleza de Buda como la de Lao Tzu; es hijo de ambas. Nunca antes ni después se había producido un encuentro semejante.

El Zen no es ni taoísta ni budista; es ambas cosas a la vez. Por eso los budistas tradicionales rechazan el Zen y los taoístas tradicionales también rechazan el Zen. Para el budista tradicional es absurdo, para el taoísta tradicional es demasiado filosófico, pero para aquellos que están realmente interesados en la meditación, el Zen es una experiencia. No es ni absurdo ni filosófico porque ambos son términos de la mente; es algo trascendental.

La palabra "zen" viene de dhyan. Buda utilizaba una lengua determinada, una lengua local de su época, el pali. En pali dhyan se pronuncia "jhan"; es de jhan de donde ha surgido "zen". La palabra viene de jhan; jhan viene del sánscrito dhyan.

Para comprender el Zen no es necesario hacer un esfuerzo filosófico; hay que profundizar en la meditación.

¿Y en qué consiste la meditación? La meditación es un salto de la mente a la no-mente, de los pensamientos al no-pensamiento. Mente significa pensamiento, no-mente significa conciencia pura. Uno simplemente es consciente. Sólo entonces, Baula, serás capaz de entender el Zen - a través de la experiencia, no a través de ningún esfuerzo intelectual.

Dice Yoka:

HAY UNA NATURALEZA, PERFECTA Y PENETRANTE, PRESENTE EN TODAS LAS NATURALEZAS; UNA REALIDAD QUE LO INCLUYE TODO, COMPRENDIENDO TODAS LAS REALIDADES EN SÍ MISMA. LA LUNA ÚNICA SE REFLEJA DONDEQUIERA QUE HAYA AGUA. Y TODAS LAS LUNAS EN EL AGUA ESTÁN COMPRENDIDAS EN LA LUNA ÚNICA.

En el momento en que vas más allá de la mente, de repente has pasado de los muchos al uno. Las mentes son muchas, la conciencia es una. En la circunferencia somos diferentes, en el centro somos uno.

A ese se le puede llamar Brahma, se le puede llamar Dios, el absoluto, la verdad, el nirvana.

El Zen lo llama no-mente por una razón particular. Si lo llamas Dios, entonces la gente empieza a pensar en términos de una persona, empiezan a imaginar una persona -por supuesto la persona suprema, pero su idea de personalidad se deriva de la personalidad humana; es una proyección, no es la verdad.

La Biblia dice que Dios creó al hombre a su propia imagen; eso no es cierto. El hombre ha creado a Dios a su propia imagen; eso es mucho más cierto. El Dios que hemos creado es nuestra idea, es antropocéntrico.

Si los caballos fueran filósofos entonces Dios no podría ser un hombre, entonces Dios sería un caballo supremo.

Si los burros fueran filósofos -¿y quién sabe? - podrían serlo; parecen muy serios, siempre cavilando, como si estuvieran en profunda contemplación, pensando en grandes cosas.... Observa a un burro y te darás cuenta de que los burros son grandes pensadores. Están siempre en otra parte, muy lejos, ocupados en grandes cosas esotéricas; por eso la gente piensa que son tontos. No son tontos, son filósofos. Si los burros piensan, si son teólogos, teósofos, filósofos, entonces Dios será un burro supremo. Dios no puede ser un hombre, eso es imposible. No pueden imaginar que Dios sea un hombre.

De ahí que el Zen evite cualquier terminología antropocéntrica, cualquier palabra que pueda asociarse con nuestra circunferencia. No llama a Dios Brahma porque ése es un término filosófico; quizá el mejor término filosófico, pero incluso el mejor término filosófico sigue siendo filosofía, y la filosofía es algo de la mente: puedes pensar en Brahma.

En la India llevamos siglos pensando en Brahma y hay tantas interpretaciones de Brahma como filósofos. Shankara lo interpreta de una manera, Nimbarka de otra, Ramanuja todavía de una manera diferente, y así sucesivamente. Ni siquiera dos filósofos se ponen de acuerdo y la disputa continúa. Los filósofos siguen discutiendo. Nunca llegan a ninguna conclusión, no pueden, porque la mente no tiene capacidad para concluir sobre el Uno.

Incluso Shankara, el mayor no dualista, sigue siendo en el fondo un dualista. Habla de Brahma, el Uno, pero para hablar del Uno tiene que introducir maya, la ilusión; entonces el Uno se convierte en dos. Si quieres hablar de lo real tendrás que hablar de lo irreal; es una necesidad, una necesidad absoluta.

Sin hablar de lo irreal no se puede hablar de lo real; sin lo irreal lo real pierde todo su sentido. Los lenguajes humanos son dualistas, de ahí que Shankara tuviera problemas, grandes problemas. Intentó resolverlo pero no pudo, y durante mil años muchos filósofos que han seguido a Shankara han intentado encontrar una salida, pero no han podido. Aunque digas que maya significa ilusión, maya significa lo que no existe, tienes que hablar de ello. Para definir Brahma tienes que utilizar la ilusión como soporte, de lo contrario ¿quién lo definirá? ¿Cómo lo definirás? El Uno permanece indefinible; el Uno necesita algo más para definirse. Así pues, aunque se piense que la filosofía de Shankara es no dualista, no lo es. Ninguna filosofía puede ser no dualista.

El Zen no es dualista ni no dualista; no es una filosofía en absoluto. Simplemente dice: "Pasa de la mente a la no-mente y ve". Cree en la visión.

Dice Yoka:

EL ESPÍRITU OPERA NATURALMENTE A TRAVÉS DE LOS ÓRGANOS DE LOS SENTIDOS. ASÍ SE PERCIBE EL MUNDO OBJETIVO. ESTE DUALISMO EMPAÑA EL ESPEJO. PERO CUANDO SE ELIMINA LA BRUMA, BRILLA LA LUZ. ASÍ, CUANDO CADA ESPÍRITU INDIVIDUAL Y EL MUNDO OBJETIVO SON OLVIDADOS Y VACIADOS, LA TALIDAD AFIRMA LA VERDAD.

Cuando todas las palabras desaparecen, tu espejo ya no tiene polvo ni niebla. Cuando miras las cosas, recoges impresiones; eso es el polvo, eso es lo que llamas pensar. Cuando ves una flor de rosa, la flor de rosa está fuera de ti pero hace un reflejo dentro de ti. La flor de rosa se marchitará al atardecer, los pétalos caerán y desaparecerán, pero la flor de rosa interior, la rosa que ha quedado impresa en tu memoria, continuará. Permanecerá para siempre contigo, siempre podrás recordarla. Y si eres una persona sensible, estética, artística, podrás visualizarla una y otra vez; podrás imaginarla como si fuera verdad. De hecho, si lo intentas te sorprenderás: incluso puedes volver a experimentar la fragancia de la rosa. Si creas toda la situación en tu imaginación: el jardín, la hierba verde, el rocío sobre la hierba, y estás caminando con los pies desnudos sobre la hierba...

y el dulce olor de la tierra y el aire fresco y el canto de los pájaros; simplemente creas toda la atmósfera... y de repente descubres una hermosa flor de rosa escondida detrás de un arbusto... ¡y la fragancia! Y de repente lo verás: la fragancia ha vuelto a ti; la huella está ahí. La rosa exterior ha desaparecido, pero la rosa interior está viva.

Ahora los científicos, sobre todo los expertos en cerebro, han descubierto que si se tocan ciertos puntos del cerebro con electrodos, ciertos recuerdos se activan inmediatamente. Esos recuerdos están ahí, profundamente congelados; tocados por el electrodo, empiezan a cobrar vida. Una experiencia muy extraña.

Si te tocan el cerebro con un electrodo en el punto donde yace el recuerdo de la rosa, de repente olvidarás el presente; volverás a estar en el mismo jardín. Puede que hayan pasado veinte años, pero volverá a ser tan real como si estuviera de nuevo en el jardín: el mismo olor, el mismo viento, el mismo frescor, la misma flor. Y si se quita el electrodo, el recuerdo desaparece. Vuelve a colocar el electrodo en el mismo lugar y de nuevo el recuerdo empieza a revelarse.

Y se ha descubierto algo más: se puede hacer miles de veces. Una y otra vez viene el mismo recuerdo, y una y otra vez el recuerdo se repite desde el principio. En el momento en que retiras el electrodo parece que se produce un rebobinado automático; la memoria vuelve a enrollarse en el mismo estado original. Tócalo de nuevo con el electrodo y al empezar a fluir la electricidad el recuerdo comienza desde el principio: vuelves a entrar en el jardín... y la misma secuencia de acontecimientos. Y esto puede hacerse miles de veces. De hecho, los científicos dicen que no tiene límite; puede hacerse millones de veces.

La realidad exterior sigue cambiando, pero la mente sigue acumulando polvo. Tu conciencia es un espejo, y llevas tanto polvo de esta vida y de otras vidas, ¡una capa tan gruesa de polvo! Por eso no puedes entender el Zen: porque no puedes entenderte a ti mismo, porque no puedes entender la vida, porque no puedes entender la existencia. El Zen no es filosofía; es existencial, no filosófico.

... CUANDO SE ELIMINA LA BRUMA, DICE YOKA, LA LUZ RESPLANDECE. ASI CUANDO CADA ESPIRITU INDIVIDUAL Y EL MUNDO OBJETIVO SON OLVIDADOS Y VACIADOS LA TALIDAD AFIRMA LA VERDAD.

Cuando todo se vacía -has olvidado todos los recuerdos, has olvidado incluso tu existencia individual, tu existencia separada; ya no eres una isla, te has fundido en el todo; no eres como un cubito de hielo flotando en el agua, te has convertido en el agua misma- eso es el Zen.

Entonces, de repente, se revela la verdad.

LA VISIÓN ES CLARA, dice Yoka.

Estas cuatro líneas son de enorme importancia.

LA VISIÓN ES CLARA PERO NO HAY OBJETOS QUE VER. NO HAY PERSONA. NO HAY BUDA.

Esta es la última declaración del Zen. ¡Esto es el rugido del león!

VISIÓN ES CLARA.

Se trata de un fenómeno extraño. Cuando hay objetos que ver, tu visión no es clara porque esos objetos están haciendo impresiones en ti. Tu visión no puede ser clara; está llena de niebla. Cuando la visión es clara, no hay objetos en absoluto, sólo claridad, sólo conciencia pura sin contenido, sólo ver y nada que ver, sólo vigilancia y nada que vigilar. Un observador puro, un testigo puro y nada que presenciar.

NO HAY PERSONA.

Y cuando no hay nada que presenciar, nada que ver, no puedes existir como entidad separada. El "en" sólo puede existir con el "tú"; si el "tú" desaparece, el "yo" desaparece. Son parte el uno del otro, están siempre juntos como las dos caras de una moneda; no puedes decir "uno". Esto es lo que siguen haciendo muchos religiosos estúpidos: siguen diciéndole a Dios: "Yo no soy. Tú eres". Eso es pura estupidez. En el mismo dicho tú eres, de lo contrario ¿quién está diciendo "Tú eres"?

Hay un famoso poema de Jalaluddin Rumi; estoy de acuerdo con él hasta cierto punto y luego comienza mi desacuerdo. En el punto realmente esencial no puedo estar de acuerdo con él. Mi impresión es que debió escribir ese poema antes de iluminarse. Era un hombre iluminado, pero el poema es decisivo: debió de escribirlo antes de iluminarse. El poema es hermoso, porque a veces los poetas dicen cosas casi como videntes, pero recuerda que son casi como videntes. Tiene que haber algún defecto, no puede ser impecable. Puede que no seas capaz de encontrar el defecto.

Escucha la historia del poema.

Jalaluddin dice:

Un amante llega a casa de su amada, llama a la puerta.

El amado pregunta: "¿Quién está ahí?".

Y el amante dice: "Yo soy... tu amante".

El amado dice: "La casa del amor es tan pequeña que no puede contener a dos, así que, por favor, vuelve. Cuando ya no estés, vuelve otra vez. La casa del amor no puede contener a dos, sólo puede contener a uno".

Hasta aquí todo bien.

El amante se va al bosque, se convierte en un asceta. Medita, reza a Dios. Su oración es sólo una: "¡Disuélveme!" Muchas lunas van y vienen, pasan los meses, pasan los años, y un día vuelve. Vuelve a llamar a la puerta, y la amada le hace la misma pregunta: "¿Quién está ahí?"

Y dice: "Ahora ya no soy yo, sólo eres tú".

Y Rumi dice:

Las puertas se abren y el amante es recibido en el hogar del amor.

En eso no estoy de acuerdo: ¡es demasiado pronto! Entonces, ¿quién es la persona que dice "ya no existo"? Incluso para decir que "ya no estoy", te necesitan. Es tan insensato como si fueras a llamar a casa de alguien y éste se asomara a la ventana y dijera: "No estoy en casa". Eso es contradictorio; no puedes decir eso. Decirlo es demostrar que lo estás.

Jalaluddin debió escribir este poema antes de iluminarse. Debería haberlo corregido. Pero estos iluminados son gente loca. Él puede haber olvidado todo sobre el poema, pero necesita corrección. Yo puedo hacer la corrección. Me gustaría decir que el amado dice: "Vuelve otra vez porque todavía estás allí. Primero estabas positivamente allí, ahora estás negativamente allí, pero no hay diferencia".

El amante vuelve. Ahora ya no tiene sentido rezar porque la oración no ha servido de nada. De hecho, la oración no puede ayudar: en la oración persiste la dualidad. Estás rezando a alguien; Dios se convierte en tu "tú".

Dios no puede ayudarle. Ahora se convierte en un monje Zen, no en un devoto, sino en un verdadero meditador. Simplemente va a lo profundo de sí mismo, buscando y buscando. "¿Dónde está este 'yo'?" Intenta averiguar dónde está.

Y cualquiera que se adentre en ella está obligado a no encontrarla porque no está ahí; no existe, es sólo una creencia. Así que busca y busca y no lo encuentra en ninguna parte.

Así que vuelve y llama a la puerta. El amado hace la misma pregunta: "¿Quién está ahí?". Y no hay respuesta porque no hay nadie que responda. Sólo silencio. Ella vuelve a preguntar: "¿Quién está ahí?".

pero el silencio se hace más profundo. Vuelve a preguntar: "¿Quién es?", pero el silencio es absoluto. Abre la puerta. Ahora el amante ha llegado, pero ya no está; no hay nadie que responda. Hay que llevarle dentro de casa, cogerle de la mano. Está completamente vacío.

Es lo que los zen llaman "talidad vaciada".

LA VISIÓN ES CLARA PERO NO HAY OBJETOS QUE VER. NO HAY PERSONA. NO HAY BUDA.

Todo ha desaparecido. El Zen ha alcanzado la cima última de la iluminación; de ahí que pueda decir que tampoco hay iluminación, porque si la persona iluminada sigue pensando: "Estoy iluminada", no está iluminada. Si afirma que está iluminado, entonces no lo está, porque toda afirmación es una afirmación del ego. La iluminación no es una afirmación, es una presencia silenciosa.

Baula, no trates de entender el Zen. Ve a tu interior para descubrir quién eres, dónde estás. No encontraras a nadie alli, solo puro vacio. Y entonces la visión es clara. No hay persona, no hay Buda. Todo está en silencio, completamente en silencio. No hay nada que decir. En ese silencio uno se convierte en la verdad. No sólo que uno conoce la verdad, uno se convierte en la verdad. Esa es la única manera de conocerla.

La segunda pregunta:

MAESTRO,

CONSIDERO QUE TODAS LAS PREGUNTAS SON FALSAS PORQUE IMPLICAN RESPUESTAS. EN MI EXPERIENCIA NO HAY RESPUESTAS, SÓLO DESCUBRIMIENTOS. SI ES ASÍ, ¿POR QUÉ INSISTE EN LAS PREGUNTAS Y LAS RESPUESTAS? ¿NO

ESTARÁ ENGAÑANDO A LA GENTE HACIÉNDOLE CREER QUE SUS PREGUNTAS TIENEN RESPUESTA?

Prem Dharmo,

¿QUÉ DEBO HACER AHORA con respecto a su pregunta? Si te contesto te estaré engañando; si no te contesto no estaré mostrando respeto hacia ti. Y si piensas que todas las preguntas son falsas, ¿por qué te molestas en preguntar? Si piensas que cualquier pregunta que implique respuestas es falsa, ¿entonces piensas que tu pregunta no implica ninguna respuesta? O es falsa si implica una respuesta, o es verdadera, pero entonces no puede responderse.

Tú dices: EN MI EXPERIENCIA NO HAY RESPUESTAS, SÓLO DESCUBRIMIENTO.

¿Y qué son las respuestas? Son los descubrimientos de otra persona. Yo he descubierto algo; es un descubrimiento para mí. Cuando haces una pregunta y yo te respondo, para ti es una respuesta, no un descubrimiento. La respuesta puede ser engañosa si empiezas a creer en ella como si fuera tu descubrimiento, pero si no crees en la respuesta como tu descubrimiento sino que sigues recordando que es el descubrimiento de otra persona, "yo también tengo que descubrirlo", entonces la respuesta no te está engañando, entonces la respuesta es un gran estímulo. Es un estímulo para emprender el gran viaje, la gran peregrinación del descubrimiento. El descubrimiento también necesita estímulo.

¿Has visto cómo, cuando los pájaros nacen, cuando los nuevos pájaros salen de los huevos, su madre, su padre les enseñan a volar? Obsérvalo, es uno de los procesos más hermosos de ver, porque es el mismo proceso que tiene lugar entre un Maestro y un discípulo. Los pájaros mayores vuelan alrededor del nido. A los más jóvenes les intriga la idea de volar; empiezan a agitar las alas.

Tienen alas pequeñas, pero empiezan a agitarlas; toman conciencia de sus alas. Sólo con ver a su madre, a su padre y a otros pájaros volando alrededor del nido, les entra una gran curiosidad. A ellos también les gustaría volar; les intriga la sola idea, empiezan a preguntarse si podrán hacerlo. El miedo se apodera de ellos. Se acercan al borde del nido, observan y miran a su alrededor. Parece difícil, parece imposible, son tan pequeños y nunca lo han hecho antes. ¿Quién sabe? - Puede que no lo consigan, que se caigan, que mueran; puede que sea un suicidio. Entonces la madre va y se sienta en un árbol cercano y empieza a llamarlos, a cortejarlos, a persuadirlos: "¡Vamos!"

Ésa es la función de las respuestas del Maestro: sólo es cortejarte, llamarte: "¡Vamos! No te preocupes, no tengas miedo".

Y lo intentan, revolotean, pero el miedo está ahí: el miedo a lo desconocido. Hacen las dos cosas: intentan a su pequeña manera dar el salto, pero también se aferran al nido. Es tan seguro y tan cálido y tan confortable, tan seguro, y la inseguridad del cielo y los vientos... ¿y quién sabe qué más puede haber en lo desconocido?

Finalmente, la madre tiene que empujarlos. Pero una vez empujados, por supuesto, tienen que hacer todo el esfuerzo que puedan, y de repente descubren que pueden volar. Inmediatamente vuelven al nido, pero han cambiado radicalmente: se puede ver su alegría. Ahora saben que tienen alas y que sus alas pueden funcionar; no tienen por qué tener tanto miedo. Ahora, cuando la madre va al otro árbol, ellos la siguen. Pronto les gustaría no seguir a la madre porque eso parece muy infantil. Les gustaría que la madre se sentara en el nido y mirara y viera que ellos mismos pueden hacer el milagro. Y vuelan alrededor del nido y van al otro árbol y empiezan a llamar a la madre: "¡Vamos! Mira, lo hemos conseguido. Lo hemos conseguido!"

Ese es el camino del descubrimiento.

Todo depende de ti, Prem Dharmo. Si crees que mis respuestas son tus respuestas, te estás engañando a ti mismo. No te estoy guiando mal, estoy constantemente haciéndote consciente de que mis respuestas son mis respuestas, no las tuyas. Así que no te estoy diciendo que creas en mis respuestas, simplemente te estoy diciendo que las respuestas son posibles. Si son posibles para mí, también lo son para ti. Lo que yo puedo hacer, tú puedes hacerlo, porque soy un hombre corriente como tú.

Por eso estoy en contra de toda la idea tradicional de las reencarnaciones o encarnaciones de Dios - avataras.

Estoy en contra de la idea de que Jesús sea un hijo de Dios; preferiría que fuera el hijo del carpintero José, no el hijo de Dios, porque si es el hijo unigénito de Dios, entonces, por supuesto, es un tipo de persona totalmente diferente; lo que él puede hacer, tú no puedes hacerlo. Él puede caminar sobre el agua; tú no puedes caminar sobre el agua. Puede sacar a los muertos de sus tumbas y darles vida; tú no puedes hacer eso. Todas estas historias han sido inventadas para enfatizar el hecho de que él es especial y tú eres ordinario. Todas esas historias son falsas, irreligiosas, peligrosas. No han ayudado a la humanidad, la han degradado. Te han insultado, te han humillado.

Los hindúes dicen que Krishna, Rama y Buda son encarnaciones de Dios. Dios mismo viene de arriba, del más allá. Son personas especiales; lo que ellos pueden hacer, tú no puedes hacerlo. Krishna puede tomar toda la montaña en su mano; tú no puedes hacer eso. Él puede hacer milagros; eso no es posible para ti.

Estas historias son las astutas invenciones de los sacerdotes para crear una distancia entre tú y Krishna, entre tú y Buda, entre tú y Mahavira, para hacer una categoría especial y que conozcas perfectamente tus límites.

Insisto en el hecho de que Krishna es tan hombre como tú; no tiene nada de especial.

Necesita comida igual que tú, necesita agua igual que tú, duerme igual que tú, muere igual que tú. La única diferencia es que él es consciente de su infinito potencial y tú no eres consciente de tu infinito potencial. No hay diferencia en el potencial, pero tú no eres consciente y él es consciente; ésa es la única diferencia. Por supuesto que es una diferencia que marca una diferencia, pero no es una diferencia que pueda hacer de él una categoría separada. Nadie pertenece a una categoría separada. Nadie viene de arriba, todo el mundo crece desde abajo. La vida es un crecimiento: creces desde tu humanidad hacia tu divinidad. Si yo puedo descubrir quién soy, tú puedes descubrirlo.

Todas estas respuestas no deben convertirse en dogmas, ni en creencias. No te estoy predicando ninguna teología, estoy totalmente en contra de todos los credos. ¿Qué estoy haciendo entonces? Simplemente intento persuadirte de que esto es humanamente posible. Eres tan divino como Krishna, como Buda, como Cristo, como cualquier otro. Te has dormido y estás soñando pesadillas. Despierta. Lo único que hace falta es despertar.

Pero, Prem Dharmo, usted parece ser un tipo filosófico. El tipo filosófico va en la cavilación sobre pros y contras; él va en el pensamiento sobre todo. Y éste no es el lugar donde se supone que usted debe pensar demasiado. Este es un lugar para dar un salto a un estado silencioso de no-pensamiento, porque pensar es de loros. ¿Te das cuenta de que has hecho la pregunta, pero estás haciendo una pregunta contra las preguntas? Pides una respuesta, pero crees que todas las respuestas son engañosas, erróneas... ¡y sin embargo preguntas! ¿Ves la complejidad filosófica de la mente?

¿Has visto el partido?

Un judío errante que visita París pasa por delante de una tienda de animales. Observa un cartel en el escaparate que proclama que dentro de la tienda hay un loro que habla muchos idiomas. El "yeedil", considerándose un lingüista, entra. Lentamente se acerca al pájaro maravilla, se coloca al lado de la jaula y le echa un vistazo.

Se aclara la garganta y empieza a probar el loro:

"¿Parlez-vous francais?"

"¿Parlez-vous francais?", responde.

"¿Hablar inglés?"

"¿Hablas inglés?", es la respuesta.

"¿Govarish po rusku?", pregunta a continuación.

"¿Govarish po rusku?", responde el loro.

Entonces el judío se acerca al pájaro, carraspea, lo mira de nuevo y le pregunta confidencialmente: "¡Ejem...! Dime, pajarito, si eres tan listo, ¿hablas yiddish, mm?".

El pájaro echa una mirada al judío, carraspea, se señala el pico con el ala y dice: "Nu...

con semejante nariz, ¿crees que no debería hablar yiddish?".

Incluso los loros son mucho mejores que los filósofos. Tienen más entendimiento, más perspicacia. El hombre se carga tanto de ideas que se olvida por completo de lo que está haciendo.

Sé un poco más consciente, Prem Dharmo. Vea lo que está sucediendo aquí. Ciertamente insisto en tus preguntas porque sé que hay preguntas. Estás lleno de preguntas -es natural- y es mejor sacarlas a la luz. Mis respuestas no serán tus respuestas, pero mis respuestas te ayudarán a ver que las respuestas son posibles, que no es necesario vivir en las preguntas. Se puede llegar a un punto en el que todas las preguntas desaparezcan y la vida deje de ser un problema. Cuando todos los problemas desaparecen, la vida ya no es un problema, sino un misterio que hay que vivir, que hay que amar, que hay que cantar, que hay que bailar.

La tercera pregunta:

MAESTRO,

SÓLO DOS PEQUEÑAS PREGUNTAS. PRIMERA: ¿CUÁNTOS PSIQUIATRAS HACEN FALTA PARA ENROSCAR UNA BOMBILLA?

Anand Narayan,

¡SOLO UNA pero esa bombilla tiene que querer cambiar!

Y LA SEGUNDA: ¿Y CUÁNTOS ILUMINADOS HACEN FALTA PARA ENROSCAR UNA BOMBILLA?

Anand Narayan,

¡NINGUNO porque ya son una luz en sí mismos!

La cuarta pregunta:

MAESTRO,

¿CÓMO DECIDE QUÉ PREGUNTAS RESPONDER?

Anand Apurvo,

¡ES UN SECRETO! Sólo te daré una pista. No te diré el secreto completo, tienes que descubrirlo.

Un sacerdote, un ministro y un rabino tienen una charla juntos. Se cuentan cómo Dios les proporciona el pan de cada día.

"Cada domingo, después de pasar el plato por la iglesia, lo vacío en una caja con un agujero en el fondo", explica el sacerdote. "Lo que cae por él es para mí; el resto es para Dios".

El ministro tiene otra forma de retirar su dinero semanal. "Trazo una línea en el suelo".

cuenta, "y luego dejo caer la colecta del domingo desde un metro más arriba: el dinero que cae a la izquierda es mío, el de la derecha es para Dios".

Bueno", dice el rabino, "mi sistema es mucho más fácil. Simplemente tiro el dinero al aire y lo que Dios necesite lo puede agarrar....".

La quinta pregunta:

MAESTRO,

NACÍ JUDÍO EN NUEVA YORK Y DURANTE DIECISIETE AÑOS EN CALIFORNIA HE SIDO UN TURISTA PROMETEDOR EN CUATRO PROFESIONES ERUDITAS DIFERENTES,

NUMEROSAS AFICIONES Y UN MATRIMONIO FRACASADO. LA ALEGRÍA Y LA SATISFACCIÓN NO HAN SIDO MI EXPERIENCIA, SALVO ATISBOS MOMENTÁNEOS. ESTOY SILENCIOSAMENTE DESESPERADO.

POR FAVOR, COMENTEN O CUENTEN CHISTES APROPIADOS.

Apurvo,

HEINRICH HEINE DICE: Dormir es bueno, la muerte es mejor; pero, por supuesto, lo mejor sería no haber nacido nunca".

La vida es ciertamente un problema, y particularmente en Nueva York y para un judío. Para los judíos, la vida siempre ha sido un problema mayor que para cualquier otra persona y por la sencilla razón de que tienen esa loca idea de que son el pueblo elegido de Dios; eso les ha hecho la vida imposible. Hay que abandonar esas ideas locas. No existe un pueblo elegido por Dios. Los judíos han sufrido por esta tontería porque entonces todo el mundo les odia. Si eres el pueblo elegido de Dios, todo el mundo te odia, todo el mundo intenta encontrarte defectos y demostrarte que no eres el pueblo elegido de Dios.

Durante tres mil años, los judíos han insistido en este punto de vista egoísta. Y no son los únicos; también hay otros pueblos. Están los hindúes; ellos también piensan que su país es la tierra más sagrada, y también han sufrido. Puedes ver su tierra sagrada y su sufrimiento.

Ya es hora de que abandones la idea de ser judío. Una vez que eres sannyasin no eres ni hindú ni mahometano ni cristiano ni judío, eres simplemente un ser humano. Y abandonando esa idea te sentirás desahogado; de lo contrario hay una carga de tres mil años. Los judíos llevan una carga muy larga, una carga tradicional, una carga heredada, y se han apegado tanto a la carga que les resulta imposible vivir.

Usted dice que su matrimonio no tuvo éxito. ¿Has oído hablar de algún matrimonio que haya tenido éxito? No lo he oído. Si los matrimonios tuvieran éxito no habría sannyas en el mundo, de hecho no habría religión en absoluto. Dios ha hecho absolutamente cierto desde el principio que el matrimonio no tiene que tener éxito; ¡si el matrimonio tiene éxito, Dios fracasa! Toda la religión depende del fracaso del matrimonio. Si eres feliz y dichoso, ¿a quién le importa el otro mundo? Este mundo tiene que ser una miseria tal que tanto si quieres creer en el otro mundo como si no, tienes que creer, ese es el único consuelo, el único consuelo.

Bertrand Russell tiene razón cuando dice: "Si la gente llega a ser realmente feliz, la religión desaparecerá del mundo". Estoy de acuerdo con él en un noventa y nueve por ciento; sólo en un uno por ciento no estaré de acuerdo con él. Era ateo, pero es cierto en un 99%. El noventa y nueve por ciento de las personas que son religiosas lo son por razones equivocadas: porque su matrimonio fracasa, su ambición les lleva a la frustración, malgastan toda su vida en ganar dinero, poder y prestigio, y entonces permanece el mismo vacío, el mismo sinsentido, la misma vacuidad; nada cambia en absoluto. La vida se va, la muerte llama a las puertas y nada se cumple. Por eso la gente se vuelve religiosa.

La gente se vuelve religiosa por miseria; de ahí que los curas tengan interés en tu miseria, recuérdalo. No les gustaría que tu vida fuera feliz, alegre. Si eres feliz, dichoso, todas sus religiones desaparecerán. Su religión depende de tu enfermedad, de tu patología, de tu inquietud, de tu angustia, de tu ansiedad.

Todos los curas del mundo están a favor del matrimonio. ¿Por qué? - Por la sencilla razón de que el matrimonio fracasa, y cuando el matrimonio fracasa ¿dónde hay que ir? - ¡al cura! Todos los sacerdotes apoyan, de manera sutil, los sistemas educativos que crean en ti el deseo de triunfar. Todos los sistemas educativos que prevalecen en el mundo no son más que estrategias para crear egoísmos, para crear mentes ambiciosas. Tanto los sacerdotes como los políticos los apoyan porque si la ambición no se inflama en ti no habrá política, y si la ambición no se inflama en ti, nunca te sentirás frustrado. Un hombre sin ambición nunca se siente frustrado. ¿Por qué debería sentirse frustrado? Para empezar, nunca esperó nada; no puedes frustrarle.

Lao Tzu dice: No puedes derrotarme porque no quiero ser victorioso en absoluto. Jesús dice:

Bienaventurados los últimos. Ahora bien, esas personas son peligrosas; hay que crucificarlas porque destruirán toda la estructura de esta sociedad. Destruirán el sacerdocio y el poder de los políticos. Si esta idea, "Bienaventurados los últimos", se difunde, ¿entonces a quién le gustaría ser presidente de un país? - Sólo los tontos, sólo los estúpidos. Incluso ahora sólo los estúpidos quieren ser presidentes y primeros ministros, pero tú no los consideras estúpidos porque tú también estás contaminado y envenenado de la misma manera. Los respetáis; pensáis que han tenido éxito, que han alcanzado los objetivos. Sus nombres permanecerán en la historia. ¿Y qué? Sólo torturarán a niños pequeños que tendrán que recordar sus estúpidos nombres, eso es todo. Todo su esfuerzo sólo conseguirá torturar a niños pequeños y nada más.

Los sacerdotes están contra mí, los políticos están contra mí, por la sencilla razón de que os estoy enseñando una vida de no ambición, una vida sin ego - y os estoy enseñando que el matrimonio está destinado al fracaso; por lo tanto, si queréis ser felices y dichosos, el amor es suficiente, el matrimonio es demasiado.

El amor es suficiente. Así que mientras dure el amor, bien, estad juntos; y cuando el amor desaparezca despedíos con profunda gratitud, pero no os aferréis el uno al otro. El matrimonio significa aferrarse.

Y nunca ven la ilógica de sus sacerdotes. Por un lado dicen "desapego" y por otro enseñan el matrimonio. El matrimonio es apego - ¡es apego legal! No sólo apego: hay apoyo legal para ello - el tribunal y la policía y el magistrado están detrás de ti.

Si quieres dejar a tu mujer tendrás problemas, y para vivir con la mujer tienes problemas. Si quieres dejar a tu esposa tendrás problemas, así que uno decide que cuando hay problemas de todos modos, ¿por qué no permanecer en el conformista, tradicional problema, el problema convencional? ¿Por qué buscar problemas individuales y privados? Pueden ser más peligrosos porque todo el mundo estará en tu contra.

Usted dice: LA ALEGRÍA Y LA SATISFACCIÓN NO HAN SIDO MI EXPERIENCIA, SALVO ATISBOS MOMENTÁNEOS.

Sí, en esta vida, de la forma en que hemos manejado esta vida, sólo pueden ser vislumbres momentáneos. Incluso eso es un milagro - cómo incluso por momentos esos vislumbres pueden suceder es increíble porque la forma en que estás hecho y condicionado no permitirá ni siquiera momentos. Se supone que tienes que ser miserable.

La ambición, el ego, el matrimonio, el dinero, el poder... todas estas ideas están destinadas a hacerte desgraciado; aquí no puedes ser dichoso. Y lo único que puede hacerte feliz no se enseña en ninguna parte. Eso es la meditación, eso es el Zen; eso no se enseña en ninguna parte. La gente tiene mucho miedo de la meditación, miedo porque transformará toda tu forma de vida.

Ahora, Apurvo, medita. Profundiza en ti mismo. Has probado todo tipo de profesiones y has probado el matrimonio y has probado todo lo que Occidente puede poner a tu disposición. Prueba la meditación. Profundiza en ti mismo, en tu propia soledad. Encuentra tu centro del ser; es allí donde prevalece la dicha eterna. Ahora mismo prevalece allí. Siempre está ahí, sólo que hemos perdido el contacto con ella. Hay que descubrirlo o redescubrirlo.

Usted dice: ESTOY TRANQUILAMENTE DESESPERADO.

Eso no es bueno para un judío. Los judíos siempre encuentran una manera de salir de cualquier tipo de problema. Durante tres mil años eso es lo que han estado haciendo.

El Sr. Goldberg intentaba vender un traje a la Sra. Rubinstein para su hijo pequeño. "Tómelo, señora", dijo.

"Primera calidad. Puedo darte un buen precio por él".

Le probó el traje a su hijo y le quedaba perfecto, así que se lo compró.

La primera vez que limpió el traje, la Sra. Rubinstein se dio cuenta de que le quedaba bastante pequeño, así que volvió a probárselo a su hijo. Las mangas solo le llegaban a los codos y los pantalones a las rodillas.

Por supuesto, estaba furiosa, así que cogió a su hijo de la mano y se dirigió a la sastrería. Al entrar en la tienda, el Sr. Goldberg levantó la vista y dijo: "¡Dios mío! ¿No es increíble cómo ha crecido el niño?".

No es bueno que un judío esté desesperado.

Dos hombres discutían sobre el optimismo y el pesimismo.

El uno se volvió hacia el otro y le dijo: "Bueno, ¿tú también has conocido alguna vez a un verdadero optimista?".

"Sí", dijo el otro. "Estaba en el balcón de mi apartamento del cuarto piso cuando vi resbalar y caer a un limpiacristales judío en lo alto del piso veinte".

"¿En qué le convierte eso en optimista?", preguntó el amigo.

"Bueno, porque al pasar por mi balcón le oí decir: "¡Bien hasta aquí!".

Un americano, un inglés y un judío viajaban en un pequeño avión alemán cuando les alcanzó un terrible huracán. El piloto gritó desde la cabina: "¡Uno de vosotros tiene que saltar del avión porque pesa demasiado!".

Intentaron decidir quién tenía que sacrificar su vida, pero ninguno de los tres estaba dispuesto. El piloto se interpuso y dijo: "Bien, os haré una pregunta a cada uno. El que no sepa la respuesta tiene que saltar del avión".

Se volvió hacia el estadounidense y le preguntó: "¿En qué fecha se lanzó la bomba atómica sobre Hiroshima?".

El americano respondió: "6 de agosto de 1945".

A continuación, el piloto preguntó al inglés: "¿Cuántas personas murieron en aquel momento?".

"Unos doscientos cincuenta mil" fue la respuesta.

Finalmente se dirigió al judío y le preguntó: "¿Puede darme los nombres y las direcciones de las víctimas?".

Pero, ¡espera!

¡Y el judío empezó a dar los nombres y direcciones de las doscientas cincuenta mil víctimas!

El americano y el inglés saltaron del avión para salvarse del judío.

Y finalmente el piloto tuvo que amenazarle para que se callara. Si no paraba, el piloto le dijo que él también saltaría del avión.

¿Un judío y desesperado? Jamás. Un judío siempre encuentra un camino.

Y usted dice: POR FAVOR, COMENTEN O CUENTEN CHISTES APROPIADOS.

¿Bromas inapropiadas? Eso no lo he hecho en mi vida y no lo voy a hacer: ¡siempre cuento chistes inapropiados! Y te contaré unos cuantos chistes inapropiados.

Tarzán se va de vacaciones a la ciudad. Cuando regresa a la selva, su amigo chimpancé, Chita, sale a su encuentro y le dice: "¡Tarzán, Tarzán! ¡Todos los animales se están rebelando! Te han olvidado. Hay caos por todas partes".

Enfadado, Tarzán se adentra en lo más profundo de la selva, donde se encuentra con un león. Agarra al león, lo levanta y, mirándole a los ojos, le pregunta: "¿Sabes quién soy?".

"Claro que lo sé", dice el león. "¡Eres el jefe de la selva!".

Pero Tarzán no está satisfecho, así que cuando se encuentra con una jirafa agarra al animal por el cuello y vuelve a preguntarle: "Habla, ¿quién soy yo?".

Temblorosa, la jirafa responde: "¡Tú eres Tarzán, el rey de la selva!".

Entonces se encuentra con un elefante. Agarrando las pelotas del elefante, lo tira al suelo gritando: "¿Quién soy yo? Responde".

Como el elefante no responde, se enfurece aún más y le rompe las pelotas gritándole: "¡Ahora habla! Dime, ¿quién soy?"

El elefante, muy tranquilo, con mirada compasiva, le dice: "Mira a este hijo de puta... ¡no sabe quién es y viene y me rompe las pelotas!".

Ahora intenta averiguar, si puedes, si es apropiado o no.

Un oficial del ejército inglés se retiró al campo y no tardó en inscribirse en el club de golf local.

En su primera aparición, se sintió decepcionado al comprobar que el único posible compañero era un joven bastante desaliñado que se hurgaba los dientes sentado en la barra, pero como estaba ansioso por jugar, se acercó a él y, tras mantener una conversación cortés durante unos minutos, le ofreció ser su compañero en una ronda.

Se encontraron en el primer green. El oficial se sorprendió al ver aparecer al hombre con un saco al hombro del que sacó una pala de jardín, y aún se sorprendió más cuando la utilizó en lugar de un palo de golf y condujo la bola en línea recta por el centro de la calle -un golpe magnífico- hasta casi el green. Le siguió un segundo golpe con un hacha y, por último, embocó el putt con un viejo bastón.

Y así continuó, completando el recorrido con todo tipo de aperos y acabando ganando sin paliativos. El agente, sin embargo, no quiso hacer ningún comentario sobre este sorprendente comportamiento hasta que estuvieron de vuelta en el bar. Incluso entonces siguió manteniendo una conversación cortés, pero cuando el hombre empezó a beberse la cerveza con una pajita en la nariz, balanceando el vaso sobre el hombro, su curiosidad fue incontenible.

"Perdone que le pregunte", dijo, "pero no he podido evitar fijarme en su extraña conducta de hace un momento".

"Sí", respondió el hombre, "es un poco extraño, pero es la única manera que tengo de hacer la vida interesante. Verá, nací con una destreza asombrosa que necesito ejercitar de vez en cuando".

El oficial se quedó pensativo un minuto y luego dijo: "Dígame, ¿está usted casado?".

"Sí", dijo el otro.

"¿Y tienes hijos?"

"Sí, tres", dijo el hombre con un suspiro, "¡y la respuesta a tu siguiente pregunta es 'de pie, en una hamaca'!".

La sexta pregunta:

MAESTRO,

¿POR QUÉ CUENTAS TANTOS CHISTES? ¿NO TE INTERESAN NADA LAS COSAS ELEVADAS?

Pratima,

¿EXISTE ALGO MÁS ALTO que una broma? ¡Entonces no has entendido mis chistes en absoluto! Estas bromas no son sólo bromas, ¡es un asunto serio!

Paul Reps fue invitado a dar una conferencia en la Universidad de B.C. Se anunciaba como un conocido místico y filósofo y autor del famoso ZEN FLESH, ZEN BONES.

La ocasión atrajo a varios intelectuales de renombre. Paul Reps se sentó muy relajado en una sencilla silla de madera a contar sus pequeñas historias zen. Mucha gente del público disfrutó con las historias, pero algunos de los grandes intelectuales se aburrieron. Finalmente, uno de los más entendidos se levantó y dijo: "Señor, ¿podría hablar a un nivel algo más alto?".

Sin detenerse, Paul Reps colocó su silla sobre la mesa y continuó con sus bellas historias zen.

¿Quieres que lo haga? Puedo hablar en el nivel más alto posible. Puedo sentarme en el tejado. Usted no podrá verme. ¡Eso será muy esotérico! Justo como Dios solía hablar en el pasado, ¡desde lo alto! Sólo oiréis la voz... ¡pero seguiré contando chistes!

La séptima pregunta:

MAESTRO,

CADA DIA ESTOY MAS LOCO, PERO ESTO NO PARECE NADA COMPARADO CONTIGO. CADA DIA PARECES MAS LOCO Y MAS LOCO. ¿DÓNDE ACABARÁ TODO?

Somendra,

TENGO QUE ESTAR SIEMPRE POR DELANTE DE MIS DISCÍPULOS: ¡no podéis vencerme! Si quieres que esté cuerdo, tienes que estar más cuerdo; si te vuelves un poco loco, yo me volveré más loco; si te vuelves más loco, yo me volveré más loco.

Esto se ha decidido de una vez por todas. Y no tiene fin: ¡incluso después de que desaparezca de mi cuerpo te perseguiré!

La octava pregunta:

MAESTRO,

¿TIENES UN CHISTE REALMENTE BUENO QUE PUEDA LLEVARLE A UN NO AMANTE DE LAS NARANJAS EN OCCIDENTE QUE SEA CIENTÍFICO Y TE HAYA ESTADO LEYENDO Y SUBRAYANDO DURANTE CUATRO AÑOS?

Patipada,

DÍGALE QUE NO DESTRUYA MIS LIBROS porque lo auténtico está entre líneas y ¡eso es lo que está tachando con sus subrayados! Pero puede que sólo sea una vieja costumbre. De lo contrario, un hombre que me ha estado leyendo durante cuatro años, ¿puede seguir ahí y no naranja? Es imposible, es sólo una vieja costumbre. Puede seguir haciéndolo durante cuatro o cuarenta vidas. Dile que ya es hora. Dile que ya es suficiente.

María era estudiante de sociología. Para su trabajo de investigación decidió hacer un viaje al interior de Brasil. Atrapada por un aguacero tropical, se perdió en la selva. Finalmente, dos hombres la encontraron, empapada hasta los huesos.

"Nunca encontrarás la salida con esta tormenta", dijo uno. "El río está desbordado. Te invitamos a pasar la noche en nuestra casa".

María se sintió aliviada y feliz de tener la oportunidad de experimentar la vida auténtica de algunas gentes del interior. Una vez en la casa, los hombres le prepararon una comida y después tocaron la guitarra y cantaron canciones populares. Cuando se cansaron, el brasileño le informó de que sólo había una cama.

"No pasa nada", dijo, "¡puedo dormir en la cama con vosotros dos!".

Los hombres se mostraron reacios, pero finalmente accedieron. Después de dar vueltas en la cama durante un rato, los tres decidieron ceder y hacer el amor. María les dio un preservativo a cada uno y los tres se lo pasaron en grande el resto de la noche.

A la mañana siguiente, María agradeció a los dos hombres su hospitalidad y emprendió el camino de vuelta a casa para redactar su informe.

Pasaron varios días y los dos chicos se estaban poniendo amarillos y se sentían bastante incómodos. Finalmente, uno le dice al otro: "¡Eh, hermano! Me da igual que esa chica tenga un bebé o no".

El otro dice: "¡Ya no aguanto más! Quitémonos estas bolsas de plástico de la polla... ¡Ya basta!".

Así que dile, Patipada, ¡basta ya! Es hora de que venga aquí y se vuelva naranja - eso significa volverse loco Esa es una nueva forma de decir volverse loco: "Vuélvete naranja" Pero él es un científico y debe estar calculando, midiendo, pensando en los pros y los contras, dudando, observando, mirando.

Perderá la oportunidad. Así es como la gente sigue posponiendo. Dígale que hay algunas cosas que tiene que hacer inmediatamente si quiere hacerlas, ahora o nunca. Su viejo hábito de ser científico debe estar ahí; tendrá que dejarlo de lado.

Dave iba a casarse con Mabel, así que papá pensó que lo mejor era hablarle de los pájaros y las abejas.

"Ahora, Dave, ¿ves ese agujero del nudo en el árbol de allí? Quiero que vayas y practiques en ese agujero para que en tu noche de bodas sepas qué hacer".

Pocos días después Dave se casó. Esa noche se oyeron gritos frenéticos procedentes de la habitación de Dave y Mabel. Papá irrumpió y encontró a Dave metiendo un palo de escoba entre las piernas de Mabel.

"¿Qué estás haciendo, Dave?" Papá gritó.

"¡Me estoy asegurando de que no haya abejas en esta!"

La novena pregunta:

MAESTRO,

POR FAVOR, DÍGAME - ¿SUFICIENTE QUÉ POR HOY?

Anand Omkar,

BASTA DE NONSENSE - en otras palabras, ¡basta de Zen!
Y la última pregunta:
MAESTRO,
¿QUÉ ES "CAMINAR EN ZEN, SENTARSE EN ZEN"?
Shraddan,